la mitología
TEMPLARIA

JESÚS ÁVILA GRANADOS

la mitología
TEMPLARIA

diversa

© 2014, Jesús Ávila Granados
www.jesusavilagranados.es
jesusavilagranados@hotmail.com
© 2014, Diversa Ediciones
Edipro, S.C.P.
Carretera de Rocafort 113
43427 Conesa
diversa@diversaediciones.com
www.diversaediciones.com

Primera edición: marzo de 2014

ISBN: 978-84-942484-0-5
ISBN Ebook: 978-84-942484-1-2
Depósito legal: T 464-2014

Diseño y maquetación: Dondesea, servicios editoriales

Todos los derechos reservados. Queda prohibida la reproducción total o parcial de cualquier parte de este libro, incluido el diseño de la cubierta, así como su almacenamiento, transmisión o tratamiento por ningún medio, sin el permiso previo por escrito de la editorial.

Impreso en España – *Printed in Spain*

ÍNDICE

PRÓLOGO 17

INTRODUCCIÓN 21

1. LOS SELDJÚCIDAS 31
Los oguz 32
Origen de los seldjúcidas 33
La batalla de Dandanakan 34
El sultán Alp-Arslan 36
La batalla de Manziquert 37
El nacimiento del estado turco 38
La Primera Cruzada y Kiliç-Arslan 39
La Segunda Cruzada y Mes'ud I 40
Kiliç-Arslan II, batalla de Miriokefalón y Tercera Cruzada .. 41
Un personaje de leyenda 42

2. DESARROLLO HISTÓRICO DE LA ORDEN DEL TEMPLE EN LA PENÍNSULA IBÉRICA 45
Código templario 54
Génesis de la orden 56
El Priorato de Sión 58
Rennes-le-Château 62

3. NO TODOS FUERON LOS ELEGIDOS 65
Estructura organizativa 68

4. LAS CLAVES ESOTÉRICAS DE LOS TEMPLARIOS ... 75
La iglesia de Bordón: la «Rosslyn hispana» ... 85
El esoterismo templario de la iglesia de Bordón ... 88
El despertar del dragón ... 93
La partitura del Diablo ... 96
La extraña capilla ... 98
El rito iniciático para los caballeros ... 99

5. EL SANTORAL TEMPLARIO ... 103
San Bartolomé ... 105
Vestigios de san Bartolomé ... 109
San Miguel Arcángel ... 111
San Juan Bautista ... 118
San Julián ... 120
San Gil y san Blas ... 123
Santa María Magdalena ... 124
Santa Águeda ... 125

6. LA RUEDA, SÍMBOLO SOLAR ... 129
La rueda en la simbología ... 131
Occidente ... 133
La Edad Media ... 134
El mandala de San Bartolomé de Ucero ... 135
El cañón del río Lobos ... 136
El rosetón de la quintaesencia ... 142

7. EL LABERINTO SAGRADO ... 145
Volúmenes y planos ... 147
Ritos de la fertilidad ... 148
Chartres ... 152

8. LAS VÍRGENES NEGRAS	155
Las vírgenes negras del Solsonès	169
Patrona de Solsona	170
La virgen del Colls	172
Una cofradía de raíces templarias	173
El santuario de las nubes	175
9. LA CRUZ DE LAS OCHO BEATITUDES	179
El extraño rosetón triangular de Valderrobres	183
10. EL CULTO A LAS AGUAS SUBTERRÁNEAS	187
Poder esotérico	190
11. EL ÁRBOL SAGRADO	193
12. EL BAPHOMET	203
Los señores del Mal	209
Caracena, el pueblo maldito	213
La iglesia de los símbolos	215
13. EL MAESTRO CONSTRUCTOR	219
El templo de Salomón	221
14. LA ALQUIMIA, UN ARTE SAGRADO CONDENADO POR LA IGLESIA	227
Entre la historia y la leyenda	230
La esencia misma de un arte esotérico	232
15. LOS NÚMEROS SAGRADOS	241
El 3	242
El 5	243
El 6	246

El 7 248
El 8 250
El 9 251
El 10 254
El 12 255

16. LOS COLORES SAGRADOS 257
El negro 258
El blanco 259
El rojo 260

17. EL YIN-YANG 265
Otra realidad 267
Yin y yang 268
Las iglesias catalanas de las tierras del Ebro 271

18. LA MÍTICA TAU 273
La tau egipcia 274
El alfabeto hebreo 275
El simbolismo cristiano 276
A través de los monumentos 277

19. EL GRIAL 285
La leyenda de San Pantaleón 291

20. LOS CULTOS ASTRALES 297
Sagitta 301

21. LOS SÍMBOLOS SERPENTARIOS 303
La vara de Asclepios 304
Los poderes terrenales 305

22. LOS SÍMBOLOS ERÓTICOS 311
    Entre Cantabris y Castilla y León 312
    Castillejo de Robledo 317

23. HIDRAS Y OTROS SERES FABULOSOS 319

24. LA OCA, EL AVE MÍTICA DE LOS ARCANOS
    MEDIEVALES 325
    Símbolo de origen ancestral 327
    Un juego gnóstico 329
    Un Cristo inquietante 334

25. EL MITO DEL PELÍCANO 339

26. LOS PREPARATIVOS PARA EL ÚLTIMO VIAJE .. 345
    Las capillas funerarias de Navarra 354
    La fuerza del ocho 358

27. ALTARES SAGRADOS 361
    Conquezuela 363
    Evolución del cristianismo 365

28. VERACRUCES 367
    La Cruz de Caravaca 370

29. EL COMERCIO 377
    Los puertos templarios hispanos 378
    El puerto de Occitania 380
    La importancia de unas aguas milagrosas 382
    Un puerto fluvial 383
    La salida al mar del Maestrazgo 384
    El puerto de «Ciutat» 386

Puerta del comercio de la sal 387
Huelva 389
La flota militar de Faro 390
El puerto Astur 391
Un puerto de pescadores a la sombra de una iglesia cargada de símbolos 392
Entre Castilla y el Atlántico 394
Mallorca templaria 395
Los templarios en Mallorca 397
El norte templario de la isla 399
El Nuevo Mundo 402
La capilla de Rosslyn 406
El Camino de Santiago templario 408
Por encima de los mitos 410
Villalcázar de Sirga 411
San Pantaleón 412

30. CRONOLOGÍA TEMPLARIA 415
La bula *«Omne Datum Optimum»* 430
Los grandes pontífices de las cruzadas 434
Los grandes maestres de la Orden del Temple 436

GLOSARIO DE TÉRMINOS 439

BIBLIOGRAFÍA 469
Libros de simbología y esoterismo 472

AGRADECIMIENTOS 475

Non Nobis, Domine,
Non Nobis,
Sed Nomini Tuo Da Gloriam

No a Nosotros, Señor,
no a Nosotros,
sea la Gloria en Tu Nombre

(Lema templario)

*A la memoria de Jacques Bernard de Molay,
último gran maestre de la Orden del Temple,
en el 700º aniversario de su muerte en París,
y a los demás caballeros templarios de Europa
que igualmente fueron torturados y asesinados.*

PRÓLOGO

Conozco a Jesús Ávila Granados y conozco su obra. Dos motivos, pues, más que suficientes como para hablar, siquiera sea con la licencia que puede otorgar la familiaridad, aunque sea haciéndolo desde la perspectiva de unas breves líneas, sobre una trayectoria profesional que no solo le avala como un magnífico escritor, sino que también le presenta como un fiable y a la vez experto transmisor de conocimientos. Unos conocimientos, adquiridos a lo largo de una vida dedicada a los viajes y a las investigaciones sobre el terreno, que sin duda han contribuido notablemente a facultarle como una auténtica autoridad en la materia que nos ofrece en la presente obra. Una tarea ardua, y en modo alguno fácil, lo sé por experiencia, siguiendo las huellas —en algunos casos difícilmente apreciables, interesadamente borradas en otros e incluso hábilmente ocultadas por los propios protagonistas posiblemente en la mayoría— de una orden medieval de caballería que, setecientos años después de su desaparición, todavía continúa levantando las más insospechadas pasiones y polémicas: la Orden de los Pobres Caballeros de Cristo y del Templo de Salomón. O, como popular y mundialmente son más conocidos: la Orden de los Caballeros Templarios.

La aventura que aquí nos propone Jesús Ávila es una calculada epopeya encaminada a conseguir que el lector participe en un apasionante viaje en el tiempo, introduciéndole, de paso, no solo en esas páginas de la historia que en demasiadas ocasiones pecan de exceso de rigurosidad, remitiéndose sin misericordia a fuentes que generalmente nunca están al alcance del lector para que este las pueda consultar y constatar y que, además, carecen de ese factor arquetípico que hace de los hechos del pasado una experiencia intrínsecamente humana, sino también acercándole a esa misteriosa *cosmogénesis* de índole interna de la que los templarios hicieron gala. Una *cosmogénesis* que motivó, en parte, el acrecentamiento de su extraordinaria leyenda y también, desgraciadamente, constituyó otro de los factores que supusieron su posterior prendimiento y caída: su carácter hermético y el esoterismo añadido. Porque hemos de tener en cuenta que, durante sus aproximadamente doscientos años de existencia —en los que se constata idéntico ciclo vital que en cualquier cultura, civilización o imperio, es decir, nacimiento, auge y caída—, la Orden del Temple mantuvo, como el dios romano Jano, dos caras o facetas bien diferenciadas, una oficial u ortodoxa, de cara a la sociedad de la época, en la que como monjes y a la vez guerreros —un concepto novedoso entonces, aunque con antecedentes previos en los *ribats* musulmanes— no solo lucharon y murieron como mártires defendiendo y regando con su sangre los santos lugares de la cristiandad siendo soldados elegidos de Cristo, y otra cara más mística, en la que se convirtieron en buscadores y custodios de la Antigua Tradición y sus lugares sagrados. De manera que tampoco es casual que determinados asentamientos se localicen en entornos especialmente elegidos, con independencia de su posible situación estratégica; entornos, y a la vez *lugares de poder* —como los definen algunos autores—, en los que no solo se evidencia una determinada actividad de tipo energético o telúrico, sino que contienen además rastros inequívocos de pueblos y cultos anteriores, muchos de los cuales se remontan, curiosamente, a la época de los constructores de megalitos. Una faceta, la esotérica, reconocida en su justa medida por historiadores mundialmente conocidos, como podría ser el caso de Ricardo de la Cierva.

Es por todo esto que el lector que se sumerja en las siguientes páginas comprobará que el autor no solo demuestra sus dotes de escritor, sino que, además, consigue que la pasión con la que dirige esta obra de extraordinario valor documental desborde de vitalidad las orillas de una historia que aún está por descubrirse en su práctica totalidad. Porque no nos olvidemos, ni por un momento, de que no resulta una tarea fácil hablar de una organización tan compleja como fue la Orden del Temple. Por el contrario, intentar alumbrar las tinieblas de ese mundo alternativo, incierto y terriblemente escurridizo requiere muchos años de estudio y dedicación, numerosos desplazamientos y una infinita paciencia para encajar, con la mayor precisión posible, las diferentes piezas de un enigma histórico de monumentales proporciones.

Por eso, además de un completo honor, me resulta gratificante presentar este magnífico trabajo, donde el autor, de una manera concienzuda, profesional y metódica, nos ofrece una obra imprescindible para el conocimiento del mundo templario. A través de los distintos capítulos conoceremos, con todo lujo de detalles, qué colores utilizaban y por qué; el santoral que mayoritariamente profesaban y las razones que les motivaban a hacerlo; la estrecha relación que mantenían con los Maestros y gremios de canteros, muchos de los cuales, profesaran o no entre las filas de artesanos que constituían una parte primordial del entramado administrativo de la Orden, les acompañaron no solo en su aventura histórica, sino también en su caída, pasando posteriormente a la clandestinidad cuando aquella fue suprimida. Asimismo conoceremos su desmesurado interés por ese otro gran enigma histórico que son las vírgenes negras y muchos otros temas afines que no solo dejarán al lector con deseos de profundizar aún más en el insondable misterio de los caballeros templarios, sino que también le incitarán, estoy seguro de ello, a seguir unas huellas que, después de todo, continúan ahí, sin duda clamando justicia y reparación.

Juan Carlos Menéndez Gijón
En Madrid, a 21 de noviembre de 2013

INTRODUCCIÓN

> «El carácter universalista de la Orden del Temple sobrepasaba al de la Iglesia romana. La orden admitía en su seno a gentes de todas las religiones, sin pedirles que renunciaran a ellas, incluso a los excomulgados».
>
> ANTONIO DE LA RIVA. *La cara oculta del Temple*

Desde hace tres décadas estoy especialmente motivado por la Orden del Temple. Me he ocupado de estudiarla desde todos los ángulos y en todos los lugares, tanto de Europa como de Oriente Próximo.

Fue precisamente recorriendo el interior de Turquía, en concreto en la zona de Capadocia, cuando, en las iglesias rupestres del valle de Göreme, descubrí la cruz de las Ocho Beatitudes, la más esotérica de los templarios, realizada por los cristianos que, en los siglos altomedievales, en aquellos volcánicos parajes del centro de Anatolia, encontraron refugio ante las sangrientas invasiones islámicas, tras la Hégira, en el año 622. Esos frescos, realizados en pintura roja sobre la piedra volcánica, fueron los que inspiraron a los caballeros templarios que, durante la época de las cruzadas, atravesaron el país de los seldjúcidas a través de Anatolia, desde Constantinopla a Tierra Santa, en las rutas hacia Konya, la ciudad sagrada del místico sufí Mevlana, quien mantuvo una estrecha relación con los magos del Temple. Después, ya en Occidente, estos sabios del cristianismo más heterodoxo mantuvieron la cruz de las Ocho Beatitudes en numerosos enclaves. Lamentablemente, muchas de estas representaciones han desaparecido por el paso del tiempo, o por la desidia humana.

Otra cruz de gran veneración para la Orden del Temple fue, sin duda, la tau, que se corresponde con la novena letra del alfabeto hebreo, la cual también vemos representada en numerosos enclaves de la España medieval que estuvieron vinculados con los templarios, como el castillo de Ponferrada en León, la iglesia de Bordón en Teruel, la iglesia de Yanguas en Soria, Castrogériz en Burgos, etc.

Pero la cruz templaria más conocida por todos es, sin duda, la llamada cruz paté (pateada). Se trata de una cruz griega de cuatro brazos de igual longitud, cuyos extremos recuerdan a la pata de oca, de ahí su nombre; o bien termina curvilínea, evocando la circunferencia del astro rey. Esta cruz era la más utilizada, porque fue la que, desde 1143 y de color rojo, llevaron los caballeros templarios en la parte izquierda de su capa blanca. Son innumerables los lugares de la España templaria que conservan este símbolo, algunos de ellos, paradójicamente, antes vinculados con los celtas, como es el caso de la lauda aparecida en la villa de Narros, en Soria, que se alza en el centro de su plaza mayor, la cual, en el dorso de la piedra, muestra grabados los siete cielos, como el paraíso celta.

El estudio de la simbología templaria, que recojo en la presente obra, ha supuesto una gratificante experiencia en todos los sentidos; porque estudiar a los templarios, los más destacados protagonistas de la Edad Media, ha significado adentrarme en las claves del conocimiento a través de las huellas de las evidencias. Un trabajo que no dejo de llevar a cabo, porque, contra más puertas se abren al mundo gnóstico, más espacios esperan para ser descubiertos, y eso es, sin duda, el gran atractivo del Temple, que nunca se agota.

La mitología templaria se centra en los elementos más herméticos relacionados con la citada orden representados en la Península Ibérica, así como en los enclaves más enigmáticos que el Temple mantuvo en la geografía hispana. Los mismos colores que llevaban los caballeros en sus vestiduras, el blanco y el rojo, están estrechamente relacionados con *hesed* y *geburah*, cuarto y quinto céfiros de las tradiciones judías, que ocupan los brazos derecho e izquierdo del árbol cósmico; símbolos, al mismo tiempo, de la misericordia, y también de la fortaleza, la justicia y el rigor.

Durante casi dos siglos (de 1118 a 1314), el mundo medieval de Occidente y Tierra Santa tuvo un protagonista de excepción, o mejor dicho, un grupo de poder con tanta influencia que concentró en sus caballeros buena parte de los valores de su tiempo. Este grupo, sólidamente establecido en Francia, consolidado en los Santos Lugares bajo el amparo, al principio, de san Bernardo de Claraval (1090-1153) y repartido por todo el mundo occidental, no era otro que los templarios. La orden más esotérica que haya existido en el medioevo estaba formada por maestres, caballeros, servidores, criados y magos. Estos últimos, como veremos a continuación, eran los privilegiados, hábiles alquimistas, poseedores de los secretos de la sabiduría más profunda, y constituían un número reducido de personas.

Según san Bernardo, las circunstancias de entonces —comienzos del siglo XII— aconsejaban «desenvainar la espada de los fieles contra los enemigos para derribar todo lo que se levante contra Dios, no sea que digan las naciones: ¿dónde está su Dios?». En los siguientes términos describe el fundador de la orden la vida diaria de los caballeros, sujeta a estricta disciplina y obediencia:

Van y vienen a voluntad del que manda: se visten con lo que les dan, no buscan comida ni ropa por otros medios, se abstienen de todo lo superfluo... Viven en común, llevan vida sobria [...] sin mujeres ni hijos. Aspiran a la perfección evangélica sin poseer nada personal, acogiendo lo que les mandan con toda sumisión.

Nunca están ociosos, ni merodean. Cuando no se ejercitan repasan sus armas, cosen sus ropas... Trabajan para el bien común... Todos arriman el hombro y así cumplen la Ley de Cristo. Ni una palabra insolente, ni una obra inútil, ni risa inmoderada ni leve murmuración... Están desterrados del juego del ajedrez o los dados. Desechan y abominan de bufones, magos y juglares.

Se tonsuran el cabello, jamás se lo rizan..., se bañan muy rara vez..., van cubiertos de polvo, negros por el sol que les abrasa bajo las mallas.

Se arman en su interior con la fe y el exterior con acero, sin dorado alguno; armados, no adornados, infunden miedo y no avaricia.

Llevan caballos fuertes y ligeros, no importa el pelo ni sus aparejos, piensan en el combate y no en el lujo. Anhelan la victoria, no la gloria; desean ser temidos, no admirados...

Nunca van en tropel o alocadamente, sino cada uno en su puesto, desplegados para la batalla, todo bien planeado, con cautela y precisión..., y aunque son pocos, no se acobardan ante la multitud, porque no se fían de sus propias fuerzas sino que esperan la victoria del poder del dios de los Ejércitos.

San Bernardo, mentor de las órdenes del Císter y del Temple.

Ante todo esto, es fácil pensar que se produjese la paradoja de cuestionarse si eran realmente monjes o soldados. San Bernardo de Claraval apunta la contradicción: «Son a la vez mansos como corderos y feroces como leones. Para hablar con propiedad sería mejor decir que son ambas cosas». Esta lucha en doble frente suponía combatir a la vez contra hombres de carne y hueso y contra las fuerzas espirituales del Mal, ser valientes con la espada y sobresalir en la lucha espiritual. También reconocían el valor «fácil» de quienes vivían o morían en el combate, pues siempre salían ganando: «Si son dichosos los que mueren en el Señor, ¿no lo serán más los que mueran por Él? El Caballero es considerado como defensor de los cristianos y vengador de Cristo en los malhechores. Y cuando le matan sabemos que no ha perecido, sino que llegó a su meta». Si añadimos estas frases a los puntos de la orden, nos viene a la memoria una máxima de la época que ha llegado a nuestros días: «¡A Dios rogando, y con el mazo dando!». San Bernardo, como «caballero de la Virgen», designa a la Orden del Temple con el nombre de *Militas Dei*, y a sus miembros como *Minister Christi*. La categoría de Caballero no se adquiría por nacimiento, sino solo por nombramiento o investidura. En la Edad Media, tener un miembro dentro de la orden era el mayor orgullo para toda la familia e incluso para la comunidad en donde residía.

Junto a los votos tradicionales del religioso, se sumaban la obediencia plena al Papa. Vestían túnicas y capas de color blanco («seguridad de valor y salud del cuerpo»), con una cruz roja en la izquierda, como distintivo de la orden. Sus armas eran: espada, daga, cuchillo para la comida y cortaplumas. La orden entregaba como equipo de combate caballo, cota de mallas y esclavina, sobre cota blanca con una cruz griega roja.

Sus campañas militares fueron heroicas: siete de sus veintidós grandes maestres (un 32%) murieron en el campo de batalla. El aspecto del Caballero era mayoritariamente el de un varón con espesa barba y cabeza rasurada. Vivían la disciplina castrense, la oración diaria y la confesión pública. Se les obligaba, además de apoyar a los necesitados, a tener una comida austera y parca de digestión, llevar escasa conversación y tener prohibida la caza, así como el respeto a todos los seres elementales.

Entre 1130 y 1136, el predicador de la Segunda Cruzada, dedicado a la Orden del Temple, redactó el *Libro sobre las glorias de la Nueva Milicia, a los caballeros templarios*. Y lo dedica a Hugo (*Hugues*) de Payns, primer gran maestre y receptor de los estatutos redactados por san Bernardo. Demuestra con argumentos válidos para la época que estos religiosos pueden matar, si es por Cristo, al tiempo que practican la obediencia, la virginidad y la pobreza, porque nada falta de la perfección evangélica. La literatura monacal de la época abundaba ya en las comparaciones de su reglamentada vida con una auténtica lucha: san Bernardo denominaba «Jerusalén» al monasterio o convento, el corazón espiritual de los caballeros templarios. «Las fortalezas se defienden con las armas de la oración, nadie está exento de este servicio militar si quiere alcanzar algún día el Paraíso», escribió.

Pero los templarios hispanos, a diferencia de los demás caballeros del resto de Europa, encontraron a su regreso de Tierra Santa una sociedad especialmente rica en cultos diferentes, pues convivían las tres religiones monoteístas del Occidente medieval: cristianos, judíos y musulmanes. Esto favoreció la tolerancia aprehendida en su estancia en Oriente, con lo cual es fácil comprender que, de alguna forma, sirvieron de árbitros de equilibrio en sus territorios de los reinos cristianos peninsulares, donde el poder de la Iglesia era ilimitado. No fue una casualidad que, en las ciudades donde había colectivos de judíos, estos se arropasen cerca de las encomiendas templarias en busca de su protección; y lo mismo sucedió con las aljamas moriscas y mudéjares. En la localidad de Castellote (Teruel) en concreto, los templarios utilizaron alarifes moriscos para la construcción de la iglesia, que conserva su magnífico rosetón, dedicada a la Virgen del Agua, una imagen negra. Y sabemos también que los templarios de Monzón (Huesca) tuvieron servidores judíos en su poderosa fortaleza. Pero los templarios igualmente ofrecían su apoyo incondicional a los grandes maestros constructores, como fue el caso de la villa de Bembrive (Pontevedra), donde el célebre maestro Rodrigo, a finales del siglo XII, fue protegido por el Temple tras recibir de los caballeros iniciados algunos de los secretos que estos adquirieron en Tierra Santa.

Con el paso del tiempo, los más enigmáticos caballeros del mundo medieval, fruto de sus estrechos intercambios culturales con los pueblos y civilizaciones de Oriente, se fueron enriqueciendo, en todos los sentidos, ahondando en las esencias del saber más profundo, al tiempo que su poder material no cesaba de crecer, lo que despertó grandes envidias. Ante tales riquezas —las materiales—, no faltaron voces que reclamaban al cielo una justicia contra estos caballeros que habían desafiado al Altísimo, y según declaraciones que los verdugos inquisidores arrancaron de algunos templarios durante las terribles sesiones de tortura que les aplicaron, cuatro fueron los delitos fundamentales que se les atribuyeron: la negación de Cristo, idolatría, apostasía y malas costumbres. Entre otras acusaciones, se incluía la de que los caballeros, en el momento de consagrarse como tales, tenían que escupir al Crucifijo, al tiempo que renegaban de la fe de Cristo, mientras adoraban a un ser extraño —el Baphomet— y practicaban la sodomía. Ninguna de estas difamatorias acusaciones pudo probarse, porque fueron fruto de un deseo visceral por desprestigiar a la orden y a todos sus miembros, y hacerse con el poder material del Temple.

A lo largo de las páginas de este libro, el lector tendrá oportunidad de viajar por algunos de los territorios más fascinantes del mundo templario a través de los conceptos que más influyeron, o, mejor dicho, que más estrechamente estuvieron vinculados con su cultura gnóstica; elementos recogidos del mundo oriental, de las culturas del Mediterráneo y también de las tradiciones célticas. La Orden del Temple, y concretamente el grupo de escogidos que formaron parte de los iniciados —magos—, sigue despertando un gran interés socio-cultural, porque sus conocimientos fueron tales que superaron las barreras de una época en la que el saber solo se hallaba en el silencio de los *scriptórium* de las bibliotecas monacales. Ellos tuvieron el coraje de hacer llegar al pueblo buena parte de aquellos profundos conocimientos en forma de claves que, en estas páginas, irán analizándose, desde los santos más estrechamente vinculados con el Temple, hasta la enigmática Cruz de Caravaca, que llegó a esta histórica población murciana portada por un ángel desde Tierra Santa a través de un ventanal que hoy evoca la luz que iluminó la estancia.

Otros de los temas que guardan una estrecha relación con la cultura más enigmática de los templarios, y que se analizan en las páginas de este libro, son el rosetón cabalístico de la ermita de San Bartolomé de Ucero (Soria), el laberinto de la catedral de Chartres, las vírgenes negras, la cruz de las Ocho Beatitudes, el culto a las aguas subterráneas, el árbol sagrado, el diablo Baphomet, el maestro constructor, la alquimia, los números y colores sagrados, el ying-yang y su representación en algunas iglesias templarias catalanas de las tierras del Ebro, la mítica tau, el Santo Grial, los cultos astrales, los símbolos serpentarios, las imágenes eróticas, hidras y otros seres fabulosos, la pata de oca, el mito del pelícano, los preparativos para el último viaje, los altares sagrados, vera cruces, algunas leyendas de templarios, el comercio... Ponen punto y final a la obra unos apéndices que consideramos de gran utilidad para comprender mejor cada concepto, desde el glosario de términos, hasta el cuadro cronológico, donde se pasa revista a los momentos cruciales que se relacionan con estos singulares caballeros, además de citar a los pontífices de las cruzadas y la relación de los grandes maestres.

Pero no hubiesen existido los templarios si no se hubiera producido en Anatolia la revolución socio-cultural que causó la invasión de los seldjúcidas, la primera oleada de pueblos turcos que, procedentes de la meseta de Asia, cambiaron los destinos de todos los territorios del Mediterráneo oriental y, con ello, de la Tierra Santa. Es lógico, por lo tanto, que le dediquemos el primero de los capítulos de la presente obra a aquel fascinante pueblo asiático que, directa e indirectamente, ejerció una notable influencia en los caballeros defensores del Templo de Salomón, tanto en el tiempo como en el espacio, porque si no hubiese sido por ellos, por los seldjúcidas, estamos seguros de que los caballeros del Temple no habrían entrado en la escena de la historia.

En Santa Perpètua de Mogoda,
cuna de Pere de Rovira (1141-1158),
primer gran maestre provincial del Temple
del Reino de Aragón.

1. LOS SELDJÚCIDAS

«El establecimiento de los turcos, y con ellos de un poder consolidado, dejó clara huella en el paisaje y el aspecto de las cruzadas; en ellas se acrecentó también la influencia de los místicos y de las cofradías: en Konya, Mevlana Djebal fundó la de los derviches danzantes, a la que aguardaba un brillante futuro».

JACQUES HEERS

Uno de los capítulos más interesantes y al mismo tiempo oscuros de la historia del Islam es el de los seldjúcidas (*Selçuk-ogullari*). Este sultanato, surgido cerca de la monumental Éfeso (Selçuk), en el extremo occidental de Anatolia (nombre griego dado por Constantino el Grande a esa península asiática, que se traduce como «la tierra por donde nace el Sol»), se desglosó en cinco ramas importantes: los grandes seldjúcidas, que reinaron en Irán e Iraq de 1038 a 1118; los seldjúcidas de Iraq, que fueron derrocados por los juarizmitas y se documentan de 1118 a 1194; los seldjúcidas de Siria, de 1078 a 1113, a quienes sucedieron diversos atabeks; los seldjúcidas de Kirmán, que dominaron esta región del Irán hasta 1186; finalmente, los seldjúcidas de Rum, que ocuparon toda la amplia meseta de la actual Turquía asiática desde 1077 hasta 1307.

Son precisamente estos últimos los que más nos interesan, debido a las estrechas vinculaciones que, en un tiempo coetáneo de desarrollo histórico, tuvieron con los templarios.

La época seldjúcida se caracterizó por el fortalecimiento del sunnismo (partidarios de la sunna y adeptos de un sistema político-religioso que niega a los descendientes de Alí todo el derecho al poder; opuestos, por lo tanto, a los chiitas), al que contribuyó de manera decisiva la difusión de las madrasas (verdaderos centros culturales), así como la enseñanza de nuevas formas de arte y arquitectura, como veremos a continuación. Los seldjúcidas ocupan, además, un importante período de la historia medieval, ya que a través de su estudio no solo podemos conocer mejor el desarrollo de las cruzadas, sino también una parte importante de la esencia misma de la Orden del Temple.

LOS OGUZ

Los oguz son los más célebres e importantes de los pueblos turcos. Cuando los seldjúcidas entran en la escena de la historia, los oguz ascienden al mismo puesto; se introducen, propiamente dicho, en la cabeza del mundo turco. Casi todos los turcos que viven hoy en día en Turquía, en los Balcanes, en Iraq, en Irán, en el Cáucaso y en el Kurdistán, son los oguz. Los otros turcos, es decir, los ozbek, los ouigour (oygur), los cosacos, los khirghiz, los tártaros de Crimea, los de Kazán, los checos, los yakuk y otros, no son los oguz, aunque hablen una lengua semejante. En la actualidad todos ellos, a tenor del dialecto que hablan, están divididos en tres grupos: Osmanli (Anatolia, Turquía), Azeri y Turkmen.

Los bizantinos llamaban a los oguz *uz*; los rusos los denominaban *torkt* (plural de *terki*, «los que vienen de fuera»). En el siglo XI, los oguz habían fundado un Estado al norte del mar Negro, exactamente en el Turkestán ruso, extendiéndose hasta

Grecia, aunque no tardarían en fundirse con los demás pueblos turcos y las poblaciones cristianas. Su jefe llevaba el título de *yabgu*. Su territorio abarcaba una amplia franja entre el mar Caspio y el lago o mar de Aral, desbordándose sobre los territorios próximos, incluido el gélido desierto de Karakum.

Era un pueblo sedentario, dueño de una elevada cultura. Muchas ciudades oguz han sido estudiadas a lo largo de recientes campañas de excavación arqueológica. La extensión de estas ciudades y su alta geografía se pone de manifiesto, por ejemplo, en Karaspantepe, cerca de Yasi, que abarcaba una superficie de 510.000 metros cuadrados, o en Sabrán, sobre el curso del Syr Daria, que se extendía sobre 440.000 metros cuadrados, toda ella rodeada por una sólida muralla. La mayoría de las veces, estas ciudades se extendían a muy corta distancia unas de otras, lo que nos demuestra su densa población.

ORIGEN DE LOS SELDJÚCIDAS

Los oguz se dividieron en 24 tribus, 12 llamadas Bozok, y otras 12, Üçok. Las tribus descendían de los seis hijos de Oguz Han: Gün, Ay, Yildiz, Gök, Dag y Deniz Han. Cada uno de ellos tuvo cuatro hijos, de ahí el número de 24 tribus. Los seldjúcidas provienen de los Kinik, que eran descendientes de Üçok, mientras que los otomanos (*osmanogullari*) lo hacen de los Tayi, descendientes directos de los Bozok.

Los seldjúcidas reinaron en el territorio de los oguz a partir del año 990. Llevaban el título de *yabgu* y su geografía cubría una superficie de un millón de kilómetros cuadrados. Esta familia, que previamente había poseído el *beylik* de la tribu Kinik, constituía el núcleo hereditario del Estado seldjúcida, cuyo jefe llevaba el título de *sübasi*. El *sübasi* Dukak Bey, en el 903, fue reemplazado por Selçuk (Seldjouk) Bey, jefe epónimo de la dinastía. Según la leyenda, Selçuk Bey murió hacia el año 1000, a la edad de 115 años. En 915 se convirtió al Islam y, junto con el soberano, todo el prestigioso clan Kinik. En el 999, el Estado semanida de origen iraní, que dominaba la Transoxianie y el Khorassan, fue desmembrado y su territorio dividido entre dos imperios turcos, el de los karakhanidas y el de los ghaznévidas. Atacando a estos grandes estados turcos, los seldjúcidas se prepararon para tomar el sultanato.

Con los ghaznévidas, los enfrentamientos fueron excesivamente violentos. Los seldjúcidas atacaron a este Estado, afligido por la muerte del sultán Mahmoud de Ghazna en 1030. Ese mismo año, los dos hermanos menores de Selçik, Çagri (Tchagri) y Tugrul (Tougril) Bey emprendieron la conquista del Khorassan. En 1037, tras una dura lucha, entraron en la ciudad de Merv, estableciendo su Estado sobre sólidos fundamentos. Poco tiempo después, la torre inexpugnable de Nichapur era tomada, y al mismo tiempo, en agosto del año 1038, Tugrul Bey fue proclamado sultán (emperador).

LA BATALLA DE DANDANAKAN

Tras esta batalla, los ghaznévidas abandonaron a sus rivales un país tan vasto y rico como el Khorassan. El sultán Mes'ud de Ghazna, viendo la amenaza seldjúcida, descuidó momentáneamente sus asuntos del Indo y acudió a Khorassan con el grueso de su ejército. Tuvieron lugar algunas escaramuzas, pues los ghaznévidas eran mucho más numerosos. Al fin, una importantísima batalla ocurrida el 23 de mayo de 1040 en Dandanakan, cerca de Merv, cambiaría el curso de la historia. El ejército ghaznévida, que se alzaba delante de Çagri y de Tugrul Bey, suponía la más formidable máquina de guerra de aquella época; sus cambios de maniobra eran verdaderamente espectaculares. Sin embargo, los oguz optaron por la unidad de acción, dentro de un orden que los ghaznévidas no conseguían deshacer. El ejército seldjúcida se impuso y los ghaznévidas quedaron derrotados y humillados. De esta forma, los seldjúcidas afirmaron sus posesiones del Khorassan.

La jornada de Dandanakan es memorable en la historia turca. En el futuro, ningún obstáculo serio se interpondrá entre los turcos oguz y el mar. De hecho, la unión se operó una generación más tarde; los ghaznévidas abandonarán Irán a los seldjúcidas, retirándose a Afganistán y al Indo. Poco después, se declararán vasallos de los seldjúcidas.

Después de Dandanakan, el Gran Hakanat turco no sería más representado por los karakhanidas, que no tardaron en prestar su sometimiento a los seldjúcidas. El sultán Tugrul Bey fue el primer *hakan*, o emir, desde 1040 hasta 1063. Los califas Abbasidas de Iraq se sometieron a los seldjúcidas. El viernes 15 de diciembre de 1055, el califa Kaaim hizo leer el *Ktutbé* («Corán», en turco) en Bagdad al sultán Tugrul Bey. Los turcos oguz habían tomado la entera posesión del mundo islámico. Los seldjúcidas no tardaron en arrinconar a los chiitas al extremo noroccidental del continente africano. Más tarde, los califas se convertirán en los jefes espirituales; la pujanza temporal será el tributo de los *hakan* turcos.

En esa época, un escribiente árabe, Ibn-Hassul, llevó a los turcos este juramento histórico: «La calidad de los turcos es su actitud en alcanzar la cabeza y el control de una comunidad. Han sido creados para dominar y dirigir, para dar las órdenes y gobernar. Tenemos, por ejemplo, los países como Egipto e Iraq, situados bastante lejos del territorio turco, con el inconveniente de la diversidad lingüística; un puñado de seldjúcidas, introducidos en estos países, no encontraron dificultades para hacerse con el poder».

EL SULTÁN ALP-ARSLAN

A Tugrul Bey le sucedió su sobrino Alp-Arslan (hasta 1072), quien después de una serie de batallas pensó en conquistar más territorios.

Hasta entonces, los turcos musulmanes no habían tomado parte de las incursiones de Anatolia (Turquía), que estaba en poder de los árabes. Más tarde, a partir de 1015, los oguz comenzaron a lanzar sus propias incursiones en los confines orientales de Anatolia, dirigidas por el seldjúcida Çagri Bey. El 18 de septiembre de 1049, el seldjúcida Kutalmis Bey dispersó al ejército bizantino en la batalla de Pasin, haciendo 100.000 prisioneros y consiguiendo 15.000 carros llenos de botín. De esta forma, Çagri Bey y Kutalmis Bey fueron los primeros en abrir las puertas de Anatolia. Alp-Arslan, hijo del primero, y Süleyman-Sah, hijo del segundo, avanzaron por la ruta que sus padres habían abierto, conquistando importantes plazas del interior de Anatolia. Alp-Arslan tomó valientemente Tiflis y Kars a los georgianos, prosiguiendo las campañas en los territorios más orientales y fríos de Anatolia, a fin de allanar el terreno y, a su vez, minar la pujanza económica y militar de Bizancio. Dirigía a los seldjúcidas Bekçioglu Afsin Bey, que obedecía ciegamente a Süleyman-Sah; su cuartel general estaba situado en las proximidades de Azerbaiyán. De este modo, los seldjúcidas, a través de las constantes incursiones, se aproximaban cada vez más al Ege Deniz (mar Egeo) agitando violentamente a toda Anatolia, presa ya de la inseguridad.

LA BATALLA DE MANZIQUERT

El enfrentamiento supremo no se hizo esperar: el 26 de agosto de 1071, frente a los arrogantes muros de la fortaleza de Manziquert, en Anatolia, tendría lugar el cambio de rumbo de la historia de Oriente, con notables repercusiones para Occidente, como veremos a continuación.

El emperador bizantino Diógenes había partido sobre los seldjúcidas con un heterogéneo ejército de más de 200.000 hombres, y se había propuesto llegar hasta el mismo Irán, tras arrojar a los seldjúcidas a los confines de Asia central, de donde habían venido. Alp-Arslan, con un ejército cuatro veces inferior, pero poseedor de numerosas unidades selectas con gran preparación militar, percibió de inmediato las maniobras bizantinas a menos de ocho kilómetros de distancia. Allí, ese mismo día, tuvo lugar una de las más importantes batallas de todos los tiempos, que sin embargo ha pasado inadvertida en los anales de la historia. El ejército bizantino incluía en sus filas a mercenarios turcos, así como a musulmanes que todavía no habían abandonado el chamanismo. Estos, cuando vieron que los seldjúcidas hablaban su misma lengua y que tenían gran confianza en su éxito, a pesar de la inferioridad numérica, no dudaron en pasarse al otro bando. Alp-Arslan desplegó su capacidad estratégica, el ejército bizantino fue aniquilado y el hermano del emperador, preso.

Süleyman-Sah, hijo de Kutalmis, penetró en Anatolia, emprendiendo rápidamente la conquista de la mayor parte de la península. En 1073, Artuk Bey venció a un segundo ejército bizantino en los alrededores de Izmit (Nicomedia). Al año siguiente, Süleyman-Sah haría lo mismo cerca de Antioquía (hoy Antalya). El hermano del emperador, que había sido hecho prisionero en Manzinquert, murió, al tiempo que el príncipe bizantino Isaakios Komminos cayó prisionero.

Mansür Bey, el hermano de Süleyman-Sah, estableció su cuartel general en Kütahya.

EL NACIMIENTO DEL ESTADO TURCO

El gran sultán Melik-Sah, que sucedió a su padre Alp-Arslan, logró concluir la obra iniciada por sus predecesores, en el año 1077. Después de haber residido por algún tiempo en Ikonion (la actual Konya), en 1080 Süleyman-Sah eligió Nicea para la sede del trono seldjúcida. La nueva capital estaría muy próxima a Bizancio, exactamente a escasos 70 kilómetros de la ciudad de Constantinopla.

El seldjúcida Jutalmisoglu Nàrcisuddevle Eb'il-Fevàrcris Gazi, sultán Süleyman-Sah I, el conquistador de Anatolia, pasaría a la historia como el fundador del Estado turco y su primer monarca.

Después de apoderarse, el 13 de diciembre de 1084, de Antioquía, entonces una de las más grandes ciudades del mundo, Süleyman-Sah se consideraba dueño de casi toda la península de Anatolia. Los seldjúcidas controlaban todo desde las riberas del mar Negro hasta el Mediterráneo, y desde las azuladas aguas del Egeo a las costas del mar de Mármara. Usküdar (la histórica Escutari) también estaba en manos de los seldjúcidas, y ya se comenzaba a contemplar con suma admiración, desde la orilla asiática, la espléndida Bizancio (Constantinopla), considerada como la perla del mundo, en donde se concentraban más de las tres cuartas partes de la riqueza de la tierra. Centenares de miles de oguz se habían ido estableciendo en Anatolia. A finales del siglo XI, su número superaba ya el par de millones. A consecuencia de ello, los bizantinos tuvieron que huir, estableciéndose en los Balcanes.

Çaka Bey, el gobernador de Esmirna (hoy Izmir), bajo las órdenes de Süleyman-Sah, dominó el mar Egeo con una poderosa flota compuesta por 40 navíos, procedentes de Alanya, conquistando las islas griegas de Chío (Sakiz), Metilene (Midili), Lesbos, Samos (Sisam), Rodas..., y se preparó para tomar Bizancio. Los seldjúcidas que habitaban la parte europea (Rumelia) se habían acercado hasta las proximidades de Bizancio. El imperio romano de Oriente expiraba. Süleyman-Sah murió el 5 de junio de 1086, cerca de Aleppo, en el curso de una disputa. Europa entró en acción, poniéndose en marcha la Primera Cruzada.

LA PRIMERA CRUZADA Y KILIÇ ARSLAN

A la muerte de Süleyman-Sah, su hijo primogénito Kiliç-Arslan le sucedió en el poder, pasando el sultán *Melik-Sah* a gobernar el interior de Anatolia. Con la subida al trono de Kiliç-Arslan, se contabiliza el segundo monarca seldjúcida (turco); mientras tanto, la pujanza seldjúcida en Anatolia atravesó una fase sumamente crítica.

Un formidable ejército cruzado, compuesto por más de 600.000 hombres, pasó al interior de Anatolia, junto con el ejército bizantino. Los cruzados no tardaron en apoderarse de Nicea (hoy Izmit); Kiliç-Arslan no pudo reunir nada más que 150.000 hombres y, tras lograr infligir graves pérdidas a los cruzados, se retiró, el 30 de junio de 1097, sobre las llanuras centrales de Anatolia. Los cruzados, que tenían que atravesar forzosamente Anatolia para llegar a Jerusalén, en continuas escaramuzas de desgaste sufrieron más de 100.000 bajas por el ejército seldjúcida, bien dirigido por el mismo Kiliç-Arslan. Cuando los cruzados tomaron Antioquía, el 21 de octubre de

1097, ya habían perdido a más de medio millón de hombres en toda Anatolia. A pesar de ello, los cruzados prosiguieron su marcha hacia el sur, fundando en Palestina un reino latino.

Aprovechando esta lucha encarnizada entre seldjúcidas y cruzados, Bizancio reconquistó todas las costas del mar Negro, del Mediterráneo y del Egeo, arrinconando a los seldjúcidas en Anatolia central. Kiliç-Arslan fijó la capital del sultanato en Konya, defendiéndola con coraje.

LA SEGUNDA CRUZADA Y MES'UD I

En julio de 1107, a su regreso de la conquista de Mosul, cuando atravesaba con su caballo el río Hâbûr, el sultán Kiliç-Arslan I pereció ahogado. Le sucedió su hijo, el sultán Melik-Sah, de 11 años, quien murió de manera desconocida nueve años después. El segundo hijo de Kiliç-Arslan, el sultán Mes'ud, le sucedió entonces en el trono. Mes'ud I reinó durante 39 años, hasta 1155, por lo que tuvo que defender Anatolia en el curso de la Segunda Cruzada.

La nueva cruzada estaba dirigida por el emperador alemán Conrado III y el rey de Francia, Luis VII. Mes'ud derrotó al emperador germano en los profundos valles de Konya, sobre las estribaciones septentrionales del poderoso Taurus. Después de haber perdido a más de 70.000 hombres, Conrado III buscó refugio en Nicea con los escasos 5.000 soldados que seguían en pie. Con ellos, se unió a las fuerzas de Luis VII y ambos entrarían en Jerusalén por la puerta de Jaffa. El *Bausán* o *gonfanon bausant*, el estandarte templario, ondeaba al viento precediendo la triunfal comitiva; pocos metros detrás, iba la oriflama, la santa bandera capeta.

KILIÇ-ARSLAN II, BATALLA DE MIRIOKEFALÓN Y TERCERA CRUZADA

A la muerte de Mes'ud I, su hijo Kiliç-Arslan II le sucedió. Durante su reinado de 37 años (de 1155 a 1192) se alcanzó su período de esplendor para la cultura seldjúcida. En septiembre de 1176 venció en Miriokefalón (a orillas del extenso lago Egridir, entre Capadocia y Pamukkale), a Manuel I, el cuarto de la influyente dinastía bizantina. El emperador, cautivo, fue liberado tras el pago de 100.000 piezas de oro, 100.000 de plata y gran cantidad de caballos. Esta nueva derrota infligida a Bizancio, 105 años después de Manzinquert, alentó a los seldjúcidas a recuperar los territorios de Anatolia.

Kiliç-Arslan, excelente soldado, así como gran hombre de Estado y dirigente, asumió, tras la muerte del sultán Sancar y la desaparición de los grandes seldjúcidas, el título del más grande de los seldjúcidas.

De 1189 a 1192, el emperador de Alemania y los reyes de Inglaterra y Francia lanzaron una nueva cruzada (la tercera) para tomar Jerusalén, que, tras la derrota templaria en Hattin en 1187, había caído en manos de Salâhaddin Eyyûbi (Saladino). Los cruzados llegaron hasta las llanuras de Konya, pero los seldjúcidas no solo resistieron, sino que volvieron a infligir importantes daños a los cristianos en diversas emboscadas, sometiendo a los cruzados a lluvias de flechas tan numerosas que ocultaban el sol. Mientras tanto, el emperador teutón, Federico I Barbarroja, encontró la muerte en Cynos (Anatolia) en 1190.

Kiliç-Arslan II tuvo once hijos. Dos años después de su muerte le sucedió en el trono el sultán Giyâseddin Keyhusrev, desde 1192 hasta 1196. Tras él gobernó otro de sus hijos, Rükneddin II Suleyman-Sah (de 1196 a 1204); a continuación, el sultán Izzeddin Kiliç Arslan durante solamente un año.

Posteriormente, ascendió al trono el sultán Keyhusrev (desde 1205 hasta 1211); excelente militar, como su hermano mayor Süleyman-Sah, Keyhusrev murió en una batalla contra los bizantinos. Su hijo, el sultán Izzeddin Keykâvûs, le sucederá en el trono hasta el año 1219.

El Estado seldjúcida de Anatolia, desde el reinado de Keykâvûs, había alcanzado el control de una gran parte de la región. En ese período se podía acceder fácilmente a las costas de los mares Negro y Mediterráneo. Sinope, importante plaza bizantina que controlaba el paso norte del Bósforo, fue tomada, mientras que en el sur, el reino *ayyubita* de Aleppo, con su poderosa ciudadela, reconocería la soberanía de los sultanes seldjúcidas. Durante el reinado de Alâed-din Keykubâd I (entre 1219 y 1237), más conocido en Occidente como Aladino, sucesor de Keykâvûs, el imperio seldjúcida alcanzó la Edad de Oro de esta dinastía islámica que tan estrecha relación tuvo con los templarios.

UN PERSONAJE DE LEYENDA

El sultán Alâeddin tomó Kalonoros y le dio su propio nombre, Alâiye (ciudad conocida actualmente como Alanya), donde establece su centro de operaciones militares. Fijó atarazanas en los acantilados de la costa, protegidas por un sólido recinto amurallado y un poderoso torreón de piedra roja de planta octogonal.

Aladino regresó a Konya para restablecer los sólidos lazos de vasallaje del imperio griego de Trebizonda (Trabzon) y el reino armenio de Cilicia. El sultán seldjúcida envió a Crimea un fuerte ejército mandado por Çobanoglu Hûsâmeddin Bey. Tras la fortificación de Sinope, en el mar Negro, y de Alanya, en el Mediterráneo, dispuso del control de ambos mares, mientras que los de Mármara y Egeo seguían en manos bizantinas. Después de Aleppo, el reino Ayyubita de Damasco no tardaría en reconocer la soberanía del sultán Aladino.

Anatolia, gracias a la vasta red de vías de comunicación abiertas por los seldjúcidas a lo largo y ancho de esta península asiática, se convertiría en los siglos XII y XIII en uno de los territorios más ricos de la época, en todos los sentidos. Por las legendarias rutas de la seda, que habían vuelto a abrirse al comercio, numerosos caravanserais (lugares donde paraban las caravanas) fueron levantados para garantizar un incesante comercio, de este a oeste y viceversa, así como grandiosos y fastuosos edificios, civiles y religiosos, buen número de los cuales aún pueden visitarse. Anatolia alcanzó un alto nivel de desarrollo gracias al sultán Aladino, quien pasó a la historia con los títulos de *Ulug* y *Büyük*, vocablos, ambos, sinónimos de «grandeza».

Pero tras la muerte de Aladino comenzó la decadencia del imperio seldjúcida. Su hijo, Giyâseddin Keyhusrev II, que le sucedió en el trono muy joven, dio prueba de una total ineficacia. El 2 de julio de 1243, en la batalla de Kosedagi, al este de la ciudad de Sivas, 40.000 mongoles lograron vencer a un indisciplinado ejército seldjúcida de 80.000 hombres. La sombra de Kublai Khan, sucesor de Gengis Khan, planeaba como una losa sobre Anatolia.

De este modo, la civilización y el imperio seldjúcida decayeron irremediablemente bajo la dependencia de los mongoles llamados ulanos, cuyos territorios comprendían también los actuales países de Irán, Azerbaiyán, Georgia y demás repúblicas del Cáucaso. A Keyhusrev II le sucedió su hijo primogénito, el sultán Izzeddin Keykâvûs II; su reino duró de 1246 a 1256.

Varios sultanes seldjúcidas se sucedieron ininterrumpidamente durante la segunda mitad del siglo XIII y comienzos del siguiente: Rükneddin Kiliç-Arslan IV (1257-1266),

Giyâseddin Keyhusrev (1266-1281), Osman I (1281-1301) y Mes'ud II (1302-1308). Durante 231 años, es decir, de 1077 a 1308, dieciséis miembros de la dinastía seldjúcida dirigieron los destinos de Anatolia.

Paralelamente, y con unas relaciones muy estrechas con los seldjúcidas, los templarios cuentan con una historia muy similar de aparición, desarrollo y desgracia, desde su creación en el marco del concilio de la ciudad francesa de Troyes, a iniciativa de san Bernardo de Claraval con el fin de custodiar los Santos Lugares, hasta su final caída en desgracia a manos de la propia Iglesia católica. Detrás, todo un cúmulo de incógnitas y misterios, algunos de los cuales intentaremos desvelar y aclarar en las siguientes páginas.

2. DESARROLLO HISTÓRICO DE LA ORDEN DEL TEMPLE EN LA PENÍNSULA IBÉRICA

> «El ciclo dantesco vibra de indignación contra el papa Clemente V, que ha cedido a la voluntad del rey francés y ha suprimido por vía administrativa la Orden del Temple».
>
> Friedrich Heer

Sobre la epopeya templaria muchos ríos de tinta se han escrito, y estamos seguros de que se seguirán escribiendo, porque constituye uno de los episodios históricos más sobrecogedores de la historia de los siglos medievales, tanto de Oriente como de Occidente. Los nueve caballeros (Hugues de Payns, Godofredo de Saint-Omer, Godofredo Bisol, Payén de Mont-Didier, Archembaud de Saint Aignant, Gondemar, Andrés de Montbard, Hugo de Champagne y Jacques de Rossal), ninguno de ellos relacionado con la Iglesia, tuvieron la doble condición, porque, aunque fueron creados en el corazón de Francia a iniciativa de san Bernardo de Claraval (uno de los hombres más inteligentes que haya dado la Edad Media, mentor igualmente de la creación de la Orden del Císter), también encontraron en Tierra Santa el caldo de cultivo de buena parte de sus saberes más secretos.

Podríamos decir que en la agitada historia de los templarios hispanos se desarrollan diferentes etapas, desde sus inicios hasta 1314, año de la muerte del último gran maestre: Jacques Bernard de Molay. A lo largo de dos siglos, fueron muchas las vicisitudes que los caballeros del Temple sufrieron o protagonizaron. A continuación destacamos, por orden cronológico, algunas de estas grandes epopeyas. Es importante recordar que la entrada de los templarios en el contexto histórico de los reinos cristianos de nuestro país se inicia muchos años antes que en otros lugares de la vieja Europa. Como veremos, tuvo lugar en el primer tercio del siglo XII, coincidiendo con la legalización de la orden por la Iglesia tras el concilio celebrado en la ciudad francesa de Troyes el 14 de enero de 1129 y cuya regla, como ya hemos señalado anteriormente, fue redactada bajo la supervisión de san Bernardo de Claraval; a partir de entonces se sucederán numerosos acontecimientos. Dos años después, el propio Bernardo escribió *De Laudae Novae Militiae*.

Uno de los más grandes condes de Barcelona, Ramon Berenguer III, tras entregar al Temple la alcazaba recién conquistada de Granyena de la Segarra (Lleida), no dudó en hacerse templario; el *Bausán* templario cubrió su tumba a su fallecimiento, el 19 de julio de 1131. Al año siguiente, el conde Ermengol VI de Urgell también mostró una especial atracción hacia el Temple, como se confirmó con la donación de la fortaleza de Barberà de la Conca (Tarragona). Incluso Alfonso I el Batallador, que falleció en Sariñena en 1134, dejó escrito en su testamento que sus bienes y territorios conquistados fueran repartidos en las dos grandes órdenes militares (templarios y hospitalarios), lo cual produjo tal indignación en el Reino de Aragón que la nobleza logró anular el último deseo del monarca. A pesar de ello, seis años después el Temple recibía las primeras plazas en territorios de la Corona de Aragón del Conde de Barcelona, Ramon Berenguer IV, primer monarca catalano-aragonés, tras su compromiso de matrimonio en Barbastro con doña Petronila.

Tras la conquista de la ciudad de Coria, en la Alta Extremadura, por Alfonso VII en 1142, el Temple recibió su emblema definitivo. En Soria, uno de los territorios hispanos con mayor presencia templaria, la orden inició su andadura en 1146. Villaseca, al norte de esta provincia castellana, sería su primera plaza. Cerca se encuentra Ágreda, la villa de las tres culturas (judíos, cristianos e hispano-musulmanes), sobre la vertiente noroeste del Moncayo. Solo dos años después, los templarios ya se habían hecho con la estratégica alcazaba de Calatrava la Vieja (Ciudad Real) y se aposentaron en la ciudad de Tortosa, donde se hicieron fuertes en la Zuda para controlar el curso inferior del Ebro. Por otra parte, en Portugal recibían los derechos eclesiásticos sobre Santarén. Miravet, una de las fortalezas más impresionantes situada en la Ribera d'Ebre (Tarragona), era conquistada por los templarios en 1153, coincidiendo con el asentamiento en aquellos territorios catalanes de los tres grandes cenobios cistercienses (Poblet, Santes Creus y Vallbona de les Monges) y la posterior caída de Siurana, el último reducto de la Cataluña islámica. No es una casualidad, por lo tanto, que ambas órdenes (cistercienses y templarios) surgidas, como hemos visto, de un mismo mentor, siguieran un desarrollo paralelo, no solo en el tiempo sino también en el espacio.

En 1155, el monarca portugués Alfonso Enriques no dudó en conceder a Pedro Arnaldo, tercer maestre del Temple lusitano, la Carta de Protección, coincidiendo con el regreso de Tierra Santa de Gualdim Pais, futuro maestre de Portugal. Tres años después se construyó la poderosa abadía cisterciense de Alcobaça, bajo la protección del Temple, y en 1160 se puso la primera piedra del castillo de Tomar, la más emblemática obra del Temple en el vecino país ibérico. Menos de una década después, ya eran templarios otros castillos lusitanos: Ozereze,

Cardiga y Almourol. En 1170 se construye la espectacular girola de Tomar.

En ese mismo año, el pontífice Alejandro III, al ver la influencia que iba alcanzando el Temple en los territorios peninsulares, firmó una bula en la que establecía que los templarios, así como las demás órdenes militares, debían acatar los derechos que, por mandato eclesiástico, les correspondían a los obispos de los pueblos que fueran siendo conquistados. Sin embargo, solo dos años después los templarios quedarían libres de cualquier jurisdicción episcopal.

En 1176 es conquistada la ciudad castellana de Cuenca, gracias a la participación de los templarios. Al año siguiente, Ponferrada, cuya fortaleza alberga el mayor patio de armas del Temple en Occidente, fue donada a la orden, al tiempo que León contaba, a partir del año siguiente, con un maestre provincial: Guido de Garda. A él se debe la firma de un importante documento, tanto con hospitalarios como con santiaguistas, para coordinar el territorio en general y el trazado del Camino de Santiago en particular. A partir de aquí, la mayoría de las villas, aldeas y castillos de la Tierra de Campos comenzó a ver ondear el *gonfanon bausant* templario. En 1194 tuvo lugar el Tratado de Tordehúmos entre los reyes de Castilla y León, por el cual se intercambian cinco fortalezas de cada reino en señal de garantía de paz; serán los caballeros del Temple los que se ocuparán de la custodia de los castillos leoneses para Castilla. Dos años después, en 1196, la Orden de Montgaudí, que tenía cabeza maestral en Monfragüe (Cáceres), entregó la villa de Alfambra (Teruel) y demás posesiones de Aragón a la Orden del Temple.

Al año siguiente, tras la toma de posesión del castillo de Cantavieja, la zona del Maestrazgo (en Castellón y Teruel) reclamaba la atención de los templarios; no porque se tratara de un territorio que se caracterizara por la fertilidad de su suelo, sino porque los caballeros vieron en esta árida comarca un lugar de refugio y seguridad donde poder acoger y ocultar a los colectivos cátaros que no cesaban de llegar desde su Occitania natal, perseguidos por la Inquisición francesa y calificados de herejes. La situación se hizo todavía más insostenible a partir de 1209, con la carnicería de Béziers, primero, y de un rosario de plazas y castillos vinculados con el catarismo. Además, en el Maestrazgo castellonense, concretamente en la fortaleza de Catí, los templarios practicaron la alquimia. En Bensassal (Castellón), los templarios explotaron los recursos hidráulicos de su Font de Seguries, famosa por sus aguas minero-medicinales. Esta población también guarda una leyenda relacionada con un miembro de la familia de Galcerán de Pinós, caballero templario de Bagà (Barcelona), quien, por mediación de la cruz templaria de esa villa del Alt Berguedà, fue milagrosamente liberado de los almohades. Todavía hoy se conserva el torreón, conocido como «La Presó».

En 1204, el monarca castellano Alfonso VIII dejó escrito en su testamento que sus propiedades se repartieran entre todas las órdenes militares, pero los templarios fueron los menos afortunados. En 1211, Alfonso XI devolvió al Temple los bienes que les arrebataron, además de la poderosa ciudadela de Ponferrada. Y al año siguiente, en la batalla de las Navas de Tolosa, los templarios tuvieron el honor de ser la punta de lanza del ejército cristiano. En 1214, el futuro monarca aragonés Jaime I el Conquistador salvó milagrosamente su vida gracias a la ayuda recibida de los cátaros, quienes lo ocultaron de los cruzados en su ciudad natal de Montpellier. A la edad de seis años fue llevado a Monzón, en cuya fortaleza oscense permanecería tres años, siendo educado por el maestre provincial del Temple Guillén de Montrodón. En 1217, el maestre de Castilla y León, Pedro de Albito, asumió también la responsabilidad sobre el reino de Portugal; dos años después, se comprometió con las milicias de Alcántara y Pereiro para recuperar la fortaleza de Santibáñez el Alto y Portezuelo, al norte de la provincia de Cáceres. En 1221, los caballeros de Monfragüe, en la Alta Extremadura, no dudaron en unirse a la Orden de Calatrava y Jaime I el Conquistador llegó a Ágreda (Soria), acompañado por el maestre de Aragón y Provenza Guillén d'Arzyllach, para tomar como esposa a Leonor de Castilla.

En 1225, el pontífice Honorio III pidió ayuda a todas las órdenes militares hispanas y, de manera especial, al Temple, para contribuir a la defensa del castillo de Alburquerque, al noroeste de Badajoz. Diez años después, los templarios conquistaron la estratégica fortaleza de Moncada, en tierras valencianas. Y en 1236 los templarios obtuvieron encomiendas en Córdoba, tras la conquista cristiana por parte de Fernando III el Santo. Este monarca castellano, que sintió una profunda admiración por la Orden de la Cruz de las Ocho Beatitudes, no dudó en concederle un privilegio general.

En 1240, los calatravos pidieron al pontífice Gregorio IX que reclamase al Temple la usurpación, según ellos, de las fortalezas de Montalbán, El Carpio y Ronda; el Papa se cruzó de brazos. Al año siguiente, los templarios colaboraron con el monarca Jaime el Conquistador en la toma de Murcia, plaza que se entregaría a Castilla. A cambio, recibieron de Fernando III el Santo los castillos pacenses de Benquerencia y Castuera. Los caballeros aragoneses del Temple tomaron posesión de Caravaca, y por el Tratado de Almizra (1244), la cedieron a los templarios de Castilla, tras la firma de su maestre, Martín Martínez. Al año siguiente, en Andújar (Jaén), los templarios crearon una cofradía, cuya tradición ha ido creciendo con el tiempo, relacionada con el culto a una virgen negra: Nuestra Señora de la Cabeza.

En 1247, iniciaron el largo asedio a la ciudad de Sevilla, tras recibir buena parte de los extensos y fértiles territorios de la Baja Extremadura, con poblaciones como Jerez de los Caballeros, Burguillos del Cerro, Fregenal de la Sierra o Alconchel. A mediados del siglo xiii, la Orden del Temple contaba en la Península Ibérica con más de 20.000 caballeros.

En 1253, según privilegios otorgados por el monarca Alfonso X el Sabio, los maestres del Temple firmaron en los documentos tras los obispos. Y dos años después, según una bula del pontífice Alejandro IV, los templarios de Castilla obtuvieron la facultad de ser absueltos de los casos reservados a los obispos por el propio prior del Temple.

En 1272, el maestre del Temple de la Corona de Aragón, Arnau de Castellnou, por encargo del monarca Jaime I el Conquistador, intervino en el condado de Foix, al otro lado de los Pirineos. Solo dos años después, en el concilio de Lyón, se inició el intento de unificación de templarios y hospitalarios, propuesta que rechazó de plano la Iglesia y que, sin duda, surgió en la conversación secreta que, treinta años después, en la isla de Chipre, mantuvieron Jacques B. de Molay, el último gran maestre del Temple, y el místico mallorquín Ramon Llull. En 1277, calatravos y templarios se intercambiaron fortalezas en la Baja Extremadura, como fue el caso de Segura de León.

En 1248, tras su subida al trono castellano, Sancho IV hace desaparecer a los maestres templarios de toda clase de privilegios reales. Y cinco años después, este monarca no dudaría en ordenar a todas las órdenes militares que colaborasen en la defensa de la ciudad de Badajoz, sitiada por los portugueses; los efectivos se concentraron en terrenos del Temple en la Baja Extremadura. Diez años después, los templarios volverían a demostrar un especial interés por el Maestrazgo, cambiando la influyente ciudad de Tortosa, al sur de Tarragona, por las plazas de

Peñíscola, Ares del Maestre, Cuevas de Vinromà y Albocácer; todas ellas en la actual provincia de Castellón.

A partir de 1299, el nombre del maestre templario de Castilla, entonces Gonzalo Yáñez, no figura en ningún documento. La causa era, sin duda, el odio que el monarca Fernando IV el Emplazado sentía por el Temple; solo los menciona en relación con un procedimiento. Este rey sufrió un castigo divino, tras el desafortunado juicio que dirigió en la ciudad de Martos en relación con el asesinato de los hermanos Carvajales, despeñados desde la cumbre y cuyos despojos llegaron rodando, en el interior de unas jaulas de hierro con clavos hacia dentro, hasta la Cruz del Lloro, que aún se conserva.

A comienzos del siglo XIV, la Orden del Temple disponía en nuestro país de más de 30.000 miembros. En 1306, tras la reunión secreta mantenida en la isla de Chipre con Ramon Llull, el gran maestre Jacques B. de Molay regresó a París. Y solo un año después comenzaría el apresamiento de los caballeros en Francia. En 1308, tras una defensa encarnizada, los caballeros templarios se rindieron en Miravet, y también en otras muchas plazas de toda la geografía hispana, para dar paso a toda una serie de inspecciones dirigidas por la cúpula de la Iglesia, obispos y prelados deseando arañar en las heridas del Temple, para extraer confesiones y también apropiarse de sus bienes, que pasaron al fisco real y no a los hospitalarios. Al año siguiente serían las ciudadelas templarias de Monzón y Chalamera, en Huesca, las que se rendirían. Mientras tanto, el pontífice Clemente V no cesaba de enviar cartas a los arzobispos de Santiago de Compostela y Toledo para que no escatimaran esfuerzos a la hora de procesar a los templarios.

Lo verdaderamente sorprendente de todo es que, dos años después, en el concilio de Salamanca (en 1310), convocado con el único fin de arrasar todo lo que estuviera vinculado con el

Temple, los templarios de Castilla y Portugal salieron ilesos, y algunas de sus plazas (Alcañices y Alba de Aliste) permanecerían en manos templarias. Lo mismo sucedió, un año después, en el concilio de Tarragona, mientras el Papa se tiraba de los pelos.

Pero en Francia fue todo bien distinto, ya que en el concilio de Vienne (1312) se decretó con toda rotundidad eclesiástica y bajo la tutela del monarca francés, Felipe IV el Hermoso, la suspensión sin remisión de la Orden del Temple, cuyos impuestos se transfirieron en los reinos hispanos a la Orden de Santiago, mientras que la mayor parte de los bienes inmuebles fueron usurpados por Fernando IV, el monarca castellano de la maldición de la Peña de Martos.

Y en 1314, tras sufrir las más crueles torturas en las prisiones de la bastida de Domme (Périgord) y en la ciudadela aérea de Chinon (Turena), algunos de cuyos testimonios fueron grabados en sangre en las frías piedras de tales mazmorras en forma de graffitis, Jacques B. de Molay y muchos de sus maestres fallecieron ejecutados en las hogueras de París. Al año siguiente, fallecía el *Maestro Iluminado* Ramon Llull, probablemente por el dolor sufrido ante tales terribles acontecimientos.

Cuatro años después, surgían las órdenes de Montesa y de Cristo; esta última en Portugal. La de Montesa tuvo como primera plaza fuerte la villa de Sant Mateu, la histórica capital del Maestrazgo en Castellón, y su fortaleza en la población de Montesa, en Valencia; sus caballeros estaban obligados a obedecer a los calatravos. Antiguos templarios engrosaron ambas órdenes militares, cuyos bienes, según del pontífice francés Juan XXII, pasarían en su mayoría a los hospitalarios, excepto los que se otorgaron a las dos órdenes recién creadas.

CÓDIGO TEMPLARIO

Las cuatro características de un verdadero caballero templario era: fortaleza, templanza, justicia y nobleza.

Los que son soldados del Temple son soldados de Dios. Como tales, deben siempre andar con Dios y ser más que simples mortales. Deben conducirse con humildad y ser los más honorables, los más nobles, los más corteses, los más honestos y los más caballerosos.

El templario debe servir a la orden y no esperar ser servido por ella. Que lo que colabore lo haga en servicio de Dios y no debe esperar recompensa salvo el saber que con ello honra a la orden.

El templario no debe causar a ninguna criatura herida o daño, sea esta una criatura humana u otra, sea por ganancia, placer o vanidad. Al contrario, el templario debe intentar llevar la justicia a todos aquellos que no la reciben, porque todos son hijos de Dios y a todos ha concedido Dios el don de la vida. Ante todos los seres, el templario debe demostrar caballerosidad, cortesía y honestidad, teniendo presente que son testigos de Dios.

Un templario debe vivir cada día como un crítico de la jornada anterior, de esta manera cada nuevo amanecer será un paso hacia una mayor nobleza.

Ningún templario deberá ofender de forma alguna a otra persona o a otro ser. El templario debe ser un ejemplo de caballerosidad para todos.

Ninguna mujer deberá temer nada de un templario, ni de sus palabras ni de sus acciones. Ningún niño deberá padecer tampoco ese temor. Ningún hombre, no importa cuán rudo sea, deberá temer a un templario.

Donde hay debilidad, allí el templario deber llevar su fuerza. Donde no hay voz, allí el templario debe llevar la suya.

Donde están los más pobres, allí el templario debe distribuir su generosidad.

Un soldado del Temple no puede estar esclavizado por creencias sectarias u opiniones estrechas. Dios es la verdad y sin Dios no hay verdad. El templario debe siempre buscar la verdad porque en la verdad está el Altísimo.

Jamás un templario debe deshonrar a otro, porque dicha conducta le deshonrará a él y llevará descrédito a la orden.

En su conducta el templario:

- ✠ No debe ser brutal.
- ✠ No debe emborracharse de forma ofensiva.
- ✠ No debe ser ni inmoral ni amoral.
- ✠ No debe ser cobarde ni bestial.
- ✠ No debe mentir ni tener intenciones maliciosas.
- ✠ No debe buscar posiciones de engrandecimiento dentro de la orden. Se contentará con aquellos puestos que le sean encomendados para servirla mejor.
- ✠ Debe expresar verdadero sometimiento a los principios del Temple y obediencia a sus oficiales en todas las cosas de la orden, en tanto entienda que sean verdaderos templarios y merezcan dicha obediencia.
- ✠ Debe ser un verdadero patriota hacia la tierra que Dios le ha dado.
- ✠ No debe cazar a ninguna criatura ni por vanidad ni por deporte.
- ✠ No debe matar a ninguna criatura, salvo para alimentarse o en defensa propia.
- ✠ Debe mantenerse firme y veraz en las justas causas de Dios.
- ✠ No tomará actitud ofensiva contra ningún hombre por la forma en que se dirige a Dios, aunque esta sea diferente

o extraña. De hecho, el templario deberá intentar entender cómo otros se acercan a Dios.

✠ Debe ser siempre consciente de que es un soldado del Temple y tratar en todo momento de que sus obras sean un ejemplo para los demás.

GÉNESIS DE LA ORDEN

Nos hemos de remontar a finales del siglo X, acercándonos hacia el año 1000, momento en el que la interpretación de las Escrituras había convencido a toda la cristiandad de que se iba a producir el Apocalipsis. Pero este fue un pavor igualmente compartido por la creencia del Islam. Se da la circunstancia en ambos credos de que se llegó a concebir un trazado inverso en escaleras, por si el mundo giraba en movimiento de 360º, como hemos advertido en diferentes edificios.

Se ha discutido a menudo el remoto origen ideológico de este tipo de agrupaciones, que para algunos se encontraría en la cristianización del concepto islámico de *Yihad* o guerra santa, mientras que para otros estaría ligado simplemente al de peregrinación y cruzada.

Esta función de asistencia, compatible con las actividades guerreras, explica por qué, en casi todos los casos, las órdenes militares surgieron de agrupaciones originariamente hospitalarias, vocación esta que jamás abandonaron del todo y que incluso se mantuvo mucho tiempo después de que el factor beligerante hubiese desaparecido.

De este modo, la distinción entre órdenes militares y hospitalarias, útil desde el punto de vista explicativo, tiene mucho de artificial, máxime si tenemos en cuenta la perspectiva mental de aquellos tiempos. Como ejemplo destacado de un nuevo tipo de religiosidad, varios elementos distinguían a los miembros de las órdenes militares: la vocación monástica, el ideal caballeresco, la imagen mítica de Tierra Santa como centro físico y espiritual del mundo y lugar de peregrinación, la defensa de la cruzada y el espíritu piadoso-asistencial...

Tanto los elementos que exaltaban la violencia como los que animaban al amor carnal estaban mal vistos y condenados por la Iglesia oficial, porque se salían de los ideales de perfección cristiana. Los caballeros de las órdenes militares, por su doble condición de monjes-guerreros y ejercer el oficio de las armas, tenían que cumplir con la misión de luchar contra los infieles. Por lo tanto, en guerra no podían seguir los conceptos de paz, en lucha contra los enemigos de la fe en Cristo; sin embargo, el amor carnal, como veremos en otro capítulo, no fue tan condenado por los estamentos del Temple, porque consideraban que formaba parte de la vida del ser humano.

El pontífice Honorio III, siguiendo los consejos de san Bernardo de Claraval, reconoció la orden en 1127, cuando aún estaban los nueve caballeros iniciales en Tierra Santa. Al año siguiente, bajo la protección del Císter, esta nueva milicia adoptó como regla una versión modificada de la benedictina. Fue cuando Bernardo le dedicó su conocida *De laude nova militiae ad milites Templi*. A partir de entonces, y no antes, los templarios comenzaron su auge en la historia, recibiendo importantes donaciones y un poder ilimitado. Todos sus privilegios, con el transcurrir del tiempo, les llevarían a equipararles en una institución cuyo potencial podía estar al nivel de cualquier principado de Occidente, con una riqueza asombrosa. A mediados del siglo XIII, el Temple estaba dividido en 17 provincias, con un maestre al frente de cada una de ellas.

Sin embargo, con la caída en 1291 de San Juan de Acre, el último de los territorios latinos de Tierra Santa, la Orden del Temple comenzó su decadencia, auspiciada por varias circunstancias: la directa dependencia del pontífice (con residencia primero en Roma, y luego en la ciudad de Aviñón); el elevado enriquecimiento, fruto de una frenética actividad comercial y crediticia, que despertó los recelos de monarcas y autoridades religiosas; las rentas templarias, que superaban las 800.000 libras tornesas anuales; la codicia del monarca francés Felipe IV el Hermoso, quien llegó a forzar al papa Clemente V a que dictara la condena de la Orden del Temple, amenazándole con crear un cisma en el seno de la Iglesia si no lo hacía... A consecuencia de todo ello, privados de sus señas de identidad y acusados de todo tipo de delitos (inventados, como pudo demostrarse en los documentos estudiados recientemente en los archivos del Vaticano), en el concilio de Vienne, el papa Clemente V terminó cediendo a las presiones del monarca capeto y ordenó la disolución de los templarios, pasando sus propiedades a los diversos monarcas, e integrándose muchos de sus miembros en otras órdenes militares.

EL PRIORATO DE SIÓN

«¿Qué conocimientos esotéricos determinarían la elección de Sens y de sus alrededores con preferencia a Gisors?».
A. Vignati y Peralta

Desde hace mucho tiempo me viene atrayendo este capítulo de la historia medieval que es el del Priorato de Sión. Me ha llamado poderosamente la atención que en numerosas ciudades de la Europa cristiana mediterránea (Barcelona, Génova, Ragusa, Mesina, Valencia, etc.), y concretamente en sus cascos antiguos, se conserven calles bautizadas como «Priorato de Sión» o «Monte Sión», por ejemplo.

Todo comenzó en 1099, cuando la Orden de Sión inició su cabalgadura en la historia, siendo creada en la abadía de Notre Dame du Mont Sión (reino de Borgoña). Corrían tiempos del pontífice Urbano II (proclamado santo por León XIII, en 1881), el pontífice de la primera Gran Cruzada contra Tierra Santa, que solicitó al pueblo de la ciudad de Clermont Ferrand (Auvernia) que situaría al papado a la cabeza del mundo occidental, atendiendo a la petición de auxilio lanzada por Alejo Comneno, emperador bizantino. Urbano II falleció el 29 de julio de 1099 sin saber que, dos semanas antes, Godofredo de Bouillón había conquistado la ciudad tres veces santa de Jerusalén.

Años más tarde, como todos sabemos, exactamente en 1118, a iniciativa de san Bernardo de Claraval, se creó la Orden de

Fachada de la fortaleza de Gisors, baluarte de la Orden de Sión.

los Pobres Caballeros de Cristo. El acto fundacional tuvo lugar en los sótanos del templo de Salomón (hoy mezquita islámica de Al Aksa, sobre el actual Muro de las Lamentaciones). San Bernardo mismo fue quien redactó las normas de la orden, y lo hizo bajo el título *Elogio de la nueva milicia*, cuyos principios evocan la Regla del Císter, creación también de san Bernardo. Al menos cinco de los nueve caballeros que recibieron el beneplácito de san Bernardo para formar la nueva milicia templaria eran, al mismo tiempo, caballeros de la Orden de Sión, siendo entonces André de Montbard, al mismo tiempo, maestre de ambas organizaciones. Y con los mismos principios se moverían ambas órdenes después de que el Temple, diez años después, en 1128, recibiera el espaldarazo oficial de la Iglesia en el concilio de Troyes (Francia); el pontífice Honorio II y san Esteban, patriarca de Jerusalén, les prescribieron la Regla del Císter. Los caballeros templarios, a cambio, debían desde ese mismo momento hacer votos de castidad, pobreza y obediencia, comulgar y dar limosna a los pobres tres veces al día.

A partir de entonces, el Temple, que se convertía de alguna forma en el brazo armado de la Orden de Sión, no dejaba de recibir nuevas prerrogativas, entre ellas la bula «*Omne datum optimun*», firmada por el pontífice Inocencio II el 29 de marzo de 1139, atendiendo a la demanda de Robert de Craon, cuyo texto fundamental significaba la gran carta de la Orden del Temple. En 1142, el Temple recibió su emblema definitivo; en 1147, el pontífice beato Eugenio III autorizó a los templarios a lucir la cruz griega de ocho puntas característica, de color rojo (cruz de las Ocho Beatitudes). Diez años después, el maestre Bertrand de Blanchefort introdujo en la orden el ábaco de maestre como elemento singular que recordaba al báculo pitagórico utilizado por los maestros constructores como vara de medición, añadiéndose luego la cruz templaria. En 1172, los templarios quedaban libres de cualquier jurisdicción episcopal, dependiendo directamente de dos personas: el pontífice y el gran maestre, que residía en la ciudad de Jerusalén. La Orden de Sión estaba ligada al Temple, pero, al mismo tiempo, era autónoma.

Los acontecimientos históricos posteriores hicieron cambiar esta hermandad, según mi opinión. Me refiero cuando, el 3 de julio de 1187, el más poderoso ejército cruzado cayó derrotado en los Cuernos de Hattin (Palestina) como consecuencia de un error táctico del gran maestre Gérard de Ridefort. Más de 15.000 cruzados, entre los cuales 325 caballeros templarios, cayeron muertos, mientras los estandartes templarios (el *gonfanon bausant*) eran pisoteados por los mamelucos de Saladino. Renaud de Châtillon fue ejecutado, mientras que Raymond de Trípoli era hecho prisionero en las tenebrosas mazmorras de Acre. Toda la cristiandad se sobrecogió de estupor ante la tragedia, y en Breamo, frente a la Costa da Morte gallega, se levantó la modesta iglesia de San Miguel como templo expiatorio por la tragedia ocurrida en los montes de Hattin, y para honrar a los caballeros caídos, según aparece grabado en los muros interiores de la iglesia. Muy cerca de aquel pavoroso escenario de la batalla, al norte del actual estado de Israel, pude ver hace poco la tumba del célebre médico y filósofo cordobés Maimónides en el cementerio de Cafarnaum que está situado frente a las azuladas aguas del mar de Galilea, donde, en tiempos de Jesucristo, se produjo la multiplicación de los panes y los peces; un mosaico del suelo de la iglesia recuerda el milagro.

A partir de aquella debacle, la Orden de Sión no dudó en abandonar a los templarios y se trasladaron a Francia, dejando a los supervivientes caballeros de la cruz paté, que eran hasta entonces sus pupilos y protegidos, a su suerte en Tierra Santa. Esta ruptura de relaciones se simbolizó con la tala de un olmo de 800 años en la ciudad de Gisors. A partir de entonces, la

Orden de Sión pasó a denominarse «Priorato de Sión», dedicándose a sus propios objetivos, que no eran otros que la recuperación de la estirpe sagrada, consecuencia de la unión del linaje judío (proveniente de los descendientes de Cristo, a través del viaje de María Magdalena a tierras de las Galias) con los reyes francos, que darían lugar a los merovingios. Con la conversión de Clovis (Clodoveo), el primer monarca merovingio, en el 500 d. C., la Iglesia católica se instauró como suprema autoridad espiritual del mundo occidental. Después les ocupó a los carolingios (mayordomos de palacio) continuar la estirpe sagrada, y un descendiente de Carlomagno, Godofredo de Bouillón, fue nombrado rey de Jerusalén. Con ello se recuperaría la estirpe sagrada a través de una persona de sangre judía y real que recibía sobre su cabeza la corona real y ocupaba el trono de la ciudad tres veces santa, fruto de la unión de los herederos de Pedro (herederos de la fe), con los herederos de María Magdalena (herederos de la sangre).

RENNES-LE-CHÂTEAU

En cuanto a la mencionada ciudad de Gisors, quiero recordar que su castillo continúa hoy dominando la espléndida llanura regada por el meandro del río Epte, en el centro-norte de Francia.

A esta fortaleza llegó el trovador templario alemán Wolfram von Eschebach en busca del Santo Grial. Mucho más recientemente, el ocultista francés Gérard de Sede (autor de *El tesoro de Rennes-le-Château*), por informaciones recibidas de su jardinero y siguiendo a pies juntillas los pasos llevados a cabo por Berenguer Saunière, el cura párroco de Rennes-le-Château, el 21 de septiembre de 1891 se propuso excavar en las entrañas de Gisors. El jardinero de Gérard de Sede logró excavar una galería de 21 metros en los cimientos de la gran torre circular de la fortaleza, encontrando una capilla, cuyo altar estaba dedicado a santa Catalina, que contenía 13 estatuas, 19 sarcófagos de piedra y 30 cofres metálicos dispuestos en tres filas. Entre otros hallazgos, De Sede encontró un manuscrito fechado en el año 600 (época merovingia) en el que se describía la citada cripta, citándose también las 13 estatuas y los 19 sarcófagos. Asimismo, descubrió 11.000 monedas del siglo XII, que debieron corresponder a los caballeros del Priorato de Sión, tras la ruptura con el Temple, cuando se afianzaron en esta fortaleza, que no tardaría en convertirse en la principal encomienda de la orden en toda Francia.

Seis años después del hallazgo protagonizado por De Sede fue descubierta una cripta rectangular de 125 metros cuadrados de superficie, que se hallaba completamente cubierta de tierra y piedras. Este sensacional descubrimiento revolucionó a los medios de comunicación del país en 1976, dieciséis años después de que la opinión pública francesa se hiciera eco de la existencia de una sociedad semisecreta autodenominada «Priorato de Sión».

Pero no todos los caballeros tuvieron acceso a los saberes más trascendentales del conocimiento gnóstico. Solo un grupo selecto de los templarios alcanzó el honor de contar con las claves del secretismo iniciático, como veremos a continuación.

3. NO TODOS FUERON LOS ELEGIDOS

> «La doctrina secreta de los templarios era la magia natural o alquimia, que estaba reservada a los grandes maestres y a unos cuantos privilegiados».
>
> René Lachaud

En un capitel de la iglesia de Saint-Nectaire, en Puy-de-Dôme (Auvernia), puede verse un ángel cabalgando sobre un cansado corcel. Se trata del ángel exterminador que, con su mano derecha, lleva tres flechas, cada una de ellas representando las tres pesadillas del mundo occidental de la alta Edad Media: el hambre, la guerra y la mortandad.

De todas las órdenes religioso-militares que conformaron la Edad Media en el mundo occidental, solo los templarios pasaron a la leyenda, gracias, fundamentalmente, a sus profundos conocimientos esotéricos, que solo un grupo muy reducido de miembros fue capaz de desarrollar; porque los templarios practicaron en secreto el arte de Hermes. El erudito francés Claude d'Uge lo resume muy bien: «Si los templarios han creado una leyenda, esa leyenda es el reflejo de su fantasma, su contrario analógico. Si creemos que fue una "asociación de cambistas y banqueros" es debido a que sus riquezas reales provenían de una fuente muy distinta. Solo vagamente sabemos lo que hacían en las salas superiores de sus fortalezas, pero ignoramos por completo qué hacían en los sótanos y en los túneles en donde circulaba, activa e imperceptible, la verdadera vida de la orden».

Nueve fueron los primeros caballeros que constituyeron el germen de la Orden del Temple (los Pobres Compañeros de Cristo), fundada en la ciudad de Jerusalén en 1118; nueve caballeros temerosos de Dios, que se regían por dos doctrinas, una para el restringido número de sus nobles fieles, y otra, la católico-romana, para el círculo exterior. Todo ello se organizaba en dos niveles: una minoría esotérica dirigente, donde se hallaban los magos o los iniciados a los saberes más profundos del conocimiento, y una mayoría exotérica, formada por guerreros servidores.

Los miembros, a su vez, se organizaban en tres clases, en función de sus menesteres y procedencias:

- ✠ Caballeros. De origen noble, su misión era guerrear. Su traje era blanco.
- ✠ Sirvientes. De cuna más baja, se dedicaban al cuidado de peregrinos y clérigos. Su traje era negro y en él portaban, al igual que los caballeros, por concesión del papa cisterciense Eugenio II en 1145, una cruz encarnada. La forma de esta cruz era, para algunos historiadores, octogonal, y para otros, doble, similar a la patriarcal; según otras versiones, era la parte inferior de esta última: la tau. Aparecen documentos que suman hasta de 15 formas diferentes (cinco patés, pateadas o célticas, tres de las Ocho Beatitudes, cuatro patriarcales o lígnum crucis, la tau griega y la última utilizada en Portugal por la Orden de Cristo, que aún se mantiene en el escudo de este país ibérico).
- ✠ Clérigos. Actuaban como capellanes.

Entre los primeros, es preciso destacar la importancia que para el Temple tuvo la caballería. En este sentido, debemos recordar el clima de armonía que, durante mucho tiempo, llegaron a respirar las tres culturas monoteístas de la España medieval (judíos, cristianos e hispano-musulmanes), que compartían las artes y tradiciones populares (arquitectura, alquimia, cosmología, medicina…) cuando Alfonso X el Sabio (1221-1284), el monarca mediador entre Oriente y Occidente, y los caballeros del Temple establecieron unas pautas de conducta verdaderamente ejemplares, que incluso deberían seguirse en nuestros días. Entre estas artes, debemos destacar la caballería islámica, que fue anteceosra de la caballería occidental. La observancia de la ley coránica proporcionaba un marco donde el sacrificio, el heroísmo, la nobleza, la abnegación y el hermetismo conformaban toda una actividad con fondo espiritual. El arte de cabalgar a galope tendido a pelo es una estrategia militar que los cristianos aprendieron de los hispano-musulmanes; en numerosas crónicas de las tres culturas se hace referencia a hechos concretos. Por ejemplo, el destacamento de nazaríes que, llamado por el monarca catalano-aragonés Pedro III (1239-1285), se desplazó desde Granada a la ciudad de Igualada para enseñar a los caballeros cristianos los secretos del arte de cabalgar. Este encuentro se llevó a cabo bajo el auspicio de los templarios. Juan de Salisbury definió la caballería como «profesión instituida por Dios y necesaria para el bienestar humano».

Los templarios, ante el patriarca de Jerusalén, Gordoud de Piquigny, efectuaron tres votos: pobreza, castidad y obediencia.

También adoptaron la divisa «*Non nobis, Domine, non nobis, sed Nomini Tuo da gloriam*» (no a nosotros, Señor, no a nosotros, sea la gloria en Tu Nombre). En sus estatutos leemos: «Siempre deberán aceptar el combate contra los herejes, aunque estén en proporción de tres a uno». Y en cuanto a sus obligaciones, entre otras se dictó la siguiente: «Comerán carne tres veces por semana. Los días que no coman de ella, podrán comer tres platos».

Y en lo que se refiere al aspecto religioso, la obligación de los caballeros templarios consistía en comulgar tres veces al año, oír misa tres veces por semana y hacer limosma tres veces por semana.

Para el historiador francés Louis Charpentier, se trataba de la más perfecta organización que haya podido concebir la humanidad: el campesino que alimenta, el artesano que crea la herramienta, el comerciante que distribuye y el guerrero guardián de los bienes a cuya posesión no tiene acceso. El especialista Rafael Alarcón lo define muy bien: «Los templarios civilizaron el mundo occidental, convirtiendo a los siervos en servidores y a los nobles en caballeros».

Junto a los votos tradicionales del religioso, se sumaban la obediencia plena al Papa. Vestían túnicas y capas de color blanco («seguridad de valor y salud del cuerpo»), con una cruz roja en la izquierda, distintivo de la orden. Sus armas eran: espada, daga, cuchillo para la comida y cortaplumas. La orden entregaba como equipo de combate caballo, cota de mallas y esclavina (sobre cota blanca con una cruz griega de color). Su aspecto era de barba poblada y cabeza rasurada. Vivían la disciplina castrense, la oración diaria y la confesión pública. Se les obligaba, además de apoyar a los necesitados, a tener una comida austera, llevar escasa conversación y tener prohibida la caza.

ESTRUCTURA ORGANIZATIVA

La efectividad de las órdenes militares en el contexto militar de las cruzadas es hoy a todas luces indudable. Esa mayor efectividad que la de sus compañeros de armas seglares viene dada por la rígida disciplina que se inculcaba a todos sus miembros como integrantes de una orden religiosa a priori, y en segundo término como grupo militar.

Estructura de la Orden del Temple

A) Dirección de la orden

> Maestre (o gran maestre; máxima dignidad del Temple, cuya residencia estaba casi siempre en Tierra Santa)
> Senescal
> Mariscal
> Comendador de la Tierra de Jerusalén
> Vestiario
> Comendadores Territoriales
> Turcopero
> Comendadores Provinciales

B) Clases combatientes

> Caballeros
> Sargentos
> Escuderos
> Sirvientes
> Turcoples
> Caballeros seglares

C) Clases sacerdotales

> Abad del Temple
> Sacerdotes

D) Cuerpos Auxiliares

> Hermanos Legos
> Compañeros del Santo Deber
> Cooperadores
> (En este colectivo humano recaía todo el peso de la buena explotación de una encomienda, y la correspondiente distribución de alimentos en ella elaborados, para abastecer a los templarios y también al resto de la sociedad que residía en el área de influencia de la encomienda)

E) Los iniciados

> Magos (que representaban como mucho un 5% de los miembros de la orden)

La Orden del Temple, basada en la regla de san Benito, estipularía no solo la vida monacal, sino la vida militar de sus miembros. El artículo 9 de la regla primitiva de la orden apunta su misión: «... servís al rey soberano con caballos y armas por la salvación de vuestras almas por un término fijado...». Indica que, al contrario de cistercienses y otras órdenes coetáneas, no entren niños (art. 14): «... criados y educados hasta el momento que puedan empuñar las armas con vigor [...] y hacer el voto cuando sea mayor». Esto se traduce en una economía de medios (educación, preparación militar, alimentación, vestuario) y una mayor efectividad de todos los ingredientes de la comunidad.

La Orden del Temple se estructura en dos grandes grupos: los hermanos y los seglares.

Los hermanos podían ser Caballeros y Sargentos, hacían votos de por vida y ocupaban los cargos de responsabilidad organizativa de la orden.

Los seglares eran caballeros que tomaban los votos (no los hábitos) de forma temporal y mantenían sus propias armas y vestuario, escuderos, turcoples o turcópolos, tropas auxiliares que no necesariamente debían de ser cristianos y que muchas veces llevaban el peso de la dirección militar.

El artículo 17 es el primero que menciona el vestuario de los hermanos: «Los hábitos de los hermanos serán siempre de un solo color (blanco, negro o marrón). Y otorgamos a todos los hermanos caballeros capas blancas en invierno y en verano de ser posible, y a nadie que no pertenezca a los antes mencionados caballeros de Cristo le está permitido tener una capa blanca». Esto nos da a entender que antes de la redacción de la regla y su reconocimiento por el pontífice Honorio II podían ver otro tipo de ropas de carácter seglar. Así lo confirma Guillermo de Tiro: «Llevaban ropas que el pueblo por la salvación de su alma les entregaba...».

Continúa el artículo 18 especificando terminantemente que los hábitos no podían lucir adorno o lujo alguno ni exhibir ningún orgullo, no podían llevar adornos de pieles en sus ropas ni en ninguna otra cosa que perteneciera a los usos del cuerpo, ni siquiera una manta, salvo que esta fuera de lana de oveja o cordero. Los hábitos debían ser de tal manera que pudieran vestirse, desnudarse o calzarse sin dificultad, pensando en posibles ataques por sorpresa. El hermano pañero debía controlar que los hábitos no fueran ni demasiado largos ni demasiano cortos y debía distribuirlos según la talla de cada uno. Si un hermano pretendía el uso de un hábito más lujoso que el resto, se le daba el peor de todos (artículo 19). Las ropas que se retiraban por viejas debían ser cambiadas por otras nuevas y las usadas pasaban, según su estado y decisión del pañero, a escuderos, a sargentos o a los pobres.

El artículo 20 dice: «Se dará al hermano destinado en Oriente que lo solicite una camisa de lino, y solo podrá usarla desde Pascua a Todos los Santos». También se regulaba el tipo de calzado, que no debía ser puntiagudo o con cordones, pues además de ser moda se consideraban propios de paganos. Tampoco podían llevar el pelo ni el hábito demasiado largos (artículo 22).

Sobre la dotación militar del hermano caballero, estaba bien estipulada: «Serán tres caballos y un escudero, este si sirve voluntariamente a la caridad (como miembro de la orden pero sin votos) no podrá ser golpeado por pecado que cometa» (artículo 51).

El artículo 52 prohibía terminantemente el uso de bridas, arneses, estribos o espuelas adornadas con oro o plata, y solo podían usarlas si se trataba de una donación y estas hubieran perdido su brillo. En caso que estas fuesen nuevas, estaría a cargo del maestre la decisión sobre su destino. Este artículo recoge la censura que ya hacía san Bernardo sobre el uso de placas de metal en los arneses de los caballeros en *De laude nova militiae ad milites Templi*, posiblemente con origen en la costumbre de los equites romanos de adornar los correajes con representaciones propiciatorias.

Incluso en el artículo 53 es regulada la práctica en el campo de batalla de cubrir estandartes y escudos al uso de la Orden Teutónica; el Temple lo prohibía al considerar que podría tener más inconvenientes que ventajas.

La regla antigua daba la posibilidad de aceptar a integrantes por un período de tiempo fijo. Estos debían ingresar con un caballo y armadura propia y todo aquello que fuera necesario para su tarea, siendo el valor de caballo registrado por escrito, y se le facilitaba el mantenimiento del caballero, montura y escudero durante su estancia en la casa. Al final de su servicio debería entregar la mitad del valor del caballo para la casa como caridad (artículo 66).

En el artículo 67 se nos habla por primera vez de los sargentos, a cuyo ingreso, como el de los escuderos, deberán ser registradas sus promesas.

El hábito blanco estaba limitado única y exclusivamente a los caballeros hermanos; aquel sargento o escudero o persona laica que lo luciera sería castigado. Se adoptó esta decisión debido a la práctica de señores seculares de adoptar el uso y nombre de templarios siendo seglares, perjudicando seriamente a la orden. Por eso, según el artículo 68, los sargentos y escuderos debían vestir de negro, o en su defecto del tejido más barato o *burrell* (tejido de lana basta).

Se admitían dentro de la orden a miembros casados (*confrères*) por un período determinado de tiempo, pero no podían vestir nunca el hábito o capa blanca ni vivir en la misma casa que el resto de hermanos con voto de castidad. Y en caso que estos caballeros murieran en combate, la mitad de los bienes pasarían entonces a la orden y la otra mitad a la viuda, para su sustento.

Hasta el momento no se ha encontrado ninguna referencia a la cruz que lucían en sus hábitos, concesión que data del año 1147, siendo la regla aprobada en el concilio celebrado en la ciudad de Troyes en 1129.

Tras los 76 artículos base, se añadieron a la Regla unos anexos o *retrais*. En estos anexos encontramos la descripción de la jerarquía de la orden y el séquito que podía utilizar cada cargo. Aquí encontramos todas las referencias uniformológicas para los hermanos.

En el anexo 138 comienzan los relativos a los hermanos caballeros del convento. Estos debían tener un camisote, calzones de hierro, un casco o un *chapeau de fer*, una espada, un escudo, una lanza, una maza turca, una sobreveste, una chaqueta de armas, zapatos de cota de malla y tres cuchillos: una daga, un cuchillo para el pan y un cuchillo de bolsillo. Podían disponer de gualdrapas, dos camisas, dos pares de pantalones y dos pares de calzones, y un cinturón pequeño que debían atarse por encima de la camisa (ropa para dormir, salvo que estuvieran enfermos). Debían tener un chaleco con faldones delante y detrás, una chaqueta de piel para cubrirse, y dos mantos blancos uno con piel y otro sin ella. En verano tenían que devolver al pañero el manto con piel. Debían tener una consistorial, una túnica y un cinturón de cuero para ceñirse la cintura. Poseían ropa de cama y bolsas justas para llevar el equipo, escudillas, calderos cubiertos para el hermano y escudero, así como bolsa forrajera para los caballos (anexo 139).

Para los hermanos sargentos, las sobrevestes tenían que ser negras, con una cruz roja delante y otra detrás. Podían disponer de mantos negros o marrones y en definitiva de todo aquello que tenían los hermanos caballeros, excepto de los arreos de los caballos, la tienda y el caldero. Sí podían tener cota de malla sin mangas, calzones sin pies, un *chapeau de fer* y todas las cosas antes mencionadas si los recursos de la casa lo permitían. No gastaban calzado de cota de malla y su armadura era más ligera; el motivo de ello era que pudieran actuar como una infantería pesada, además de como tropa de caballería.

Los garnaches, cotas de malla, túnicas, camisa, calzones o botas viejas podían pasar de los hermanos caballeros a los hermanos sargentos.

En torno a esta filosofía de vida, y desde los espacios más profundos del microcosmos templario, gravita una gran riqueza simbólica que representa la esencia cultural de una sabiduría que ahonda sus raíces en los credos y filosofías del mundo oriental. Porque aquellos originarios nueve caballeros, con sus correspondientes servidores, enviados en 1118 a Tierra Santa por san Bernardo de Claraval, se nutrieron de las culturas de los monjes armenios, de los cabalistas hebreos, de los místicos sufíes y también de los ismaelitas, aglutinados en torno al Viejo de la Montaña, patriarca de la Orden de los Assasins. Muchas de estas claves, en forma de símbolos, pueden interpretarse a través de unos códigos secretos, basados en los saberes recogidos en el mundo oriental. Otros símbolos, en cambio, fueron traspasados a la Edad Media de las culturas clásicas (Grecia y Roma), sin olvidarnos de las fuentes empíricas de los mitos celtas, como veremos a continuación.

4. LAS CLAVES ESOTÉRICAS DE LOS TEMPLARIOS

> «En el seno de la Orden del Temple existía un colegio secreto en donde se cultivaban ideas alejadas de la estricta ortodoxia católica».
>
> RENÉ LACHAUD

Ni las ansias de poder económico por parte del monarca francés Felipe IV el Hermoso, ni tampoco las enormes deudas que este había acumulado, financiándose con la banca templaria, fueron las únicas causas que movieron a la persecución y destrucción de la Orden del Temple. El pontífice Clemente V estaba bien informado, a través de una tupida red de espionaje, de que en las entrañas de la orden se practicaban ritos que entroncaban directamente con los antiguos misterios paganos y con los cultos gnósticos.

A través de los testimonios inquisitoriales que la Iglesia llevó a cabo contra los templarios, se pudo deducir que esto era cierto, y se preocuparon muy bien de esconder las verdaderas declaraciones, suplantándolas por las que más interesaban a las jerarquías del Vaticano para no dar tregua a los acusados y llevarlos sin remisión al patíbulo o, en la mayoría de los casos, a la hoguera «purificadora». Las prácticas demoníacas y la sodomía fueron los principales cargos acusatorios, los mismos que, un siglo antes, se habían esgrimido, con la mayor efectividad y virulencia, contra los cátaros del Languedoc.

Pero, como ya hemos adelantado antes, no todos los templarios tenían acceso a los más profundos niveles del conocimiento iniciático. Solo un pequeño porcentaje de estos caballeros, que no estaban integrados forzosamente en las jerarquías externas, como los maestres, eran los verdaderos directores espirituales del Temple. A este privilegiado grupo, que podemos denominar como magos, le debe la historia que esta orden fuese la más enigmática del Occidente medieval, siendo la causa real, por tanto, de su disolución a partir de 1307.

Los templarios, gracias a su desarrollo inicial en Tierra Santa, tuvieron tiempo de intercambiar toda clase de conocimientos con las demás culturas del Mediterráneo oriental, especialmente con las diferentes corrientes socio-culturales del mundo islámico. Entre ellas debemos destacar a los ismaelitas, que se dividían en dos ramas: los *Assasis* o *Ashassim* (de donde proviene la palabra «asesino»), una rama militar que tenía como jefe supremo espiritual a un iluminado, Asan Sabah (más conocido como El Viejo de la Montaña), y cuyo cuartel general se hallaba en el castillo de Alamut, en la costa mediterránea de Anatolia; y los *karmatas*, una rama constituida por una especie de corporación de artesanos, seguidores de la doctrina hermética y neoplatónica.

Ambas ramas ofrecían una organización idéntica al Temple. Los primeros se cubrían la cabeza con un gorro frigio, de color rojo y blanco, usado por los pueblos de la antigüedad para rendir culto a Mitra y a Cibeles, en los misterios paganos; también la vestimenta, de color rojo y blanco, era parecida a la de los templarios. Los tres grupos coincidían plenamente en la búsqueda del equilibrio interior; practicaban la alquimia, eran hábiles canteros y renombrados maestros de obras, y destacaban sus excelentes trabajos en piedra, como las bóvedas, las cúpulas o los arcos de medio punto apuntados, que los templarios no dudaron en incorporar en sus construcciones.

Pero no queda aquí todo; el Temple, gracias a su estrecho contacto con el mundo oriental, importó a Europa avances insospechados para la época, como el riego sistemático de los cultivos a través de una red de canalizaciones aéreas y subterráneas, con provisión de agua potable en aljibes. Los templarios mostraban especial cuidado a los caballos de pura sangre, a la cetrería, a la caza con lebreles, al estudio y promoción de la heráldica, a los torneos caballerescos, al estudio de la astronomía y la astrología, y al juego del ajedrez. Mejoraron la calidad de vida de las familias de la Europa medieval, aumentando la variedad de alimentos con el consumo de hortalizas, verduras, aceite de oliva, leche, pescado, miel, azafrán y frutos secos... El resultado fue que se elevó el horizonte de vida de los pueblos del Occidente en los que los templarios tenían presencia; el incremento de la estatura de hombres y mujeres puede demostrarse a través de la largura de muchas de las sepulturas, algunas de las cuales comentaremos en el libro.

En cuanto al tema económico, a los templarios también se les atribuye la invención tanto de la letra de cambio como del sistema bancario de inversión y préstamo. Sin embargo, no fueron usureros. Facilitaban dinero a un 10% de interés, del todo razonable comparándolo con la banca judía, que cobraba el 40%, y sin distinción de clases sociales, ya fuese a religiosos o a civiles. Fueron los depositarios de los bienes de los papas, emperadores, reyes y nobles de su época. La casa del Temple de París no tardó en convertirse en el centro económico de la vieja Europa.

Los templarios buscaron el poder absoluto, tanto material como espiritual. En cuanto al primero, no cabe duda de que lo consiguieron, al generar nuevas formas de comercio y de contratación, fomentando los centros de producción (explotaciones mineras, bancos de pesca de altura, salinas de litoral y de montaña…), con una mejora de las comunicaciones terrestres y también marítimas, a través de puertos estratégicamente situados (lo veremos en el capítulo 29). Pero fue en el ámbito del poder espiritual donde esta rama de privilegiados del Temple alcanzó sus niveles más profundos.

Los principios de estos caballeros (magos) entroncaban con las más profundas tradiciones herméticas del Antiguo Egipto, al afirmar la unidad de todos los dioses y de todos los mitos. La doctrina templaria se basaba en la intuición, la contemplación o meditación y la acción posterior. La batalla externa era, por lo tanto, una iniciación a la batalla interna: morir y renacer a un nuevo espíritu iluminado. Todos estos conceptos fueron conocidos por otros pueblos de Oriente como los guerreros de

Reproducción del momento de la llegada a la Torre Sala, en Les Borges Blanques (Lleida) del aceite de oliva, variedad arbequina, traída por los templarios, desde Tierra Santa, en 1264, según está documentado en la masía Salat.

Zaratustra, los adeptos de Mitra, los samuráis del Japón medieval o los mismos *ashassim*.

No debemos olvidar, por otra parte, que las tres religiones monoteístas (judaísmo, islamismo y cristianismo) tenían raíces comunes. Por ello, tanto los cabalistas hebreos como los sufís islámicos y los místicos cristianos, así como los templarios, iban por la misma senda: el camino espiritual que, en realidad, los caballeros del Temple habían prometido proteger a través de este grupo de iniciados que trabajaba en los niveles más profundos y secretos de la orden, mucho más allá de los caminos terrestres. Asímismo, los templarios mantuvieron un estrecho contacto con los drusos, la tribu siria que profesaba una religión basada en una mezcla de judaísmo, islamismo chiita y cristianismo. Los magos del Temple también se inspiraron con los miembros de la Orden de Amus, una especie de ermitaños que bebían de las fuentes gnósticas que perduraban de la Alejandría protohistórica. Los amusíes se definían herederos de los *Shemson Hor*, fundadores del Antiguo Egipto. No es una casualidad, por tanto, que los templarios, durante las cruzadas, en ningún momento desnudaron sus espadas en las tierras egipcias; sí, en cambio, lo hicieron contra Damasco. Lo mismo sucedió, ya en Occidente, en el Languedoc, donde no lucharon contra los cátaros, a quienes consideraban hermanos. Tampoco intervino el Temple en las cacerías de brujas dictadas por la Iglesia oficial en Europa. En tierras de Navarra lo tenemos muy claro, con las brujas de la zona de Zugarramurdi, Aralar y demás valles, donde eran protegidas desde las encomiendas de Vera de Bidasoa y otros enclaves templarios. Lo mismo sucedió con las brujas de Laspaúles, en el Pirineo de Huesca.

Al igual que en los misterios paganos, el grupo gnóstico de los templarios tenía varios grados de iniciación, cuatro en su caso, que se correspondían con los cuatro elementos: agua, aire (o espíritu), fuego y tierra. La ceremonia de entrada a la orden interior de un neófito se llevaba a cabo a través del siguiente ritual: el candidato, tras pasar el período de prueba (que duraba de dos a tres meses y en el que debía superar los trabajos más repulsivos), procedía al inicio de la preparación, siendo encerrado durante varias horas en una celda del convento templario. Durante este breve tiempo, recibía la visita de tres freires que le preguntaban, tres veces consecutivas, si persistía en demandar la entrada en la milicia. Si lo confirmaba, no tardaba en ser conducido a la capilla, donde se postraba ante doce miembros superiores del Capítulo. Estos le enseñaban los preceptos básicos: rehuir y abandonar los pecados mundanos, servir a Dios, ser pobre y hacer penitencia. Seguidamente, se procedía al interrogatorio, durante el cual se pretendía conocer las verdaderas motivaciones del aspirante para entrar en la orden. Para ello le hacían jurar ante el Evangelio de Juan (y no otro, porque este apóstol era el considerado por los templarios como la referencia del cristianismo gnóstico) que no tenía esposa ni prometida, que no era monje o clérigo y que no tenía compromiso alguno con ninguna otra orden. Asimismo, el candidato era obligado a jurar obediencia y respeto a la jerarquía, prometía luchar en el combate con todas sus fuerzas (incluso en situaciones de inferioridad de uno contra tres), no convertirse a otra religión y permanecer casto y pobre. Por último, llegaba el discurso de acogida y la recepción, donde el hermano que presidía el Capítulo y el capellán daban aliento en su boca abierta. Recordemos que esta ceremonia de la boca es la misma que, durante la caza de brujas y magos decretada por la Inquisición, los detenidos confesaron haber recibido del mismo Satanás.

Un grupo muy selecto de templarios, con los grados más altos de iniciación a la orden, componía este privilegiado segmento de caballeros conocidos como magos. Como hemos dicho anteriormente, la Orden del Temple se gestó en las entrañas de la tres veces santa Jerusalén. Pero fue realmente a la sombra de Egipto, y de los rescoldos de la cultura de la ciudad de Alejandría, que aún se mantenían encendidos en los siglos XI y XII, donde estos caballeros profundizaron en los secretos de la gnosis alejandrina. Al igual que la Iglesia bizantina, los templarios bebieron de las fuentes de la gnosis sanjuanista, porque san Juan Evangelista, referencia también para los hospitalarios, fue el patrón de los templarios, quienes consideraban que Cristo, antes de su fallecimiento en la cruz, nombró sucesor suyo a Juan, y no a Pedro. Este hecho fue confirmado por los Evangelios gnósticos descubiertos en Naga-Hammadi en 1945.

Recordemos que, como principal característica, el sanjuanismo daba prioridad al Espíritu Santo frente al Padre y al Hijo. A tenor de ello, es fácil comprender por qué los templarios jamás veneraron el crucifijo (y tampoco los cátaros), pero sí la cruz, puesto que argumentaban que el Cristo ocultaba y enmascaraba el símbolo universal que representaba a los cuatro elementos. De ahí la importancia simbólica de la cruz patriarcal, donde no aparece ningún crucificado, o de las otras cruces templarias (pateada, tau, de las Ocho Beatitudes...), igualmente desnudas. «Tal vez por eso, tanto templarios como cátaros fueron acusados de escupir al crucifijo, lo que al parecer sí hacían los magos», comenta el escritor Emilio Ruiz Barrachina.

El concepto de dos enseñanzas, una Exterior y otra Interior, formó parte del pensamiento profundo de la Orden del Temple. Sin embargo, la sabiduría gnóstica del Temple debió de filtrarse hacia el nivel externo, porque a mediados del siglo XIII llegó a conocimiento de la Iglesia. A consecuencia de ello, no tardaron muchos años en ser perseguidos y apresados numerosos de sus caballeros, los cuales, tras horrendas sesiones de tortura, terminaron señalando al maestre Thomas Béraud (cargo que ocupó desde 1256 hasta su muerte, en 1273) como el fundador del Temple Interior.

Personalmente no comparto esta apreciación, porque considero que los magos debieron constituirse mucho antes del mandato de este decimonoveno gran maestre. Y me arriesgaría a señalar que esta organización profunda dentro del Temple era posiblemente mucho más antigua que la creación de la misma Orden de los Pobres Caballeros de Cristo, y, como señala Ruíz Barrachina, «que los fundadores ya conocían la sangre que por las venas del Temple debía correr». Esta circunstancia la podemos confirmar a través del interrogatorio que el juez Raúl de Presle hizo a Gervasio de Beauveais, preceptor de la Casa del Temple en la ciudad francesa de Laon (Champagne), famosa por su iglesia octogonal templaria. En el acta se registró la inquietante afirmación: «El acusado estaba dispuesto a mostrar un librito que contenía los estatutos de la orden, y que poseía otro más secreto que por nada del mundo estaba dispuesto a mostrar». La regla secreta de los magos del Temple, por lo tanto, era parte intríseca de aquellos caballeros iniciados, y todo aquel que rompiera el secreto se exponía a la muerte.

Los templarios también fueron acusados por la Iglesia de sodomía, por el hecho de los besos dados durante los ritos de iniciación a grado superior, es decir, en el acto de ingreso al selecto grupo gnóstico de los magos. Estos besos los daba el iniciado de la siguiente forma: el primero lo daba en la boca del maestro, de la cual emana el aire creador y cuyos labios cerrados simbolizaban el secreto (en San Pantaleón de Losa y en otras muchas iglesias templarias vemos capiteles representando a personajes con los labios cerrados); el segundo beso, en el ombligo, representaba el centro, el equilibrio; el tercer y último se daba en el miembro viril, base de dualidad humana. Esta ceremonia de iniciación, es preciso recordarlo, ya la pusieron en práctica los sacerdotes del templo de Sem, en el Antiguo Egipto, a fin de reactivar los sentidos del difunto, preparándole, al mismo tiempo, para el último viaje hacia el Más Allá, con todos sus poderes. Templarios y gnósticos de los pueblos de Oriente morían igualmente de modo metafórico, porque creían en la reencarnación. Pero el beso era considerado motivo de pecado para la Iglesia, y la Inquisición supo manejarlo como móvil de condena, lo mismo que sucedía con el beso en el trasero que las brujas daban al Diablo.

En cuanto a los signos más emblemáticos de los templarios (números, colores, estandartes, cruces, santoral, sellos, el gallo, la serpiente...), todos eran elementos cargados de saberes gnósticos, cuyas interpretaciones conocían muy bien los magos del Temple, y que el lector irá descubriendo a lo largo de las páginas de este libro. Pero quizá el signo más característico sea el sello, aunque no había uno solamente, sino varios. El más extendido, sin duda, era el que representaba dos caballeros sobre un corcel y que, lejos de tener cualquier relación con la homosexualidad (que la Iglesia le quiso atribuir), significan el bien y el mal, la dualidad, la materia y el espíritu, el yin y el yang orientales. Este sello también aparece en diferentes lugares del Languedoc cátaro como Béziers o Carcassonne. Aunque el sello más antiguo vinculado con el Temple representa la cúpula del templo de Salomón, y no del sepulcro de Cristo. El otro sello significativo es el que tenía la figura de Abraxas, que representa el demiurgo, el conocimiento. La primitiva talla de Abraxas se atribuye a Basilides, uno de los sabios más conocidos de la gnosis, sacerdote del monte Carmelo (Tierra Santa) que predijo al emperador romano Vespasiano (9-79 d. C.) su grandeza futura. Se trata de un cuerpo humano con cabeza de gallo y dos serpientes a modo de piernas, figura estrechamente vinculada con los saberes alquímicos. El gallo, con su canto matutino, impone la luz del amanecer solar sobre las tinieblas de la noche (recordemos que el gallo

ha sido siempre el símbolo de los constructores en Francia), y lo vemos también representado en numerosos edificios templarios hispanos. La serpiente, por su parte, representa el movimiento ondulatorio original y, al mismo tiempo, el principio femenino del universo. Los magos, o iniciados al conocimiento, fueron, por lo tanto, los verdaderos autores intelectuales del Temple, el motor de la orden y, como siempre, el poder en la sombra.

Destacamos a continuación la relación de cargos por los que, a comienzos del siglo XIV, fueron acusados los templarios por la Iglesia católica:

- ✠ Escupir sobre la cruz y negar a Cristo.
- ✠ Realizar besos nefandos en las ceremonias.
- ✠ Practicar la sodomía.
- ✠ Adorar a un ídolo en forma de cabeza y con ojos de fuego (Baphomet).
- ✠ Llevar un cordel que se había frotado con el ídolo, o con un ídolo colgando.
- ✠ El hecho de que los capellanes en la Eucaristía no consagraran la hostia.
- ✠ Robar el Tesoro Real.
- ✠ Ingerir las cenizas de los templarios muertos e incinerados.

✠ Oponerse al bautismo y a la procreación.
✠ Convertirse al Islam.
✠ Orinar el Viernes Santo encima de la cruz.
✠ Quemar a los hijos que engendraban con monjas y untar con su grasa al Baphomet.
✠ Asesinar a quienes no adoraban al ídolo o a quien rompía el secreto.

Curiosamente, eran prácticamente los mismos cargos que, un siglo antes, utilizó la Iglesia católica contra los «herejes» cátaros de Occitania. Sin embargo, en ninguno de los casos pudo demostrarse la veracidad de tales descalificaciones. Al contrario, con los descubrimientos recientes llevados a cabo en los archivos del Vaticano, se ha demostrado que se trataba de meras calumnias para confundir a la sociedad y justificar una condena sin fundamentos contra la orden que más ha hecho por la mejora y avance de la sociedad europea, en todos los sentidos. Detrás de todos estos falsos cargos estaba el monarca francés Felipe IV el Hermoso, que amenazó al pontífice Clemente para que declarara culpables a los templarios con la amenaza de que, si no lo hacía, generaría un Cisma.

LA IGLESIA DE BORDÓN: LA «ROSSLYN HISPANA»

La población aragonesa de Bordón se encuentra a 130 kilómetros de distancia de la ciudad de Teruel, en pleno Maestrazgo, a 828 metros de altitud y habitada por unas 150 almas. Durante la antigüedad, en esta zona hubo un poblado ibérico, que sería arrasado por las legiones romanas porque sus habitantes habían apoyado a Aníbal en el sitio de la ciudad de Sagunto. Pero es en la Edad Media cuando Bordón conoce su período de esplendor.

Los ejércitos cristianos de Alfonso I el Batallador llegaron a las tierras de la cuenca del Guadalope en 1119, pero la alcazaba de Castellote no fue conquistada a los hispano-musulmanes por las tropas de Alfonso II hasta 1170. Una generación más tarde, en 1196, el monarca aragonés Pedro II el Católico cedió la villa de Castellote, con todos sus territorios, a los templarios, creándose una poderosa encomienda formada por pueblos como Abanfigo, Bordón, Dos Torres de Mercader, Las Cuevas de Cañart, Ladruñan, Las Parras, Luco, Santolea, Seno y Torremocha. Gascón de Castellote fue nombrado primer comendador.

Se dice que en 1212, con motivo del hallazgo por un pastor en un lugar de Bordón de la imagen de Nuestra Señora de la Carrasca, esta fue llevada a Castellote, como cabeza de encomienda, pero al día siguiente regresó milagrosamente a Bordón, exactamente a la misma carrasca en que fue hallada. A consecuencia de este milagroso hecho, el Temple decidió levantar una modesta ermita, en torno a la cual se construyeron casas y se creó un núcleo importante de población. La imagen, de estilo románico, sedente, de 58 centímetros de altura, tallada en madera y con el Niño sentado en el regazo, tenía la potestad de conjurar las tormentas. Debido a la fuerte devoción a esta Virgen, los templarios, a extramuros de la iglesia, levantaron un convento dedicado a Nuestra Señora de Bordón y un hospital en el que acoger y curar a los peregrinos que llegaban desde todos los lugares. Por ello, a este lugar se le bautizó «Bordón», en referencia al cayado que ayudaba a los peregrinos en el aventurado viaje.

Esta fecha (1212), al igual que una cruz de Ocho Beatitudes, quedaron grabadas en una campana de bronce, que lamentablemente desapareció a comienzos de la Guerra Civil española. Pero la festividad de la Virgen de la Carrasca se mantiene viva, todos los años, el «domingo del sitio» (domingo inmediatamente anterior a la festividad de San Miguel Arcángel: 29 de septiembre).

Imagen de Ntra. Sra. de la Carrasca,
en el altar mayor de la iglesia de Bordón.

Además de Nuestra Señora de la Carrasca, Bordón cuenta con otra imagen milagrera: la Virgen de la Araña, igualmente desaparecida durante la Guerra Civil. De alabastro, o tal vez marfil, debía su nombre a la araña que aparece en sus pies como símbolo de tentación y del Mal. La tradición cuenta que fue un peregrino quien, burlando la vigilancia de la Iglesia, dejó en su interior la imagen, procurando no ser visto por nadie. En 1733 fue declarada patrona de Bordón.

La Carta de Población de Bordón, a iniciativa del Temple, se remonta al año 1282, según lo confirman los documentos del Archivo Municipal. Y debido a la gran devoción a la Virgen, los templarios decidieron edificar la iglesia Mayor, en 1306, que se corresponde con la actual iglesia parroquial del pueblo.

Fachada de la iglesia parroquial de Bordón, orientada a mediodía, con la entrada protegida por un pequeño pórtico.

El escudo de la población es un óvulo protegido por un águila, que contiene la representación de un árbol, concretamente un fresno, y dos niveles topográficos que sirven de base a un castillo con dos torreones almenados.

EL ESOTERISMO TEMPLARIO DE LA IGLESIA DE BORDÓN

Los templarios, conscientes de la fuerza y energía del lugar, al llevar a cabo la construcción de la actual iglesia parroquial a comienzos del siglo XIV, desplegaron en Bordón una frenética actividad cultural, decorando el interior de la iglesia con unas pinturas que conmueven y sobrecogen todavía a medida que vamos interpretando sus símbolos. Por sus singulares características, muchos de estos símbolos guardan estrechas analogías con los existentes en la capilla de Rosslyn, en Escocia, de la que hablaremos más adelante. Las paredes y el cielo de la bóveda de la iglesia de Bordón están decorados con extraños frescos que, observados de forma general, no llaman la atención, pero que, analizados individualmente, parecen querer desvelar y mostrar a quien desea ver lo que podría haber sido una guía esotérica para alcanzar algún tipo de trance.

Muchas personas se sorprenden de que el catolicismo sea la única religión en la que no tenía cabida ninguna variante esotérica. Los místicos que optaban por algunas de las ramas ocultas solían ser marginados del resto de la comunidad como portadores de enfermedades contagiosas, cuando no encerrados en oscuras galerías o perseguidos sin piedad. A pesar de ello, en enclaves de energía, que solo los magos templarios conocían muy bien, se levantaron espacios secretos para llevar a cabo las sesiones de espiritismo y en donde poder alcanzar el trance místico. Actualmente, las personas que practican este tipo de técnicas coinciden en señalar que, en determinados lugares, es más fácil alcanzar esta dimensión en estados mentales.

La primera etapa de este fascinante y mágico viaje es relativamente sencilla; suele comenzar por medio de una relajación profunda. La etapa siguiente, la partida del viaje, es más compleja. Sabemos que en algunas religiones y culturas se utilizan sustancias alucinógenas. Sin embargo, otro de los disparadores de este trance es la utilización de sonidos. ¿Pero qué sonidos son los más favorables para conseguir este estado? Existen determinadas frecuencias audibles que desatan diversos estados. Estas frecuencias tienen otra particularidad, y es que, aplicadas a una lámina metálica cubierta por un fino polvo, forman unas figuras geométricas, denominadas figuras de Chandilli.

Precisamente, en la zona izquierda del interior de la bóveda de la iglesia de Bordón aparece representada una imagen que

Representación al fresco de las figuras geométricas que se forman a consecuencia de las vibraciones de las láminas metálicas de Chandilli.

podría estar relacionada con los efectos de unas ondas sonoras como consecuencia de las vibraciones de una lámina metálica envuelta en un polvo blanco. Al igual que en la mencionada capilla escocesa, una imagen nos da la pista de cómo deben interpretarse estos símbolos pictóricos. Si bien en Rosslyn es un ángel el que nos da la clave para alcanzar esta dimensión, en Bordón aparece la imagen de una santa (concretamente santa Cecilia, patrona, inspiradora y protectora de los músicos, cuya fiesta litúrgica se celebra el 22 de noviembre) marcando las notas sentada ante un órgano.

Imaginemos a un grupo de monjes en el interior de la iglesia apoyados en sus reclinatorios e inmersos en un fuerte aroma de incienso en la sagrada atmósfera del templo, mientras comienzan a sentir las notas del órgano, cuyo sonoro instrumento transmite una nota larga y potente que envuelve a quienes allí se encuentran bajo una profunda meditación.

El poder psíquico de los órganos es, sin duda, uno de los misterios que estamos empezando a descubrir. En algunas catedrales existen tubos tan grandes que producen unos graves inaudibles para las personas. Esto se produce en el rango de los sonidos graves/ultrasónicos, pero también en el rango de los agudos/infrasónicos extremos se genera algo parecido. Hasta ahora no se les había prestado atención. Recientes investigaciones han descubierto que estos tubos servían para producir ultrasonidos. Estos sonidos, que van más allá de las percepciones normales, activan el hipotálamo, y muchas personas los relacionan con sensaciones que rozan lo fantástico. En la iglesia parroquial de Bordón existía un órgano que necesitaba cuatro personas para hacerlo funcionar.

Si colocamos unos polvillos sobre una fina lámina metálica, obtendremos en lo físico una imagen similar a esta, cuyo parecido resultaría verdaderamente asombroso con el de la figura que decora uno de los recuadros de las pinturas murales del techo de Bordón. El investigador Sergio Solsona Palma fue el primero en llevar a cabo esta demostración, y a él debemos los espectaculares resultados.

Como sabemos, estos sonidos favorecen la meditación, abriendo una ventana en las mentes de los devotos. Con esta imagen, que también aparece en otro fresco pictórico, se daría paso a la meditación. Y a partir de aquí, todos los dibujos cobrarían un claro significado.

Pero ¿por qué se realizan estas pinturas a comienzos del siglo XVIII? ¿Por qué correr el riesgo de que los esbirros de la Inquisición adviertan que se está profanando un templo cristiano? La respuesta la podemos encontrar en lo que las personas que entran en este tipo de trance llaman «miedo al salto». Si se desconoce el destino de este viaje interior, puede conseguirse tras haber logrado cruzar el umbral de la ventana, que muestra

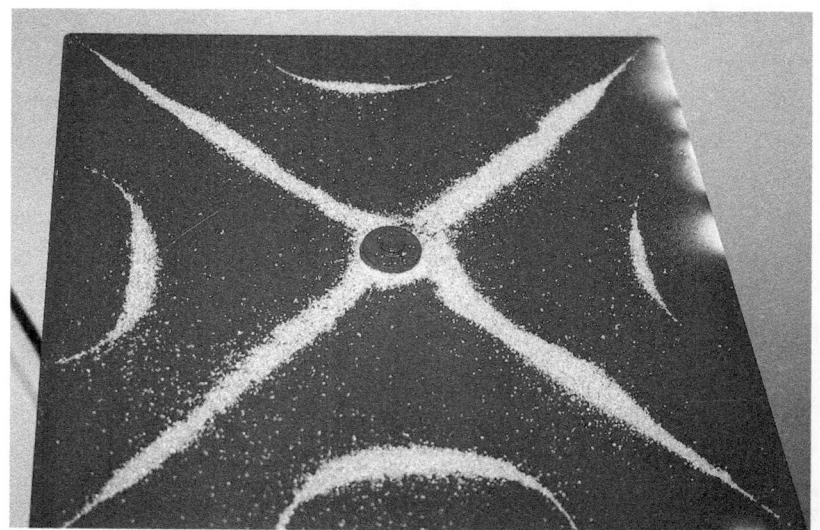

La lámina metálica, tal como queda, con el polvillo repartido en su superficie, tras finalizar las vibraciones musicales.

su hoja de celosía, invitando a traspasar por ella para lograr alcanzar otra dimensión. Los preciosos frescos de la iglesia de Bordón son, por lo tanto, la mejor guía para que los no iniciados pierdan el miedo a traspasar el tenebroso umbral de lo físico y alcanzar la otra dimensión.

La siguiente fase de la meditación es el enfrentamiento a los miedos internos, lo que los psicoanalistas denominan «traumas». Pero ¿cómo reflejar esto en imágenes perceptibles? ¿Hay mejor manera que representando el Cancerbero, el terrible perro de dos cabezas que domina el acceso a los infiernos? Una vez más, las pinturas de la iglesia de Bordón siguen guiándonos en esta singular experiencia.

Tras el enfrentamiento a los miedos internos, la siguiente fase es la más gratificante. Se alcanza como consecuencia de la vibración de energía positiva que envuelve a la persona, con las notas oídas del órgano, logrando que la mente se libere de sus fuertes ataduras anteriores.

Finalmente, la persona, renacida, resurge de este trance, de esta singular experiencia que le convierte en un ser nuevo. Y qué mejor y más hermosa forma de alegorizar esto que con la figura de la mítica ave fénix, que logró resucitar de sus propias cenizas. El ave fénix sería, por tanto, un nuevo acercamiento de la persona iniciada, mientras que las cabezas místicas de las que salen serpientes sería el símbolo de una mente nueva.

Las personas que siguen este tipo de experiencias con éxito dicen que consiguen una sabiduría renovada, una fuente de conocimiento nueva y superior. Una vez más, las imágenes de la fuente de la sabiduría, que decoran el cielo de la bóveda de la iglesia de Bordón, completan el final último de este viaje por el Más Allá.

Como un pequeño Grial, estas imágenes nos envuelven en el interior del templo, esperando que las interpretaciones y la imaginación del visitante, devoto o no, busquen y encuentren un significado, o simplemente que se deleite admirando su belleza.

EL DESPERTAR DEL DRAGÓN

Del caleidoscopio de pinturas barrocas que cubre por completo las paredes de este lugar creo que la arcada de los sonidos está bien interpretada. Tras tres años de investigaciones, hemos descifrado su significado. En la segunda arcada de frescos encriptados vemos elementos mucho más subjetivos, pero igualmente sugerentes.

Esta interpretación no podría haber sido posible sin la colaboración de los magos de la luz, personas que, utilizando focos lumínicos reales, los redirigen para enfocar su brillo interior y guiarnos a los demás, como acomodadores del alma, a sentarnos y disfrutar de la película que sin ellos nos habríamos perdido.

Los lugares de energía y poder han sido venerados y transformados durante toda la historia. Bordón, y en concreto su iglesia, registra en su interior tres vórtices de 19.500 unidades Bobis (UB) cada uno; algo verdaderamente admirable y creo que único a nivel europeo, de un mismo templo construido sobre tres puntos de potencia telúrica. Pero ¿cómo explicar durante los inquisitoriales siglos modernos que este edificio en particular registre una fuerza tan especial? ¿Cómo contar que la carrasca monumental era un lugar con una energía arcana y que ese árbol se alimentaba de ella para conseguir su excepcional porte? ¿Cómo interpretaría una persona de la época que, al lado de este árbol, lo que los caballeros templarios encontraron era un antiguo centro de cultos megalítico mantenido por los druidas celtas?

Podemos apreciar que la fuerza telúrica está representada por las guinaldas de flores que, lógicamente, no son flores reales, ya que de lo contrario, ¿cómo podrían estar debajo de la tierra? El artista describe este flujo energético en forma de inocentes ramilletes que, naciendo del fondo, se expanden al exterior. Al lado del árbol, seguramente la carrasca de la leyenda mariana, aparece un edificio semiderruido del que salen llamas: ¿tal vez un antiguo templo pagano del que emana un fulgor especial?

Los magos templarios supieron apreciar el poder escondido y con sus conocimientos intentaron realzarlo, y, como en tantos lugares, construyeron un templo. Pretendían magnificar esta energía y adaptarla a otra época. Justo al lado de esta imagen en la increíble iglesia de Bordón tenemos otra alegroía a esta apasionante cuestión.

Esta nueva imagen está al lado de la anterior. Son simétricas entre sí, lo que sugiere que se está hablando del mismo lugar.

Un sol radiante ilumina el corazón de la bóveda de la iglesia de Bordón.

Tenemos las flores bajo tierra y como ahora son canalizadas a través de la torre, el antiguo templo/fortaleza construido en el lugar, que sirve de amplificador. Pero este generador necesita de una mecánica para que siga funcionando, y los maestres del Temple la usaban y mantenían.

Una de estas claves era que el sol debía entrar en el templo directamente a través de una ventana, hoy lamentablemente tapada, situada detrás del altar mayor. Es muy probable que el foco de luz incidiese en un punto en concreto del suelo. La manera más fácil de representar esto hubiese sido marcarlo en el pavimento, pero esto resultaría demasiado evidente. ¡Qué mejor manera de señalar este punto que colocar en la vertical una imagen recordara al astro rey, al que le debemos la luz y el calor!

El Sol personificado como un ente con ojos y boca; el mismo astro que, dos veces al año, coincidiendo con los solsticios, entraría en este sagrado recinto. Al lado aparece un ángel con un extraño símbolo. Representa el mantra sagrado *AAAMMMAAAMMM*, ese sonido, esa vibración que hace levantarse al Dragón dormido. En la arcada de al lado está descrita perfectamente la frecuencia correcta en la que se debe recitar.

Estamos hablando nada menos que de la nota del Diablo. Se trata del sonido prohibido que mantiene las *cimaticas*, que queda reflejado y nos permite entrar en estados alterados de conciencia cuando esa energía entra dentro de una persona iniciada.

El trítono es un sonido metálico que, en los siglos medievales, la Iglesia católica creía que, al interpretarlo, el Diablo entraba en escena, a través de un intervalo musical llamado de cuarta aumentada o de quinta disminuida. Se identificaba al trítono como «Diabolus in Música» o la «nota del Diablo», debido a la fuerte tensión que genera en quien la escucha, al tratarse de un sonido desagradable al oído, que impacta en el equilibrio de la persona y da lugar a un miedo inmediato. Es preciso pensar que, en la Edad Media, artes como la escultura, la música o la pintura debían estar relacionadas con algo bello, divino, por lo que no tardó en considerarse que estos sonidos tan estridentes debían estar estrechamente relacionados con una invocación a la Bestia. Por tal causa, el trítono fue prohibido por la Iglesia católica, al considerarse que estas notas pudiesen ser utilizadas para atraer al Maligno.

«El intervalo de cuarta aumentada es habitual en muchas piezas; pero normalmente resuelve con la dominante, porque sin resolver crea tensión. El oído está esperando oír la quinta donde descansa, si la quinta no llega puede ir aumentando la

La partitura del Diablo

T = tono

$$\overset{\overset{\text{3 tonos}}{\overbrace{\phantom{\text{T T T}}}}}{\text{T T T}}$$

Do - Re - Mi - Fa - Sol - La - Si

Tritono natural

(no tiene alteraciones)

Esta es la forma más sencilla de entender que se trata de un intervalo de tres tonos, lo que se conoce como Cuarta aumentada (o Quinta disminuida). Recordemos que el intervalo es simplemente la distancia entre notas.

Lo que sería el intervalo de Fa y Si en la tonalidad menor es un Tritono natural, al no poseer alteraciones. En la escala de Do mayor, el Tritono se denomina de Cuarta aumentada, porque alteramos la cuarta nota de la escala de Do (do - re - mi - fa) un semitono para lograr un tono de distancia, o lo que es lo mismo: pasamos de Fa natural a Fa# (sostenido).

3 tonos

T T T

Do - Re - Mi - Fa# - Sol - La - Si

Cuarta aumentada

(se agrega un # a la cuarta
para abarcar una distancia de 3 tonos)

La escala de Do mayor no tiene # y de Mi a Fa hay una distancia de un semitono; al crear un tono de distancia con el sostenido se llama Cuarta amuentada.

tensión. Me imagino que la tensión que buscaban era la del alma para alcanzar este estado de tránsito», comenta con especial énfasis la musicóloga Imma Grimalt.

El estilo barroco tiende a ser minusvalorado; la solemne sobriedad románica nos parece transmitir un significado más profundo. Pero, tras la apariencia meramente decorativa de estos frescos, es probable que se esconda un saber que se creyó desaparecido tras la disolución del Temple, pero que en algunos remotos lugares permaneció. Esta herencia se pudo mantener en este apartado confín gracias a que, tras la toma de Castellote en Teruel por las tropas de Jaime II, los sabios no fueron asesinados. Según cuentan los documentos, fueron integrados tanto ellos como sus valiosos libros a la Orden de Calatrava, que los recluyó en un convento donde este saber pudo pasar generación tras generación hasta que el anónimo artista los plasmó en las paredes varios siglos después de abolida la orden por la Iglesia.

LA EXTRAÑA CAPILLA

Pero muchos otros secretos esconde esta iglesia. En una extraña capilla aparece un Pantocrátor, de unos 20 centímetros de altura, que sostiene un mapamundi, en donde está reflejado el Nuevo Mundo. Lo sorprendente es que esta obra escultórica fue realizada a finales del siglo XIV... Esta capilla, abierta en el lado de la Epístola, está igualmente llena de pinturas y esculturas alusivas a los evangelios gnósticos. Sabemos que una pequeña cofradía se encargó de su mantenimiento durante siglos. Esa cofradía, con el tiempo, se convertiría en el más antiguo colegio de abogados de toda España.

En el techo de la capilla, donde se cruzan los nervios, una clave decorada con la cruz de las Ocho Beatitudes nos recuerda que nos encontramos en un espacio sagrado, templario, de

Frontal de la capilla de San Miguel Arcángel,
alzada sobre uno de los tres vórtices de la iglesia de Bordón.

fuerza y energía. Actualmente se celebran dos misas en esta capilla y los cirios siempre están encendidos, en homenaje a los caballeros templarios.

EL RITO INICIÁTICO PARA LOS CABALLEROS

La iglesia de Bordón, por la fuerza energética que emana el lugar en donde se asienta, fue utilizada como centro iniciático. Y como todo rito iniciático, comenzaba por una peregrinación. El

Clave superior de estancia secreta del campanario, en donde pasaban la noche de iniciación los caballeros, decorada con la tau.

joven aspirante salía del castillo de Castellote y emprendía el arriesgado viaje de 23 kilómetros a pie hasta Bordón. Una vez allí, el neófito era llevado hasta la secreta cripta, donde pasaba la noche ataviado únicamente por una fina túnica blanca.

Esta cámara, al igual que sucede en San Baudelio de Berlanga, en Soria, se encuentra en un nivel elevado, como suspendida en el espacio, y oculta entre los muros, estrecha y lúgubre (con dificultad, un ser humano podía ponerse de pie y casi imposible estirarse en el suelo), de muy difícil y peligroso acceso. Entrar en esta capilla aérea, casi un cubículo, de espaldas y de rodillas, constituiría la experimentación de una sobrecogedora impresión, por la fuerza que transmite el lugar. Un inevitable escalofrío recorrería el cuerpo de aquel que se introducía en este pavoroso receptáculo cuando, en la mayor oscuridad y silencio, descubriese las nervaduras de aquella arca de piedra, advirtiendo como remate y sostén central de los nervios una cruz sin cúspide (la tau), precisamente sobre el lugar en donde se instalaría el neófito o eremita que decidiera entrar en aquel ataúd de piedra en busca de su purificación, al advertir que la tau está apoyada por cuatro espantosas cabezas (Baphomets). Momentos después, allí mismo, el neófito, una vez cumplido el tiempo de permanencia en el mayor aislamiento físico con el mundo, sin luz y en silencio, recibiría las armas para convertirse en un verdadero soldado del Temple.

Esta cripta aérea era el enclave sagrado de los rituales templarios. Actualmente no es visitable, por la dificultad de caminar sin luz, los excrementos de las palomas y la existencia del agujero que se abre en el suelo, realizado en el siglo XVI para facilitar el paso de la cuerda de las campanas superiores.

Aunque solo hubo en realidad un santo templario, san Durán (Durando), catalán natural de Puigcerdà (La Cerdanya), los templarios rindieron un justo homenaje a cuatro santos que incluyeron en su santoral: san Miguel Arcángel, san Juan Bautista, san Bartolomé y san Julián. Cada uno de ellos, como veremos a continuación, contó con una historia que lo hizo atractivo al Temple.

5. EL SANTORAL TEMPLARIO

> «San Durán pudo ser en su vida real el caballero templario frey Guillem Durán; su santidad fue consignada por el padre Doménech en su relación de santos catalanes escrita en el siglo XVII...».
>
> JUAN GARCÍA ATIENZA

Aunque el Temple estuvo estrechamente vinculado con varios santos (san Bartolomé, san Miguel, san Juan Bautista, san Julián...), realmente solo hubo uno que fuera caballero templario. Nos referimos a san Durán, también conocido como san Durando. La vida de este santo transcurrió en la comarca de La Cerdanya (Girona y Lleida), territorio fronterizo con el Languedoc francés, que, durante las cruzadas contra el catarismo por parte de la Iglesia (siglos XIII y XIV), se convirtió en zona de paso y huida de los cátaros hacia los Pirineos y el Reino de Aragón. San Durán, que se corresponde con el caballero templario frey Guillem Durán, fue el autor de una obra condenada por la Iglesia: *Rationale seu Enchyridion Divinorum*.

San Durán dedicó todas sus fuerzas a ayudar a los peregrinos y también a los pobres cátaros que se habían salvado de las hogueras y pudieron huir de las horrendas torturas. Los cruzados, al mando de Simón de Montfort, con el respaldo de la Iglesia y del rey de Francia, estaban sembrando el pánico y la muerte en los pueblos, ciudades y aldeas de las fértiles y tranquilas tierras del Languedoc. Este frey templario, desafiando a la Inquisición, facilitó los desplazamientos de estos desdichados hacia el interior del Pirineo catalán, a través del pasillo de Llivia (territorio que, a pesar de los avatares históricos, se ha mantenido hispano), y del Camí dels bons homes, un sendero iniciático que recorre el norte del actual Parque Natural del Cadí-Moixeró, rodeando la montaña sagrada del Pedraforca, y que enlaza poblaciones tan esotéricas como Saldes, Gósol y Gisclareny. Finalmente los instalaba en lugares seguros como Castellbó, Bagà o Prullans, los llevaba al amparo de la poderosa encomienda de Puig-reig, o bien les facilitaba las rutas más idóneas para alcanzar las Tierras del Ebro, en su curso más inferior, el Matarraña o la villa de Sant Mateu, en el Maestrazgo de Castellón. En esta última población se conoce la legendaria historia de Guilhem Bélibaste, último perfecto del catarismo occitano, y, a partir de 1319, tras su fundación, fijaría su sede el maestre de la Orden de Montesa, la cual se nutrió de gran número de caballeros templarios.

La piadosa vida de este templario fue elevada al rango de santidad por el padre Doménech, como refleja en su escrito sobre los santos catalanes del siglo XVII. San Durán fue venerado en los altares por los innumerables milagros que realizó, tanto en vida como después de muerto. Sus restos descansaban en el interior de la iglesia de San Bartolomé, de la ciudad de Puigcerdà, hasta 1936, año en que la iglesia fue destruida durante la Guerra Civil; de ella no quedan ni los cimientos. También la iglesia parroquial de Santa María, en esta población, fue víctima de la barbarie, y tuvo que ser reconstruida, hasta el punto de que hoy el templo anda por un lado y el campanario por otro. Y de san Durán, condenado por la Iglesia, nada más se supo. También fue borrado del mapa de esta ciudad cualquier pequeño recuerdo de los caballeros templarios, circunstancia que obliga a una profunda reflexión. No fue una

Campanario exento de la iglesia de Santa María, de Puigcerdà.

casualidad, por lo tanto, que los restos de san Durán recibiesen sepultura en la iglesia de San Bartolomé de Puigcerdà, de la cual, como hemos dicho antes, ningún resto se ha conservado. Sin embargo, la memoria de aquel santo caballero templario sigue viva en el pensamiento de las gentes de toda la Cerdanya.

SAN BARTOLOMÉ

De todas formas, el santo más relacionado con la Orden del Temple fue sin duda san Bartolomé (Bartolo; Bertomeu, en catalán). Conocido también en los Evangelios con el nombre de Natanael («regalo de Dios»), Bartolomé se podía traducir etimológicamente por «hijo de Tolmay» (o Talmay), que en arameo vendría a decir «el que abre los surcos». En griego, Bartholomais se deriva de la forma aramea de Ptolomeo. *Bar* significa «hijo» y *ptolomeo* «cultivador y luchador». Juan, el más gnóstico de todos los evangelistas, relata cómo le dice Felipe a Bartolomé que ha visto a Jesús y le convence para que vaya a verlo. Cuando se acerca, Jesús le dice: «Ahí tenéis a un israelita de verdad, en quien no hay engaño». Le pregunta Natanael: «¿De qué me conoces?». Y le responde: «Antes de que Felipe te llamara cuando estabas debajo de la higuera, te vi». Natanael le responde: «Rabbí, tú eres el Hijo de Dios, tú eres el Rey de Israel» (Juan 1, 45-51). San Bartolomé, padre de Tadeo, es la antítesis de los demonios. Es testigo del primer milagro de Jesús en las Bodas de Caná, acompañándole hasta los momentos finales y dramáticos de su vida, desde la Santa Cena hasta la ascensión a los cielos. Mateo, en su Evangelio (10:3), lo cita como el sexto apóstol que sigue a Jesús.

Bartolomé predicó en la India y en Arabia, y evangelizó en Armenia, donde se le rinde culto como segundo patrono de esa legendaria tierra. Viajó a la India desde Palestina, donde llevó una copia hebrea del Evangelio de San Mateo; desde allí, siguiendo las huellas de Alejandro Magno, regresó a Persia, Mesopotamia, Arabia y Etiopía. Cuando fue apresado por los romanos, lo despellejaron en vida; de ahí la creencia del poder de renacer de su propio tormento, sin piel: «El manto de terciopelo o tercera piel es la auténtica túnica de los reyes». Posteriormente, fue decapitado por los verdugos de Astiagés, un rey pagano, en la ciudad de Albanópolis. Ocurría el año 71. El rey estaba furioso con el apóstol por la conversión de su propia hermana. Al santo, tras terribles tormentos, le arrancaron la

La imagen de san Bartolomé preside la fachada de la iglesia de Beceite (Teruel).

piel a tiras y en vivo, mientras seguía sin inmutarse predicando la fe de Cristo. Por ello, a san Bartolomé, representado como un anciano con barba y manto blanco instruyendo a un niño, se le relaciona siempre con la inmortalidad. Suele aparecer con un cuchillo, como elemento de su tortura, y rodeado de sus verdugos; en muchas ocasiones, le acompaña un pequeño dragón a sus pies, en una estrecha vinculación con las fuerzas telúricas de la tierra, como podemos ver en la figura que lo representa en la fachada de la iglesia parroquial de Beceite, en la comarca turolense del Matarraña.

Como la serpiente, que debe su legendaria inmortalidad al cambio de piel, san Bartolomé también es representación de los inmortales, como hemos dicho. Después de muerto, colocaron sus restos junto a los de otros cuatro mártires en un cofre y lo lanzaron al mar, pero en lugar de hundirse y desaparecer, el cofre fue flotando hasta la isla de Lípari, cerca de Sicilia, donde unos cristianos lo encontraron y edificaron una iglesia en su honor. Por tal motivo, como mediador entre las tres culturas monoteístas de las civilizaciones del Mediterráneo oriental, en cuanto a su forma de enterramiento, a san Bartolomé se le asocia con la divinidad de Osiris, cuyo sagrado cuerpo fue depositado en el interior de un cofre en forma de media luna, a través de un viaje cíclico al Más Allá. Igualmente ocurre con Jonás, que vivió tres días en el vientre de la ballena; los mismos que Jesús, que, tras su muerte en el Calvario, descansó tres días en el sepulcro, antes de resucitar.

San Bartolomé, tras su decapitación, fue encerrado en un cofre que navegó a la deriva a través del mar de la existencia, alcanzando las costas de Thule, la isla mítica de los celtas. Portaba un tesoro espiritual, al tiempo que transmitía la visión intemporal del hombre y su origen, en base a las costumbres y leyes sagradas. El cofre solo se podía abrir en el día y la hora providencialmente fijados por el que tenía la llave; la clave, que es el conocimiento. Su celebración fue fijada el 24 de agosto en la Iglesia católica y anglicana, y el 11 de junio (San Bernabé) en la ortodoxa. La festividad de San Bartolomé era una jornada de paz; en ningún momento los templarios entraron en batalla ese día.

Juan García Atienza escribe al repecto: «Los templarios tuvieron a san Bartolomé entre sus advocaciones. La regla, en su artículo 73, incluye su fiesta entre las pocas en las que los caballeros tenían que guardar ayuno y en muchos de los lugares que ocuparon se le rindió culto hasta mucho tiempo después de la condena eclesial de la orden». El apóstol cristiano san Bartolomé está contemplado incluso dentro de *El Zohar*

(*El libro del Esplendor*), obra fundamental del pensamiento judío.

VESTIGIOS DE SAN BARTOLOMÉ

No es una casualidad que los templos dedicados a este santo coincidan con enclaves que fueron templarios. El más evidente, sin duda, es la esotérica iglesia de San Bartolomé, resto del antiguo cenobio de San Juan de Otero, en el corazón del cañón del río Lobos (Soria), del que hablaremos en otros capítulos. Otro ejemplo lo tenemos en el pórtico de la iglesia gótica que está bajo su advocación en la ciudad de Logroño (otro enclave vinculado con el Temple, en el centro del Camino de Santiago por tierras riojanas), donde está representado san Bartolomé en el momento escalofriante de su martirio, cuando le fue arrancada la piel en vivo, mientras que el santo seguía predicando la fe en Cristo.

Otros lugares de la geografía hispana que rinden un justo homenaje a este santo, igualmente vinculados con enclaves templarios, son La Coronada (Cáceres), cerca de la fortaleza de la Encomienda; Feria, cerca de Zafra; y Jerez de los Caballeros (Badajoz), localidad relacionada con una de las tragedias más sobrecogedoras del final del Temple (la Torre Sangrienta) y en la cual las fiestas de San Bartolomé alcanzan gran espectacularidad, especialmente cuando se produce la salida del demonio desde la torre de la iglesia homónima. Montehermoso (Cáceres), no lejos de Coria y Galisteo, fue también un lugar de gran influencia templaria.

Otros puntos de la geografía extremeña vinculados con este santo son Valencia de Alcántara y Villar de Plasencia, ambos en la Alta Extremadura. En Andalucía se pueden señalar varios puntos: Alájar (Huelva), próximo a Aracena, donde se hallaba una de las encomiendas más renombradas e influyentes de los templarios; Villalba del Alcor, también en Huelva, cuya iglesia parroquial, templaria, está dedicada a san Bartolomé; Martos (Jaén), donde aún flota el drama de la condena de los hermanos Carvajales, por orden del monarca Fernando IV el Emplazado; Luque y Cerro de Andévalo, ambos en Córdoba; y Nerva, en la provincia onubense. En Aragón destacan: Borja (Zaragoza), a la sombra del Moncayo, dependiente de la encomienda templaria de Ambel; Calatorao (Zaragoza), a corta distancia de La Almunia de Doña Godina, donde los hispano-musulmanes primero, y los templarios después, tuvieron respectivamente centro de recaudación de impuestos y casa; Villarluengo (Teruel), que fue feudo templario, Beceite y La Fresneda, en la comarca turolense del Matarraña. En la iglesia de San Pedro el Viejo de la ciudad de Huesca se rinde culto a este santo en una modesta capilla próxima al claustro. Hay que señalar también Oliete (Teruel), Bolea y Fraga, en la provincia de Huesca, esta última cerca de la encomienda de Chalamera. En Mallorca, san Bartolomé goza de gran devoción, como lo confirman las numerosas poblaciones que tienen dedicadas sus parroquias a este santo: Montuiri, donde se baila la *dança del Cossiers* (una de las más antiguas de la isla), próxima a la montaña sagrada de Randa, de documentada influencia templaria tras la conquista de Mallorca por Jaime I. En otros lugares de la isla, como Sóller, Capdepera, Consell o Marratxí, se rinde un justo homenaje a este santo vinculado con el Temple; y en la localidad de San Antonio Abad (Ibiza). En tierras valencianas sucede lo mismo: Jijona, Campo de Mirra/Almizra (Alicante), Benicarló (Castelló), Alfara del Patriarca (Valencia)... Castilla y León no podía ser menos en cuanto al culto a este santo; además de San Bartolomé de Ucero, antes citado, debemos destacar por ejemplo Aldeadávila de la Ribera y Cepeda, en Salamanca, Villarramiel (Palencia), San Bartolomé de Pinares (Ávila) y Traspaderne (Burgos). En Cataluña tenemos Igualada, Sitges y Tordera (las tres en Barcelona) y La Sénia (Tarragona), entre otras. En tierras castellano-manchegas destacamos Navahermosa (Toledo), a corta distancia del castillo de San Martín de Montalbán, fortaleza del Temple, y Añover del Tajo en la misma provincia; Tarazona de la Mancha y Pozuelo (ambas en Albacete); Alhambra (Ciudad Real); y Belmonte (Cuenca). Por el Principado de Asturias pasaba una ramificación costera del Camino de Santiago controlada por los freires del Temple; también está en Asturias el influyente enclave templario del Monsacro, en la sierra del Aramo (concejos de Quirós y Teverga), y se rinde culto a san Bartolomé en otras poblaciones como Barro-Llanes, Nava y Mieres. Lo mismo sucede en la vecina Galicia: Puebla de Trives (Ourense), Barreiros (Lugo) y Noya (A Coruña). Y en Euskadi: Güeñes y Guernica, ambas en tierras vizcaínas. En Navarra tenemos la localidad de Marcilla. Y en el archipiélago canario, donde se dice que buscaron refugio algunos templarios tras la condena de la orden por la Iglesia, destacamos Buenavista del Monte, en Tenerife, y San Bartolomé, en Lanzarote.

SAN MIGUEL ARCÁNGEL

No se trata de un ser humano, sino de un ángel, igual que los otros dos arcángeles acogidos por la tradición cristiana del mundo medieval, Gabriel y Rafael; sin embargo, san Miguel se halla muy por encima de ellos, puesto que su cometido no puede ser más importante: ser portador de mensajes celestes, llevando los encargos divinos a los seres vivos. Por ello, este santo se representa mitad ángel y mitad humano, transmitiendo con su aspecto una esencia sobrenatural y un estado de relajación a quien lo contempla.

Imagen de san Miguel Arcángel en la nave central de la iglesia abacial del Mont Saint-Michel, en Normandía.

La iconografía cristiana representa a este santo sincrético de dos formas muy distintas pero, al mismo tiempo, complementarias: una, bien con aspecto humano, bien angelical, cubierto de coraza y lanza, o espada, venciendo y humillando a Satanás, que se postra derrotado a sus pies; otra, con una balanza en sus manos, pesando los pecados y virtudes de las almas de los mortales, para decidir luego si son merecedoras de la gloria del paraíso terrenal o bien conducirlas a los horrores del averno. Dios, por la valentía de este ángel, no dudó en nombrarle la Justicia Mayor de los cielos, al tiempo que le encargaba la responsabilidad del pesaje de los pecados de las almas antes de decidir el destino de las mismas. San Miguel es, por lo tanto, el árbitro entre el Bien y el Mal, porque, al vencer al Diablo, se erige en paladín de la justicia y el Bien. Este alado santo cristiano guarda también una estrecha relación con la tradición judía, cuando recordamos que se corresponde con el Tiferet, el ángel protector del pueblo de Israel, feje de las milicias celestiales.

La Iglesia fijó dos fechas para celebrar su onomástica: el 8 de mayo y el 29 de septiembre, en primavera y otoño respectivamente. La primera consagra la Dedicación de san Miguel, mientras que la segunda, declarado día de ayuno por los templarios, su Aparición. También vemos a san Miguel relacionado con la custodia de los agricultores, quienes fijaron su tiempo óptimo de siembra entre tales efemérides (mayo y septiembre).

En el extremo nordeste del Albayzín, el arrabal más islámico de la de ciudad de Granada, coronando el mítico cerro del Aceituno se alza la ermita de San Miguel el Alto, donde todos los años, el 29 de septiembre, se venera la imagen del arcángel san Miguel, singular talla escultórica de Bernardo Mora. El lugar, desde donde se contempla la mejor panorámica de la Alhambra y el Generalife, está envuelto en una superstición islámica que asegura que junto al *marabut* (eremitorio y casa del morabito) que en este dominante enclave tuvieron los hispanomusulmanes granadinos había un olivo mágico que solo florecía la noche de San Juan, y que también la maduración del fruto tenía lugar en la más corta noche del año; todo un prodigio natural que recogió el cronista Abu-Hamid *el Andalusí*, en cuyo manuscrito arábigo leemos lo siguiente: «En este monte está el olivo que, dice el vulgo, florece, cuaja y sazona sus frutos en el mismo día; yo lo he contemplado, y se compone de dos ramas, y lo pude ver el día de Ancara [festividad de San Juan], en cuya jornada se reúne mucha gente a su alrededor, y en él vi granos de aceitunas que, al elevarse el Sol, estaban verdes, al medio día se pusieron blanquecinos, y a media tarde apareció en ellos un poco de rubicundez, en cuyo estado la gente los arrebató a porfía, y si los hubiesen dejado estar hasta la noche, acaso se hubiesen puesto negros».

En este lugar, aunque lejos de la geografía templaria hispana, coinciden dos santos vinculados con los templarios: san Miguel arcángel y san Juan Bautista. Ambos, en un marco de profunda influencia islámica, como es el de la capital del último reino islámico del mundo occidental, el nazarí, cuyo primer período correspondió con el tiempo de los templarios.

A aquella época, finales del siglo XIII, se remontan las tradiciones esotéricas de la cultura musulmana que envuelven la magia de este enclave, como la que hemos citado anteriormente. Son varias coincidencias que no deberían pasarse por alto a la hora de vincularlas en el contexto de la mitología del Temple, lo que volvería a interrelacionar los misterios más profundos de la orden con buena parte de los mitos y leyendas de la civilización hispano-musulmana. Pero hay un dato que me gustaría comentar. En la zona oriental de la Vega de Granada hay una comarca natural que, desde tiempos medievales, es conocida como El Temple, cuya capital es La Malahá, población conocida por sus secaderos de sal de montaña y por las salutíferas aguas termales, como lo atestiguan unos *hammans* (balnearios). Parece ser, aunque no se conserven documentos que lo confirmen, que a comienzos del siglo XIV, un grupo de templarios, huyendo de las órdenes decretadas de condena contra la orden, buscaron refugio en el Reino de Granada, y su monarca, Ismail I, les acogió, cediéndoles un pequeño territorio. A cambio, estos caballeros ayudaron a los nazaríes en sus constantes enfrentamientos contra los ejércitos cristianos, siendo memorable la batalla de sierra Elvira, en 1319, donde la caballería granadina venció y humilló a los castellanos.

Los templarios, dado el sincretismo de este santo, no dudaron en elegirle también como protector. Son innumerables los enclaves del Temple en nuestro país que se relacionan con san Miguel. Probablemente uno de los más conocidos sea el santuario de San Miguel in Excelsis, en Aralar, entre Navarra y Guipúzcoa, en cuya cima se le venera como si de una figura extrahumana se tratase. Aralar, más que un monte, es una sierra, elevada a la categoría de sagrada desde las culturas más ancestrales de la prehistoria. Sus laderas están llenas de cuevas, donde buscaron refugio las brujas de los siglos modernos. El romano Antonino, en su célebre *Itinerario*, denomina este lugar como *Ara Coeli* (altar celeste), lugar de avistamiento de objetos volantes no identificados así como centro de adoración a las

Exterior del arco de Elvira, por cuya puerta salió el ejército nazarí para combatir en la batalla de la sierra de Elvira, en el verano de 1319.

divinidades paganas y enclave relacionado con los mitos vascos, como el dragón (*erensugue*), un ser serpentario protector de almas, y la diosa Maru, la dama maestra y constructora.

En Cantabria, concretamente entre Colindres y Ramales, se encuentra la pequeña aldea de San Miguel de Aras (de *ara*, altar sagrado); precisamente sobre el altar mayor de la iglesia parroquial se alza la figura de un san Miguel pesador de almas, que porta una balanza para equilibrar las almas de los difuntos; se trata, por lo tanto, de su aceptación más sincrética, que lo relaciona con las divinidades paganas *Hermes* y *Thot* de los ancestrales cultos egipcios. A los lados del arcángel, las imágenes de san Roque (el santo protector contra la peste) y san Juan Bautista (otro santo vinculado con el Temple); ambos, en actitud de mostrar su rodilla izquierda desnuda, en señal inequívoca de iniciación a los saberes gnósticos.

En la costa gallega, a pocos kilómetros al sur de San Andrés de Teixido (A Coruña), se alza una ermita muy interesante, San Miguel de Breamo, cuya fachada mira a Occidente, el punto tenebroso para los celtas. Esta extraña y cabalística iglesia, aunque no cuente con ninguna documentación escrita relacionada con el Temple, entraña numerosas relaciones con la esotérica orden, como veremos seguidamente. La fecha de su construcción, que aparece grabada en una losa del interior, se remonta al año 1187, algunos meses después de la terrible derrota de Hattin (Casal-Robert). El desastre sufrido por los cruzados, en general, y los templarios, en particular, en Tierra Santa ante el ejército de Saladino se atribuye a un grave error del maestre Gérard de Ridefort, de quien se dice que, tras su captura por los musulmanes, llegó a renegar de su fe cristiana en las horrendas mazmorras de Acre. No es extraño, por tanto, que este humilde templo de Breamo fuera dedicado a san Miguel para que este, encargado celestial de hacerlo, pesara las almas de aquellos desdichados freires que murieron en Hattin; y, de manera muy especial, la del maestre, por la decisión adoptada tras su apresamiento de renunciar a la fe cristiana y también por su error estratégico al plantear la batalla.

San Miguel de Breamo es una iglesia que transmite recogimiento, incluso escalofríos; más que un templo, recuerda un fragmento de muralla puesto en rectángulo. La puerta principal, al Oeste, exenta de columnas y capiteles, es como un agujero practicado en el muro, al igual que las otras dos reducidas entradas, situadas en los hastiales del crucero. La del mediodía está cubierta con una fría losa, sin adorno alguno, y la del Norte tiene una cruz grabada, compuesta por cinco círculos, un signo ocultista; no es el único que el viajero puede apreciar en este misterioso lugar, también puede ver el cabalístico rosetón de once puntas (el extremo que falta para completar el esotérico doce es un testimonio evocador de la figura del gran maestre Gérard de Ridefort). También cuenta con un laberinto, grabado en el interior de los oscuros muros de la iglesia. San Miguel de Breamo coincide también con un tradicional centro de meigas, que durante los siglos modernos sufrieron las persecuciones y capturas por parte de la Inquisición, muriendo muchas de ellas abrasadas en la hoguera.

En el castillo templario de Miravet (Tarragona), coronando un acantilado fluvial que cuelga sobre el curso inferior del río Ebro, se conserva la capilla de San Miguel, donde los caballeros del Temple rindieron culto al heredero de la divinidad Hermes, san Miguel arcángel. Lamentablemente la imagen no se ha conservado, consecuencia, sin duda, de tantas batallas que esta fortaleza ha presenciado; entre ellas, la dramática jornada del 28 de diciembre de 1308, festividad de los Santos Inocentes (día siguiente a San Juan Evangelista), en la que los soldados del veguer de Tortosa, tras cerca de un año de sitio, lograron entrar en el castillo y degollar a los últimos templarios del Reino de Aragón. Fue entonces cuando, según coinciden algunas crónicas, desapareció la imagen de san Miguel arcángel portando una balanza con la que pesar las almas de los difuntos y calificar si eran merecedores de subir al cielo, o, por el contrario, descender al averno. Con toda seguridad, las corrompidas almas de los sicarios del veguer de Tortosa tuvieron este último destino en el Más Allá, como un siglo antes tuvieron los cruzados que, al mando de Simón de Montfort, entraron a saco en Béziers (Occitania). La capilla de San Miguel, en Miravet, que comunica directamente a la plaza de la Sangre, en recuerdo de aquella horrible jornada, sigue transmitiendo el espíritu de los caballeros que allí oraron a su santo protector y juez de almas, en una atmósfera que verdaderamente sobrecoge el ánimo.

SAN JUAN BAUTISTA

Después de la Virgen María, san Juan Bautista es, sin duda, la figura más representada por el arte sacro. Hijo de Zacarías y de Isabel, murió decapitado, como cuenta la Biblia, tras bautizar al Señor con las sagradas aguas del Jordán. Goza de una proyección universal en todo el ámbito cristiano y tiene su fiesta, tras el solsticio de verano, el 24 de junio, fecha que se atribuye a su nacimiento, mientras que el 29 de agosto, que vuelve a aparecer en el santoral cristiano, se conmemora su muerte. La figura de este santo ha sido analizada por innumerables estudiosos del arte medieval, entre ellos el francés A. Masseron, a quien debemos la siguiente frase: «Juan fue achicado de la cabeza; pero el Cristo izado a la cruz se hizo más grande. Esta proclama anuncia también la duración del día; cuando nace Juan (el 21 de junio), los días comienzan a menguar; cuando nace Cristo (o el Evangelista, podríamos añadir) empiezan a crecer». Y García Atienza, sentencia: «San Juan Bautista es el dúo sagrado de los Juanes, la imagen popular y exotérica de un misterio equinoccial en el que se igualan los contrarios».

San Juan Bautista se corresponde con Jano, primer rey legendario del Lacio, protegido por Saturno, la divinidad romana vinculada con la paz y los cultos solares, cuya imagen de doble rostro tenía la capacidad de mirar simultáneamente al pasado y al futuro; era, por lo tanto, la imagen simbólica del destino. En medio de ambos rostros, un tercero, relacionado con lo desconocido: el presente. También Jano se considera el dios guardián de las puertas del Cielo y del Infierno, Janua Coeli y Janua Inferni, que no son otra cosa que los accesos solsticiales: la puerta del verano (vinculada con san Juan Bautista) como antesala de la muerte del Sol, y la segunda (relacionada con san Juan Evangelista) como la resurrección cíclica. La festividad del santo más admirado por los templarios también está vinculada con el fuego, cuando en la noche de San Juan (el 24 de junio) los campesinos de toda Europa ya en los siglos medievales encendían hogueras en las calles y plazas de los pueblos no solo para celebrar la llegada del verano, sino también para rendir culto a la fertilidad y pedir al cielo que las cosechas fueran abundantes, tradición que se ha mantenido hasta nuestros días. Es importante recordar que el solsticio de verano tiene lugar el 21 de junio, con el primer rayo de sol del amanecer. Esa fecha era la que se correspondería con la festividad de San Juan; sin embargo, la Iglesia la trasladó al día 24, para confundir.

En Brías, en el centro meridional de la provincia de Soria, se encuentra la iglesia de Santa María del Camino, o de la Calzada. Examinando en los archivos parroquiales, descubrimos que el verdadero nombre de esta iglesia románica, de comienzos del siglo XIII, era el de San Juan Bautista, pero la Iglesia, en el siglo XVII, decidió cambiar el nombre de la misma, al alzar una parroquia de mayores dimensiones (casi catedralicias) en el centro de esta modesta aldea de las parameras sorianas. Y se da la circunstancia de que una cruz templaria bendice la deteriorada iglesia, que carece de techo, desde la parte superior del tejado, en su arco triunfal. Además, en el solsticio de verano, el primer rayo de la mañana atraviesa la saetera del ábside y se proyecta paradójicamente sobre el capitel que reproduce una Natividad. A pocos metros de esta modesta iglesia se encuentra un manantial de aguas milagrosas, con una fuente romana. Muchas coincidencias...

La geografía hispana, y también la del resto del mundo occidental, está repleta de lugares en donde se rinde culto a san Juan Bautista. Por ello, sería interminable la lista de estos pueblos y aldeas, desde la villa catalana de Ascó (Ribera d'Ebre), hasta la esotérica iglesia bretona de Tréhontereuc, en Brocéliande.

SAN JULIÁN

El cuarto santo relacionado con los templarios es san Julián, del que disponemos menos referencias. Se trata de san Julián el Hospitalario, cuyo culto se extendió durante los siglos medievales por todo el norte de la Península Ibérica, coincidiendo con las etapas de peregrinación y ayudando siempre a los romeros. Este sincrético santo lleva implícitas las siguientes cuestiones iniciáticas: primero, encarna un personaje que se ve obligado a separarse accidentalmente de su familia; segundo, tras recibir un mandato divino, deberá matar a sus padres; tercero, tiene que acatar a pies juntillas la profecía, sin dudarlo un instante; cuarto, al razonar sobre el grave alcance del mal cometido, busca la redención de su alma; quinto, es liberado del pecado tras el cumplimiento de un autocastigo.

Todo este orden de premoniciones se llevó a cabo, como veremos a continuación. Julián, tras ser informado por un ciervo de que algo trágico iba a sucederle y de que él sería el culpable de ello, huyó de inmediato lo más lejos posible. En tierras remotas, cuenta la leyenda, se hizo militar, se casó y progresó. Después de mucho tiempo, tras una campaña, quiso regresar a su tierra de origen; anhelaba saludar a su familia. Lo primero que hizo fue entrar en su casa, y viendo su lecho ocupado por dos bultos, temió el adulterio. No dudó en desnudar su espada y dar muerte a aquellos seres, que no eran otros que sus progenitores, tal como el ciervo le había pronosticado, fruto de una visión divina. Entonces, cargado del más profundo dolor, como penitente marchó con su esposa a buscar la salvación. Se instaló a orillas de un caudaloso río, donde se dedicó a ayudar a los

La ermita de Sant Julià, a extramuros de la encomienda templaria de Puig-reig.

peregrinos a cruzar la peligrosa corriente. Allí levantó su cabaña y vivió humildemente en calidad de anacoreta. Ya en el ocaso de su vida, Julián recibió a un peregrino viejo y enfermo; se trataba, en realidad, de un ángel celestial, que fue a notificarle que su pecado ya había sido perdonado por el Altísimo. Entonces, su esposa y él ya estaban predispuestos para morir en paz de Dios.

En la historia de san Julián coinciden varias claves del esotérico simbolismo cristiano, entre las cuales debemos destacar la cacería y, sobre todo, el paso del río como vía de acceso para alcanzar la verdad eterna. La presencia de un animal noble, como el ciervo, es prueba, además, del elemento sobrenatural anunciador de verdades que la mente solo puede dilucidar; el ciervo, al mudar anualmente su cornamenta, es símbolo de la eternidad, muy asociado a los cultos maternales. Resulta muy estrecha la similitud de este santo con el dios celta Lugh, una de las primeras divinidades paganas relacionadas con el esotérico Grial, y también con los ligures, pueblo protohistórico que llegó a la Península Ibérica procedente de los Alpes italianos, vinculado con el mar, según las narraciones más legendarias. Algo que también analizarían los cabalísticos freires del Temple, quienes incluyeron a san Julián en sus oraciones.

No es una casualidad que los lugares de culto que se conocen en la geografía hispana, donde el 12 de febrero (día de su onomástica) se elevan plegarias a san Julián el Hospitalario, no solo coincidan con importantes enclaves templarios, sino que también estén próximos al mar. Lo confirman por ejemplo los casos de Tuy (Pontevedra), frente al Atlántico, donde se celebra tradicionalmente una romería al mítico monte Aya; en Boborás (Ourense), la iglesia de San Julián de Astureses, fundación templaria de mediados del siglo XII, donde se conservan numerosos símbolos evocadores del laberinto sagrado; Santullano (Asturias), frente al Cantábrico; Lloret de Mar

(Girona), frente a la Costa Brava; o Sant Julià de Vilatorta (Osona, Barcelona), antiguo convento con un castillo en ruinas, igualmente templario. Queremos recordar un lugar del todo esotérico, en la comarca gerundense del Baix Empordà. Nos referimos a Els Clots de Sant Julià, lugar energético por excelencia, situado en la vertiente noroeste de Les Gavarres, la sierra sagrada de esta comarca del litoral catalán, entre las poblaciones de La Bisbal de l'Empordà y Peratallada. La sierra alberga un altar de sacrificios conocido como «el trono de la Reina», bajo cuyo arco, se dice, los templarios se reunían secretamente. Una cruz pateada lo evoca, así como, en la parte superior de la piedra, las grietas que confirmarían el canal de desagüe de la sangre de antiguos sacrificios paganos que allí debieron celebrarse.

También hay cultos a san Julián en lugares próximos a corrientes de río donde el agua, en algún momento, por aluviones o riadas, puede poner en peligro cruzar de una orilla a otra debido a la corriente. Es el caso de Sant Julià, la ermita de la poderosa encomienda templaria de Puig-reig, al norte de esta población barcelonesa de la comarca del Berguedà, junto a la puerta de entrada a la citada encomienda y a pocos metros del lecho del río Llobregat.

SAN GIL Y SAN BLAS

San Gil y san Blas son los otros dos santos varones que gozaron de gran predilección en el altar del Temple. El primero, anacoreta en el desierto alimentado por una cierva (por ello, los templarios rechazaron la práctica de la caza), alcanzó el nombramiento de abad en tiempos del rey merovingio Childeberto (siglo VI). A san Gil se le implora para pedir contra la epilepsia, también llamada «mal de san Gil». Su festividad se celebra el día 1 de septiembre.

Y san Blas, al que los templarios elevaron sus rezos para la curación de enfermedades relacionadas con la garganta y la laringe, fue médico y obispo de Sebaste (Armenia). Hizo vida eremítica en una cueva del monte Argens, y fue perseguido y apresado por orden del gobernador romano de Capadocia, quien ordenó decapitarlo en el año 316 (tres años después del Edicto de Milán). Su festividad se celebra el día 3 de febrero.

SANTA MARÍA MAGDALENA

María Magdalena constituye uno de los más insondables misterios de la Iglesia cristiana, a cuyo personaje intentó encubrir para que la feligresía lo olvidara. María Magdalena se vela y se revela para ocultar probablemente que Jesús no se totalizó en sí mismo y en su mensaje, sino que dejó tras de él una dinastía que podría reclamar su patrimonio acumulado a lo largo de dos mil años de silencio.

No se trata de una mujer pecadora, según nos ha querido vender, sino María de Magdala, o de Bethania, que aparece en los evangelios postrada a los pies de Jesús, para lavarlos, perfumarlos y secarlos con sus propios cabellos; es la María que acompaña en sus viajes a Jesús, alojándose en su casa; es la que, con la Virgen María, presencia las crueles torturas a que fue sometido el hijo de Dios, antes de morir crucificado en el Calvario; la que vela el cadáver en el sepulcro. Y es también la primera en ver al Maestro nuevamente, después de su Resurrección.

María Magdalena, por todo ello, se convirtió en una de las santas más devotas para la Orden del Temple, cuyos caballeros no dudaron en alzar altares dedicados a ella en muchas de sus

Representación de la imagen de santa María Magdalena, en la fachada lateral de la iglesia parroquial de El Pinell de Brai (Terra Alta, Tarragona).

iglesias. En todos estos enclaves sagrados se registra una gran intensidad de energía telúrica. Son lugares de energía, relacionados con la compañera de Jesús y, al mismo tiempo, evocadores del Santo Grial. A esta santa se la acostumbra a representar en compañía de una calavera.

SANTA ÁGUEDA

Santa Águeda (o Ágata), natural de Catania, en Sicilia, fue una mártir admirada también por los musulmanes. Son numerosos los capiteles y canecillos de los santuarios e iglesias templarios de la geografía hispana y también de gran parte del mundo occidental que recuerdan la forma de un panal, con sus celdas hexagonales en justo homenaje a la miel, como fuente de vida y de espiritualidad.

Esta santa encarnaba la personificación femenina. Por lo tanto, durante toda la jornada del 5 de febrero, día de su festividad, eran las mujeres, que estaban libres de sus tareas laborales, las protagonistas de una fiesta que ahonda sus raíces en las tradiciones más antiguas de las culturas protohistóricas (antiguas civilizaciones de Egipto, Grecia y Roma, así como las culturas indoeuropeas). También santa Águeda era la protectora contra los granizos y las brujas. El monarca castellano Alfonso X el Sabio describió así a esta santa: «Santa Águeda está relacionada con una piedra preciosa, considerada milagrosa, cuya eficacia está demostrada contra las picaduras de ciertas alimañas y su poder antiinflamatorio en determinadas enfermedades».

Los magos templarios alzaban sus rezos a esta santa para que vigilase a las brujas y transformara sus maléficas acciones en obras benévolas para la sociedad. Sin embargo, durante la festividad de Santa Águeda, las brujas campaban a sus anchas, sin apenas vigilancia; si era jornada soleada, la santa seguía estableciendo su control sobre las brujas, pero si la niebla dominaba en el ambiente, las brujas cometían toda clase de atropellos contra las personas. Un dicho catalán muy antiguo recuerda: «*Boira per Santa Àgueda, pedra per Santa Anna*»; o lo que es lo mismo: si en la jornada de Santa Águeda hay niebla baja, en la jornada de Santa Ana (el 26 de julio) caerá una granizada fuerte.

Además de estos santos, los templarios sintieron una especial predilección por otros, aunque en menor medida. Entre estos, debemos citar a san Pantaleón, a santa Cecilia, la patrona de los músicos, representada en la iglesia de Bordón, o a santa Catalina, la santa sabia de la tradición alejandrina cuyo culto está extendido por buena parte de la geografía hispana y que tiene como símbolo una rueda.

Precisamente la rueda, uno de los más trascendentales descubrimientos que el hombre aportó a la historia de la humanidad para el desarrollo de las culturas y cuyo origen se remonta al Neolítico, era ya en los siglos medievales, por su diseño circular en constante evolución, uno de los símbolos más emblemáticos de la comunicación entre los niveles terrestre y celestial. Los rosetones de las catedrales góticas son una prueba evidente de ello. Pero también los templarios hicieron uso de la rueda para transmitir otros mensajes gnósticos, como veremos a continuación.

6. LA RUEDA, SÍMBOLO SOLAR

> «Si la profecía dice que las patas de los caballos eran rectas y su planta como la planta de la pezuña de un buey, es decir, redonda, es porque todas las cosas terrestres tienden a elevarse hacia las celestes y, estando los ángulos suavizados, tratan de seguir lo redondo, que es la más bella de todas las figuras».
>
> *La visión del carro divino* (Ezequiel, 1, I)

La invención de la rueda se pierde en la noche de los tiempos; probablemente constituyó el resultado de largas observaciones e intentos laboriosos de muchas generaciones de hombres y mujeres que adquirían una conciencia cada vez mayor de su capacidad para construir instrumentos.

La primera rueda que se conoce es la de Ur, la industriosa ciudad de la civilización mesopotámica, entre cuyas ruinas arqueológicas hallaron un disco de arcilla perforado en el centro y salpicado, junto a la circunferencia central, de múltiples perforaciones de tamaño reducido. Se trata de un objeto modesto, construido hacia el 3250 a. C. y utilizado probablemente por algún artesano.

La artesanía fue la primera en utilizar la rueda: la usa el alfarero para producir mecánicamente el mismo recipiente que antes, hecho a mano, le obligaba a invertir mucho tiempo y esfuerzo, además de que el resultado era mucho más basto. Con el uso de un perno colocado sobre una rueda en movimiento y ayudándose con la palma de la mano, el artesano era capaz de moldear recipientes muy pulimentados y perfectamente simétricos, difundiendo así aquel gusto clásico del objeto armónico, que tiene su raíz estética en la perfección de la esfera. Pero además, y esto es lo más importante, empleaba un tiempo muy inferior al que necesitaba anteriormente para la producción del mismo objeto.

Y, por fin, tenemos la rueda destinada a su función primordial, su aplicación al trineo, el medio de transporte más antiguo. El afortunado hallazgo de algunas tabletas de contaduría en el templo de Inanna (en Erech, Baja Mesopotamia) nos ha permitido reconstruir, a través de algunos bosquejos contenidos en ellas, la primera adaptación de las ruedas al trineo, mientras que la prueba de que efectivamente se trata de un trineo se halla en otro bosquejo análogo trazado en una sección distinta de las mencionadas tabletas, cuya edad parece remontarse hacia el 3200 a. C.

Muy pronto, después del 2000 a. C., el basto trineo primitivo fue evolucionando y, siempre en Mesopotamia, aparecieron los primeros carros de dos a cuatro ruedas y con el arcón montado sobre el borde. Era un medio muy rudimentario aún, cuya única función estribaba en sustituir la alabarda, el cuévano y la canasta, lo que favorecía en gran medida el desarrollo de los intercambios comerciales que ya entonces tenían lugar, aunque en forma muy simple.

La invención de la rueda y, por consiguiente, la utilización del carro, precede al inicio de dos grandes transformaciones. En primer lugar, la domesticación definitiva del caballo, empleado ya anteriormente por algunos pueblos de Asia para arrastrar los trineos, con su difusión correspondiente a partir de las estepas del Asia central hasta el Medio Oriente, de donde llegará más tarde a Europa. En segundo lugar, la creación de vías y calzadas de comunicación. Es fácil comprender la enorme trascendencia de dichos acontecimientos que, a partir del segundo milenio antes de Cristo, caracterizaron la vida del hombre y contribuyeron enormemente al desarrollo progresivo de las civilizaciones.

LA RUEDA EN LA SIMBOLOGÍA

Numerosos investigadores de todas las épocas, desde Nicolás de Cusa hasta Fulcanelli, han coincidido en señalar la importancia cósmica de la rueda en la vida de las civilizaciones. Existen, sin embargo, numerosos tipos de ruedas a las que las culturas han rendido homenaje: la rueda de la Fortuna (el décimo arcano del tarot, símbolo de lo inestable y de lo no permanente), la rueda de la Ley, la rueda del Zodíaco...

La rueda posee la perfección sugerida por el círculo, pero con cierta valencia de imperfección, pues se refiere al mundo del porvenir, de la creación continua y, por tanto, de la contingencia y lo perecedero. La rueda simboliza los ciclos, las repeticiones, las renovaciones. El mundo es como una rueda dentro de una rueda, una esfera dentro de una esfera, según el pensamiento del filósofo alemán Nicolás de Cusa (1401-1464), autor del tratado *De docta ignorancia*.

La rueda, como el ala, es un símbolo privilegiado del desplazamiento, de la superación de las condiciones del lugar y del estado mental que le es correlativo. Es un símbolo solar en la mayor parte de las tradiciones: ruedas encendidas desplomándose de las alturas del solsticio de verano, procesiones luminosas desarrollándose sobre las montañas en el solsticio de invierno, ruedas llevadas sobre carros con ocasión de fiestas, ruedas esculpidas sobre las puertas, ruedas de la existencia... Numerosísimas creencias, fórmulas y prácticas asocian la rueda a la estructura de los mitos solares.

El simbolismo muy extendido de la rueda resulta a la vez de su disposición radiante y de su movimiento. La rueda se revela como un símbolo del mundo, siendo el cubo el centro inmóvil, el principio, y la llanta la manifestación que emana de él por un efecto de radiación. No es extraño, por lo tanto, ver grabada en numerosas viviendas medievales, en la jamba derecha de la puerta de entrada, una rueda de seis radios en forma de rosa *sexifolia*. Los radios indican la relación de la circunferencia con el centro. La rueda más simple tiene dos radios (es la tradicional de la cultura celta). Después está la de cuatro radios, que es la expansión según las cuatro direcciones del espacio, pero también el ritmo cuaternario de la Luna y de las estaciones. También tenemos la rueda de seis radios, que remite de nuevo al simbolismo solar y también evoca el crismón de los primeros siglos del cristianismo, y que puede considerarse como la proyección horizontal de la cruz de seis brazos. Pero la rueda más frecuente tiene siempre ocho brazos; son las ocho direcciones del espacio, evocadas igualmente por los ocho pétalos del loto, con el cual la rueda se identifica. Los ocho pétalos u ocho radios simbolizan igualmente la regeneración, la renovación. No es una casualidad que uno de los símbolos más enigmáticos y emblemáticos de los templarios sea la cruz de las Ocho Beatitudes, porque constituye una cruz inscrita en un círculo, provista de ocho radios. La cruz bermeja templaria, que podía ser pateada o redonda con florones, es una variante clarísima de la cruz celta, símbolo solar, expresión de fusión y mezcla; sus brazos iguales nada tienen que ver con la cruz latina del sacrificio.

Por semejanza con el círculo, la rueda es también un símbolo celeste, en relación con la noción de centro. Otro simbolismo muy cercano al de la rueda es el de la espiral, que con sus movimientos alternativos de evolución y de involución (si arranca de izquierda a derecha, o viceversa, transmitiendo una energía de abajo hacia arriba, o al revés, del cielo hacia la tierra) corresponde al *solve et coagula*.

La rueda zodiacal aparece también en todas partes. Etimológicamente, la palabra «zodíaco» significa «rueda de la vida». Más tarde, el zodíaco adquiere significación solar, pero primitivamente era lunar. Los antiguos babilonios lo llamaban «casa de la Luna», y los primeros árabes «cinturón de Ishtar».

OCCIDENTE

Durante los siglos protohistóricos, la civilización céltica protagonizó en Europa la mayor de admiración y culto a la rueda. Este es un signo muy frecuente en las representaciones célticas. Símbolo cósmico al mismo tiempo que solar, Mag Ruith (servidor de la rueda) es el mago de las ruedas, *magus rotarum*; con ayuda de ruedas pronuncia sus augurios druídicos. Es también señor, dueño de las ruedas, nieto del rey universal. En la rueda de fuego céltica, la rotación se ejerce alternativamente en ambos sentidos, lo que nos lleva a la doble espiral que aparece en la tumba megalítica de Newgrange (Irlanda).

Sin embargo, el simbolismo solar no basta para explicar totalmente la rueda, que es también y sobre todo una representación del mundo. Pero si recordamos la comparación irlandesa de la rueda cósmica del mítico druida Mag Ruith, el cual es una avatar del dios druida Dagda, nos damos cuenta de que el dios celta de la Rueda corresponde muy exactamente al *chakravarti* hindú.

La rueda es también símbolo del cambio y del retorno de las formas de la existencia. La rueda del druida Mag Ruith es de madera de tejo (árbol sagrado y funerario para los celtas), y es una rueda cósmica cuya aparición sobre la Tierra marcará el comienzo del Apocalipsis.

En el anverso de las medallas romanas se ve con frecuencia una rueda, que significa los caminos públicos, reparados por orden del príncipe para comodidad de los carruajes. La rueda era uno de los símbolos de Némesis.

La radiación de la rueda hace que aparezca como un símbolo solar. Está, en efecto, ligada a Apolo, así como al rayo y a la producción de fuego. En las esculturas galorromanas se representa la mayoría de las veces en compañía de Júpiter, comúnmente conocido como el dios de la Rueda, Taramis o caballero del gigante anguípedo. Los testimonios de ello son innumerables y atestiguan una enorme difusión popular: cerámica, bronces e incluso amuletos. Debido a esta representación, la mayor parte de los investigadores modernos ha visto en la rueda la equivalencia del *fulmen* de Júpiter, o lo que viene a ser lo mismo, un símbolo solar.

LA EDAD MEDIA

La Rueda de la Fortuna occidental es comparable al *Dharmachakra*. La rueda es la *rota mundi* de los rosacruces. La rueda, según Devoucroux, es la imagen de la ciencia cristiana unida a la santidad. Es el emblema de santa Catalina, la santa egipcia, natural de Alejandría, patrona legendaria de los filósofos cristianos, una de las santas predilectas de la Orden del Temple.

Fulcanelli, en *El misterio de las catedrales*, se expresa en estos términos sobre el simbolismo alquímico de la rueda: «En la Edad Media, el rosetón central de los pórticos se llama *rota* (rueda). Ahora bien, la rueda es el hieroglifo alquímico del tiempo necesario para la cocción de la materia filosofal y, por ende, de la propia cocción. El fuego sostenido, constante e igual, que el artista mantiene noche y día en el curso de tal operación, se llama por esta razón fuego de rueda. Sin embargo, además del calor necesario para la licuefacción de la piedra de los filósofos, se necesita un segundo agente, llamado fuego secreto o filosófico. Es este último fuego, excitado por el calor vulgar, el que hace girar la rueda».

Para Carl Gustav Jung y su escuela, los rosetones de las catedrales representan el sí mismo del hombre transpuesto al plano cósmico; es la unidad en la totalidad. Considerando el rosetón como otro mandala, Jung añade que podemos considerar como mandalas las aureolas de Cristo y de los santos en los cuadros religiosos. Se unen aquí el simbolismo del centro cósmico y el del centro místico, ilustrados por el cubo de rueda.

EL MANDALA DE SAN BARTOLOMÉ DE UCERO

«El corazón es esencialmente un símbolo del centro, ya se trate, por lo demás, del centro de un ser, o, analógicamente, del de un mundo, es decir, en otros términos, ya se coloque uno desde el punto de vista "microcósmico", ya desde el "macrocósmico"».
RENÉ GUÉNON. *Símbolos fundamentales de la Ciencia Sagrada*

Soria es tierra de templarios, como lo demuestra la abundancia de enclaves en donde está confirmada la presencia de los caballeros en esa provincia de la alta meseta castellana. Entre los lugares relacionados con el Temple destacan: el antiguo monasterio de San Polo y el de San Juan de Duero, que perteneció a los templarios, antes de pasar a los hospitalarios, ambos en la capital soriana; la ermita de San Miguel de la Peña, donde vivió el anacoreta san Saturio, cuyo templo, de estructura octogonal, también fue templario; Caracena, Aguilera, Castillejo de Robledo, Ágreda, Almazán, San Pedro Manrique, Rioseco de Soria, Brías... Pero el enclave más emblemático del Temple en tierras sorianas fue, sin duda, Ucero.

EL CAÑÓN DEL RÍO LOBOS

En el centro geográfico de la provincia de Soria, a menos de 20 kilómetros al norte de El Burgo de Osma, en medio de un paraje de singular belleza declarado Parque Natural, entre estrechos y profundos acantilados y desfiladeros fluviales abiertos por el perezoso curso del río Lobos, se alza la iglesia de San Bartolomé, único testimonio del antiguo convento templario de San Juan de Otero. Se trata de uno de los templos más emblemáticos del Temple a nivel mundial. Entre su gran variedad de símbolos, posee un rosetón que, a modo de mandala gnóstico, contiene diez corazones...

Fachada de mediodía de la iglesia de San Bartolomé de Ucero; en medio del singular paraíso natural del cañón del río Lobos.

La importancia de este modesto templo (sobre el que, según subraya el erudito soriano Ángel Almazán, se ha vertido más tinta que sobre todos los enclaves del Temple de nuestro país juntos) no está en su grandiosidad, sino en el detalle, porque, tras su observación, resulta fácil reunir innumerables elementos que confirman su extraordinaria riqueza ocultista. Entre los detalles, podemos señalar los grabados esquemáticos, que evocan a los existentes en las mazmorras de la torre de Coudray, en la ciudadela de Chinon (Turena), donde sufrieron prisión y tortura Jacques B. de Molay y los últimos maestres del Temple. Los canecillos exteriores que bordean el relieve que sigue la línea de la cornisa interior del alero vuelven a recordarnos su condición templaria. Otros elementos que indican cómo los constructores de este templo apostaron por las claves esotéricas son los siguientes: los pentágonos estrellados, con su punta hacia abajo; la significación de muchos de los canecillos (algunos de los cuales con incuestionables vinculaciones bafométicas), que nos llevan a la bebida sagrada, el vino; los cascos templarios (con extraños adornos laberínticos); la aparición de la figura de la dama y el juglar (en clara evocación a la ideología del catarismo, que el Temple respetó escrupulosamente); la abundancia de marcas de cantero, etc.

El interior de este singular templo, concebido por sus constructores siguiendo la cabalística concepción áurea (1,618), tampoco se libra de los valores ocultistas, cuando vemos que el rayo de luz que atraviesa el rosetón del lado meridional del hastial del crucero (relacionado con san Juan Bautista) durante la jornada del solsticio de verano el 21 de junio se proyecta directamente sobre la losa de piedra que sirve de ara en la capilla de la Epístola. El número áureo (la Divina Proporción), que se traduce en 1,6180339, o, lo que es lo mismo, la proporción existente entre el lado del pentágono y la línea que enlaza los vértices del pentagrama inscrito en él, es el resultado de la siguiente operación matemática:

$$\frac{x}{y} = \frac{y}{x+y} \quad ; \quad x = 1$$

$$y = \frac{1+\sqrt{5}}{2} = 1.6180339$$

El número de oro, también llamado proporción áurea, es el canon estético de grandes realizaciones arquitectónicas y escultóricas, y los templarios supieron recogerla de la ciencia antigua para aplicarla en muchas de sus realizaciones, entre ellas esta singular iglesia de San Bartolomé. También la iglesia de Santa María la Mayor de Villamuriel de Cerrato (Palencia), que formó parte a finales del siglo XII de un convento de templarios, ofrece una estructura arquitectónica casi perfecta, basada en la proporción áurea. Pero solo hemos encontrado un edificio en donde estuviese grabado este cabalístico número, y es en la iglesia de Tréhorenteuc, en el bosque mágico de Brocéliande (Bretaña), que fue también construcción templaria, y donde gravita la leyenda del Santo Grial, en un territorio de fuerte influencia céltica.

Detalle de la viga, en el interior de la iglesia templaria de Tréhorenteuc (Bretaña).

El equivalente aproximado del número de oro es la razón de 3 a 5, consecuencia y razón de un dinamismo equilibrado, que, como decía el ensayista francés Paul Valéry (1871-1945), simboliza y se hace sentir hasta en la inmortalidad estática de las obras de arte. La Divina Proporción, como medida generalizada, es por lo tanto el justo equilibrio entre el saber, el sentir y el poder.

Desde el Egipto antiguo, se han alzado numerosas construcciones cuyos alarifes eran verdaderos conocedores de los secretos de las proporciones. Muchas de estas obras fueron además concebidas usando como patrón básico el número de oro. Los templarios conocían muy bien la magia de este número, como hemos podido comprobar al estudiar algunas de sus construcciones.

Por si fuera poco, en 1979, otro erudito del medioevo hispano y experto en templarios, Juan García Atienza, tras un arduo y meticuloso trabajo de investigación, logró demostrar la equidistancia de la iglesia templaria de San Bartolomé de Ucero, entre el cabo de Creus (Girona) y el cabo Touriñán, el extremo más occidental de la costa gallega, de 527 kilómetros y 127 metros:

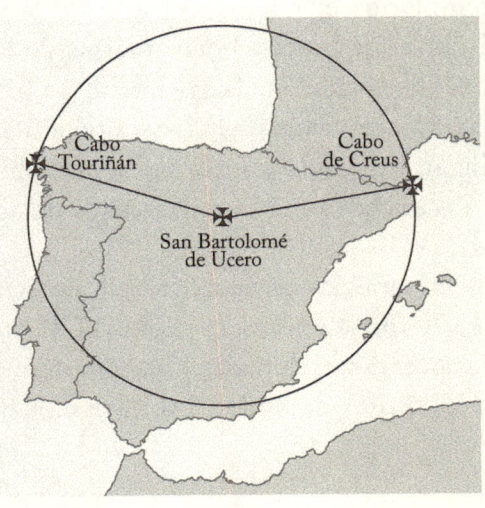

La iglesia se halla en el centro de un territorio cargado de fuerzas telúricas, desde el cual es posible trazar una perfecta tau, en cuyo interior se encerraría el paralelo 42, así como el camino principal de peregrinación a Compostela, y por lo tanto innumerables enclaves esotéricos de primera magnitud. Con ello, Ucero, como lugar de vital importancia para el secretismo templario, se convierte en el espacio, en el centro de una cruz cósmica de 40º. Dadas las singulares características de aislamiento espacial, muy bien pudo haber sido elegido como lugar de retiro, ideal para la meditación y la iniciación de freires templarios. Los numerosos hipogeos y tumbas antropomorfas descubiertos en las entrañas del roquedal que lo envuelve tras el sinuoso curso del río confirman este hecho.

Los inmediatos alrededores de San Bartolomé de Ucero, como enclave cargado de fuerzas esotéricas, también son dignos de mención: el menhir de 2,5 metros de altura que emerge del suelo a 40 metros de la iglesia, en dirección sur; el colmenar de los monjes, donde según las crónicas medievales, los freires templarios ejercitaban el arte de la apicultura; el mismo río Lobos que brota a pocos metros de la ermita después de haber discurrido un largo trecho bajo tierra, con lo cual, según los valores ocultistas, transmite la fuerza telúrica y cósmica al lugar, volviendo a recordar la estrecha relación del Temple con los enclaves ricos en nacederos de aguas potables subterráneas...

Las primeras noticias de la existencia de este monasterio (San Juan de Otero) se remontan al año 1170, cuando formaba parte de las posesiones donadas a los templarios por Alfonso II el Casto, repoblador de Soria, el primer monarca del Reino de Aragón.

El pentagrama, símbolo de los pitagóricos; un pentágono regular en forma de estrella que sirvió de inspiración a los magos del Temple para la decoración del reosetón (mandala) del hastial del crucero de San Bartolomé de Ucero.

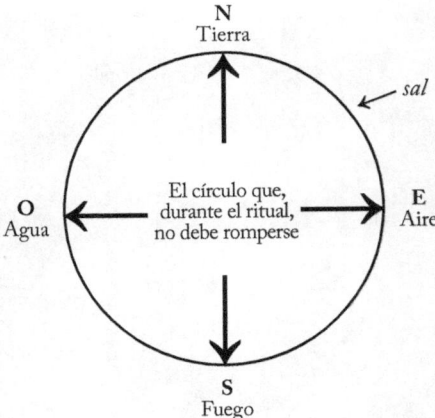

Las energías deben salir de adentro hacia afuera; de lo contrario serían demoníacas.

El pentagrama es la estrella matutina. Uno de sus cinco vértices debe estar orientado hacia el Norte, porque si lo está hacia el Sur sería el símbolo de Satanás.

EL ROSETÓN DE LA QUINTAESENCIA

Mandala, que en sánscrito se traduce por «círculo», es una estructura cíclica que está en constante movimiento, dentro de la cual toda una serie de formas geométricas evocan los planos de la construcción de templos; se trata de proporciones espirituales del orden del mundo (*cosmogramas*). Carl Gustav Jung concibió el simbolismo del mandala como arquetipos innatos de la humanidad que, incluso en personas no formadas previamente en la historia de la cultura, pueden aparecer espontáneamente como símbolos de descenso e interiorización después de fases caóticas, para realizar la expresión de una idea del núcleo psíquico del ser y de la reconciliación interior y de la totalidad.

Mandala de San Bartolomé de Ucero, en forma de cinco corazones entrelazados, para configurar un pentagrama que podría estar relacionado con el diablo, según la distribución espacial.

Pero es, sin duda, en el rosetón abierto en el lado meridional de la iglesia de San Bartolomé de Ucero, que ilumina la capilla del lado de la Epístola, desde el hastial del crucero, donde se encuentra la mayor concentración de energía telúrica de este templo. Esta abertura, a modo de verdadero mandala, condensa uno de los simbolismos más esenciales para descubrir el centro de nuestro ser natural, es decir, de nosotros mismos. «La contemplación de un mandala inspira la serenidad, el sentimiento de que la vida ha vuelto a encontrar su sentido y orden», recuerda Ángel Almazán.

Los mandalas suelen estar representados en forma circular, como diversas figuras geométricas en su interior. En el caso de la iglesia que nos ocupa, se trata de diez corazones, cinco pequeños y cinco largos. Con ello, este rosetón nos llevaría a uno de los principios más esotéricos del Temple: la naturaleza del ser humano o, lo que es lo mismo, el corazón, órgano capital de la persona que, en sentido de mandala sagrado, está transmitiendo este ventanal circular abierto al solsticio de verano.

El laberinto constituye otro de los grandes enigmas de la cultura medieval, que hunde sus raíces en las más ancestrales tradiciones de Oriente. A través de una serie de círculos concéntricos, o de líneas discontinuas, el penitente desarrolla un viaje iniciático hacia el interior de su propio ser. Los templarios supieron también recoger este enigmático símbolo, como podemos ver en algunas de sus construcciones, incluso en las grandes catedrales, como Amiens o Chartres, donde la presencia templaria fue igualmente notable.

7. EL LABERINTO SAGRADO

> «El laberinto situado en el pavimento de las catedrales era conocido, durante la Edad Media, como Camino de Jerusalén. Peregrinar por sus sinuosidades laberínticas permitía alcanzar, finalmente, el centro relacionado con la ciudad santa que era imagen, no de la Jerusalén de Palestina, sino de la Jerusalén Celeste, lo que nos llevaría a relacionar el laberinto con el Triple Recinto».
>
> RAFAEL ALARCÓN HERRERA

La palabra «laberinto» procede del griego *labyrinthos*, que, según la mitología de la Grecia clásica, fue un palacio construido por Dédalo en Cnossos (Creta), un lugar lleno de recovecos y de difícil salida, para recluir al Minotauro. Pero los orígenes del laberinto como concepción que va más allá de lo material e incluso del espíritu son mucho más antiguos. En nuestra búsqueda de sus raíces llegamos a Extremo Oriente, donde se mantiene todavía viva una leyenda de sorprendente emotividad, transmitida a través de las generaciones. En la antigüedad vivía en China un rey llamado Yin, el cual, tras un largo tiempo de espera, tuvo un hijo a los 60 años. La criatura era todo un prodigio porque al nacer ya contaba con 28 dientes; los adivinos del reino coincidieron en profetizar que sería un hombre valeroso y un temible conquistador. El príncipe, al que llamaron Yang, tuvo como maestro al arquitecto Lao, un hombre sabio de valiosas palabras. Yang contaba 15 años cuando falleció su padre, el monarca. Su partida a la conquista del mundo no se hizo esperar, porque en el mismo lecho de muerte se despidió del padre. Los éxitos militares fueron espectaculares y los nuevos territorios se extendieron por todos los horizontes.

Muchos años después, sintiéndose fatigado, el arquitecto Lao proyectó para el reposo del guerrero una ciudadela tan espléndida que evocaba a una montaña nevada. Era un lugar de plenitud y belleza. Sin embargo, en aquel paraíso, Yang, harto de los placeres de la vida mundana, descubrió la tristeza de la monotonía y el dolor de la melancolía. No dudó en reclamar la presencia de su ministro Lao, a quien se quejó de su hondo malestar; y el sabio mantuvo sus labios sellados, con lo que propició las iras del emperador. Yang, golpeando con su puño en la mesa, gritó: «¡Te ordeno construir el más formidable laberinto jamás imaginado! En siete años quiero verlo edificado en este llano, ante mí, y luego marcharé a conquistarlo. Si descubro el centro, serás decapitado. Si me pierdo en él, reinarás sobre mi imperio». El arquitecto respondió: «Construiré ese laberinto». Sin embargo, el ministro reemprendió el curso de sus actividades habituales y pareció olvidar el encargo. El último día del séptimo año, Yang volvió a reclamar la presencia de su ministro, ya anciano, y le preguntó dónde estaba el laberinto que había pedido, el más formidable jamás soñado. Entonces Lao le tendió un libro, diciendo: «Helo aquí. Es la historia de tu vida. Cuando hayas encontrado el centro, podrás descargar tu sable sobre mi cuello». Así fue como aquel arquitecto conquistó el imperio de Yang, pero evidentemente rehusó el cetro y el poder, pues poseía algo más preciado: la sabiduría.

VOLÚMENES Y PLANOS

El laberinto alcanzó su época de mayor esplendor durante los siglos protohistóricos, especialmente a lo largo y ancho de la cuenca mediterránea. Los más antiguos tienen más de 5.000 años, como los correspondientes a la tumba egipcia del rey Perabsen (3400 a. C.). Un laberinto tallado a la entrada de una tumba en Luzzanas (Cerdeña) puede quizá remontarse al 2500 a. C. En ambos casos, como podemos deducir, el símbolo del laberinto está relacionado con la muerte, y su dibujo parece facilitar el camino al difunto en su viaje hacia el Más Allá. También se ha encontrado el símbolo del laberinto en tejas, vasijas, tablillas, monedas y sellos, e incluso en diseños de mosaicos, correspondientes al período comprendido entre 1300 a.C y 250 d. C., en todos los países ribereños al Mediterráneo. Nos viene a la memoria el interesante laberinto realizado en mosaico en el pavimento de una casa de la antigua ciudad romana de Thuburgo Majus (Túnez), que data del siglo I d. C.

El laberinto puede estar inscrito en su totalidad dentro del círculo, manteniendo en la rigurosa geometría del cuadro, expresado en volumen o dibujado en una superficie plana. El laberinto, por lo tanto, compete tanto a la arquitectura como a la escultura, el dibujo o la filosofía hermética. De todos los laberintos antiguos catalogados, simplemente disponemos de vagas referencias documentales de ellos. Los más famosos de la cuenca mediterránea fueron cinco: los dos cretenses (Cnossos y Gostyra), el egipcio del lago Moeris, el griego de Lemnos y el etrusco de Clasium. El laberinto de Cnossos, en Creta, fue descubierto en 1902 por el arqueólogo inglés Arthur Evans (1851-1941), y era conocido con el nombre de Absolum, término que significa «absoluto»; no es una casualidad que de ese modo los alquimistas designaran a la piedra filosofal.

RITOS DE LA FERTILIDAD

Ciertos rituales muestran una clara relación del laberinto con la muerte y el renacimiento. Desde un origen oriental, el laberinto pasó al Mare Nostrum a través de las legendarias rutas de comunicación; y fueron los caballeros del Temple los que, desde Tierra Santa, trajeron a Occidente este signo hermético con toda su carga esotérica.

En algunos países nórdicos existen varios laberintos donde los jóvenes debían ingresar con el fin de rescatar a una muchacha que se hallaba presa en el centro. A estos laberintos se los llamaba a menudo *Jungfraudanser* (danzas de la virgen). En una pintura mural gótica de la iglesia de Sibbo (Finlandia) podemos apreciar un laberinto con una figura de mujer en el centro. Este tema, el rescate de la mujer encerrada en un laberinto, se repite también en el mundo mediterráneo y en la lejana India, y en todas estas zonas es indudable la estrecha relación con los ritos primaverales de fertilidad.

En algunos lugares, el diseño del laberinto se ha utilizado como talismán mágico para la buena suerte, en estrecha relación con el ojo que aparece en la proa de muchas embarcaciones de los países ribereños del Mediterráneo.

La vinculación del hombre con la simbología del laberinto, por lo tanto, ha sido, desde los albores de la humanidad, verdaderamente estrecha. La misma ciudad medieval (bastida), cuya construcción en el sudoeste de Francia coincide en el espacio y el tiempo con los templarios, constituye un verdadero rompecabezas, a consecuencia de un trazado urbano que había que salvar para alcanzar el centro, donde se abría la plaza del mercado, rodeada de íntimos soportales con acceso en los ángulos. Las culturas más ancestrales del Mediterráneo también están recogidas en los orígenes del laberinto, como espacio sagrado; en un manuscrito medieval, incluso se llega a relacionar a Salomón como constructor de un laberinto.

Pero los laberintos más espectaculares no son precisamente los mayores en tamaño físico, sino más bien aquellos que se encuentran ubicados en los lugares más estratégicos. Nos referimos por ejemplo al de la iglesia de Mirepoix, en Occitania, situado en el pavimento de la capilla del lado del Evangelio. Esta iglesia, con sus 22 metros de anchura, es la segunda más amplia del gótico europeo, después de la catedral de Girona.

En la catedral italiana de Lucca (Toscana) podemos ver un interesante laberinto, de 49 centímetros de diámetro, esculpido en el mármol de un pilar. La inscripción en latín grabada al lado dice lo siguiente: «Este es el laberinto que construyó el cretense Dédalo, del que nadie logró salir una vez que hubo entrado, a excepción de Teseo. Y tampoco él lo hubiera conseguido de no haber contado con el hilo que Ariadna le entregó por amor...».

Laberinto de la iglesia de Mirepoix, en Occitania, vinculado con cátaros y templarios.

En el pavimento de la parroquia francesa de San Quintín vemos un complicado laberinto dibujado, el cual debía ser recorrido por los peregrinos antes de pasar a la nave de la iglesia. El laberinto tiene 10,5 metros de diámetro, planta octogonal y, según cuenta la leyenda, muy pocos romeros lograban alcanzar su centro.

En otra ciudad francesa, Amiens, concretamente en su célebre catedral, joya del arte gótico, Fulcanelli se vio atraído por su singular laberinto, al que relacionó con la Gran Obra alquímica, tema que trataremos en páginas siguientes. En la gran baldosa central había incrustado un palo de oro y un semicírculo del dorado metal, que representaba el amanecer del astro rey. Este investigador lo interpretó como la aparición del oro filosófico.

El laberinto medieval es una reproducción de los antiguos, en los cuales se trataba de alcanzar el centro, donde se celebraban los rituales en honor a la Diosa Madre, para propiciar no solo la prosperidad y fecundidad (a través del ciclo muerte-resurrección), sino también alcanzar la gnosis. En el centro de los laberintos de las catedrales medievales, bajo la baldosa central, se ubicaba simbólicamente el sarcófago del gran constructor del templo (el Maestro de Obras), representado por un esqueleto provisto de los útiles emblemáticos de su condición: escuadra, plomada, compás...; símbolos posteriormente aprovechados por la masonería. A veces, ocupando los extremos espaciales del laberinto, aparecen dos figuras, que simbolizan a los maestros constructores; el Arquitecto Divino procede a viajar al centro del Alquerque, para luego, a su regreso, transmitir su sabiduría al compañero que le aguarda en el otro extremo del laberinto, enlazando los dos estadios: el Mundo Subterráneo, ubicado en el subsuelo de esta composición geométrica, y la Jerusalén Celeste, el aire y el cosmos que gravita en la atmósfera. Ambos niveles están enlazados por la fuerza de la Madre Luz, identificada con la Virgen, que suele ser una virgen negra. Toda esta filosofía gnóstica la supieron asimilar muy bien los templarios, como expresa con autoridad Rafael Alarcón: «El juego consistía en alcanzar la mansión de la Tríada Divina, en el Centro Supremo e invisible, donde esta se manifiesta en su plenitud y unicidad, siendo capaz de transformar a quien alcance tal lugar».

En el interior de la iniciática iglesia de San Miguel de Breamo, al este de A Coruña, frente a las tenebrosas aguas del Atlántico, los templarios grabaron un laberinto que guarda una estrecha relación con los demás elementos esotéricos que conserva este santuario, donde el arcángel san Miguel pesaría las almas de los difuntos caballeros que perecieron en la sangrienta batalla de los Cuernos de Hattin. No lejos de allí, en el litoral pontevedrés, se encuentran los enigmáticos laberintos de Mogor, cuyo significado aún está por resolver... Estos laberintos guardan un estrecho paralelismo geométrico con los petroglifos existentes en la isla canaria de La Palma, descubiertos en 1982. Pero sin salir de Galicia, aunque ya en la provincia de Ourense, concretamente en la iglesia templaria de San Julián de Astureses, en Boborás, se pueden admirar numerosas representaciones distintas de laberintos: dos circunferencias unidas como anillos enlazados; una cruz o hélice de tres aspas enmarcadas en un círculo, que evoca al *triskel* celta; un círculo concéntrico adornado con cuatro hojas de fresno que emergen de él, que recuerda al trébol de cuatro pétalos; cinco círculos dispuestos como oros de un naipe, que recuerdan a los anillos olímpicos; una estructura de cinco esferas, con dos cóncavas arriba, enlazadas por líneas formando aspas; una doble cruz floreada de ocho brazos...

En Soria tenemos la interesante lauda de la localidad de Narros, en la mágica sierra del Almuerzo, donde se reproducen siete círculos concéntricos, evocando a los siete cielos, los siete colores del arco iris, los siete planetas de la antigüedad...

CHARTRES

Pero el laberinto más espectacular de la Europa medieval es, sin duda, el situado en el pavimento de la nave central de la catedral francesa de Chartres, joya del arte gótico, cuya evolución geométrica, que se desarrolla de izquierda a derecha y en cuatro esferas, invita al peregrino a un viaje hacia el interior de uno mismo, para alcanzar la esfera central, después de haber deambulado, en silencio, 261 metros (2 + 6 + 1 = 9, el número más sagrado de los templarios).

El laberinto de Chartres parece presidir el hermetismo telúrico de su interior. Los iniciados lo recorrían con los pies descalzos para tomar un contacto más directo con las fuerzas de la tierra, siguiendo el retorcido itinerario que, a modo de peregrinación iniciática, simboliza el largo trayecto hacia Compostela. Louis Charpentier, investigador de los misterios de esta enigmática catedral, escribió: «Filosóficamente, las corrientes telúricas, y las de otro tipo, solo pueden ingresar en nosotros a través de una columna vertebral erecta y vertical. El hombre solo puede acceder a un estado superior manteniéndose erguido».

El laberinto se extiende en la parte más inferior de la nave central, tal como se entra por las puertas de poniente, y tiene una longitud de 26,17 metros de diámetro, lo que nos da una superficie interna de 82 metros cuadrados. Debajo del pavimento, y ocupando toda la zona del deambulatorio, hay tres niveles de criptas que se desarrollan en forma de capillas abiertas a una galería semicircular que reposa sobre un enorme columna. Muy cerca, junto a la entrada de la capilla principal, presidida por una

Laberinto de la catedral francesa de Chartres,
tal como se ve desde los triforios y el coro superior.

virgen negra, el brocal de un pozo, profundo y oscuro, que recuerda el hecho de que estamos sobre una corriente de agua.

La catedral de Chartres fue construida en el tiempo récord de veintiséis años (entre 1194 y 1220), sobre un dolmen como testimonio de un centro de gran espiritualidad druídica, basándose sus constructores en la proporción áurea, y estableciéndose en su diseño formal tres figuras geométricas: un rectángulo, un cuadrado y un círculo. En total, esta impresionante y armoniosa obra mide 97,04 metros de longitud y 32,80 metros de anchura.

Entroncadas con Isis, la Diosa Madre de la mitología del Antiguo Egipto, las imágenes de María conocidas como vírgenes negras se corresponden con cultos muy antiguos; pero fueron los templarios quienes las elevaron a su máxima dimensión socio-cultural, cuando implantaron su culto en buena parte del medioevo occidental, desde Sicilia a Irlanda, y desde Austria a Portual y las Islas Canarias. Toda la geografía europea está cargada de estas gnósticas imágenes, cuyo culto guarda una estrecha relación con las posesiones del Temple, como veremos a continuación.

8. LAS VÍRGENES NEGRAS

> «San Bernardo alentó el peregrinaje a Compostela, a veces llamado la Vía Láctea, tachonado de estrellas, es decir, de encomiendas de los templarios, albergues benedictinos o cistercienses e iglesias de la Virgen Negra».
>
> EAN BEGG. *Las vírgenes negras; el gran misterio templario*

Los orígenes de las vírgenes negras son muy remotos, para numerosos investigadores habría que ahondar en las raíces del cristianismo, ya que algunas de estas imágenes se remontan a sus primeros tiempos. La posición sedente, en la mayoría de los casos, evoca a Isis, esposa de Osiris, la Diosa Madre de la fecundidad en el Antiguo Egipto, matriz de todas las vírgenes de la cristiandad; y el Niño Dios, a Horus. En el panteón egipcio de las divinidades, Isis encuentra numerosas representaciones diferentes, pero son todas alusivas a la gran Diosa Madre del universo. Una de ellas es Hátor, que se muestra en forma de vaca y con una media luna. Este símbolo fue recogido por el cristianismo, como podemos apreciar en numerosas imágenes de la Virgen María, que aparece con la media luna bajo sus pies, con las puntas dirigidas hacia el suelo, en evidente testimonio de su vinculación con los poderes de la Tierra. Aunque las primeras referencias que se tienen de estas vírgenes llegadas a la Península Ibérica se remontan a los siglos altomedievales, hasta el período templario (siglos XII, XIII y comienzos del XIV), estas singulares y esotéricas imágenes no alcanzaron una mayor dimensión, en todos los sentidos, al pasar a formar parte de los ritos y tradiciones de los lugares más sagrados de nuestra geografía. Porque hay un dato que está del todo confirmado, y es el hecho de que la gran mayoría de estas divinas tallas se encuentran localizadas en zonas de marcada presencia templaria, bien dentro de los territorios de una encomienda o de un castillo controlador de influyentes pasos de peregrinos. El color negro, además, conlleva una relación con la tierra fértil (el humus) fecundadora de vida; por ello, la Virgen debía ser de color negro.

En una crónica del año 1255, leemos que san Luis (Luis IX), a su regreso a Francia de la Sexta Cruzada (1248-1254), dejó en el campo de Forez (Aveyron) varias imágenes de Nuestra Señora talladas en madera de color negro, extraídas de un árbol alcanzado por el impacto de un rayo. Las había traído de Levante, es decir, Tierra Santa.

Muchas de estas imágenes, como veremos a continuación, en lo que se refiere a la geografía hispana (tanto peninsular como insular), son muy antiguas, pues sus referencias se remontan en algunos casos a los albores del cristianismo (siglos III y IV d. C.), y también a los primeros siglos medievales. Su culto, sin embargo, se institucionalizó gracias a los templarios. No es una casualidad que, como hemos dicho anteriormente, las vírgenes negras se localicen en zonas de marcada influencia del Temple. Hacemos, a continuación, un recorrido por la geografía española, siguiendo las huellas de estas sagradas imágenes. Empezamos por Navarra, tierra de gran influencia templaria a causa de las peregrinaciones jacobeas.

En la villa de Estella (Lizarra), en Navarra, se encuentra la Real Basílica de Nuestra Señora del Puig, donde se venera una virgen negra también conocida como de Rocamadour, en clara referencia a la homónima existente en la villa del Quercy francés por donde transita el Camino de Santiago. Según la tradición, la imagen fue hallada en una cueva tras una aparición a unos pastores en el año 1090. La escultura, de madera policromada y cubierta de plata, mide 80 centímetros de alto y muestra una Virgen sonriente, coronada, que sostiene una ramita de espino florida; el Niño está sentado en un escabel. Lo primero que muchos peregrinos de todo el mundo occidental hacen al llegar a Estella es visitar este templo y orar ante su virgen negra. En la iglesia parroquial de Los Arcos, a escasos 20 kilómetros al suroeste de Estella, se rinde culto a su Virgen Morena, además de a dos santos venerados por los templarios: el arcángel san Miguel y san Juan Bautista. Santa María de los Arcos, de comienzos del siglo XIV, policroma, tallada en madera de roble (el árbol sagrado de los celtas), está entronizada con el Niño en la rodilla izquierda, que sostiene un libro cerrado en la mano izquierda y una manzana en la mano derecha. Sin salir de Navarra, en Sangüesa vemos una Majestad sentada, que porta al Niño, de rostro más pálido, sentado y sujeto con el brazo izquierdo, mientras que con la mano derecha sostiene un extraño cetro córneo.

Aragón es un territorio igualmente interesante para el estudio de las vírgenes negras. En Calatayud (Zaragoza), en el antiguo santuario de la Virgen de la Peña, o La Morena, se rinde culto a una imagen de madera policroma. Muy cerca se hallan la alcazaba hispano-musulmana de Kalat-Ayub, levantada sobre las ruinas de la ciudad (la romana Bílbilis), y el templo del Santo Sepulcro, considerada la iglesia templaria más importante de España. También está la abadía cisterciense, fundada en 1194, y, en las cercanías, el Baño de Diana... Todos estos elementos nos llevan a una estrecha y lógica relación entre templarios, cistercienses, andalusíes, judíos y los ritos sagrados del agua. En Daroca, a pocos kilómetros de distancia, en la iglesia colegiata de Santa María, se venera la imagen de Nuestra Señora Goda, hermosa escultura en madera dorada, sin corona y no del todo sedente, que data del año 1300. En Tarazona, villa de importante sustrato hebraico durante los siglos medievales, en la catedral se rinde homenaje a Nuestra Señora del Rosario, imagen gótica del siglo XIII realizada en madera policroma. En la villa de Tauste se venera la virgen negra de Nuestra Señora de Sancho Abarca, cuyo culto inició sus orígenes en el siglo X, pero no comenzó a ser fomentado hasta 1666, a iniciativa del ermitaño francés Jean de Noballas. Continuando en la misma provincia, en Veruela, sobre la ladera noreste del poderoso Moncayo, la montaña sagrada del Sistema Ibérico, en la iglesia de la abadía cisterciense, fundada en 1146, se rinde culto a la virgen negra de Nuestra Señora de Veruela, pequeña talla en madera de roble de solo 24 centímetros de altura.

En Zaragoza capital se halla la Virgen del Pilar, una talla de 40 centímetros de altura, en mármol cubierto de plata, que preside la capilla del altar mayor de la seo aragonesa, el primer santuario mariano de nuestro país. Al pontífice Clemente XII (que lo fue de 1730 hasta 1740) se le debe que la jornada del 12 de octubre se declarara festividad de España y de toda la Hispanidad.

En Peñarroya de Tastavins, al sur de la comarca turolense del Matarraña, a comienzos del siglo XIV apareció una imagen de virgen negra entre unos zarzales; en el lugar brotó de inmediato una fuente de quince caños de agua fresca y cristalina, y se levantó un centro eremítico importante para atender a los peregrinos jacobeos que tomaban el camino que enlazaba las poblaciones de Valencia y Alcañiz por Sant Mateu y Morella. Lamentablemente, durante la Guerra Civil esta virgen negra desapareció.

El Alto Aragón, en la provincia de Huesca, de enorme influencia templaria, desde Monzón hasta el Pirineo, es una zona muy rica en vírgenes negras. Entre ellas podemos señalar: la imagen de Nuestra Señora de Salas, o de la Huerta, sentada; la de Berbegal, a 15 kilómetros al suroeste de Barbastro, lamentablemente destruida durante la Guerra Civil; la del santuario mariano de Torreciudad; la Virgen de Arraro, en Panzano, entre los ríos Formiga y Falcón, cuya imagen muestra al Niño que sostiene un libro cerrado en su mano izquierda; muy cerca se abre una cueva santuario donde se veneran las imágenes de Cosme y Damián, los santos médicos de origen islámico; en Santa Olaria, a 12 kilómetros de Boltaña, se encontraba la Morena, una imagen desaparecida de la iglesia hoy en ruinas; en Sesa, en la ermita oratorio de Nuestra Señora de la Jarea, se venera la virgen negra, esculpida en madera y coronada con rayos solares, que sostiene al Niño con su brazo izquierdo; en Sopeira, cerca de Alaón y al nordeste de la comarca de la Ribagorza, desde tiempos más antiguos se rinde culto a Nuestra Señora de la O, o de Alaón, en el monasterio de San Pedro, cuyo grito de alumbramiento en el oficio de Nuestra Señora se canta en Vísperas del 17 al 23 de diciembre, con *O Gloriosa Domina*, como primer verso del himno de Laudes. O la de Lanaja, en los Monegros, una escultura en madera, con la Virgen sentada, con el Niño sobre la rodilla derecha.

En Extremadura, región de fuerte implantación templaria, desde Hervás (valle del Ambroz), al norte, hasta Jerez de los Caballeros y Fregenal de la Sierra (Badajoz), al sur, son innumerables las vírgenes negras que existen catalogadas. Pero, a excepción de Nuestra Señora de Santa María de Guadalupe, que preside el camarín del altar mayor del Real Monasterio Santuario mudéjar de Guadalupe (Cáceres), patrona de Extremadura y reina de la Hispanidad, el resto de las imágenes fueron blanqueadas durante los siglos modernos por mandato de la Inquisición.

En Andalucía, a pesar de su influencia andalusí, también existe el culto a la virgen negra, que se ha respetado con el paso del tiempo. En El Puerto de Santa María (Cádiz) se conserva la imagen con el rostro negro de santa María de los Milagros, cuyas leyendas se remontan al año 990. Pero fue en la conquista de esta ciudad por el monarca Alfonso X, entre 1257 y 1260, cuando tuvo lugar el milagro de la aparición de la Virgen (según leemos en las *Cantigas de santa María*, escritas entre 1268 y 1270), produciéndose la ayuda divina al rey castellano, al aparecer la Virgen en el interior de un aljibe. Esta sobrecogedora escena, en la cual Nuestra Señora de los Milagros anima al sabio monarca a que persista en su empeño por tomar la estratégica plaza de Al-Qanatir (El Puerto de Santa María), la vemos reproducida en un inmenso óleo que preside el frontal de la sala de la antigua iglesia del monasterio de San Miguel. En esta batalla, Alfonso X contó con la ayuda de los templarios, quienes, parece ser, estuvieron detrás de la aparición de esta milagrosa Virgen. En Chipiona, concretamente en el santuario franciscano de la Regla, se rinde culto a Nuestra Señora de la Regla, imagen de comienzos del siglo xiii, realizada en talla de madera. Esta virgen negra porta en sus rodillas un Niño blanco, y goza de gran devoción porque protagonizó importantes milagros, como la liberación de los presos de Rota; en el santuario se conserva la llave utilizada por la Virgen en el milagro y la cueva donde fue enterrada (el Humilladero); además realizó otros muchos milagros que beneficiaron a los marineros de esta villa de la Bahía de Cádiz. No es una casualidad que el patrón de Chipiona sea san Miguel, y también se venera a santa Ana, la madre de la Virgen. Tierra de ancestrales cultos paganos, en Cádiz se rendía culto a Hércules, y en Sanlúcar de Barrameda a Venus.

En Sevilla, concretamente en la iglesia de San Lorenzo, se conserva una pintura de la Virgen de Rocamadour, fechada a comienzos del siglo xiv, copia fidedigna de Nuestra Señora de Guadalupe, traída por los templarios a la capital andaluza. En la ciudad jiennense de Úbeda también se dice que hay una copia de la milagrera Virgen de Guadalupe. En Jaén capital se halla Nuestra Señora de la Capilla, imagen negra conocida popularmente como «la reina del Cielo», porque apareció milagrosamente frente a la iglesia de San Ildefonso, generando el toque incontrolado de las campanas a maitines.

En tierras castellanoleonesas, de profunda tradición templaria, es lógico que también abunden las vírgenes negras, entre las cuales destacamos las siguientes: en la ciudad de Ávila, en la iglesia de San Pedro, se conserva una pintura al óleo de 60 por 40 centímetros de Nuestra Señora de Czestochowa, patrona de Polonia, hermosa imagen de virgen negra. En la catedral de Ciudad Rodrigo (Salamanca) se conserva una estatua de Nuestra Señora de Rocamadour, imagen muy vinculada con los peregrinos compostelanos, que estaban amparados por los templarios. En la ciudad de Palencia se encuentra Nuestra Señora de la Dehesa Brava, o santa María de Husillos, escultura de finales del siglo xii que está relacionada con un milagro que tuvo lugar en 1305, cuando el rey Sancho el Grande de Navarra estaba cazando y un jabalí le condujo al interior de una cueva para hallar refugio de una fuerte tormenta; en el interior de aquella cavidad el monarca descubrió las reliquias de Antolín, el santo de Toulouse (Tolosa del Languedoc) que, en tiempos visigóticos, vino a evangelizar a estas tierras de la alta meseta castellana hispana. Cuenta la leyenda que una fuerza sobrenatural detuvo el brazo del rey que empuñaba la lanza, pasando luego a la fundación de esta ciudad, al tiempo que se instauraba el culto a la virgen negra («dehesa» se puede traducir como «bosque cercado», o bien «defensa», en castellano antiguo), así como a los santos Juan Bautista, Ana y Blas. En Salamanca, concretamente en su catedral románica, procedente de la iglesia de Santa Catalina, se venera la imagen negra de la Virgen de la Vega (siglo XII), tallada en madera plateada con cobre y esmalte en el trono, donde la influencia de los talleres de Limoges (Francia) es bien notoria; desde el año 1150 es la patrona de la ciudad. Y en la ciudad de León, dos imágenes negras: Nuestra Señora de la Regla, copia fidedigna de la Virgen de Guadalupe, y la Virgen del Camino, patrona de la ciudad.

Pero, sin duda, la virgen negra más renombrada de Castilla y León es la virgen morena de la Peña de Francia, patrona de Castilla, cuyo santuario se alza sobre la célebre montaña que delimita tres sedes (Salamanca, Coria y Ciudad Rodrigo), cima elevada a la categoría de Monte Sacro por un obispo francés que consagró la montaña. El origen de esta virgen negra se pierde en la nebulosa de los siglos altomedievales. Unos caballeros franceses que llegaron a esta zona a luchar contra los andalusíes en tiempos de Carlomagno la hallaron fortuitamente, tras lo cual vencieron en una batalla. Sin embargo, la imagen desapareció y, según la leyenda, todos cuantos conocían su paradero fallecieron misteriosamente. En 1434, Simón Vela, un franciscano francés de París, la halló en el interior de una cueva, recibiendo instrucciones de la Virgen para que fuese llevada a su santuario de la Peña de Francia.

La Rioja, tierra de gran tradición peregrina y, por tanto, templaria, conserva sobre el curso medio del Ebro algunas vírgenes negras de fuerte veneración cristiana. Entre ellas destaca santa María la Real de Nájera, imagen del siglo XI llevada por el mismo san Pedro, según la leyenda, y hallada en 1023 por el rey García VII de Navarra, al quedar deslumbrado por una luz que salía del interior de una cueva. También es negra la patrona de La Rioja, Nuestra Señora de Valvanera, a la que se rinde homenaje en el cenobio benedictino de Valvanera (valle de Venus). La escultura, de 80 centímetros de altura, en madera de cerezo y policroma, es atribuida a san Lucas y fue traída a España desde Palestina por los santos Onésimo y Dositeo (renombrado gnóstico del siglo II), para ser ocultada luego en el interior del tronco de un roble por Arturo, ermitaño de esta montaña. Después fue hallada en el siglo X, protegida por un panal de abejas. Es una Virgen muy milagrera, cuyo culto sigue aún vigente.

Asturias, origen de la nacionalidad hispana, de la monarquía y de la cristianización, cuenta, como es de suponer, con un santuario en donde se rinde culto a una virgen negra. Se trata de Nuestra Señora de la Cueva (Covadonga, «cueva honda»). Más de dos millones de peregrinos viajan cada año de todos los puntos de la geografía española para venerar a esta imagen, patrona del Principado de Asturias, coronada en 1908. El santuario se encuentra en el interior de una profunda cueva, donde el agua salta en forma de cascada por encima, lo que volvería a relacionar el enclave con los ritos paganos del agua y con la mitología del Temple.

En Galicia, concretamente en la ciudad de Compostela, meta final de los peregrinos jacobeos, no podía faltar el culto a una virgen negra. Se trata de una copia de la Moreneta de Montserrat que se halla en la capilla de San Luis, llevada a la capital gallega por unos romeros catalanes en 1971. A poca distancia de la catedral compostelana, en pleno barrio medieval, se encuentra el monasterio de San Pelayo, en cuyo pórtico de acceso se alza una imagen que está en avanzado estado de gestación, conocida como santa María Salomé. Esta confirma la dimensión del papel de fertilidad que, para los templarios, transmitían las vírgenes negras. Además, ese color está vinculado con el humus, la tierra oscura, la más fértil, para la labranza de los terrenos cultivables.

La ciudad de Madrid (la Margerit hispano-musulmana, que viera nacer a tantos hombres de ciencia y cultura durante los siglos medievales) también cuenta con una virgen negra: Nuestra Señora de Atocha, copatrona de la capital de España. Los orígenes de esta imagen se pierden en la noche de los tiempos; está relacionada con san Lucas, su escultor, patrón de los médicos artistas, y, según la leyenda, fue traída de Tierra Santa por los apóstoles Pedro y Santiago. Se trata de una escultura de 63 centímetros de altura, datada de finales del siglo XII, hallada fortuitamente en la colina de San Blas sobre un manto de esparto (atocha), de ahí su nombre. Numerosos son los milagros que se le atribuyen, algunos de ellos relacionados con la conquista cristiana de Madrid; desde 1523 la ermita se convirtió en priorato dominico, y la Virgen en favorita de la familia real española.

Baleares, y concretamente Mallorca, también cuenta con varias vírgenes negras; la más renombrada, sin duda, es la de Nuestra Señora de Lluc, conocida popularmente como «la Moreneta». Se trata de una imagen, esculpida en piedra, de 61 centímetros de altura, del siglo XIII, encontrada por casualidad en el año 1240 por un pastor y ermitaño en el interior de una gruta de la sierra de Tramontana. Esta virgen negra, reina y patrona de la isla de Mallorca, está estrechamente vinculada con los templarios, cuya encomienda se hallaba en Pollensa. Es muy milagrera, según la cantidad de exvotos que atesora, y es conocida como negra desde el siglo XV. No muy lejos de Lluc, en el corazón de esta mágica sierra, se alza el enigmático castillo de Alaró, que corona un empinado espolón rocoso. En la falda meridional del mismo se extiende la villa homónima, que se corresponde con la mítica Ayort. En el interior de la iglesia parroquial se venera una virgen negra, de 82 centímetros de altura, tallada en madera, sin Niño; es la Virgen del Castillo (popularmente la Virgen de los Muertos), que se exhibe cada 15 de agosto. Durante esta jornada se pasan los bebés por encima de los pies de la imagen para que sean protegidos de todas las enfermedades.

El archipiélago canario, a pesar de la distancia con la península, también cuenta con milagreras imágenes de vírgenes negras, no exentas de leyendas. Tal es el caso de la Candelaria, patrona del archipiélago, que se halla en la basílica de Nuestra Señora de la Candelaria, al noreste de la isla de Tenerife. En el siglo XIV apareció la estatua sobre la playa de Chemisay, dos pastores guanches la descubrieron y no tardaron en comunicar el hallazgo a su *mencey* (príncipe). Trasladada al interior de una gruta, la imagen se convirtió en objeto de culto pagano. Pero 50 años después, ya conquistada la isla por los españoles, un guanche cristiano, Antonio de Güimar, trasladó la estatua a la gruta de su villa, conocida como de San Blas, antigua necrópolis guanche, al tiempo que comunicaba a todos que se trataba de la imagen negra que estaban esperando. Pero hay otras leyendas que relacionan a esta virgen negra con los Caballeros de Cristo (nombre que recibieron los templarios que se organizaron en Portugal en tiempos del monarca lusitano Don Dinis, en 1319), que sometieron a las islas canarias a mediados del siglo XV, antes de la llegada de los españoles. También se sabe, según las leyendas, que el cielo tinerfeño se encendía de luces misteriosas sobre el lugar en donde se hallaba la Virgen. La imagen, que fue robada por pescadores de Fuerteventura y colocada en una iglesia, aparecía al día siguiente y siempre girada hacia la pared, por lo que comprendieron que debían devolverla a su isla de origen, Tenerife. Allí se conserva una copia fidedigna, porque la original virgen negra medieval fue arrebatada por el mar en 1826, tras una terrible tormenta.

En Cataluña, tierra de gran tradición templaria, también son abundantes las vírgenes negras. Mencionaremos a continuación algunas de las más renombradas. Comencemos por Girona. En Batet, al norte de la comarca del Ripollet, se venera la imagen de la Virgen de la Salut (siglo XII), escultura en madera, vestida de azul, que muestra el rostro y las manos de color gris; la Virgen está sentada y sostiene con el brazo izquierdo al Niño, que va vestido de verde y lleva en la mano izquierda un libro cerrado. Lo mismo sucede con el Niño que sostiene la Virgen de la Seo, de la catedral de Girona, ejemplar escultura en madera sin policromar. En Olot, la capital de la comarca de la Garrotxa, se venera la imagen de la Mare de Déu del Tura, en el santuario homónimo. Se trata de una escultura de madera de 60 centímetros de altura del siglo XII que muestra a una Virgen y un Niño con unas expresiones muy severas, que recuerdan mucho a la virgen negra de Ujué (Navarra). La imagen está estrechamente vinculada con un toro, o buey, que se halla a sus pies, porque su hallazgo se produjo cuando este astado y noble animal mugía extrañamente, al tiempo que mostraba con sus patas delanteras el lugar en donde debía excavarse para hallar la Virgen. La Virgen de Núria es otra de las imágenes negras más célebres de Cataluña, a cuyo santuario se accede en un tren funicular de cremallera desde Ribas de Freser. Esta imagen, de 56 centímetros de altura, que aparece sin velo y es de tradición arcaica y rústica, está envuelta en una leyenda relacionada con un anacoreta llamado Gil. Este, con otros pastores, ocultó la Virgen para protegerla de los musulmanes, de modo que la imagen estuvo perdida hasta el año 1032, cuando un tal Amadeo, mozárabe, recibió la orden celestial de ir a los Pirineos a construir un templo a la Virgen, en un lugar donde hubiera una roca blanca rodeada por dos ríos. Si así lo hacía, hallaría un gran tesoro. Cuando el devoto de la Virgen llegó a este valle, los lugareños le miraron con la mayor extrañeza, pero se orientó con un toro que cavaba y mugía en la ladera de una montaña. Este sería, pensó Amadeo, el lugar para excavar. Y, en efecto, no tardaría en aparecer una cueva iluminada de luz celestial, que contenía una cruz, una campana, una estatua de la Virgen y un caldero. La Mare de Déu de Núria, proclamada en 1956 patrona principal de la diócesis de Urgell, fue coronada en 1967.

Solamente en la provincia de Girona hay catalogadas 36 imágenes románicas de vírgenes negras. Algunas de ellas fueron destruidas al comienzo de la Guerra Civil; otras están en museos, como la de Bastanist, de Martinet (La Cerdanya), que se halla en un museo de la Ciudad Condal. Pero la mayor colección de vírgenes negras del mundo se puede admirar en el Museo Nacional de Arte de Cataluña, de Montjuïc, en Barcelona.

Entre las vírgenes negras de Cataluña, no podemos olvidar la Virgen de Montserrat (Barcelona), patrona de esta Comunidad, cuya devoción se remonta al año 932, cuando el conde de Barcelona Sunyer confirmó una donación recibida de su padre, Guifré II Borrell, en el año 888, después del hallazgo de la imagen entre las rocas. Según una leyenda, estas rocas de Montserrat se hicieron romas tras la Crucifixión de Cristo. El Apóstol san Lucas esculpió la Virgen con el Niño después de la Crucifixión, transportándola seguidamente desde Jerusalén a Barcelona. La imagen fue escondida en las rocas de Montserrat para protegerla de los hispano-musulmanes, y unos pastores, guiados por un coro de ángeles, la descubrieron a finales del siglo VIII. Desde entonces ya se sabe que es negra. Cuando el obispo de la ciudad de Manresa trató de trasladarla a la capital del Bages, la imagen se negó a moverse. La estatua que hoy podemos admirar se remonta al siglo XII; se trata de una escultura en madera policroma, de 96 centímetros de altura, con la Virgen sedente portando al Niño en su regazo.

La Mare de Déu de Montserrat, patrona de Cataluña, una de las vírgenes negras más emblemáticas de la cultura medieval.

La montaña de Montserrat es el enclave más esotérico de la geografía catalana y se considera el punto energético más importante de Europa. Se levanta sobre un lago subterráneo, y se dice que el Santo Grial templario se halla en su interior en cuarta dimensión. Allí viajaron buscando el Santo Grial Napoleón y Hitler. Ignacio de Loyola, el fundador de la Compañía de Jesús, recibió allí su vocación y colgó la espada. Richard Wagner se inspiró en esta sagrada montaña para componer su mágico *Parsifal*; otros alemanes, como Schiller y

Goethe, igualmente encontraron las musas de la inspiración en Montserrat, cuyo monasterio benedictino, consagrado por el abad Oliva en el siglo XI, se alza sobre los restos de un antiguo templo de Venus.

LAS VÍRGENES NEGRAS DEL SOLSONÈS

«La Mare de Déu del Claustre, joya del arte escultórico del siglo XII, es muy milagrera; fue protegida por el conde de Foix y los cátaros, que llegaron a la ciudad de Solsona en el año 1210 y ocultaron la imagen de los cruzados en el interior de un pozo».
JAUME BERNADES (director del Museo Diocesano de Solsona)

La Mare de Déu del Claustre, de Solsona, la Mare de Déu dels Colls, de Sant Llorenç de Morunys, y la Mare de Déu de Lord, en el homónimo santuario, son las tres vírgenes negras de la comarca catalana del Solsonès. Todas ellas guardan entre sí algunas analogías: son algo más altas que la media de vírgenes negras conocidas (1,05; 0,73 y 1,10 metros respectivamente); las tres son magníficas esculturas sedentes de la Virgen, que sostienen sobre su muslo izquierdo el peso de su hijo el Niño Jesús; y, lo más sorprendente, a las tres imágenes se las venera en sus camarines, que dominan retablos barrocos de unas capillas que se abren en el lado de la Epístola, la zona derecha del Presbiterio, según vemos desde la nave central, que es el lugar destinado a los ya iniciados en los cultos. En cambio, el lado izquierdo, el llamado del Evangelio, estaba destinado a los neófitos.

Hablemos un poco de cada una de ellas.

PATRONA DE SOLSONA

La Mare de Déu del Claustre, que se venera en la catedral de la ciudad de Solsona es, después de la Virgen de Montserrat, la más conocida y querida imagen de la Madre de Dios de color negro de Cataluña. De hecho, la Virgen del Claustro de la catedral de Solsona está considerada el monumento en piedra más insigne del románico catalán. Se venera en esta ciudad desde la Edad Media.

Los estudios más recientes llevados a cabo sobre esta escultura coinciden en señalar que es una talla realizada a mediados del siglo XII, y su autor muy bien pudo haber sido el maestro Gilaberto, célebre artesano occitano estrechamente relacionado con los juglares y cantares de gesta. Según la tradición popular, respaldada por las leyendas, la Virgen llegó a Solsona a comienzos del siglo XIII, a iniciativa del conde de Foix, que contaría con el respaldo de Raymond VI de Toulouse, al ver ambos nobles con estupor cómo los cruzados comenzaban a cubrir de sangre y cenizas toda Occitania. Sus portadores, también según las leyendas, pudieron haber sido varios perfectos cátaros, quienes eligieron esta ciudad catalana lejos de los grandes núcleos de población, entre montañas, y a la que llegaron utilizando un sendero poco transitado a través del Pirineo, porque el Camino de los Buenos Hombres estaría más vigilado.

Cuando se hizo esta imagen fue pensada para estar adosada a una columna, como parteluz de un ventanal del claustro; aún se conserva esta abertura. Y arrancada de dicha columna, comenzó a venerarse sobre un altar, iniciando esta imagen una serie de milagros, que, en poco tiempo, hizo atraer a un número cada vez más grande de feligreses y devotos, que daría lugar a la formación de varias confraternidades en su honor, entre ellas La Minerva, que se remonta al año 1574. Pero, a causa de la guerra dels Segadors (siglo XVI), la tradición coincide en señalar que la Virgen fue escondida en el interior del pozo del mismo claustro catedralicio, y habla del casual hallazgo de la sagrada imagen por parte de un niño al caerse y ser rescatado vivo.

La guerra de la Independencia, así como las guerras carlistas, fue muy devastadora y sangrienta en esta zona del centro-norte de Cataluña; el rostro del Niño fue destruido por el incendio producido en 1810 por las tropas napoleónicas. Y durante la Guerra Civil, la imagen fue llevada a Vic. La coronación de la Virgen tuvo lugar el día 7 de octubre de 1956.

En la obra de Jacques Huynen *El enigma de las vírgenes negras* se reproduce la imagen de la Mare de Déu del Claustre, y debajo el siguiente texto*:* «La Virgen de Solsona muestra una maravillosa finura, gracia y elegancia. Se trata, sin duda, de una copia de la virgen negra que, en la espléndida basílica de la Dourade, en Toulouse, recibía el homenaje de los iniciados de la Compañía de la Gaya Ciencia. De este modo, Nuestra Señora se convirtió en la dama de los poetas, y los cantos de un Petrarca prolongaron las meditaciones de un San Bernardo».

Tanto la actitud del Niño como la de la Mare de Déu son majestuosas, reposadas y profundamente espirituales y ascéticas. El semblante de la Virgen es, a la par que grave, apacible; su boca es pequeña, su nariz aguileña. Estas partes, al igual que los ojos y mejillas, están perfectamente esculpidas. El Niño Jesús tiene la cabeza y los pies desnudos, y estos se hallan ligeramente apoyados en la rodilla derecha de la Virgen. Su rostro está un poco vuelto hacia el pueblo, con la mano derecha levantada en actitud de dar la bendición; con la izquierda se recoge graciosamente el manto sobre sus rodillas. Su semblante parece más el de un adolescente.

LA VIRGEN DELS COLLS

La Vall de Lord, al norte del Solsonès, es una zona que comienza a ser citada documentalmente a partir del siglo IX. Es un valle aislado, caracterizado por sus espectaculares montañas, profundos barrancos y estrechos desfiladeros, cristianizado en la Alta Edad Media, donde las gentes elegían a los párrocos y estos, a su vez, al abad del monasterio. En aquellos tiempos, lo que conocemos actualmente como Sant Llorenç de Morunys no existía, solo se sabe que hubo un cenobio secundario, a cuyo frente había un abad, que no era monje, elegido primero por el pueblo y después por los párrocos. Este primer germen espiritual, según el cronista local Jaume Adam Vidal, se hallaba donde hoy se levanta la iglesia parroquial, que ha conservado el culto al santo titular: san Lorenzo.

Fue a comienzos del siglo XI cuando aparecieron los benedictinos en el cenobio de esta población; su iglesia románica, parroquial de la villa, es la predecesora. Sant Llorenç de Morunys dependía del conde de Urgell, entonces no existía un núcleo urbano, lo que había era masías dispersas. La principal riqueza de la zona era el comercio que generaba el tráfico de la sal que, desde las minas de Gerri (Pallars Sobirà), a lomos de animales de carga, se trasladaba a la Seu d'Urgell.

La iglesia parroquial, que se alza sobre el antiguo convento benedictino, fue declarada Monumento Histórico-Artístico en 1976. En su interior, ocupando la capilla del lado de la Epístola, y en el centro de un artístico retablo del siglo XVIII, domina la escena la imagen de la Mare de Déu dels Colls, la cual, según la leyenda, fue hallada por un pastorcillo sobre una colina (de ahí el nombre de la Virgen), quien no dudó en entregársela a los monjes del cercano cenobio de Sant Llorenç. A la mañana siguiente se organizó una procesión devota por las gentes del pueblo al lugar del hallazgo, encabezada por los frailes, y estos trasladaron la imagen a la iglesia, que fue colocada en el camarín que actualmente preside.

La Virgen es de madera y está sentada en un trono bajo que le llega a la altura de la cintura. Su mano derecha tiene una posición semicerrada, lo cual es aprovechado para colocarle un ramo de flores o un tiesto con su correspondiente flor. Sobre su rodilla izquierda sostiene al Niño Jesús; este, con su mano derecha, bendice al pueblo mientras que su mano izquierda la apoya sobre su propia rodilla del mismo lado. Las miradas de ambos se dirigen al pueblo, y sus rostros son de un color moreno, casi negro. La Virgen viste túnica dorada con dibujos en la propia escultura y manto de color azul con cenefa dorada, y calza zapatos en punta de color oro. El Niño viste túnica de color dorado, va descalzo y, al igual que su Madre, lleva corona postiza. Por tradición, a esta virgen negra se le reza para pedir por las lluvias benefactoras que calmen la sed de las gentes y las tierras de cultivo.

UNA COFRADÍA DE RAÍCES TEMPLARIAS

Pero lo sorprendente es que, en torno a esta milagrera imagen, a finales del siglo XIII se creó una cofradía, que contó con numerosas e importantes vinculaciones en toda la comarca del Solsonès, como hemos podido comprobar en los archivos conservados en la Casa de la Cofradía, que se encuentra muy próxima a la iglesia parroquial de Sant Llorenç de Morunys. Esta entidad, de naturaleza laica, es muy probable que estuviera relacionada con los templarios, dado que una de sus principales actividades era la de prestar dinero a muy bajo interés, muy inferior al de las comunidades judías de la Cataluña bajomedieval. Pero, con la caída en desgracia del Temple, la cofradía de la

Mare de Déu dels Colls tuvo que adaptarse a los nuevos poderes, y fue con fecha 25 de mayo de 1323 cuando esta entidad, llamada «Santa Congregación», regida por cuatro prohombres que serían denominados luego priores, se registró oficialmente en los documentos. Siguiendo el espíritu templario, las gentes de estos valles, agradecidas a la Virgen por los milagros que obraba en los sectores más humildes, no dudaban en hacer donaciones, cuando no solicitaban préstamos para las tareas agrarias o ganaderas. De este modo, en el primer balance de cuentas, realizado con fecha 15 de abril de 1343, leemos que, en las arcas de la cofradía, había un saldo positivo de 3.059 sueldos y 3 reales de plata, cantidad que se destinó de la siguiente forma: 343 sueldos para socorrer a las casas de necesitados, 350 para edificar un hospital, y 6 sueldos y 3 reales de plata para los presos. Los administradores o priores laicos (mercaderes o artesanos) que regían la cofradía se quedaban con el resto. El duque de Cardona, que fue protector de la cofradía, pidió que las celebraciones se trasladaran del 24 de marzo, festividad de la Encarnación, al 15 de agosto, día de la Asunción de la Virgen. Las armas de los Cardona aparecían en los retablos y estandartes de la cofradía, así como el sello con el que se firmaban los documentos, el *coll*, en principio un Sol, y más tarde montes, con el cardo de los Cardona.

Se dice que esta comarca no sufrió tanto como otras los terribles desastres de la peste negra, porque sus pueblos y sus gentes contaron con el amparo de sus vírgenes negras, y también con el apoyo económico de la cofradía de la Mare de Déu dels Colls. De este modo, con momentos de esplendor y períodos de guerras y penuria, la cofradía de Sant Llorenç de Morunys siguió establecimiento un equilibrio social y económico en la comarca, hasta que, en la posguerra, sus recursos eran muy escasos. Aprovechando esta debilidad, desde el obispado de Solsona, entonces dirigido por Vicente Enrique y Tarancón, se provocó la extinción de la «Santa Congregación», y con fecha 16 de marzo de 1948, desde la cofradía se envió el documento de renuncia al secretario de la Curia, mosén Joan Santamaría. Lo anecdótico del caso es que los doce capitulares que debían informar a los priores no se habían pronunciado todavía...

EL SANTUARIO DE LAS NUBES

Desde la lejanía, se muestra como una montaña plana, verdadera ara sagrada para los pueblos prerromanos. Nos referimos a la plataforma pétrea de Lord, que da nombre a todo el valle, y que acurruca sobre su ladera norte a la villa de Sant Llorenç de Morunys. Encima, a 1.180 metros de altitud, envuelta en una espesa bruma gran parte del año, se alza el santuario del Lord.

Según la leyenda, fue un toro el animal que, en 970, encontró dentro de la tierra la imagen de la Mare de Déu de Lord, y bramando llamó la atención de un pastor, que no tardó en comunicarlo a las gentes del pueblo, quienes decidieron construirle una ermita en la parte más alta de esta prominente montaña, nombrando a Ceciliano Levita como primer capellán. Y la primera mención que disponemos de este santuario se remonta al año 992, citada como «capilla del valle lordense». Wifredo *el Velloso* dejó en testamento a los padres benedictinos del monasterio de Sant Llorenç de Morunys algunas posesiones, entre las cuales figuraba esta iglesia de Santa María Lordense. La capilla del Lord era ya un verdadero santuario propiedad de la citada villa, y administrado por un sacerdote encargado. Los siglos XII, XIII y XIV fueron de gran esplendor para este santuario, a lo largo de los cuales recibió numerosas donaciones de fieles como muestras de agradecimiento a la virgen negra que preside el altar mayor de la iglesia. En el año 1636, a la vista de los feligreses que congregaban la iglesia, la sagrada imagen lloró durante un buen rato, probablemente vaticinando los oscuros períodos que el santuario iba a vivir después con una serie de conflictos militares que comenzaron con la guerra dels Segadors y terminaron en la Guerra Civil.

La imagen, una hermosa talla polícroma, se halla sentada en una cátedra, sin respaldo; el asiento está completado por una almohada de color verde. Con su mano derecha, y delante del pecho, la Virgen sostiene un peso, mientras que, con la izquierda, asegura la estabilidad del Niño, que está de pie sobre la rodilla izquierda de su Madre. La mano derecha del Niño está alzada con su índice levantado en actitud de bendecir; su rostro está de perfil, mirando con dulzura a su Madre. Ambas figuras son muy morenas. Tanto la Virgen como el Niño visten larga túnica, con abundantes pliegues, de color rojo, sembrada de estrellas de ocho puntas y picados decorativos en plata y oro, con una rica orla inferior adornada de piedras preciosas. Los pies del Niño están desnudos, mientras que los de su Madre, que se muestran debajo de la túnica, llevan un rico calzado policromado de forma puntiaguda.

Se da la circunstancia que la montaña sobre la que se alza este santuario, que tiene forma de enorme altar de piedra, irradia todavía, a pesar de los innumerables destrozos sufridos a lo largo de los tiempos, una infinita energía que recoge de forma placentera el espíritu del viajero que, hasta arriba, después de un notable esfuerzo, logra llegar al eremitorio. Y una vez dentro del santuario, la dimensión del tiempo y del espacio se diluye en la mente del visitante. El Solsonès es una tierra sagrada, que ha contado en sus tres vírgenes negras sus más poderosas defensoras. Estas imágenes, sucesoras de ancestrales cultos paganos, aparecidas de forma milagrosa, a pesar de su aislamiento en lugares más aéreos que terrestres, estuvieron en estrecho contacto con el latir de las gentes.

Además de la mítica tau (la cruz sin cúspide, signo también utilizado por la Orden de San Antón), de la que más adelante hablaremos, los templarios disponían de una cruz mucho más enigmática, criptográfica, que escondía un código secreto, con el simbolismo oculto del ocho, a través de la cruz de las Ocho Beatitudes.

9. LA CRUZ DE LAS OCHO BEATITUDES

> «Los templarios, al igual que los cátaros, nunca veneraron el crucifijo, pero sí la cruz, pues argumentaban que el Cristo ocultaba y enmascaraba el símbolo universal que representan los cuatro elementos del cosmos: agua, aire, fuego y tierra».
>
> EMILIO RUÍZ BARRACHINA

En 1995 se produjo un sensacional hallazgo que confirmaría algunas de las numerosas cuestiones que envuelven el esoterismo templario, cuando el erudito soriano Ángel Almazán descubrió en la iglesia de San Bartolomé, en el cañón del río Lobos, en Soria, la cruz de las Ocho Beatitudes, esculpida en un capitel, el primero que se ve a la izquierda de la portada. Pese a estar bien iluminado por la luz natural, la cruz había pasado inadvertida para muchos eruditos del medievalismo en general, y expertos en el Temple en particular.

Esta singular cruz, la más sagrada para los templarios, transmitía ocho valores, y los caballeros que la llevaban colgada en su cuello sabían que debían mantenerlos por encima de todo:

1. Poseer el contenido espiritual.
2. Vivir sin malicia.
3. Llorar los pecados.
4. Humillarse al ser ultrajados.
5. Amar la justicia.

6. Ser misericordiosos.
7. Ser sinceros y limpios de corazón.
8. Sufrir con paciencia las persecuciones.

Esta cruz es la estructura cruciforme de ocho puntas (dos por cada brazo de una cruz griega de aspas iguales) sobre la que, supuestamente, está basado un alfabeto secreto que emplearon los templarios para dar cuenta cabal y críptica de sus transacciones comerciales y de mensajes confidenciales.

Las letras en este alfabeto estarían representadas por ángulos y puntos determinados por la estructura misma de cruz y podrían ser leídas mediante un módulo en forma de medalla que algunos caballeros portarían pendiente del cuello. No cabe duda de que un alfabeto de esta clase o muy parecido fue utilizado por las logias de constructores medievales. Y en los muros de construcciones sagradas, como en la catedral de Toledo, o en la de León y otras muchas realizaciones que tuvieron una directa participación de alarifes iniciados en los conocimientos secretos.

Son innumerables los lugares de la geografía hispana que fueron enclaves templarios en los que hemos encontrado grabada esta singular cruz. Entre ellos están el edificio fortificado del que la orden disponía en la villa de Barbens (El Segrià, Lleida), construido en 1164, que se corresponde con una de las encomiendas más antiguas del Temple en Cataluña; fachadas de viviendas medievales de las poblaciones de Ascó (Ribera d'Ebre, Tarragona); en la encomienda de Puig-reig (Berguedà, Barcelona), en el interior de la iglesia de Bordón (Teruel); en Beceite (Teruel)...

Las letras de este alfabeto, de estructura cruciforme de ocho puntas en planta de cruz griega, estarían representadas de la siguiente forma:

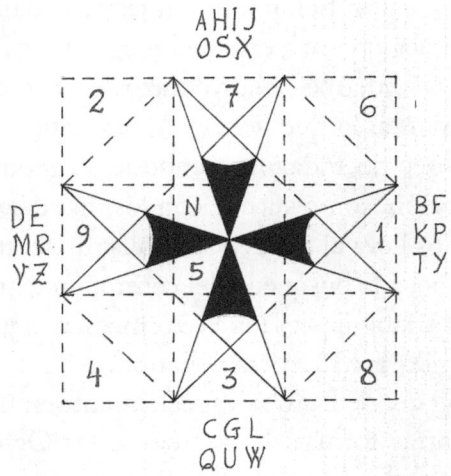

Esto nos da un total de 26 letras (las 5 vocales y 21 consonantes: B, C, D, F, G, H, J, K, L, M, N, P, Q, R, S, T, V, W, X, Y y Z), que envuelven como en una constelación astral a los nueve primeros números.

La estructura de la cruz insertada dentro del cuadrado establece, al mismo tiempo, unos ángulos y puntos intermedios, que estarían representados por letras, cuya lectura podría hacerse por medio de un módulo en forma de código secreto que solamente algunos caballeros elegidos tendrían. Recordemos que algo parecido utilizaron las logias de constructores medievales, algunos de cuyos signos se han conservado grabados en las piedras utilizadas por las diferentes cofradías de constructores.

De las diferentes cruces relacionadas con los templarios, sin duda es en esta, la cruz de las Ocho Beatitudes, la portadora de un abecedario codificado, en donde el simbolismo del 8, número muy apreciado por el Temple, trasciende un mensaje criptográfico al que solo una minoría de iniciados de la orden tenía acceso.

Se trata, al mismo tiempo, de un extraño damero formado por cuatro paneles que recuerdan el juego del tres en raya, sobre el que se extienden los cuatro brazos de la cruz, que terminan en doble punta, lo que genera el cabalístico número ocho. Es, podríamos decirlo, toda una composición geométrica que facilita la meditación, como sucede con los mandalas budistas del Tíbet, lo que nos lleva al místico simbolismo del triple recinto y, al mismo tiempo, a la búsqueda del centro; un extraño laberinto formado por 4 triángulos grandes, 16 medianos y 32 pequeños, evocando, con ello, las 32 cartas del tarot.

En otros lugares de Europa, especialmente en Francia, hemos contemplado otras formas de la cruz de las Ocho Beatitudes, concretamente en la ciudadela de Chinon (Turena), donde los templarios realizaron grafitis y la dibujaron con su propia sangre en las lóbregas y umbrías mazmorras donde fueron encarcelados y torturados los últimos maestres del Temple, en 1308, antes de ser llevados a París para ser quemados vivos por orden del monarca francés. También se encuentra en el pavimento del presbiterio de la iglesia octogonal templaria de Laon (Champagne); se trata de un cuadrado que engloba una serie de rombos y que envuelve en su centro a la cruz de las Ocho Beatitudes.

En los templos rupestres de Anatolia, construidos bajo el suelo volcánico por los colectivos cristianos que huían de las primeras invasiones islámicas (siglos VIII y IX), decorando las paredes interiores de las iglesias del valle del Göreme y otros lugares del interior de Capadocia, vemos numerosas cruces que evocan la de las Ocho Beatitudes. Aunque no podemos confirmarlo, no sería descabellado que fuese en la antigua región de la península de Anatolia donde los templarios se inspiraron para concebir esta cruz, puesto que por aquella inmensa llanura cabalgaron en numerosas ocasiones los caballeros en sus luchas contra los seldjúcidas, o bien en la constante búsqueda del conocimiento iniciático.

La cruz de las Ocho Beatitudes, en pintura al fresco, decora las paredes interiores de una ermita rupestre en el valle del Göreme, en Capadocia, Turquía.

No lejos de Capadocia, hacia poniente, se encuentra Konya, la ciudad sagrada del Islam turco, cuna de Mevlana, el místico sufí creador de la orden Derviche Mevlevi, practicantes de la esotérica danza de la Sema. Mevlana fue contemporáneo de los templarios y estableció con ellos en el siglo XIII un hilo de diálogo secreto entre las religiones de su tiempo.

EL EXTRAÑO ROSETÓN DE VALDERROBRES

En la iglesia arciprestal de Valderrobres, la capital administrativa de la comarca turolense del Matarraña (Teruel), la ventana que ilumina la misteriosa capilla de oración del obispo Heredia tiene forma de triángulo, donde los dieciséis pequeños triángulos equiláteros conforman el mayor que los rodea. También aquí vemos inscrito el criptograma de la cruz de las Ocho Beatitudes, el abecedario codificado del Temple. Solo existen otros dos rosetones similares en la geografía hispana: en la iglesia arciprestal de Morella, en Castellón, y en la iglesia del monasterio de Rueda en Zaragoza.

Para interpretar algunas de las claves de este singular rosetón tenemos que recordar la importancia de esta esotérica figura geométrica. El triángulo equilátero representa la divinidad, la armonía y la proporción; de él deriva el *pentagrammon*, símbolo de la armonía universal. No es una casualidad, por lo tanto, que el ojo de Dios Padre, el Gran Arquitecto del Universo, aparezca como un triángulo equilátero con la punta hacia arriba, que se corresponde con el elemento tierra. Alquimísticamente hablando, simboliza, además, el fuego, el corazón y el sexo masculino. El sello de Salomón está formado por dos triángulos invertidos que equivalen a la sabiduría humana. En la tradición judaica, el triángulo equilátero representa a Dios, cuyo nombre no se puede pronunciar. Y conocida es la importancia atribuida por la francmasonería al triángulo equilátero con la punta hacia arriba, al que denomina «delta luminoso», en clara evocación a la forma de la mayúscula griega.

Por lo tanto, el rosetón del lado noreste del ábside (el que ilumina el sector más frío del templo, pero, al mismo tiempo, la zona con mayor energía telúrica de esta iglesia, que se levanta en el lado del Evangelio y sobre el pozo inferior) de la iglesia de Valderrobres, constituye un código dejado allí por los templarios para transmitir una serie de mensajes secretos a través de la cruz de las Ocho Beatitudes. En esta ocasión, la cruz no está inscrita en un círculo, como la del capitel de la iglesia de San Bartolomé de Ucero, sino en un triángulo equilátero, y también aparece el número 8, que es el resultado de sumar los

Interior de la capilla del arzobispo Heredia, con el rosetón de forma de triángulo equilátero como punto de luz natural.

16 triángulos pequeños y el grande que los engloba (17 = 1 + 7 = 8), figura geométrica que transmite, además, todo el poder celestial, al estar relacionada con el Dios Padre, generador de la vida. Se da la circunstancia, además, de que la capilla elevada, a la que se accede desde la nave de la iglesia a través de una empinada y estrecha escalera de caracol abierta en el grosor del muro, que ilumina este extraño rosetón, está comunicada con el castillo de Valderrobres mediante un pasillo aéreo y cubierto. Recordemos que esta fortaleza no fue tal, puesto que se concibió, en tiempos templarios, para proteger la sacralidad de una piedra que domina el corazón de lo que debía haber sido el patio de armas; roca que, por su condición, estaba cubierta de un palio de piedra, como lo confirman las basas aún existentes en los lados de la misma, y sobre la cual, con toda probabilidad, los pueblos de la protohistoria elevarían sus rezos a las divinidades

y también a los astros. Y es que el potencial energético de esta piedra es muy elevado.

Bajo las entrañas de este singular castillo de Valderrobres se extienden numerosas galerías secretas que, según confirman la tradición y algunas leyendas, sirvieron para que los templarios se desplazasen hacia el lecho del río Matarraña para huir en caso de asedio y también para proveerse de agua potable.

El agua, el líquido elemento, era para los templarios no solo una necesidad vital, sino también un lugar de fuerza, en el centro mismo del manantial y a lo largo de las corrientes energéticas irrigadas por el agua subterránea.

10. EL CULTO A LAS AGUAS SUBTERRÁNEAS

> «La inmersión en las aguas significa el retorno a un estado preformal, con su doble significado de muerte y disolución. En la cosmografía mesopotámica, el abismo insondable de las aguas fue considerado símbolo de la pureza, de la sensibilidad y de la profunda sabiduría impersonal».
>
> Mariano José Vázquez Alonso

El agua, el líquido elemento, la base primordial de la vida en la Tierra de los seres humanos, animales y el mundo vegetal, está definida simbólicamente desde tres dimensiones:

1. Fuente de vida.
2. Medio de purificación.
3. Centro de regeneración.

Los caballeros del Temple, que tanta vinculación tuvieron con los pueblos del Mediterráneo oriental, supieron valorar en su justa medida la importancia del agua. Entre otras muchas cuestiones, los templarios vieron un pozo o un manantial de cristalinas aguas como un lugar sagrado. Los nómadas del desierto se reunían para intercambiar sus productos y manifestar sus alegrías. Cerca de estas fuentes nacía el amor y se acordaban los preparativos para los matrimonios. Estos enclaves, por lo tanto, eran puntos de paz, amor, luz y entendimiento entre las personas.

Las aguas son fuente de todas las potencialidades de la existencia; el origen y el final de todas las cosas del universo; lo indiferenciado; lo no manifiesto; la forma primera de la materia; «el líquido de la verificación entera», como dijera Platón. Todas las aguas son símbolo de la Gran Madre y están asociadas al nacimiento, al principio femenino, al útero universal, la prima materia, las aguas de la fertilidad y del frescor y la fuente de la vida. «Sumergirse en las aguas es buscar el secreto de la vida, el misterio último. Caminar sobre las aguas simboliza trascender las condiciones del mundo fenoménico; todos los grandes sabios caminan sobre las aguas», subraya J. Cooper en su *Diccionario de símbolos*.

Si el agua es la garantía de la vida, existe otra agua con un sentido mucho más profundo, porque es la que está vinculada con la sabiduría. Nos referimos a las aguas subterráneas. «En el corazón del sabio reside el agua; él es semejante a un pozo y a una fuente» (Proverbios 205; Eclesiastés 21, 13). «En cuanto al hombre privado de sabiduría, su corazón es comparable a un vaso roto que deja escapar el conocimiento» (Eclesiastés 21, 14).

Para los pueblos de Oriente Próximo, el agua es signo y símbolo de la bendición. Isaías profetizó una nueva era: «Surgirá agua en el desierto [...] el país de la sed se transformará en manantiales» (Isaías 35, 6-7); y en el Apocalipsis (7, 17) leemos: «El cordero [...] los conducirá a las fuentes de las aguas de la vida».

Si en el Antiguo Testamento el agua era símbolo ante todo de vida, en el Nuevo Testamento lo es del Espíritu, pues Jesús se revela como Señor del agua viva con la samaritana, cuando él se convierte en la fuente; tal como sucede en la roca de Moisés, donde el agua surge de su seno, y, sobre la cruz, la lanza hace brotar agua y sangre del costado abierto del Señor, y su herida equivale a una grieta abierta en la roca, por donde mana

Interior del pozo-fuente templario de El Convent, en La Fresneda, Matarraña (Teruel).

la vida, el agua, la sabiduría. San Atanasio lo expone muy bien: «El Padre es la fuente, el Hijo se llama el río, y se dice que nosotros bebemos al Espíritu» (*Ad Serapionem*, 1, 19). El agua viva, el agua de la vida, como símbolo cosmológico, reviste, pues, un sentido de eternidad, como recuerda el apóstol Juan (4, 13-14): «El que bebe de esta agua viva participa ya en la vida eterna». Para Tertuliano, es el Espíritu divino quien elige el agua entre los diversos elementos de la naturaleza, puesto que hacia ella van sus preferencias, como origen y materia perfecta, fecunda, simple, transparente y purificadora. A partir de todo ello, es fácil deducir el sentido sagrado del agua como el elemento capaz de lavar los pecados de los hombres.

PODER ESOTÉRICO

El agua está asociada en la astrología con tres signos magnéticos (Cáncer, Escorpio y Piscis) y con uno eléctrico (Acuario). Mientras, en la alquimia, el líquido elemento se representa mediante un triángulo equilátero con vértice hacia abajo. Como virtud purificadora, el agua ejerce un poder esotérico. Los antiguos bautismos en inmersión suponían un símbolo de regeneración y, al mismo tiempo, una fuente de renacimiento, al ser binomio de muerte y vida. El agua bautismal, al restablecer el ser en un nuevo estado, conduce explícitamente a un nuevo nacimiento, puesto que la inmersión se compara al entierro de Cristo, y su resurrección se produce tras su descenso a las entrañas de la tierra.

Ante todo ello, es fácil comprender la importancia que tuvo el agua, sobre todo el agua oculta, viva y cristalina, para los templarios. Fueron numerosos los enclaves del Temple que se alzaron sobre corrientes subterráneas de agua, porque, al mismo tiempo, tales edificaciones se nutrían de lo sagrado, de lo puro, del líquido elemento que fluía entre los cimientos, bendiciendo a quienes allí rezaban o moraban. Hablamos de lugares como San Miguel de los Fresnos, en el municipio de Fregenal de la Sierra (Badajoz); la iglesia de San Juan Bautista, en Consuegra (Toledo); el mismo templo de San Bartolomé de Ucero, en el cañón del río Lobos (Soria); Caldes d'Estrac (Caldetas), en el Maresme (Barcelona); la villa de Beceite, en el Matarraña y la fuente subterránea de El Convent, en La Fresneda (ambas en Teruel), etc.

Los templarios, con su regreso al culto de las aguas, dieron un giro a las interpretaciones de la Iglesia oficial, que consideraba que el agua estaba vinculada con lo pagano, con lo herético, porque los ancestrales cultos de la humanidad giraron en torno a las fuentes. Todo lugar de peregrinaje comporta un punto de agua y su nacedero, ya que el agua tiene la capacidad de curar, en razón de sus virtudes específicas, y la Iglesia no tardó en alzar sus voces en contra del culto que la humanidad rendía a las aguas, porque la devoción popular consideró siempre su valor sagrado y curativo. «Pero las desviaciones paganas y el retorno de las supersticiones eran siempre amenazantes: lo mágico acecha a lo sagrado para pervertirlo en la imaginación de los hombres», comentan Jean Chevalier y Alain Gheerbrant. Este fue, por lo tanto, otro de los motivos que la Iglesia argumentó contra los templarios: la recuperación del culto pagano a las aguas. Por otro lado, el agua también es objeto de admiración en las páginas del Corán, cuyo libro sagrado designa en numerosas suras al agua bendita, la que cae del cielo por la lluvia, como uno de los valores divinos para la humanidad: «Los jardines del Paraíso tienen arroyos de aguas vivas y fuentes» (2, 25; 88, 12). El Corán amplía: «El hombre mismo ha sido creado de un agua fuente» (86, 6).

El Temple, que bebió de las fuentes de la sabiduría del mundo oriental, era bien consciente de la dimensión espacial del agua para el ser humano, tanto a nivel espiritual como a nivel socio-cultural. Por ello, no tardaría en aplicar tales valoraciones cuando regresó a Europa. Al concebir gran parte de sus edificios, tanto religiosos como civiles, sobre emplazamientos ricos en corrientes de aguas subterráneas, estaba trasladando estas sagradas consideraciones a una dimensión espacial, camuflándolas, al mismo tiempo, ante los ojos de la Iglesia oficial.

Si los celtas rindieron culto al roble y al tejo, y los pueblos de la cuenca mediterránea, desde los albores de la humanidad no se cansaron de homenajear al olivo, los templarios, que sirvieron de puente entre Oriente y Occidente, eligieron el fresno, árbol mediador de ancestrales culturas, como veremos a continuación.

11. EL ÁRBOL SAGRADO

> «Para los griegos de la antigüedad, el fresno simbolizaba la fuerza; este árbol, relacionado también con las civilizaciones nórdicas, tenía la propiedad de ahuyentar las serpientes».
>
> UDO BECKER

Mucho antes de que el hombre conociera el arte de construir, el mundo circundante fue la morada de la Divinidad, pues está escrito: «Llenos están el cielo y la tierra de tu gloria» (Isaías, 63). Pero como el mundo es demasiado amplio para ser aprehendido eficazmente en un acto ritual, el hombre fue capaz de sintetizar todo el universo en un paisaje familiar y representativo. En este esquema general y natural el templo es el paisaje elemental formado por la colina (o el *tumulus*), donde adorar a las divinidades masculinas, la gruta, donde rendir homenaje a las divinidades femeninas, las piedras, el árbol y el manantial; rodeado todo ello por un recinto que anuncia el carácter sagrado del lugar. De esta forma llegamos a los bosques sagrados (los *alsos* de los griegos o los *lucus* de los romanos). Cuando más tarde surgió la arquitectura, el templo se convirtió en la casa de la divinidad, mientras que los demás componentes (vegetales y minerales) no tardarían en constituir los elementos mismos del edificio, y los árboles se transformarían en sus pilares. El árbol, símbolo perfecto de la Vida, plantado en el paraíso, crece hacia el cielo y vivifica a todo el universo. Es, al mismo tiempo, el misterio de la verticalización, de la constante regeneración, porque representa no solo la expansión de la vida en la tierra, sino también la victoria sobre la muerte, cuyo misterio de vida que es la realidad sacral no puede estar mejor representado en sus tres zonas cósmicas: subterránea (raíces que se extienden hacia abajo, buscando el agua y el alimento), terrestre y humana (tronco, pura verticalidad), y superior y celeste (ramaje, expansión).

Todas las civilizaciones han rendido culto a algún árbol que, por sus diferentes cualidades, haya despertado la admiración de los pueblos, tanto de Oriente como de Occidente. Con el fresno (*Fraxinus excelsior*), además, se da la circunstancia de que era venerado tanto por las culturas mediterráneas como por las atlánticas. El fresno está considerado el primer árbol de la humanidad, cediendo al olivo el primer puesto en la lista de especies vegetales benefactoras para el ser humano. Para los pueblos germánicos, por ejemplo, el fresno Yggdrasil era el eje del mundo, inalterable y siempre verde, al tiempo que se convertía en un protector contra los rayos; el universo entero se desplegaba a la sombra de sus ramas, dando cobijo a innumerables animales, porque todos los seres vivos derivaban de este emblemático árbol. En las sagas de las antiguas tradiciones escandinavas, estrechamente vinculadas con los ancestrales mitos germánicos, el fresno es símbolo de inmortalidad y, al mismo tiempo, nexo entre los tres planos del cosmos. El siguiente poema escandinavo, recogido por Gérard de Champeaux en su obra *Introducción al mundo de los símbolos*, lo relaciona con el árbol del paraíso:

> Este árbol sabiamente edificado que penetra hasta el seno de la tierra...
> Sé que hay un fresno llamado Yggdrassil.

La cima del árbol está bañada en blancos vapores de agua,
de ahí se desprenden las gotas de rocío que caen en el valle.
Él se yergue eternamente verde por encima de la fuente de Urd.
Es el gigante, dios de la Fecundidad.
Yggdrassil tiembla.
El fresno erecto.
Gime el viejo tronco,
y el gigante se libera;
todos se estremecen
por los caminos del Infierno...

Esta descripción también puede hacerse extensible a la montaña del mundo, donde, en cada nivel, se van desarrollando los pisos míticos desde el cielo hasta el seno de la tierra.

El fresno adquiere, desde los tiempos primordiales y ahondando en las más ancestrales culturas de Anatolia y Mesopotamia, la dimensión de árbol de la sabiduría o árbol del conocimiento, identificado con el mundo del que es prolongación, al recibir los beneficios del firmamento (copa bañada por blancos vapores de agua, a través de la cual destila el rocío que fecunda de vida); también, como árbol-fuente, cuyas frescas y cristalinas aguas riegan las vegas del mundo...

Para los griegos de la época de Hesíodo (siglo VIII a. C.), además, la dureza y flexibilidad de su madera simbolizaban la fuerza, la solidez poderosa, al tiempo que contaba con una propiedad de gran importancia: la de ahuyentar a las serpientes venenosas. Según las creencias antiguas, el fresno espanta a las serpientes, al ejercer sobre ellas una especie de poder mágico. El médico griego Dioscórides (siglo I d. C.) llegó a decir que si una serpiente tuviera que elegir entre pasar sobre la rama de un fresno o por las llamas de una hoguera, optaría sin dudar por este último camino. A él le debemos también la siguiente receta: «Una tisana de hojas de fresno mezclada en el vino tiene gran eficacia contra el poder del veneno».

También para los romanos y otros muchos pueblos de la antigüedad el fresno se convirtió en el árbol sagrado al que rendir un justo homenaje. No es una casualidad, por lo tanto, que para los vascos (una de las culturas más antiguas del mundo) el fresno (*lizarra*, en euskera) estuviera relacionado con el fuego. Se le rinde un justo homenaje en la mágica noche de San Juan, cuando este árbol se convierte en el epicentro de las tradicionales hogueras, y en las puertas de muchos de los caseríos de Euskadi se siguen colocando sus ramas para proteger a los que los habitan. Quisiera recordar a este respecto que la población navarra de Estella, a orillas del río Ega, de la que hemos hablado capítulos antes, es llamada en vascuence Lizarra por la abundancia de fresnos que tuvo en los tiempos medievales.

El consumo de hojas de este árbol por las vacas hace que den más leche y de mejor calidad. No es extraño, por lo tanto, que desde los tiempos antiguos el fresno haya estado siempre muy cerca de las construcciones habitadas, para acompañar a los seres humanos, al tiempo que daba una dimensión arbórea a los lugares sagrados.

Estas circunstancias no pasaron inadvertidas para los templarios, cuyos caballeros supieron recoger muy bien la sabiduría de las civilizaciones más pretéritas, tanto las del mundo oriental como las relacionadas con los celtas. «No es de extrañar que haya sido el fresno símbolo de la fecundidad tanto en la Gran Kabilia y otras regiones del norte africano como en Europa», recuerda Ignacio Abella. En efecto, tanto en el Mahgreb como en la Europa nórdica, el fresno coincide en el pensamiento de los pueblos y gentes como símbolo de la fecundidad.

El área de distribución del fresno es muy amplia: desde el norte de África hasta Escocia y desde Escandinavia a los Urales.

Joven ejemplar de fresno, plantado en el jardín de El Convent, en La Fresneda (Teruel), enclave de templarios durante los siglos medievales.

En la Península Ibérica domina en la mitad septentrional, en torno a los 1.500 metros de altitud. Este singular árbol, que prefiere las tierras fértiles, profundas y calcáreas, soporta bien las temperaturas de hasta -15ºC, aunque le afectan los climas extremos; resiste bien los vientos costeros. Llega a alcanzar los 30 metros de altura, hacia los 75 años de edad, cuando detiene su crecimiento. Florece en primavera; la poda de sus ramas se lleva a cabo cada ocho años, y su leña es de las mejores, porque arde incluso cuando está verde.

El fresno, por sus múltiples cualidades salutíferas y protectoras, y también por las innumerables referencias a él, tanto en las culturas de la Europa mediterránea como en las del mundo germánico, fue adoptado por los templarios como su árbol sagrado, y no dudamos en relacionarlo con san Juan Bautista. Como consecuencia de ello, su presencia en la geografía hispana es sorprendente, como se puede apreciar en infinidad de enclaves del Temple. Algunos de los fresnos se ubican en lugares muy meridionales, donde fueron llevados por los caballeros. San Miguel de los Fresnos, en el municipio de Fregenal de la Sierra (Badajoz), uno de los baluartes templarios más importantes en la Baja Extremadura, próxima a Jerez de los Caballeros, evoca constantemente a este sagrado árbol. Además, se da la circunstancia de que, bajo los cimientos del conjunto monástico, ubicado en un paraje sobrecogedor de silencio y bajo una espesa bruma, discurren corrientes de agua potable, lo que nos vuelve a indicar la importancia que los ritos del agua purificadora y benefactora, procedente de las entrañas de la tierra, tuvieron para el Temple. Freginals, en la comarca del Montsià (Tarragona), sobre las antiguas vías de comunicación entre Tortosa, Morella, Peñíscola y Sant Mateu, es un lugar igualmente vinculado con los templarios. En Teruel, concretamente en la comarca del Matarraña, se encuentra la población de La Fresneda (tierra de fresnos), que fue una importante encomienda de templarios, primero, y de calatravos, después; en los sótanos del que fue El Convent, y también de algunas viviendas medievales de la población, se conserva la antigua fuente, en forma de pozo, de claras vinculaciones templarias. En Asturias, Fresnedo (cerca de Villaviciosa) contó con un convento de templarios, próximo a San Salvador de Alesga, y aún pueden verse los restos de una pequeña fortaleza del Temple. Ambos enclaves controlaban el angosto paso del Puerto de la Ventana, por donde discurre una

La figura de san Miguel Arcángel, en el altar mayor del santuario de Aralar, portando la cruz de origen templario, donde se concentra un vórtice de 24.500 UB.

antigua calzada romana utilizada durante los siglos medievales por los peregrinos. De ahí la importancia de los freires, cuya misión de guardianes del camino les fue asignada por el monarca Fernando II de León, que reinó desde 1157 hasta su muerte en 1188. Fresno de Caracena, en el corazón de las parameras sorianas, es otra de las poblaciones que evocan a este mítico árbol sagrado para los templarios. En esta villa, según el *Cantar de Mío Cid*, Rodrigo Díaz de Vivar recibió en sueños al arcángel san Gabriel. La población se halla a mitad de camino entre la fortaleza califal de Gormaz y Caracena, población de la que hablamos ampliamente en otro capítulo.

Pero el enclave más sobrecogedor de la España mágica que está relacionado con el fresno es, sin duda, la sierra de Aralar, entre Navarra y Guipúzcoa, en cuya cima (Artxueta, de 1.343 metros) se alza la iglesia de San Miguel in Excelsis (de nuevo un santo templario). En Aralar, tierra de dólmenes y senderos de iniciación, de muérdagos y de leyendas, el fresno se alza orgulloso como el cabeza del reino vegetal. Bajo sus ramas, el cosmos gravita y transmite una atmósfera de equilibrio que, ya en el siglo XIII, supieron muy bien concebir los templarios, cuando situaron en la cima, junto al altar sagrado de adoración a las divinidades de los pueblos de la protohistoria, una ermita de oración dedicada al arcángel san Miguel. En torno a ese templo plantaron un círculo de fresnos, protectores contra los rayos y ahuyentadores de serpientes venenosas; de ahí que la tradición popular conozca también esta iglesia como «el santuario del fresno». El Fresno (Ávila), Fresnedoso de Ibor (Cáceres) y más de un centenar de poblaciones repartidas por toda la geografía española, tanto peninsular como insular, evocan sus vínculos con el Temple en un momento determinado de su historia.

El fresno es el árbol de los nacidos bajo el signo de Libra (entre el 23 de septiembre y el 23 de octubre), al coincidir en ese período (inicio del otoño) la época de maduración de sus frutos y la recogida de los mismos para la siembra. Las cualidades benefactoras de este sagrado árbol también llamaron la atención de médicos del Renacimiento, como el sabio y humanista Andrés Laguna (1499-1560), facultativo de cabecera de nuestro emperador Carlos I. A él le debemos esta frase: «Valeroso remedio contra el veneno de las enconadas serpientes, y tanto, que en todo lo que puede ocupar su sombra, nunca se ve jamás animal venenoso [...] por donde vemos que florece el fresno, ordinariamente, antes que las serpientes salgan de debajo de la tierra, y nunca deja las hojas hasta que todas son vueltas a sus cavernas, lo cual ordenó así en nuestro favor la sabia naturaleza». Los fresnos, dada su polivalencia como árbol protector, salutífero y, además, como especie alimenticia para el ganado, así como su gran resistencia a cualquier tipo de poda, fueron utilizados también por los templarios como muros vegetales (setos) para la defensa y, al mismo tiempo, como adorno vegetal en lugares sagrados. De ahí le viene el nombre científico de *Fraxinus* (del griego *phraxo*, «cercado»).

Sin duda, el rostro más carismático asociado al Temple, conocido como Baphomet, es uno de los temas más enigmáticos del esoterismo templario. También en su etimología volvemos a encontrarnos con elementos de cultos ancestrales y algunas divinidades paganas.

12. EL BAPHOMET

> «El ídolo era una cabeza con barba a la que adoraban, cubrían de besos y llamaban el Salvador».
> (Declaraciones de Rayner de l'Archent, en el otoño de 1307, ante el inquisidor, tras ser sometido a las más crueles torturas).

El sector de los iniciados templarios llegó a establecer estrechos vínculos con las fuerzas del Mal; por ello, concibieron un rostro que, al tiempo de elevarle sus plegarias, sirviera de puente con el príncipe de las tinieblas: Lucifer. Este ídolo no era otro que el mítico Baphomet.

Los templarios estudiaron escrupulosamente las Sagradas Escrituras con el único fin de comprender mejor la profundidad de Lucifer, el ángel caído para la Iglesia. Para ello, ahondaron en los conceptos cabalísticos, prisicilianistas, gnósticos y paganos, fueran de procedencia semita o helenística, alcanzando la misma conclusión: la afirmación precisa sobre el mundo de las tinieblas para anhelar con mayor ímpetu la luz del Señor; *ut intellegentes tenebras desideremus lucem domini* («los que hemos conocido, o practicado, las tinieblas deseamos la luz del Señor»).

De todos los símbolos esotéricos relacionados con el Temple, posiblemente fue el Baphomet el que más quebraderos de cabeza le dio a los sectores más ortodoxos de la Iglesia oficial. Se trata de una extraña cabeza cortada, elemento que hunde sus raíces en ancestrales ritos protohistóricos, tanto de Oriente como de

Occidente, como lo confirman los cultos a la maléfica Medusa, capaz de matar a quien la mirara fijamente a los ojos; a Osiris, en el Antiguo Egipto; al Odín germánico; o a Orfeo y Perseo, ya en la civilización helénica clásica. Su rostro, sorprendentemente, era capaz de responder, basándose en un sistema binario formado por dos cifras, a preguntas cabalísticas en relación con el futuro. Los templarios solían llevar colgada del cuello esta cabeza en miniatura como amuleto protector, al igual que sus contemporáneos cátaros. En la localidad navarra de Arnotegui (Obanos), cerca de Eunate, se mantiene un rito ancestral, que hunde sus raíces en la época templaria. Se trata del culto a una cabeza-relicario, de san Guillermo, la cual, durante la semana de Pascua, tras ser pasada en procesión, recibe en su interior

El horrendo rostro del Baphomet de Caracena, esculpido en uno de los canecillos de la iglesia de San Pedro, de esta población soriana.

vino y agua, líquidos relacionados con la sangre de Cristo, que se convierten en medicinas para múltiples remedios.

Se dice de algunos caballeros, al ser torturados por la Inquisición, manifestaban que la sola contemplación de este enigmático rostro era tan insoportable que, al igual que el Grial, producía la muerte. Pero no se trata de una muerte física, sino de un fallecimiento iniciático que llevaría a un renacimiento.

Pero el problema sobre la interpretación de este rostro también se extiende a la etimología del mismo. El término «baphomet» podría guardar una estrecha vinculación con «el bautismo de la inteligencia» si se confirmara su vinculación con las voces griegas afrancesadas *baphé* y *metis*. Otros investigadores, en cambio, apoyan la vinculación con la palabra *baal-phomet*, término de los pueblos del Mediterráneo oriental relacionado con los ritos dionisiacos, o de Dionisios, el dios del Vino en la civilización griega. Y, más modernamente, hay quienes hacen derivar su significado de las palabras francesas *ubat el fumet* («boca del padre»), con lo cual volveríamos al rito que los caballeros debían realizar en las ceremonias de iniciación a los niveles más secretos. Más que un ídolo, por lo tanto, el Baphomet, uno de los mayores enigmas de la mitología templaria, es un rito. Según Louis Charpentier, la palabra «baphomet» es el resultado de una acumulación de símbolos vinculados con la alquimia; se trata de una meditación colectiva dirigida sobre tales símbolos y su significado. También habría que buscar las raíces de este esotérico rostro en las tradiciones antiguas griegas. Para el barón Hammer Piertgstall, orientalista alemán, el término *baphe*, deformación de *bafé*, equivale a «baño», mientras que *met* derivaría de *meteos*, en clara procedencia del espíritu heleno, que se traduce por «iniciación del espíritu». Por ello es fácil llegar a la conclusión de que el Baphomet supondría un símbolo gnóstico de un «bautismo de fuego-espíritu», por inmersión, lo que nos llevaría a los orígenes del bautismo en las culturas del Mediterráneo oriental. También se establece una estrecha correspondencia con la fiesta templaria de Pentecostés, en la que los caballeros celebraban el «bautismo apostólico por el Espíritu Santo». Por lo tanto, Baphomet transmite un bautismo espiritual para los iniciados, pero no con agua, sino con fuego, el baño ígneo que, como sentencia Rafael Alarcón, reemplazaba al bautismo con agua de los cristianos entre los gnósticos. El mismo trovador alemán Wolfram von Eschembach, en su magistral obra griálica *Parzival*, denomina «bautizados» a los caballeros custodios del Santo Grial. Existe un común denominador en todas estas relaciones. Incluso Gérard de Sède llegó a efectuar una estrecha conexión entre Baphomet y la Luna, a través de un simbolismo alquimista implícito, ya que nuestro planeta se relaciona con la plata, que sería la fase alquimista que sucede a la *nigredo* (la *albedo*, la boda mística del Ego con el Eterno Femenino, el Ánima). Entonces alcanzamos lo que Fulcanelli y Charpentier señalan como la dualidad, es decir, el andrógino, otro símbolo de la Piedra Filosofal, y de aquí al doble rostro de la divinidad Jano, que es claramente *baphomética*. (En cambio, los personajes mitológicos de triple rostro hacen referencia al tiempo: pasado, presente y futuro).

En el corazón del valle cántabro de Liébana se alza el pico de Jano, montaña sagrada para los pueblos de la antigüedad, en cuya cumbre se rendía culto a las divinidades masculinas; en las cuevas de sus laderas se conservan altares para rendir homenaje a las diosas. Muy cerca se encuentra el santuario de Santo Toribio, donde se conserva un lígnum crucis, el mayor fragmento de la cruz de Cristo, que era de madera de ciprés. Toda la zona está cargada de energía y fuerzas de poder, por lo que no es nada extraño que los templarios tuvieran allí una notable presencia.

El Baphomet templario debe leerse al revés, *TEM-O-H-P-AB*, símbolo de las palabras latinas *Templi Ommum hominum Pacis Abbas*, que se traduce por «el Padre del Templo, Paz Universal a los hombres».

Se dio el caso, durante numerosos procesos de tortura, de que muchos caballeros templarios llegaron a cambiar la figura del Baphomet por un gato, felino que, igualmente, siglos después terminaría siendo besado durante las soporíferas sesiones de autos de fe que la Inquisición llevó a cabo contra las brujas. Este sutil animal, relacionado con las sombras de la noche y la independencia, gozó de una especial devoción en el Antiguo Egipto. Sin embargo, durante los siglos medievales, fue considerado por la Iglesia la reencarnación del Diablo. De nuevo encontramos aquí una estrecha vinculación entre los templarios y la brujería. Es preciso recordar que el Temple se asentó,

Recreación pictórica de la subida a la pira de Jacques B. de Molay, el 18 de marzo de 1314, en París. Al fondo, a la izquierda, las torres de Notre-Dame parecen observar impávidas la sobrecogedora escena.

con pleno conocimiento de ello, en aquellos enclaves notablemente cargados de fuerzas malignas, según la Iglesia oficial. Montserrat, por ejemplo, calificado como el lugar de residencia de la reina de las brujas desde el siglo II, mil años después sería ocupado por los templarios.

El Baphomet es, al mismo tiempo, una figura venerada por los templarios, vinculada con los conceptos más quiméricos del arte medieval. Es mezcla de ser andrógino, figura satánica, monstruo, ídolo... En él la zoología fantástica nos lleva hacia concepciones aterradoras de la otra dimensión, basadas en el conocimiento de las fuerzas del Más Allá, que solo un grupo escogido de estos caballeros tenía la capacidad de entender.

El Baphomet está reproducido en numerosos lugares de la geografía templaria hispana. Entre ellos, podemos destacar la figura negruzca de piedra de granito que sobresale de la fachada de la iglesia de Puebla de Sanabria (Zamora) y la extraña figura de la zona superior del ábside de la iglesia parroquial de la Asunción, en la localidad de Ráfales (Teruel). Aparece también en la villa de Artaiz (Navarra) y en las iglesias parroquiales de Ribarroja d'Ebre, Flix y Caseres (Tarragona). Sobre la puerta principal de la iglesia parroquial de San Esteban de Aramil (Asturias) vemos una carabela de piedra de tamaño natural que numerosos estudiosos relacionan con el Baphomet templario, y en los cercanos núcleos de Caravia y Burela hubo hospitales de peregrinos jacobeos, gestionados por el Temple. También es sospechoso de serlo el extraño rostro que sobresale de la fachada sobre el portal de acceso a la modesta ermita de Santa María del Campo, en la villa de Castropol (Asturias).

También la ciudad de Soria y su provincia cuentan con un personaje muy querido y venerado, san Saturio, un santo barbado de extraños orígenes, de color negro, que muchos investigadores vinculan con un Baphomet templario. El mismo templo en donde se le rinde culto, a poca distancia de la capital, es rupestre y se asoma al meandroso curso del Duero, por lo que volvemos a encontrarnos con las rocas y también con el agua. Y en la localidad de Omeñaca, un rostro de inspiración céltica domina el frontal de la fuente de la plaza; rostro que nos recuerda los ritos protohistóricos de las cabezas mágicas que, sin duda, sirvieron de modelo a los Baphomets templarios. En esta zona, además, se extiende la sierra del Almuerzo, que, según las tradiciones medievales, fue el escenario de la leyenda de los Siete Infantes de Lara. Sus cabezas cortadas se convirtieron en reliquias, junto con una copa mágica (el Grial), elaborada tras la fundición de los collares de oro de los legendarios personajes castellanos, y fueron adoradas en un arca, evocando nuevamente a las cabezas de los Baphomets templarios. También tenemos Caracena, el pueblo maldito del que hablamos enseguida.

En el castillo templario de Benifallim, sobre la ladera oriental de la Serra dels Plans (Alicante), los caballeros de la cruz plateada se valieron de Satanás para que anunciara a los campesinos de la zona la llegada de las benefactoras lluvias.

LOS SEÑORES DEL MAL

«Durante mucho tiempo, la imagen del Diablo ha estado marcada por una contradicción: máscara de animal que ríe sarcásticamente, tronco consumido de habitante del imperio de la Muerte, patas velludas armadas de garras, pero también alas de pájaro, es decir, parecidas a las de los ángeles».
JURGIS BALTRUSAITIS. *La Edad Media fantástica*

El príncipe de las tinieblas, el poseedor del pecado, según la Iglesia, ha sido siempre el enemigo a batir. Resultan innumerables las referencias documentales que, desde diferentes puntos de vista, nos han llegado hasta nuestros tiempos. En el concilio de Braga (Portugal), celebrado en el año 563, se declaraba excomulgado a todo aquel que negara que el Diablo era, antes, un ángel bueno creado por Dios y afirmara, en cambio, que Satanás nació del caos y de las tinieblas y no tiene Creador, sino que él mismo es el principio y la sustancia del Mal.

Al escritor y político bizantino Miguel Psellos (1018-1078), restaurador de la filosofía neoplatónica, se le debe un estudio publicado en Constantinopla sobre las diferentes clases de demonios. Siglos después, Francesco Maria Guazzo recogió este interesante trabajo, resumido en su obra enciclopédica *Compendium Maleficarum*, publicada en 1608. Esta obra enriqueció el tema, describiendo de forma magistral las ceremonias de hechicería y brujería protagonizadas por los demonios. Entre los príncipes de los infiernos destaca a Astaroth, que tenía la facultad de seducir a través de la pereza y la vanidad, mientras que Verrin seducía mediante la impaciencia. Lo que resulta del mayor interés resaltar es que, en ambos casos, el adversario de tales diablos era san Bartolomé.

Pero el poseedor de las fuerzas maléficas ha sido denominado con diferentes nombres: Demonio, Diablo, Lucifer, Satán, Belial, Beelzebub... A continuación veremos, por orden alfabético, qué significa cada una de estas denominaciones.

Beelzebub. Ser relacionado con el señor de las moscas (Beelzebub), aparece citado únicamente en el Nuevo Testamento. Su misión era enviar plagas de estos insectos a los humanos para castigarlos y su relación con el Diablo fue más tardía.

Belial. Nombre que aparece únicamente en el Nuevo Testamento y también en los manuscritos descubiertos en las cuevas de Qumran, al noroeste del mar Muerto. Se trata de un personaje que, a modo de ángel de las tinieblas, se enfrentó a los ángeles de la luz. Es un ser tolerado por Dios que intenta llevar el mal a los humanos, pero que termina siendo derrotado.

Bestia. Ser portador del Mal, que tienta contra la virtud y los hombres para caer en el pecado, según las concepciones que aparecen en los códices miniados medievales, en forma de Bestiarios. La Bestia diabólica aparece representada como dragones que lanzan llamas de fuego y está igualmente vinculada con el mito del Pelícano, que hunde sus raíces en las creencias cátaras, que se remontan a la antigüedad celta y son recogidas por los templarios.

Demonio. Término de origen griego que deriva de *daío*, que se traduce por «desgarrar». Al comienzo de la civilización helénica se creía en un espíritu malo que buscaba su alimento devorando los cuerpos de los muertos tras desgarrarlos; más tarde, el demonio alcanzó la categoría de un semidiós, que tenía la misión de castigar a los humanos por sus pecados. Pero estas divinidades también llegaron a alcanzar poderes maléficos, que les permitían poseer a los hombres a través de unas fuerzas sobrenaturales, haciendo que les adorasen. En la versión griega del Antiguo Testamento, seguida por los cristianos antes de la redacción del Nuevo Testamento, se asociaba al demonio con el príncipe del Mal.

Diablo. Procede del término griego *diábolos*, «el que arroja algo a través de»; ese algo era difamaciones y calumnias. Todo comenzó cuando, en el siglo III a. C., los judíos llevaron a cabo la traducción de la Biblia hebrea al griego. El Diablo es citado en el Antiguo Testamento como un despiadado acusador, destructor, al mismo tiempo, de la paz y el respeto entre los hombres, y causa de su perdición a través del pecado.

Jaldabaoth. Llamado también «el Demiurgo», lo primero que la Sabiduría creó. El Demiurgo fue creído como el único Dios, dominó tiránicamente sobre los hombres imponiéndoles su Ley (imposibe de cumplir), usando a Moisés y a sus demás acólitos. Un ser psíquico (pues nació en el destierro del *Pléroma* espiritual). Este organizó la materia, pero sin darse cuenta de que la Madre lo manejaba como a su instrumento; por ello se creó el único Dios y Creador (Ireneo I, 5,4), y así lo proclamó en el Antiguo Testamento, que es su obra. Es el Dios que se creyó justo, pero en realidad es cruel, vengativo, celoso y tiránico: él es el Dios de los judíos. Él habita en la llamada «Región Intermedia», que no es el mundo material, pero tampoco el *Pléroma*, sino el lugar destinado a recoger las almas de los cristianos comunes.

Lucifer. Se traduce como «portador de la luz». A comienzos del cristianismo, a Jesús también se le llamó Lucifer, el ser portador de la luz de los creyentes. Fue durante los siglos medievales cuando a este personaje se le asoció con el príncipe de las tinieblas, al ser interpretado erróneamente este texto de Isaías: «Un lucero cayó del Cielo para ir al Infierno después de intentar ocupar el lugar de Dios». Se trataba, en realidad, de la descripción de la muerte del monarca asirio Sargón II, el fundador de la dinastía de los sargónidas (siglo VII a. C.), que algunos atribuyen al rey Nabucodonosor II. Al morir ambos reyes, sus cuerpos se precipitaron desde las alturas y cayeron a las profundidades del averno, por sus ansias de poder.

Satán. Ser que aparece en pocas ocasiones en el Antiguo Testamento, y no en forma de individuo, sino para designar al acusador. Eran, por lo tanto, los mismos ángeles que Dios encargó para que le avisaran de las malas acciones llevadas a cabo por los humanos. Progresivamente, este conjunto de ángeles se reveló contra el poder celestial, al preferir adorar a Adán, y fueron portadores de la serpiente que provocó el pecado original. A partir del Nuevo Testamento, Satán y el Diablo ya son sinónimos del ser portador del Mal.

CARACENA, EL PUEBLO MALDITO

Caracena es uno de los pueblos olvidados y malditos de la geografía hispana. Situado en el extremo suroeste de la provincia de Soria, a 80 kilómetros de distancia de la capital y a 30 de El Burgo de Osma, solo se puede llegar a través de la carretera local que le une con Gormaz. El pueblo se halla acurrucado entre abismales peñas, a 1.086 metros. Sobre las cabezas de sus escasos habitantes levantan el vuelo majestuoso buitres leonados, cuyos sonidos retumban entre los profundos barrancos, abiertos por el río Caracena (antaño Ardante), en cuyas frescas aguas templaban sus espadas de antena los celtas arévacos.

Caracena (que viene de «*ca*», sufijo ligur que significa «fortaleza de piedra») es un pueblo medieval que ha quedado parado en el tiempo. Sus orígenes se pierden en la nebulosa de la historia, relacionados con la Ruta de la Lana, concretamente con la novena etapa que, desde el sureste de Cuenca y recogiendo peregrinos jacobeos de tierras levantinas, buscaban afanosamente el Camino Francés, en Burgos, para llegar finalmente a Compostela. Esta etapa, que partía de Tarancueña y terminaba en San Esteban de Gormaz, pasaba por Caracena a través del puente romano de Cantos. Y fue esta, sin duda, la más importante fuente de ingresos de la Comunidad de Villa y Tierra durante los siglos medievales y modernos. Paradójicamente, el aislamiento espacial de Caracena contribuyó al mismo tiempo a una atracción de personas que encontraron en este lugar un centro de encuentro intercultural, cuyos testimonios han sido borrados por los poderes fácticos de los tiempos, y que hay que recuperar a través de las evidencias; algunas de ellas las destacamos en estas páginas. Solo conocemos de esta población relatos de legendarias batallas, gracias al cantar de trovadores y juglares.

Una vez dejados atrás el puente de Cantos y la oculta fuente románica, agonizantes fragmentos de torreones y lienzos de muralla medieval nos facilitan el paso hacia el corazón del casco urbano, siendo lo primero en destacar su íntima Plaza Mayor, donde la sensación de soledad nos deja la piel helada, y más al contemplar la frialdad del rollo de justicia, en cuya columna aún se conservan algunas gotas de sangre de los reos allí colgados. «Las cadenas y argollas aún podían verse hasta 1965», nos comenta Santiago Pacheco, vecino del lugar, quien también nos informó de que los habitantes de Caracena, durante los siglos modernos, fueron afamados ganaderos, agricultores y mineros: «Las lanas de sus ovejas merinas eran las más apreciadas de todo el reino...».

Junto a la picota se encuentra el Ayuntamiento, todo un privilegio al esplendor de esta población durante tiempos pasados. Recordemos que Caracena fue cabeza de Villa y Tierra, con dominio sobre 32 aldeas. Una sentencia del Cardenal Guido de Bolonia, fechada en 1136, indica «Caracena con todas sus aldeas...» al adjudicar este lugar a la diócesis de Sigüenza. En el extremo opuesto de la plaza se encuentra la antigua cárcel, donde se recluían todos los delincuentes, malhechores y «herejes» de la comunidad de Caracena. El edificio, de propiedad particular, guarda un halo de misterio, porque su estructura cuadrangular y maciza no ha sufrido ninguna alteración con el paso de los siglos. En la estancia más inferior y lóbrega, durante los siglos modernos se llevarían a cabo las más terribles torturas.

LA IGLESIA DE LOS SÍMBOLOS

Allí mismo arranca la calle principal del pueblo que, en acusada pendiente, nos lleva al edificio gótico que en los siglos medievales y modernos albergó el hospital de pobres transeúntes, y también la Casa de Villa y Tierra. Enfrente, el mesón, y un par de metros más arriba, la iglesia de San Pedro, uno de los conjuntos románicos más interesantes y desconocidos de nuestro país, que intentaremos descubrir a través de la lectura de la riqueza simbólica de una iconografía sobrecogedora.

Esta iglesia de comienzos del siglo XII, joya del románico soriano, fue declarada Monumento Histórico Artístico Nacional el 23 de diciembre de 1935. El templo debió de haber sido templario. Los documentos que lo confirmarían, como sucede en otros lugares de la geografía española, han desaparecido. Y probablemente no sería a san Pedro, sino a san Miguel arcángel, a quien los fieles elevaran sus rezos en el altar mayor. Nos llama la atención que, entre el ábside y el lado oriental del pórtico, se eleva una falsa torre ciega, adosada al resto del edificio, de planta cilíndrica, en cuyo interior muy bien pudieron haberse celebrado las ceremonias más esotéricas de los magos del Temple. El trazado semicircular del ábside de la iglesia es, a simple vista, un tambor de piedra sobre el que reposa el campanario, más bien torre de defensa; sin embargo, si uno se fija en los humildes canecillos que lo decoran pueden apreciarse elementos sorprendentes. Uno de estos canecillos representa el rostro de un ser casi abominable (con cuatro ojos, tres narices y una amplia boca dentada entreabierta), que podría tratarse de un Baphomet. Al lado, en el canecillo de la derecha, vemos una arpía con rabo enroscado.

El pórtico se abre en el lado meridional de la iglesia, y sigue la línea de atrios románicos de Soria. Y también aquí se requiere a un viajero con conocimiento. Sus siete arcos y la puerta lateral descansan sobre capiteles basados en temas de la vida cotidiana y escenas extraídas de los bestiarios y de los arcanos medievales. Nos llama la atención la serpiente, o dragón de siete cabezas; se trata de la hidra, o Heptadelpha del Apocalipsis; cuatro caballos alados (tipo Pegaso), atados al «Árbol de la Vida»; dos jinetes luchando con lanzas, en clara evocación a una canción de gesta; arpías encapuchadas cabalgando sobre los lomos de leones macrocéfalos superpuestos... Francisco Palacios se refiere así a los canecillos de la galería: «Un caballo alado, una cara humana con la boca abierta (¿símbolo de la gula?); una arpía, una rosa, una cabeza estropeada, un hombre caminando, una rosa o flor abierta y de nuevo la cabeza del hombre con la boca muy abierta; dos hombres ¿luchando? Y otra rosa...».

Vista parcial al sector meridional del exterior del ábside de la iglesia de San Pedro, en Caracena, con la serie de canecillos figurados que transmiten mensajes ocultos.

En el suelo del pórtico, y cerca de la entrada lateral, durante las excavaciones llevadas a cabo en julio de 1986, dirigidas por los arqueólogos Fernando Morales Hernández y María Jesús Borobio Soto, se descubrió una tumba con dos esqueletos medievales, enterrados desnudos y con los rostros hacia tierra. Sus cuerpos debieron medir cerca de dos metros de altura, y en su mano izquierda portaban aún monedas de los siglos XII y XIII, para perpetuar el pago a Caronte, el marinero que les facilitaría la travesía a través del lago de fuego Estiria, para que les llevara finalmente al Edén del Más Allá...

Pero aquí no termina la observación de esta singular iglesia. En el interior de su única nave, además de interesantes fragmentos que se remontan a la Edad del Bronce, apareció una losa sepulcral del siglo XIV con una escalofriante inscripción grabada en su frontal: «*Pertenebat ad malam sectam*» (perteneciente a la secta herética), en clara referencia al Temple, o lo que es lo mismo, una advertencia lanzada por las autoridades del Santo Oficio, tras la condena de la orden, a quienes tengan el atrevimiento de orar ante esta lauda. Ante todo esto, es más que probable que este templo fuese del Temple, y que su altar mayor estuviera dedicado a san Miguel Arcángel, san Juan Bautista, san Bartolomé o san Julián, los cuatro grandes patronos de los templarios, y que luego la Inquisición cambió por san Pedro, para confundir, mientras se ocupaba de consumir en el fuego los documentos esclarecedores. El tiempo nos lo dirá. Además, en una hornacina próxima a la Plaza Mayor, hubo hasta hace un par de décadas una virgen negra, que era muy querida y venerada por las gentes de Caracena y de otros pueblos y aldeas de la zona. La imagen desapareció en extrañas circunstancias.

Pero es preciso ahondar en los cimientos del templo de Salomón, la obra cumbre de la historia del mundo bíblico, vinculada con las tres religiones monoteístas, para descubrir la esencia del Temple, cuyos caballeros también rindieron un justo homenaje al legendario Hiram, el gran maestro constructor, como veremos a continuación.

13. EL MAESTRO CONSTRUCTOR

> «Hay un lugar en el Infierno llamado Malegbolge, construido todo de piedra y de color ferruginoso, como la cerca que lo rodea. En el centro mismo de aquella funesta llanura se abre un pozo bastante ancho y profundo...».
>
> Dante Alighieri. *La divina comedia*, Canto XVIII

Antes de emprender la ardua tarea de la construcción de una obra arquitectónica, los templarios aprendieron a conocer los mitos y leyendas que envolvían la creación del ser humano. Lo hicieron gracias a los estrechos contactos que, durante su larga estancia en Tierra Santa, tuvieron la oportunidad de establecer. Pudieron intercambiar profundos conocimientos con pueblos tan cultos como los hebreos; entre estos, debemos citar a un tal Moisés Takko (siglo XIII), autor de una valiosa obra, *El tratado de la sinceridad*, la cual, estamos seguros, debió de ser muy leída por los iniciados del Temple. Destacamos a continuación uno de sus párrafos: «Y todos estos magos de Egipto, que habían creado un ser cualquiera, estudiaban por medio de demonios o por una especie de magia el orden de las esferas... y creaban lo que querían. Ahora bien, los rabinos, que creaban a un hombre o un becerro, habían conocido el misterio: tomaban tierra, pronunciaban sobre ella el *Schem* y el ser era creado».

Los templarios, gracias a su estrecho contacto con las culturas del Mediterráneo oriental, tuvieron ocasión de beber de las ancestrales sabidurías de los pueblos de Tierra Santa. Concretamente, a los ismaelitas les deben: el encuentro de la Tradición de donde se desprendía una doble jerarquía, una oficial y otra secreta; los colores comunes de la indumentaria, el blanco y el rojo; el símbolo, que no leyenda, del Rey Perdido o el Imán Invisible; el simbolismo del Templo y las hermandades de constructores, que compartieron el crucero de ojiva, la pechina y los arcos trilobulados o cuadrilobulados, etc. Por este, y otros muchos motivos, los templarios fueron acusados de mantener acuerdos secretos, que no hacían más que refrendar los mismos ideales, la misma ética y la correspondiente vertiente iniciática, que era el marco de sus relaciones.

Otro elemento característico del Temple era el ábaco del maestre, introducido a mediados del siglo XII por Bertrand de Blanchefort, que evoca al báculo pitagórico, utilizado por los maestros constructores como vara de medición. Los templarios le añadieron su cruz.

En las construcciones, los grandes alarifes del Temple aplicaron la llamada «cuerda de los druidas», que consta de 12 nudos, creando 13 segmentos iguales, con la cual se permitía la construcción, sobre el terreno, de diferentes figuras; del mismo modo que, por su ángulo derecho, para el empleo de 12 segmentos que generan el «triángulo de Pitágoras», e, igualmente, en disponer de los segmentos 5, 4, 4 con los que se forma un triángulo isósceles abierto en dos ángulos de 51º19', muy próximos de la séptima parte del círculo (51º25'42"8/10).

EL TEMPLO DE SALOMÓN

Salomón, rey de Israel desde 970 a. C. hasta 931 a. C., adornó su capital, Jerusalén, con numerosos edificios, entre ellos palacios para él y sus mujeres. Pero su más grandiosa obra arquitectónica, cuya fama ha perdurado a través de las generaciones, fue la construcción del templo, cuyos cimientos fueron echados en el cuarto año de su reinado y que se completó en el undécimo año, con todo lo necesario. El edificio era de piedra labrada y madera de haya y pino traída desde el Líbano, y tenía adornos de plata, oro y cobre, montados por expertos artesanos de Tiro, que, al igual que todos y cada uno de los alarifes, obedecían las órdenes de Hiram, el gran arquitecto fenicio, también procedente de Tiro.

Hiram fue el Gran Maestro constructor del templo de Salomón. En la simbología ocultista templaria está representado por la inicial de su nombre, la letra H, como podemos ver en numerosos canecillos de iglesias templarias (San Bartolomé de Ucero, Ligos, Castillejo de Roblejo, etc.). En la Biblia (1 Reyes, 6 y 7), leemos: «Revistó las paredes de la Casa por dentro con tablas de cedro desde el suelo hasta el remate de las paredes; hasta el techo cubriolo todo por dentro con madera de cedro; cubrió asimismo el pavimento de la Casa con maderas de ciprés.

»Y en los costados de la Casa recubrió con tablas de cedro los veinte codos desde el pavimento hasta lo más alto; y lo destinó para el debir o Santo de los santos.

»Y la casa, es decir, el Templo, desde la puerta de debir, tenía cuarenta codos. Y todo el edificio por dentro estaba revestido de cedro con sus ensambladores y junturas hechas con mucho primor y artificiosamente esculpidas; todo estaba cubierto con tablas de cedro, de tal forma que no se podía ver ni una sola piedra en la pared».

Reconstrucción hipotética del primer Templo de Salomón, diseñado por el arquitecto de Tiro Hiram I.

Para el investigador francés Jean Pierre Bayaud, el templo no era muy grande: 30 metros de largo por 20 de ancho, una altura de 20 metros y columnas de 9 metros. Para otros arqueólogos e investigadores (entre ellos, E. Raymond Capt), el templo de Salomón era aún más pequeño: 18 metros de largo por 9 de ancho y unos 13 metros de altura. En ambos casos, tales medidas correspondían al segundo templo, el que se alzó sobre el mismo emplazamiento del anterior en tiempos del reinado de Ciro II el Grande (558-528 a. C.), fundador del imperio persa.

Pero regresemos de nuevo al primer templo. Hiram fue también el artífice de la ornamentación, realizada con placas de piedras preciosas y esculturas de cedro; los querubines los hizo en madera tallada de olivo que recubrió con oro. El talento de este gran maestro constructor y escultor hizo gravitar el equilibrio de los objetos y la decoración propia de la liturgia, al incorporar una amplia simbología esotérica que ahondaba en los más ancestrales cultos del mundo oriental (Egipto, Fenicia, Mesopotamia, Anatolia…). El Arca de la Alianza, colocada tras la finalización y consgración en 962 a. C, fue alojada en el sanctasanctórum del nuevo templo, en cuya inauguración se ofrecieron sacrificios y se celebraron grandes fiestas populares. Y así nos describe el primer *Libro de Reyes* la impresión causada en el pueblo por las festividades de inauguración del templo: «Y bendijeron al rey, y fueron a sus estancias alegres y gozosos por todo el bien que el Señor había hecho a David su siervo y a su pueblo Isarel» (1 Reyes 8, 66). Las dos columnas que flanqueaban el acceso al sanctasanctórum (Hakim y Boaz) eran de madera de ciprés, procedentes del Árbol del Bien y del Mal; de ellas, en el siglo I d. C., se labró la cruz de la Pasión de Cristo, que luego, convertida en reliquia, generaría toda una serie de fragmentos de madera, conservados en distintos lugares de la geografía hispana bajo el nombre de lígnum crucis. Uno de ellos, el más grande, se conserva en el monasterio cántabro de Santo Toribio, en el valle de Liébana.

La historia acusa a Salomón por su largueza, que causó un profundo daño a su pueblo, pero la leyenda, tanto de Israel como de otros pueblos antiguos, conservó su recuerdo como ejemplo de sabiduría, justicia y temor de Dios. Según la tradición, él es el autor de los Proverbios, el Eclesiastés, el Cantar de los cantares y algunos de los apócrifos.

El templo, desde su primera piedra, fue concebido para enseñar a la humanidad los secretos del espíritu, en ese constante intento de comparar lo inmaterial con lo material, puesto que aquel edificio, el más emblemático de la historia, no solo tenía como significado la casa del Señor, sino que también era el hogar de los *buenos hombres* y, a la vez, el universo en la tierra. Se dice que fue el Dios Todopoderoso quien dictó a Hiram las claves para la construcción de esta gran obra, en la cual bebieron y se inspiraron, a partir de 1118, los primeros maestros del Temple. El templo de Salomón, en su dimensión cósmica, era el lugar con contemplación desde el que el hombre podía observar no solo el horizonte, el cosmos, a través del cielo descubierto y el mundo circundante, sino también a él mismo, dentro de un círculo. Por lo tanto, llegamos a la cuadratura del círculo, que no es otra cosa que el octógono, la figura geométrica más apreciada por los templarios. En el seno de esta estructura se encuentra la *Shetiyya*, roca sagrada considerada como la piedra de fundación del mundo, sobre la cual, según la tradición hebrea, Abraham estuvo a punto de sacrificar a su hijo Isaac, y desde donde Mahoma se elevó a los cielos a lomos del caballo Alborak. No es una casualidad, por lo tanto, que en el año 692, diecisiete siglos después de la construcción del primer templo de Salomón, se alzara, en torno a la *Shetiyya*, la mezquita de la Roca (*Qubbat al-Sakhra*), un edificio de planta octogonal culminado con una brillante cúpula dorada en su parte superior.

En el templo de Salomón, por lo tanto, se conjuntaban como un mecanismo preciso de relojería los poderes celestiales con los terrenales, o, lo que es lo mismo, lo sagrado con lo profano. Eso lo sabían muy bien aquellos caballeros que, procedentes del mundo occidental, no tardarían en comprender las fuerzas esotéricas que gravitaban en el seno del templo. Los caballeros, al instalarse en las ruinas del templo conservadas tras la destrucción causada por Nabucodonosor II el Grande (que reinó desde 605 hasta su muerte en 562 a. C.), en el año 587 a. C., no dudaron en excavar en sus cimientos en busca del candelabro de los siete brazos (*Menoráh*), el Tabernáculo (*Succot*), el Arca de la Alianza, el Santo Grial y otros de los grandes testimonios de los cimientos del cristianismo.

Respecto a la planta octogonal, numerosas construcciones templarias se basan en el octógono como base perfecta de una geometría que enlaza los poderes celestiales y terrenales. La geografía hispana, y también la del resto del mundo occidental, está llena de edificios (civiles y religiosos) que tienen

Exterior de la capilla de Laon (Aisne), uno de las construcciones más enigmáticas del Temple en Francia.

planta octogonal. Los vemos por ejemplo en Eunate, en Torres del Río, en el campanario de la iglesia de San Juan Bautista de Sant Mateu, en la capilla de los templarios de Laon (Aisne, Champagne) y en muchísimos otros lugares.

Las estructuras octogonales, por lo tanto, suelen relacionarse con la tierra a nivel telúrico, con un pozo sagrado o cripta, en la que se venera la piedra de la Diosa Madre y, sobre ella, en el eje del mundo, un edículo aéreo denominado «linterna de los muertos», el lugar en donde el iniciado fallece y sepulta la vida anterior para renacer a la vida nueva. El símbolo de la iglesia octogonal proviene del Centro Sagrado Invisible: el punto central ocupado por la Roca sagrada de Jerusalén, centro del mundo para el sincretismo hebreo e islámico que los templarios acataban e incorporaron en sus ceremonias. En esta arquitectura iniciática se plasma el universo; centro sagrado circular del que se pasa al cuadrado a través del octógono, que simboliza la unión de lo celeste y lo terrenal, la perfección divina. Como en los antiguos santuarios de la Diosa Madre, en torno a la roca del Templo los sufíes celebraban su danza ritual o *tawaf*, rodeando la piedra. El octógono es la base de las construcciones templarias, la suma del 8 y el centro invisible que es el 9, nuevamente el número de la Diosa Madre. De la fuente octogonal (pila bautismal; octógono sagrado y agua) brota un sauce (árbol de la Diosa Madre). El significado está claro: la Sabiduría es el árbol que crece de la iniciación.

El templo de Salomón, pilar fundacional de las tres religiones monoteístas de la cultura occidental, era, por lo tanto, un símbolo sagrado tanto para judíos como para musulanes y cristianos. Pero hay un hecho que por sí solo se basta para dar testimonio de la conjunción de estas culturas. Se trata de la transmisión por la vía islámica y la tradición hermética cristiana del método operativo principal: la alquimia.

14. LA ALQUIMIA, UN ARTE SAGRADO CONDENADO POR LA IGLESIA

> «Te agradecemos, Madre Tierra, la tierra de la vida.
> Te agradecemos, Ángel del Sol, el fuego de la vida.
> Te agradecemos, Ángel del Agua, el agua de la vida.
> Te agradecemos, Ángel del Aire, el aire para el aliento de la vida».
> (Oración de los antiguos esenios, cuyas enseñanzas gnósticas podrían muy bien figurar en las obras alquímicas).

La alquimia, el arte de la transmutación de los metales para elaborar artesanalmente el dorado metal, es una ciencia que se remonta a la antigüedad, estrechamente relacionada con los conocimientos alcanzados por las escuelas de Oriente y traída al mundo occidental por los musulmanes. Precisamente la palabra «alquimia» procede del árabe *al-chymea*, «mezcla de líquidos». Alcanzó su mayor desarrollo en Europa durante los siglos XII, XIII y XIV, porque, en secreto, fue impulsada por los templarios, a pesar de ser un arte herético para la Iglesia, como lo confirman las palabras del pontífice francés Juan XXII, pronunciadas en una bula contra la alquimia: «¡Los abyectos alquimistas prometen lo que no pueden ofrecer! Aun cuando se creen sabios, caen en el hoyo que los demás han cavado. De un modo ridículo se hacen pasar por maestros de la alquimia, aunque con ello muestren su ignorancia, que siempre invoca a los antiguos escribas [...] cuando, fraudulentamente, hacen pasar por auténtico oro o plata un metal, lo hacen con palabras vacías. Su imperdonable osadía llega a veces tan lejos que incluso engañan a los demás acuñando chapuceras monedas falsas. Ordenamos que tales personas sean desterradas para siempre [...] Los que preparan este falso oro o plata deben declararse como infames [...] Si las personas espirituales se hacen culpables de tal delito, que consideren perdida su dignidad espiritual [...]».

Como muy bien asegura el erudito soriano Ángel Almazán, es un hecho demostrado que los templarios conocían muy bien los secretos de la alquimia, en cuyo simbolismo se habían adentrado las ideas gnósticas de Alejandría y los mitologemas egipcios de las divinidades de Isis y Osiris. Por lo tanto, no es una casualidad que algunos de los símbolos relacionados con la alquimia, como el círculo, el cisne, el dragón, la serpiente o el triángulo, también lo fueran para los templarios.

Pero hablemos de esta ciencia tan perseguida por la Iglesia cristiana, que consideraba idolatría el culto de los cuatro elementos. «¿Por qué habéis abandonado el Cielo y honráis a la Tierra? [...] Habéis [...] tirado la piedra por los suelos [...] Pero yo he conseguido pisar la tierra con mis propios pies, no adorarla», escribía en el siglo II Clemente de Alejandría. La alquimia, sin embargo, aunque no logró culminar el secreto de la obtención del oro y la plata a través de la piedra filosofal, sí aportó otros hallazgos de suma importancia para la sociedad.

Un árbol tan mitológico para las culturas del mundo mediterráneo como es la higuera (*Ficus carica*), también encuentra en la figura del apóstol Bartolomé otro vínculo que lo relaciona tanto con los misterios de la alquimia como con la cultura islámica. El paraíso del gnóstico es su propio cuerpo, y la higuera simboliza la ciencia religiosa. En Egipto, país que tanta relación tuvo con los templarios, había un sentido iniciático, y en el islam se asociaba al olivo como aspecto dual. La vid, el olivo y la higuera son plantas sagradas en la tradición mediterránea. Lo que es indudable es que está ligada a los misterios de la sexualidad y de la fecundidad. Cuando Adán y Eva descubrieron su desnudez se taparon con una hoja de higuera. Bajo ella, el Buda Gautama recibió la iluminación. Todavía hoy en lugares de Grecia y España se asocia, coloquialmente, con la vulva femenina.

En 1577 apareció un libro con el siguiente título en latín: *Artis auriferae quam chemiam vocant* (del arte de hacer oro, lo que llama química). Este texto describe los afanes de los bioquímicos de siglos pasados, a quienes se llamaba alquimistas, de fabricar oro.

Los alquimistas, conocedores de que las materias naturales, como los metales, no se podían fabricar artificialmente pero sí transformar (porque, como la energía, ni se crea ni se destruye, solo se transforma), se pusieron a buscar una fuerza misteriosa, el ingrediente idóneo que promoviera una modificación del metal vulgar para convertirlo en noble. Esta fuerza, buscada desde hace siglos y no encontrada todavía, era la piedra filosofal, llamada *lapis philosophorum* en lenguaje especializado. Solamente con su ayuda se podría conseguir la transmutación.

Alquimia, *alcahest*, *aludel*, alambique, elixir, etc., son palabras tomadas del árabe. Como ciencia tradicional, la alquimia precisa de la instrucción de un maestro que pueda exponerla y de un discípulo que esté dispuesto a escucharla. Posiblemente, y en primer término, habría que tener en cuenta a san Pablo: «Primero es lo animal y después lo espiritual». Dicho de otro modo, una escesis que depure el corazón y la mente del aspirante del obstáculo del Yo.

También en la figura del sexto apóstol, san Bartolomé, la mitología templaria encuentra algunas vinculaciones con el arte alquímico, puesto que este santo fue testigo de excepción del primer milagro de Jesús, que es claramente alquímico: la transmutación del agua en vino en las bodas de Caná. Podríamos establecer claramente un paralelismo entre los distintos estados de conciencia (el cuerpo, el alma y el espíritu) y el significado de la transformación, la transmutación y la transunstanciación. También participa de la Santa Cena, donde el vino se convirtió en sangre. Aquí se encierran los misterios del Viernes Santo y el simbolismo del Santo Grial.

ENTRE LA HISTORIA Y LA LEYENDA

Las raíces de la alquimia se pierden en las tinieblas de la mística y de la mitología. Entre los egipcios ya fue un arte y una ciencia misteriosos. Sobre ello hay numerosos papiros que lo testimonian. Hermes Trimegisto, «el tres veces grande», fue considerado como el fundador de todas las artes y ciencias. Era la idea personificada de la fuerza e idéntico a Thot, la antigua divinidad egipcia. No es extraño, pues, que la alquimia fuese considerada como un arte sagrado y divino al mismo tiempo.

No tardaron en hacerse visibles las influencias de otros pueblos, igualmente de Oriente Próximo. Los astrólogos de Babilonia mezclaron la alquimia con el ocultismo y la magia, y las correlaciones que existieron durante siglos entre el Sol, los planetas y los metales son originarias de este pueblo. En Babilonia, uno de los grandes imperios de la Antigua Mesopotamia, también fue donde se gestó el nacimiento de la escritura.

A través de las vías de comunicación comerciales, la ciencia alquimista llegó a China en el siglo VI a. C. Pero fueron los árabes quienes, a través de la Ruta de la Seda, la trajeron a Occidente, aunque tuvieron que pasar para ello cerca de quince siglos.

Durante la Edad Media, esta ciencia hermética fue una curiosa mezcla de conocimientos químicos-empíricos, mágico-astrológicos y teológicos. Pero por encima de todo ello, el ennoblecimiento de los metales. «Durante siglos existió tal convicción de que esto se podía realizar que casi todos los que dedicaron sus fuerzas a la química, además de muchos otros no profesionales, se esforzaron por conseguir este objetivo tan anhelado. El aditamiento de las insensateces astrológicas y cabalísticas a los esfuerzos alquimistas permite reconocer claramente el grado de degeneración a que llegaron los no profesionales», sentenció Ernst von Meyer.

La alquimia simboliza la evolución misma del ser humano desde un estado donde predomina la materia a otro espiritual: transformar en oro los metales equivale a convertir al hombre en puro espíritu.

Los alquimistas se habían dado cuenta de que algunos metales podían ser mezclados con otros de forma que aparecían aleaciones, como por ejemplo el bronce. Sin embargo, no creían en los metales elementales. Para ellos, los metales puros no eran más que mezclas de diversos componentes. Así pues, para fabricar oro solamente se necesitaba descubrir la mixtura correcta. Se experimentó en este sentido, pero no se consiguió oro, sino metal vulgar de color dorado. Numerosos charlatanes se aprovecharon de este truco. Resulta interesante recordar algunos de los contenidos de la famosa bula «*Spondent pariter*», otorgada por el papa Juan XXII en Aviñón (Francia) en el año 1317, solo tres años después de haberse consumido valientemente en la hoguera el último gran maestre del Temple: Jacques Bernard de Molay: «La imprudencia llega tan lejos que [los charlatanes] acuñan moneda falsa. El Papa estima que todos los que han intervenido en la fabricación de oro alquímico deben ser desenmascarados como hombres sin honor. Deben dar a los pobres tanto oro verdadero como el que han fabricado falso. Los que han acuñado esta clase de monedas verán sus bienes confiscados y serán castigados a cadena perpetua. En cuanto a los religiosos que se encuentren en semejante caso, perderán sus privilegios...». Esto último hace clara referencia a Arnau de Vilanova, al místico mallorquín Ramon Llull y a otros muchos religisosos más que también estaban vinculados con esta enigmática ciencia. Mientras tanto, y a pesar de todas estas prohibiciones y severos castigos impuestos por las autoridades eclesiásticas, los alquimistas siguieron esforzándose por descubrir la piedra filosofal.

Los productos naturales de todas clases sirvieron como material en bruto y se elaboraron las más misteriosas recetas bajo el más estricto secreto. Los hombres de la Edad Media, en parte temerosos, en parte poseídos por la curiosidad, se fueron enterando de que para la consecución de la piedra filosofal era necesario realizar enigmáticas operaciones con dragones, leones rojos y verdes, cisnes blancos, serpientes y otros animales selectos.

La alquimia es considerada como una extensión y una aceleración de la generación natural: es la acción propiamente sexual del azufre sobre el mercurio la que da nacimiento a los minerales en la matriz terrestre. Pero la transmutación se efectúa también en ella: la tierra es un crisol donde, lentamente, los minerales maduran, donde el bronce se convierte en oro. La fundición de los ingredientes en el crisol simboliza, tanto en China como en Occidente, el regreso a la indiferenciación primordial, y se expresa como un retorno a la matriz, al estado embrionario.

LA ESENCIA MISMA DE UN ARTE ESOTÉRICO

Siete son los principios herméticos de la alquimia:

1. Espiritualidad. «El todo es espíritu, el universo es espiritual».

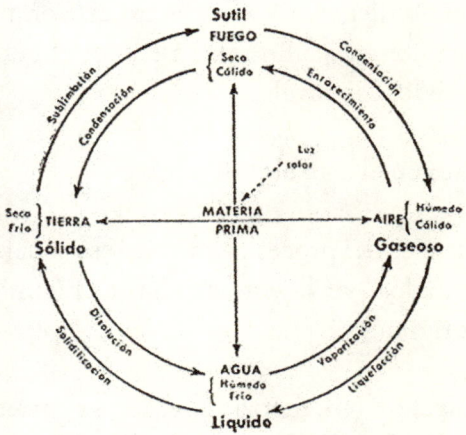
Esquema de los círculos de energía.

2. Correspondencia. «Así como arriba, igual abajo; así como abajo, igual arriba».
3. Vibración. «Nada está en reposo, todo se mueve, todo está en vibración».
4. Polaridad. «Todo es doble, todo tiene polos, todo tiene su pareja de contraste; igual y diferente son lo mismo; los contrarios son idénticos en naturaleza, solo se diferencia en el grado; los extremos se atraen; todas las verdades son solo medias verdades; todas las oposiciones pueden armonizarse mutuamente».
5. Ritmo. «Todo entra y sale, todo tiene mareas; todas las cosas suben y caen, la oscilación del péndulo se muestra en todo; el grado de impulso hacia la derecha es el mismo que hacia la izquierda; ritmo compensado».
6. Causa y efecto. «Cada causa tiene su efecto, cada efecto tiene su causa; todo sucede regularmente. Casualidad es solo el nombre de una ley desconocida. Existen muchos niveles de casualidad, pero nada se enfrenta a la ley».

7. El principio de género. «El género está en todo, todo tiene principios masculino y femenino; el género se manifiesta a todos los niveles».

Fases esenciales en el arte alquímico

Las fases esenciales del proceso alquímico se señalaban por cuatro colores tomados por la «materia prima» (símbolo del alma en su estado original):

Negro. Culpa, origen, fuerzas latentes; se corresponde con la destrucción de las diferencias, la extinción de los deseos, la reducción al estado primario de la materia.
Blanco. Magisterio menor, primera transformación, mercurio; es propio de una materia totalmente purificadora.
Rojo. Azufre, pasión; se corresponde con la unión de los opuestos o bien con la coexistencia pacífica de los contrarios.
Dorado. El oro, la pureza, plenitud, última etapa; es el color del sol, la plenitud del ser, el calor, la luz...

Diferentes operaciones

Calcinación (que corresponde al color negro).
Putrefacción.
Solución (que corresponde al color blanco).
Destilación.
Conjunción (que corresponde al color rojo).
Sublimación (que corresponde al color dorado).
Coagulación.

La primera de las diferentes operaciones era la calcinación; equivalía a la «muerte del profano», es decir, al interés por la manifestación y por la vida. La segunda, la putrefacción, consecuencia de la anterior, es la separación de los restos destruidos. La solución expresaba la purificación de la materia. La destilación, la lluvia de esta purificada, es decir, de los factores de salvación separados por las operaciones anteriores. La conjunción refleja la *coincidentia oppositorum* identificada por Carl Gustav Jung con la íntima misión interna, en el hombre, del principio masculino de la coinicidencia relacionada con el inconsciente femenino. La sublimación representa el sufrimiento derivado de la escisión mística del mundo y de la entrega a la empresa; en los emblemas gráficos, según Juan Eduardo Cirlot, este estado se simboliza por el rapto de un ser sin alas por otro alado o por el mito de Prometeo. Por último, la coagulación es la unión inseparable del principio fijo y del volátil: masculino, femenino, invariable y variable *salvado*.

Correspondencia astrológica

Los doce niveles de la Gran Obra y su relación con los signos del zodíaco son:

    Aries (calcinación).
    Tauro (congelación).
    Géminis (fijación).
    Cáncer (disolución).
    Leo (digestión).
    Virgo (diferenciación).
    Libra (sublimación).
    Escorpión (separación).
    Sagitario (incineración).
    Capricornio (fermentación).
    Acuario (multiplicación).
    Piscis (proyección).

Los axiomas primordiales de la alquimia pueden resumirse así: todas las oposiciones se ordenan en función de la oposición fundamental macho-hembra. La Gran Obra es la unión del elemento macho (el azufre) y del elemento hembra (el mercurio). El atributo del mercurio en la mitología es una perpetua juventud de rostro y cuerpo.

Durante los siglos centrales de la Edad Media, la ciencia alquimística se extendió por todo el mundo occidental, gracias a la labor soterrada que llevaron a cabo los caballeros del Temple. Una de las prácticas más interesantes de esta se hallaba en el arte regia medieval, como puso en relieve Sege Hutin en 1951 al estudiar la obra del alquimista y filósofo rosacruciano Robert Fludd (1574-1637). A partir de una idea de una decadencia de los seres de la naturaleza, la Gran Obra Suprema (obra mística, vía de lo absoluto, obra del fénix) era la reintegración del hombre a su dignidad primordial. Encontrar la piedra filosofal era descubrir lo absoluto, poseer el conocimiento perfecto: la gnosis. Esta vía real debía conducir a una vida mística donde, extirpadas las raíces del pecado, el hombre se volvería generoso, dulce, piadoso y temeroso de Dios.

No es una casualidad, por lo tanto, que los grandes alquimistas de la Edad Media cristiana, como Miguel Escoto (1175-1236), san Alberto Magno (1193-1280), Roger Bacon (1219-1294), Alfonso V de Castilla y León (1221-1284), Tomás de Aquino (1224-1274), Guillaume d'Auvergue (1228-1249, arzobispo de París y constructor de la catedral de Notre Dame); Arnau de Vilanova (1235-1312), Ramon Llull (1235-1316), etc., hayan coincidido en el tiempo y el espacio con los templarios, intercambiando con la más esotérica de las órdenes del medievo los conocimientos y sabidurías más profundos. Del «doctor iluminado», como fue llamado el mallorquín Ramon Llull, se decía que en vida había acordado un pacto con el Diablo; posteriormente fue canonizado por la Iglesia. Se sabe que en 1305 mantuvo una entrevista secreta con Jacques B. de Molay en la isla de Chipre, último baluarte cruzado en el Mediterráneo oriental, tras la caída de la ciudad de Acre (Akko, en hebreo), en 1291. En este encuentro, entre otros temas, dialogaron sobre la necesidad de la unificación de las órdenes militares. Recordemos que los hospitalarios tenían a san Juan Evangelista como piedra angular, cuya festividad coincide con el solsticio de invierno. Este santo, y también Moisés y su hermana Miriam, habían sido alquimistas. Pero este intento de unificación de las dos órdenes de mayor influencia en el mundo occidental no interesaba a las jerarquías de la Iglesia.

La obra *Arte Magno* supone la cumbre de los conocimientos alquimistas de la época. Su autor, Ramon Llull, dominaba cuatro lenguas (latín, griego, hebreo y árabe) y fue el creador de una escuela de lenguas orientales en la ermita de Nuestra Señora de Gracia, en el Puig de Randa (Mallorca). Tuvo como maestro a Arnau de Vilanova, al que debe los secretos de la piedra filosofal. En su interesantísimo *Testamentum novissimum* se lee lo siguiente: «Toma un pedacito de esta exquisita medicina, tan grande como una judía. Échalo en mil onzas de mercurio y todo se transformará en un polvo rojo. De este polvo echa una onza en mil onzas de mercurio, que se transformará en polvo rojo. De este polvo, coge nuevamente una onza y échala en mis onzas de mercurio y todo se convertirá en medicina. Coge una onza de la misma y échala en mil onzas de mercurio nuevo, y todo se convertirá nuevamente en medicina. De esta última medicina echa una onza en mil onzas de mercurio y entonces se transformará en oro, que será de mejor calidad que el dorado metal de las minas».

La enigmática fuerza de la piedra filosofal no conocía límites. Era considerada medicina milagrosa que conservaba la salud y prolongaba la existencia por 400 años o más. ¿Acaso la larga vida de los patriarcas se debió a la circunstancia de que se encontrasen en posesión de esta joya? Los alquimistas árabes, cuyo principal exponente era Ibn Sina (Avicena, 980-1037), autor de los *Cánones*, la base de las enseñanzas médicas en la Edad Media, creyeron que el oro fabricado artificialmente, incuso en forma líquida, apto para beber (*aurum potable*), tenía poderosos efectos curativos.

La nigromancia alcanzó su máximo esplendor también durante los siglos templarios, cuando todavía se consideraba posible engendrar seres vivos con la ayuda de la piedra filosofal. Por aquel entonces, la alquimia comenzó a separarse gradualmente de la química para desplegar una vida propia que ya no tenía nada que ver con la ciencia. Sin embargo, su estudio se mantuvo durante una época extraordinariamente larga. Aunque los alquimistas no encontraron la piedra filosofal, sus esfuerzos no fueron del todo inútiles. Entre sus hallazgos casuales se encuentran, por ejemplo, la destilación del alcohol, el descubrimiento de la porcelana en Occidente, la pólvora, el soplado del vidrio artesanal y otros muchos adelantos. Precisamente, en cuanto al vidrio se refiere, aún se conservan los talleres en donde los templarios de Gourdon, en la luminosa Provenza, crearon las transparentes piezas de cristal; en las de color rojo, al igual que sucedía con las vidrieras góticas, se utilizó el oro.

La huella de la alquimia está latente en numerosos enclaves de la geografía templaria hispana. Por ejemplo, en Santo Domingo de la Calzada, sobre el Camino de Santiago, exactamente en la tumba donde reposan los restos de este constructor, fallecido en 1106, que fue rechazado como monje en dos monasterios riojanos: Valvanera y San Millán de la Cogolla. Sobre el sarcófago, en un capitel en forma de imposta, aparece la escultura de una dama destapando un tarro alquímico. En la construcción de este mausoleo, de finales del siglo XIII, se evidencian los saberes ocultistas del Temple.

En Estella, etapa igualmente clave del Camino de Santiago por tierras navarras, vemos otras referencias a la alquimia, concretamente en el santuario de Nuestra Señora de Rocamador, donde se venera una virgen negra que recuerda a su homónima del camino francés a Compostela, en tierras del Quercy. Las advocaciones alquímicas de esta modesta iglesia, referidas al agua lustral, se remontan al siglo XIII. Por ello, el místico Ramon Llull tuvo un especial interés en visitar este enclave iniciático, citándolo como lugar del mayor interés del peregrinaje jacobeo en su *Vida coetánea*: «Partió, con atención de no regresar más a su tierra, hacia Santa María de Rocamadour, a Santiago y a diversos lugares santos, para rogar al Señor y a sus santos que le encaminaran en aquellos tres propósitos que [...] el Señor había puesto en su corazón».

Desde la antigüedad, los números, que aparentemente no sirven más que para contar, han ofrecido un soporte del mayor valor simbólico, porque no solo expresan cantidades medibles físicamente, sino ideas y fuerzas. A través de sus interpretaciones, los templarios fueron capaces de dimensionar otros espacios y los ritmos del universo, como veremos a continuación.

15. LOS NÚMEROS SAGRADOS

> «El número es un intermediario entre el pensamiento supremo y los objetos materiales».
>
> Platón

Desde las grandes catedrales y concepciones urbanísticas hasta las más pequeñas esculturas y demás obras de arte, en todos los casos el mundo se ha concebido partiendo de las cifras numéricas, cuyo simbolismo, que ha formado parte de la cultura ocultista, se ha perpetuado a lo largo de los tiempos. En la alta Edad Media, las escuelas monásticas de Occidente también supieron contemplar la importancia de los números, como lo confirma Rábano Mauro (776-856 d. C.), quien de este modo establece la importancia de los números como poseedores de una ciencia oculta, solo al alcance de unos pocos: «Así contiene la Sagrada Escritura entre los muchos y diversos números someramente muchos secretos que deben permanecer ocultos para los que no conocen el significado de los números. Por ello es necesario que estudien con diligencia la aritmética todos los que desean alcanzar una comprensión superior de la Sagrada Escritura». El pontífice Pío XI (que reinó desde 1922 hasta su muerte 1939), a quien se debe la canonización de Alberto Magno (1200-1280), uno de los grandes filósofos cristianos del mundo medieval y que vivió en pleno período de la historia del Temple, también sacralizó el simbolismo del número cuando afirmó: «El universo no resplandece de divina belleza de ese modo más que porque una matemática, una divina combinación de los números, rige sus movimientos, pues la Escritura nos dice que Dios lo creó todo con número, peso y medida». Platón consideró al número como esencia de la armonía y a esta como fundamento del cosmos y del hombre: «Los movimientos de la armonía son de la misma especie que las revoluciones regulares de nuestra alma». Porque, como recordó Silesius, Dios está en todo como la unidad en los números.

Para comprender mejor lo que el Temple ha legado a la humanidad solo es preciso estimar los números de la naturaleza, y encontraremos las relaciones eternas de las cosas, la progresión de la unidad, las leyes de la naturaleza, las relaciones de lo corporal y lo espiritual, de las fuerzas, de los efectos y las consecuencias...

Los templarios consideraron como sagrados ocho números: el 3, el 5, el 6, el 7, el 8, el 9, el 10 y el 12. Se encuentran presentes, de alguna forma, en muchos de sus edificios, tanto civiles como religiosos, y nos transmiten unas claves secretas que solo una parte de la sociedad medieval sabía interpretar. Por ello, a los ciudadanos del siglo XXI les resulta muy importante conocer la valoración y los contenidos de tales cifras, para poder comprender mejor los esotéricos conocimientos que el Temple quiso concentrar en sus obras, tanto arquitectónicas como escultóricas.

Para los antiguos celtas, cuya civilización tanta influencia tuvo en la Orden del Temple, los números claves eran tres: el 3, el 9 y el 27, mientras que para la cábala judía los números mágicos eran solamente el 3 y el 9.

EL 3

Universalmente considerado como número fundamental, el 3 (igualmente *tres* en latín) expresa un orden intelectual y espiritual, tanto a nivel cosmogónico como humano. Es el resultado de la unión del cielo y la tierra, fruto de la conjunción del 1 y el 2. La figura geométrica del 3 es, precisamente, el triángulo equilátero, que se corresponde con el elemento tierra, pero sobre todo es símbolo del ojo de Dios Padre, el Gran Arquitecto del Universo representado en los rosetones de las iglesias de Morella (Castellón), Valderrobres (Teruel), del monasterio de Rueda (Zaragoza) y en el círculo mágico del atrio de la iglesia de Santa María, en Arcos de la Frontera (Cádiz). Recordemos que el triángulo está ligado al Sol y al maíz y es, por lo tanto, símbolo de la fecundidad.

El cristianismo tiene tres virtudes teologales: fe, esperanza y caridad; la alquimia está basada en tres elementos: azufre, sal y mercurio. Numerosas religiones de Oriente giran en torno a tríadas divinas: Egipto (Isis, Osiris y Horus), la India (Brahma, Visnú y Siva), etc.; divinidades estrechamente relacionadas con el cielo, la tierra y el aire. El 3 designa, al mismo tiempo, los niveles de la vida humana: material, racional y espiritual (divina). Para los pitagóricos, el triángulo es alquímicamente el símbolo del fuego y del corazón. Los francmasones consideran el triángulo Delta Luminoso, por evocar la forma de la mayúscula griega.

La cifra 3 está igualmente relacionada con la concepción que el Temple tenía de los valores espirituales del hombre, tanto con el castigo como con el premio. Tres son las cosas que llevan al hombre hacia el Infierno: la calumnia, la falta de sensibilidad y el odio. Por el contrario, también son tres los conceptos que le guían hacia la fe: el pudor, la atenta cortesía y el miedo al día del Juicio.

EL 5

El número 5 (*quinque*, en latín) es el arquetipo de la fecundidad, y esta se refleja en el ardor, la fuerza vital, la entrega, el trabajo y la agresividad. Es también la cruz con el punto de intersección; el número áureo por excelencia, el número relacionado con el ser humano y la naturaleza viviente. Según el *Tratado de iconología*, el 5 es el número del crecimiento y la armonía natural, del movimiento del alma, y símbolo del ser andrógino, puesto que es resultado de la ambivalencia del 2 (femenino) y del 3 (masculino), tras prescindir del 1, la Unidad, el Principio, Dios. El 5, que expresa la unión de los desiguales, es también símbolo de la salud y del amor. Está relacionado con el pentágono (polígono de cinco lados), pentagrama o *pentalfa*, en cuyo interior se inscribe el cuerpo humano con las extremidades extendidas, tocando cada una de ellas uno de los cuatro ángulos y la cabeza el quinto; se trata del pentágono con base. En cambio, el pentágono diseñado con el vértice invertido ha sido, por su carácter ocultista, calificado de negativo, por su vinculación con las fuerzas demoníacas. Aunque no era considerado así por el esoterismo, como puede apreciarse en el rosetón existente en el hastial del crucero del lado de la Epístola de la iglesia de San Bartolomé de Ucero, donde los templarios supieron transmitir toda su quintaesencia a través del ventanal, gracias al cual se ilumina el altar mayor con la luz del alba la mañana del solsticio de verano, el 21 de junio.

El pentágono, como figura geométrica ocultista, también fue utilizado por los cátaros, como se demuestra en la planta del castillo de Montségur (Occitania), baluarte sagrado de esta religión, calificada como «la sinagoga del Diablo» por la Iglesia católica, cuyos miembros (los *buenos hombres*, o puros) mantuvieron unos estrechos contactos con los templarios; estos, por su parte, en ningún momento desnudaron su espada contra ellos. Como recuerda Ángel Almazán, los pentágonos son igualmente símbolos de la salud, ya que representa la idea de lo perfecto y significa también el matrimonio, la felicidad y la realización.

Según Paracelso, se trata de uno de los signos más poderosos, ya que expresa una potencia que es fruto de la síntesis de fuerzas complementarias); *pentáculo* (sello mágico impreso sobre pergamino virgen hecho con la piel de macho cabrío o grabado sobre un metal precioso, como el oro o la plata, que según los tratados de magia servía para simbolizar, captar y movilizar a la vez las potencias ocultas); *pentagrammon* (símbolo favorito de los pitagóricos, que en Occidente acompaña al Hermes gnóstico, y que aparece no solo como señal de conocimiento sino como un medio de conjuro y de adquisición de poderío); o *pentalfa* (el polígono de cinco puntas, signo de conocimiento para los miembros de una misma sociedad, que era una de las claves de la Alta Ciencia, que abre las vías al secreto). No es una casualidad, por lo tanto, que la Virgen venerada en la iglesia más ocultista de los enclaves templarios de España, San Bartolomé de Ucero, fuera la Virgen de la Salud.

Chevalier y Gheerbrant comentan: «Los antiguos lo consideraban símbolo de la idea de lo perfecto [...] Es signo de unión, número nupcial, dicen los pitagóricos; número también del centro, de la armonía y el equilibrio. Será, pues, la cifra de las hierogamias, el matrimonio del principio celeste y del principio terreno de la madre». Como número áureo por excelencia, para la masonería el 5 es la cifra clave del arte constructivo, el número básico para establecer la proporción áurea, como define el maestro masón J. C. Daza: «A partir de un punto central que se expande generando un movimiento que progresa indefinidamente describiendo una espiral de crecimiento logarítmico, las proporciones armónicas están presentes en todos los organismos vivos». Estos conceptos ya fueron establecidos por el arquitecto latino Marco Vitrubio Polión (siglo I d. C.) en su célebre *Tratado de arquitectura*. Al ensayista Guénon tampoco se le escapó analizar este esotérico número, cuya vinculación con la *pentalfa* confirma, así como con el plano del simbolismo alquimista de la quintaesencia o éter (del éter surgen los cuatro elementos y, de su combinación, el mundo de la manifestación): «Primero en el orden de desarrollo de la manifestación, por último en el orden inverso que es el de la absorción o del retorno a la homogeneidad primordial».

El 5 es un signo contemplado como sagrado también por la religión islámica, al considerarse la cifra predilecta que rige la sacralidad de los actos rituales, el pentagrama de los cinco sentidos y del matrimonio. En el macrocosmos de la mística islámica son cinco los elementos: agua, aire, éter, fuego y tierra; en el microcosmos son cinco los sentidos: vista, oído, olfato, gusto y tacto.

También el 5 es el número considerado como talismán contra el mal, cuando recordamos que, al utilizar los cinco dedos de la mano derecha, se suele decir: «Cinco en tu ojo», o «cinco sobre tu ojo».

En este esotérico número, los templarios volvieron a establecer unas estrechas relaciones entre las religiones judía y cristiana, a través de san Bartolomé. Otro signo que aparece en las iglesias templarias dedicadas a san Bartolomé es la *pentalfa* o estrella de cinco puntas, cuyos ángulos son de 72º y 108º respectivamente, lo cual nos lleva, cuando los sumamos dígito a dígito, al número 9. La relación, pues, entre el judaísmo y el cristianismo, es clara.

EL 6

El número 6 (*sex*, en latín) es el principio de la creación material. Conlleva equilibrio, luz, conquista de los objetivos, discernimiento y sabiduría. Tiene la expresión simbólica en el hexagrama, reflejado en el sello o nudo de Salomón, verdadero talismán contra las fuerzas del crepúsculo, que miran a poniente y están relacionadas con el hundimiento, la muerte natural y el fin del mundo. Esta figura puede verse en numerosos edificios medievales templarios, y también en otros que, aunque no lo fueron, sí tuvieron una cierta incidencia socio-cultural en la orden, como la fortaleza califal de Gormaz, al sur de la provincia de Soria, o el claustro del monasterio de Santa María de l'Estany (Bages, Barcelona). Tanto en la antigüedad como en los siglos medievales, el 6 era el número perfecto, consecuencia de su representación como el producto de los primeros números, masculino el 3 y femenino el 2: 3 x 2 = 6.

El número 6 constituye el equilibrio y la ambivalencia, el resultado de la unión inversa entre los dos triángulos equiláteros, elementos de fuego y agua, para simbolizar el alma humana. Es la estrella de David. Para los antiguos griegos, este número corresponde con las seis direcciones del espacio (dos por cada dimensión), y, como recuerda Eduardo Cirlot, a la terminación del movimiento (seis días de la Creación del mundo). Por lo tanto, es el número de la prueba y del esfuerzo, con una estrecha relación entre la virginidad y la balanza (la que utiliza el arcángel san Miguel para pesar las almas), que establece la paz, el equilibrio y la justicia. El hexágono y el hexagrama, que llegaron a ser símbolos específicamente semíticos, son las únicas figuras geométricas en las que el lado mide igual que el radio. Es una figura cabalística que, además, según las leyendas árabes, también estaba grabada en el diamante *Schamir* del anillo de Salomón. El número 6, que se corresponde con el sexto apóstol, Bartolomé, citado en la tradición judía como Tiferet, es el árbol de la vida sefirótica, símbolo de la belleza y autoconciencia, relacionado fisiológicamente con el corazón, y también el del *Hexaemeron* bíblico: el número de la creación, mediador entre el principio y la manifestación.

El triple 6, es decir, el 666, llamado en el lenguaje esotérico «el número de la Bestia», para Matila C. Ghyka es, además, la doble transposición del nombre del emperador Nerón, la cifra del Anticristo (Apocalipsis 13, 17-18), la suma de los valores numéricos ligados a las letras. Es el Logos del Sol, que tiene como aspecto dual las sombras, las tinieblas, lo opuesto...

EL 7

El 7 (*septem*, en latín) es el número que determina el final de una etapa cíclica (Antiguo Testamento) y, al mismo tiempo, el inicio de su renovación; es la duración de un cuarto lunar. El 7 es también el número clave del Apocalipsis: siete iglesias, siete espíritus de Dios, siete estrellas, siete trompetas, siete sellos... La estrella de siete puntas, los siete colores del arco iris; es el principio de la belleza de las formas, el amor, la unión, el renacimiento, la perfección y la armonía. Geométricamente hablando, es la conexión entre el cuadrado (símbolo de la tierra) y el triángulo (símbolo del cielo), o lo que es lo mismo, la superposición de ambas dimensiones. El 7, símbolo del dolor, es la cruz tridimensional, utilizada por Gaudí en sus obras escultóricas y arquitectónicas, en justo homenaje a los templarios. También el número 7, es el símbolo universal de una totalidad, no estática sino en movimiento.

Salomón construyó el templo en siete años, en la explanada que domina el corazón histórico de la ciudad de Jerusalén, donde a finales del siglo VII se alzaría la mezquita de la Roca, el templo más emblemático de Tierra Santa. Dentro de este, durante las cruzadas, los templarios se hicieron fuertes, al tiempo que buscaron bajo los cimientos el Arca de la Alianza y las demás claves esotéricas de la historia del cristianismo. También para los judíos el 7 es el número sagrado; recordemos los siete brazos del candelabro (la *Menorah*).

La cifra 7 ha sido siempre un número cargado de esoterismo y magia. Para Eduardo Cirlot, el 7 es la gama esencial de los sonidos, de los colores y de las esferas planetarias (número de los planetas y de sus deidades), de los pecados capitales y de sus oponentes. En la Biblia, el número 7 aparece 77 veces, algunas en alusión al candelabro de los siete brazos. Para Hipócrates, padre de la medicina, el número 7, por sus virtudes escondidas, mantiene todas las cosas en el ser, dispensa vida y movimiento e influye hasta a los seres celestiales. Para Dante, el 7 es el número de los cielos y también el de las esferas planetarias, a las que los cátaros de Occitania hacían corresponder las siete artes liberales.

Para los templarios, el 7 era el número del conocimiento. El septenio resume la totalidad de la vida moral, añadiendo a las tres virtudes teologales (fe, esperanza y caridad) las virtudes cardinales (prudencia, justicia, templanza y fuerza). Es, al mismo tiempo, resultado de la suma de 4 y 3 o, lo que es lo mismo, el principio del hombre y del universo.

También en la religión islámica el 7 ocupa un destacado lugar, cuando recordamos que en el ismaelismo lo sólido posee siete lados (las seis caras más su totalidad, que corresponde al sabbat) y los dones de la inteligencia son siete (seis más el *ghaybat*, el conocimiento suprasensible). La religión islámica, como recuerdan Chevalier y Gheerbrant, se desarrolla sobre un ciclo de seis días, que son seis milenarios, seguidos de un séptimo, el sabbat de la religión de verdad, el día del sol y de la luz, el de la manifestación del *Imam*. Avicena describe también a los siete arcángeles, príncipes de los siete cielos, que son los siete veladores de Enoch, correspondientes a los siete *Rishi* védicos. Igualmente, los sentidos esotéricos del Corán son siete, que mantienen una estrecha relación con los siete centros sutiles del hombre. Los peregrinos que llegan a La Meca deben efectuar un total de siete vueltas a la Caaba, así como siete recorridos entre las míticas montañas de Cafá y Marnía.

También el número 7 está presente en la alquimia. Recordemos que eran siete los peldaños que debían superarse para alcanzar el nivel superior, en donde se hallaba la piedra filosofal. Del primero al último eran: *Caltination, Sublimation, Solvtion, Pvtrefaction, Distillation, Coagvlation* y *Tinctvr*.

«En ocasiones, hay que trasladarse hasta la Edad Media para comprender la mentalidad de aquellas gentes y conocer las creencias de la época. En aquel tiempo, el mágico y sagrado número siete formaba parte de su cotidianidad», recordó Xavier Musquera.

EL 8

El 8 (*octo*, en latín), número del equilibrio cósmico, simboliza el principio de la vida que no muere jamás. Es la resurrección, la inteligencia práctica y la comunicación. La intersección de dos cuadrados genera un octógono; es la figura geométrica equidistante entre el cuadrado (orden terrestre) y el círculo (orden de la eternidad) y, por ello, refiere al mundo intermedio. Es el símbolo del equilibrio central, de la justicia y de la regeneración, y el número emblemático de las aguas bautismales. No es una casualidad, por lo tanto, que la pila de los baptisterios tenga normalmente planta octogonal, así como las linternas (cimborrios) de las iglesias románicas, a través de cuyas ocho ventanas laterales se ilumina el presbiterio de los templos con el interior del altar mayor y el eje de intersección de la nave mayor con el transepto.

El ocho está relacionado con las dos serpientes (equilibrio de fuerzas antagónicas) que se entrelazan en torno al caduceo, la vara de Esculapio, el dios griego de la Medicina. Este número simboliza también el eterno movimiento de la espiral de los cielos (doble línea sigmoidea, como símbolo del infinito). Para Juan-Eduardo Cirlot, el 8 corresponde, en la mística cosmogónica medieval, al cielo de las estrellas fijas, que simboliza la superación de los flujos planetarios. Para Chevalier y Gheerbrant, el hombre, imagen del macrocosmos, está dirigido por el número 8, no solamente en el mecanismo de la generación y por la estructura de su cuerpo, sino también en la creación y ordenación de todo lo que condiciona su subsistencia.

El 8 tiene especial importancia en la exégesis, porque es el número del Nuevo Testamento; porque está relacionado con el octavo día de la Creación, concebido como el comienzo de la nueva era; porque se concibe como la resurrección de Cristo, y también la del hombre, transfigurado por la gracia, al tiempo que anuncia la beatitud del siglo futuro. Para san Agustín, el octavo día señalaba la vida de los justos y la condena de los impíos. El 8 es asimismo el número de los senderos de la vida, el de los ángeles portadores del trono celestial.

EL 9

El número 9 (*novem*, en latín) es la síntesis final y la vuelta al principio de la creación. Se trata del número alquímico por excelencia. Observemos que, en su grafía, el número 9 es una espiral que nos comunicaría con los infiernos y el número 6 la misma espiral que nos conectaría con los cielos. Es el número de la iniciación y la cristalización de los objetivos; la imagen y la totalidad de los tres mundos, formados por tres triángulos: el cielo, la tierra y los infiernos. El nueve (triplicidad de lo triple) es el número de los ángeles y de las esferas cósmicas de la imagen medieval del mundo; pero, paradójicamente, también es el de los círculos infernales. Para Dante, el 9 es el número del cielo y, al mismo tiempo, el símbolo del amor carnal. En la numerología esotérica es la cifra relacionada con la oca, el ave de los arcanos, estrechamente vinculada con el camino iniciático de peregrinación a Compostela. Para los hebreos, era el símbolo de la verdad, debido a la especial característica de que, multiplicado, se reproduce a sí mismo.

Los templarios recogieron de los pueblos turcos de Anatolia el concepto de la división del cielo en nueve capas, y la creencia de los nueve hijos o servidores de Dios, que se corresponden con las nueve estrellas del firmamento adoradas por los mongoles. «Todo número, sea cual fuere, no es sino el número 9 o su múltiplo más un excedente, pues los signos de los números no tienen más que nueve caracteres y valores con el cero», dijo Avicena, confirmando la sabiduría islámica en el conocimiento de la aritmética. También fueron nueve años los que se prolongó el sitio de la legendaria ciudad de Íleon. Para los francmasones, el nueve está considerado el número eterno de la inmortalidad humana. Nueve fueron los maestros que encontraron el cuerpo perdido y la tumba de Hiram. Los egipcios, de cuya cultura tanto bebieron los templarios, llamaban al número 9 «la montaña del sol»; también la esencia de la sustancia y la vida está representada para los antiguos egipcios por el arquetipo trinitario Osiris-Isis-Horus, que constituye la evolución de los tres mundos, la triple síntesis (lo divino, lo natural y la inteligencia) o, lo que es lo mismo, lo espiritual, corporal e intelectual. Por ello, el 9 es el número por excelencia de los ritos medicinales, de ahí la concepción tradicional de las novenas, cuyo sistema de curación ancestral se basa en el 9.

Para Allendy, en su *Enciclopedia de la divinización*, desde los antiguos platónicos de Alejandría, donde la Trinidad divina primordial se subdivide en tres formando los nueve principios, hasta la culminación del románico de Borgoña, el número 9 está presente en numerosas abadías de Occidente, como es el caso de Paray-le-Monial, una monumental basílica que se ilumina por nueve ventanas. Igualmente queremos recordar que la Catedral de Chartres tiene nueve puertas de acceso.

El simbolismo del 9, como recuerda René Lachaud, invade todo la cosmología templaria. Para los templarios, y también para los francmasones, el número 9 representa, en su grafismo, una germinación hacia abajo y, por tanto, material. Las cifras que damos a continuación son harto elocuentes:

- ✠ Nueve fueron los caballeros fundadores de la Orden del Temple.
- ✠ Un total de setenta y dos artículos componían la regla (72; 7 + 2 = 9).
- ✠ La génesis de la orden se prolongó durante nueve años, exactamente desde 1118 a 1127.
- ✠ Nueve fueron las provincias que los templarios establecieron en Occidente.
- ✠ Según Mathieu París, nueve mil fueron las encomiendas de los templarios.
- ✠ La historia del Temple se prolongó durante 180 años (180 = 1 + 8 = 9).
- ✠ Un total de ciento 117 cargos condenaron finalmente a la Orden del Temple, durante el proceso (117; 1 + 1 + 7 = 9).
- ✠ Su último gran maestre, Jacques Bernard de Molay, fue quemado vivo en París el 18 de marzo de 1314 (18; 1 + 8 = 9 / (1314; 1 + 3 + 1 + 4 = 9). Asimismo, no es una casualidad que, 117 años después, Juana de Arco, la heroína de Orleans, que luchó con todas sus fuerzas contra los ingleses, tuviera el mismo final, precisamente en 1431 (117; 1 + 1 + 7 = 9 / 1431; 1 + 4 + 3 + 1 = 9).

✠ El laberinto de la catedral de Chartres tiene una longitud de 261 metros, en sentido de izquierda a derecha. Por lo tanto, es una concepción proyectada hacia el cosmos (261; 2 + 6 +1 = 9).

También los francmasones precisan de nueve caballeros para constituir una logia. El número 9 interviene frecuentemente en la imagen del mundo: nueve días y nueve noches son la medida del tiempo que delimita el cielo y la tierra, y esta del infierno, en la dimensión más inferior.

El 9 define el final de la serie de cifras, al tiempo que anuncia un nuevo comienzo y la germinación, abriendo la fase de las transmutaciones y el cierre del anillo cósmico.

EL 10

Como emblema de la fecundidad, el 10 (*decem*, en latín) es el resultado de la suma de los cuatro primeros números (1 + 2 + 3 + 4), que señalan las cuatro etapas de la Creación. El 10 es el atributo del dios del Agua, Faro, y el número de los mandamientos de Dios. Para Chevalier y Gheerbrant, «el 10 es el número perfecto que da el conocimiento de uno mismo y del mundo, tanto terreno como divino». La década era para los pitagóricos en el siglo VI a. C. el más sagrado de los números, el símbolo de la creación universal, sobre el cual prestaban juramento con el nombre de *Tetrakys*, o *Tetractys*, cuya forma de triángulo de diez puntas está dispuesta en pirámide de cuatro pisos. En algunas doctrinas, la década simboliza la totalidad del universo, tanto metafísico como material, pues eleva a la unidad todas las cosas.

El número 10 encarna el sentido de la totalidad, de la finalización, del retorno a la unidad tras terminar el desarrollo del ciclo de los nueve primeros números. El 10 expresa la ambivalencia de la muerte y la vida, una alternancia cuya coexistencia está estrechamente ligada al dualismo. Desde el antiguo Oriente hasta san Jerónimo, a través de la escuela pitagórica, el 10 ha sido considerado el número de la perfección. Para Hans Biedermann, es el símbolo de la plenitud, anclado prácticamente en todas las culturas de la tierra, ya que empezó a contarse con los dedos. Las diez emanaciones divinas de la cábala (*sephirot*) se conciben también como árbol cuyo desarrollo natural es inverso, porque clava sus raíces en el cielo y proyecta la copa hacia la tierra, con lo cual llegamos a una estrecha relación con los diez nombres secretos de Dios: Eheie, Yah, El, Elohim, Eloui, Gibor, Eloah, YHVH Sabaoth, Elohim, Sabaoth, Shadai y Adonai.

EL 12

El 12 (*duodecim*, en latín) es un número muy vinculado con el universo en su complejidad interna. Recordemos que proviene de la multiplicación del 4 (mundo espacial y, en su sentido más místico, referido a la Creación) con el 3 (tiempo sagrado y, en su sentido más místico, referido a la Trinidad), para simbolizar el devenir humano y el desarrollo perpetuo del universo: el mundo acabado. El duodenario que caracteriza el año y el zodíaco representa también la multiplicación de los cuatro elementos (agua, aire, fuego y tierra) por los tres principios alquímicos (azufre, mercurio y sal).

El 12 vuelve a llevarnos al simbolismo cristiano con la Jerusalén celestial del Apocalipsis: la ciudad de las doce puertas, cada una de ellas marcada con el nombre de las doce tribus de Israel, cuyo recinto amurallado se alzaba sobre doce bases con el nombre de los doce apóstoles... En la Biblia, el 12 está bien presente: como número de la elección, el de la Iglesia, el del pueblo de Dios, las doce tribus del pueblo hebreo, cuando Jesús proclama abiertamente su pretensión de elegir en nombre de Dios a un pueblo nuevo; en el árbol de la vida, que tiene doce frutos; en la mujer del Apocalipsis, que lleva una corona de doce estrellas sobre la cabeza, etc. La cifra 12 representa a la Iglesia triunfante, el término de las doce fases militantes y sufrientes. Por su parte, en la mitología artúrica, la Tabla Redonda comprende doce caballeros.

También para la simbología templaria, el 12 encuentra algunas representaciones que entroncan perfectamente con los mitos antiguos, tanto religiosos como paganos. Concretamente, en la población soriana de Narros, cerca de la lauda antes citada, se conserva una estela discoidal templaria que muestra grabado un Sol de doce radios, evocando el árbol de la vida, que posee doce frutos, los doce signos del zodíaco, o los doce meses del año. En esta estela discoidal funeraria se invoca a Cristo, en forma de disco solar, *Sol Invictus*, que encarna, al mismo tiempo, la figura de un héroe de la antigüedad rodeado por sus discípulos, representados cada uno de ellos por un rayo.

Además de los números, tres fueron los colores sagrados para los caballeros del Temple: blanco, negro y rojo. Cada una de estas tonalidades estaba muy estrechamente vinculada con su filosofía de vida, tanto corporal como espiritual, como veremos a continuación.

16. LOS COLORES SAGRADOS

> «Como un ave fénix que renace de sus cenizas, el espíritu se encarna en un cuerpo negro, blanco y rojo».
> SAN ALBERTO MAGNO
> (Así se expresó este santo filósofo cristiano, que vivió entre los años 1200 y 1280 en la baja Edad Media, difusor de la doctrina escolástica en las universidades de París, Padua, Estrasburgo y Colonia, en clara referencia a la Orden del Temple).

Tres fueron los colores utilizados por el Temple, negro, blanco y rojo, en representación de la muerte, la resurrección y el triunfo, respectivamente. Los dos primeros se corresponden con los colores iniciáticos fundamentales, mientras que el rojo es el símbolo de la vida eterna que, a su vez, otorga el conocimiento de todo lo sagrado y secreto. Pero hablaremos de la importancia de cada uno de estos colores y de su estrecha vinculación con los templarios.

El estandarte negro y blanco de los templarios o *Bausán* (*gonfanon bausant*) está inspirado en los pilares de acceso a los templos del Antiguo Egipto, que representan a los diferentes dioses. Juana de Arco, 117 años después de la muerte de Jacques B. de Molay en la hoguera de París, no dudó en enarbolarlo al viento, para animar a los franceses durante la Guerra de los Cien Años (1327-1453) contra los ingleses.

EL NEGRO

Como tonalidad, el negro representa el valor simbólico de lo absoluto; es, para la psicología profunda, el color del completo inconsciente, del hundimiento en lo oscuro, de las tinieblas, del luto (el luto negro es, podríamos decir, el duelo sin esperanza), para las concepciones occidentales del mundo medieval. Para Hans Biedermann, en la alquimia, el ennegrecimiento de la materia primaria que se transforma en piedra filosofal constituye el requisito previo para la ascensión futura. Simbólocamente, el negro es a menudo entendido en su aspecto frío, negativo, asociado a las tinieblas primordiales, a la indiferencia original. Color de condenación, el negro se convierte asimismo en el color de la renuncia a la vanidad de este mundo, por lo que los mantos negros constituyen una proclamación de fe tanto en el cristianismo como en el islamismo. El mismo simbolismo refleja el famoso verso del Cantar de los cantares: «Soy negra y sin embargo hermosa, hijas de Jerusalén».

En el arcano XIII del tarot aparece una Muerte orgullosa con su destino; se trata de una muerte iniciática, que preludia un verdadero nacimiento. Provista de una guadaña roja, está dispuesta a segar un paisaje pintado de negro; con ello, tras segar la nada, abre paso a una vida mucho más real que la anterior, porque el número 13 es la renovación. No es una casualidad, por tanto, que las vírgenes negras (ver capítulo 8) evocaran a las grandes diosas de la fertilidad en virtud de sus orígenes *ctónicos*. Porque estas vírgenes negras medievales sustituyen a las Isis, Deméter, Cibeles, a los Atón y a las Afroditas negras.

El negro está relacionado con la noche. Entrar en la noche es volver a lo indeterminado, donde se mezclan pesadillas y monstruos, las ideas negras.

El negro, tonalidad que transmite pesadez, es, al mismo tiempo, un signo de limitación, de melancolía y descomposición.

Es el color de Saturno, que se mueve en las tinieblas. Anubis, consejero de Isis e hijo de Osiris, la divinidad egipcia con cabeza de perro y cuerpo de hombre que porta un caduceo en su mano izquierda, en su promesa de la luz, es portador de la llave que transmite todas las tonalidades, para terminar venciendo a las tinieblas, después de cuarenta días de oscuridad. «El templario duerme entre los pliegues de su sayal negro, acostado sobre el eje Norte-Sur, y sueña con un Oriente vigilado por el mono de Dios, el cinocéfalo, que vela cuando todo el mundo duerme y dormita después de saludar la luz», puntualiza René Lachaud. En la concepción céltica del tiempo, la noche es el comienzo de la jornada.

EL BLANCO

El color blanco, en cambio, es lo inverso a la sombra. Lo blanco constituye la unión completa de todos los colores del espectro de la luz. Es el símbolo de la inocencia, aún no influido por el pecado, o como logro final de la persona purificada en la que se ha restablecido ese estado. Recordemos que los primitivos cristianos iban ataviados con vestidos blancos (*candidus*) en el momento del bautismo por inmersión. Del mismo color aparecen representadas las almas de los perdonados tras el Juicio Final.

Como valor límite en la línea del horizonte, en la coloración de los puntos cardinales, el Este y el Oeste se representan de color blanco; los dos puntos extremos y misteriosos, donde el astro rey nace y muere cada día. El blanco actúa sobre nuestra alma como el silencio absoluto; pero no se trata de un silencio muerto, sino rico en posibilidades vivas, porque, en todo pensamiento simbólico, la muerte es la antesala de la vida, ya que todo nacimiento es un renacimiento. A tenor de ellos al blanco debemos considerarlo como una tonalidad de muerte, el color del sudario, la ausencia de color... Para Mircea Eliade, en los ritos de iniciación, el blanco es el color de la primera fase, la de la lucha contra la muerte. En su acepción diurna, como color iniciador, el blanco se convierte en la tonalidad de la gracia, de la revelación, de la transfiguración que deslumbra; es el color de la teofanía, de ahí la aureola de luz blanca que rodea las cabezas de todos aquellos que han conocido a Dios. También entre los antiguos celtas, el blanco era el color reservado a la casta sacerdotal; solo los druidas, los demás sacerdotes y el rey podían vestirse de blanco, el color más elevado para contactar con las divinidades.

En la alquimia, lo blanco (*albeldo*) es la representación siguiente de lo negro (*nigredo*); porque la materia prima se encuentra en el camino que lleva a la piedra filosofal. Para René Guénon, en cuanto a *Ars Regia*, el blanco se correspondería con la primera fase iniciática, es decir, sería un lenguaje propio de la iniciación caballeresca y a ella encaminado.

El blanco es, por tanto, el color de los seres sobrenaturales, que se purifica en las llamas del espíritu. Es la tonalidad del astro mutante, de la Luna brillante, cuyo reflejo de luz transmite sabiduría, recompensa y pereza. Por eso el templario veneraba la tonalidad del blanco heráldico, evocadora de un Cristo bañado en luz cenital.

EL ROJO

El color rojo representa el fuego y la sangre. Para muchos pueblos se trata del color primario, al estar más ligado a la vida. El hombre prehistórico ya supo obtenerlo en forma de óxido de hierro (*almagre*), y, en forma de sustancia colorante, pintaba los rostros de los difuntos, a fin de devolverles el color cálido de la sangre y de la vida. Asimismo, es el color de la ciencia, del conocimiento esotérico, aquel que está vetado a los no iniciados, y que los sabios ocultan bajo su manto. Porque el rojo transmite la idea de vida eterna que otorga el conocimiento de las cosas secretas; se trata de un rojo matricial, al no ser lícitamente visible más que en el curso de la muerte iniciática, donde toma un valor sacramental. La sangre y lo secreto son suficientes para establecer y delimitar el campo del rojo. El caballero templario vertía sobre la tierra su sangre roja en el combate contra los infieles, accediendo, de ese modo, a la realeza iniciática. «Y obrad al final como al comienzo. La muerte es la causa de la vida y el comienzo y el final, ved negro, ved blanco, ved rojo. Es todo; pues esta muerte es la vida eterna, tras la muerte gloriosa y perfecta», comenta Claude d'Ugé, en su obra *La nueva asamblea de los filósofos alquimistas.*

Para los primeros cristianos, el rojo era el color de la sangre del sacrificio de Cristo y también de los mártires, el de las llamas del Espíritu Santo en Pentecostés y el del amor fervoroso, como se desprende al ver la vestidura de Juan, el discípulo predilecto de Jesús. Precisamente en el Apocalipsis de Juan destacamos varios apartados de interés: «... Ven, te mostraré la gran ramera que está sentada sobre las grandes aguas» (17,1). «... Llevome al desierto y vi una mujer sentada sobre una bestia bermeja, llena de nombres de blasfemia, la cual tenía siete cabezas y siete cuernos» (17,3). Se trataba sin duda de la horripilante hidra (monstruo de siete cabezas, surgido del averno, de color rojo escarlata lleno de blasfemias). De aquí es fácil deducir que el rojo también se relacione tanto con el Infierno como con el Diablo.

En la alquimia, según Hans Bierdemann, el rojo está relacionado con el blanco. Mezclados, dan lugar a un sistema dual, simbolizando el principio material azufre, el que quema. Ambas tonalidades, blanco y rojo, simbolizan la creación, según la antigua teoría de la procreación, es decir, la obtención de vida a partir de la sangre: el rojo de la menstruación y el blanco del esperma. En el rito escocés de la francmasonería, el rojo establece el sistema de altos grados, en oposición al azul de la masonería de San Juan, caracterizada por sus tres grados: aprendiz, oficial y maestro.

Esta virtud del color rojo, sacada a la luz, invierte la polaridad del símbolo que, de hembra y nocturno, se convierte en macho y solar, según coinciden Jean Chevalier y Alain Gheerbrant. A partir de esto, aparece una nueva tonalidad de rojo, consecuencia de la unión del blanco con el dorado, que nos lleva al símbolo esencial de la fuerza vital, que encarna el ardor y la belleza, la fuerza impulsiva y generosa, el eros libre y triunfante. En la Antigua Roma, el rojo era el color de los generales, de la nobleza, de los patricios. Los emperadores bizantinos, por ejemplo, solo vestían de rojo, e incluso se llegaron a dictar leyes que prohibían a las clases populares vestir de este color; el rojo se había convertido en el símbolo del color supremo.

Ya en la Edad Media, el rojo y el blanco fueron los dos colores consagrados a Jehovah, como Dios del amor y de la sabiduría, según nos recuerda Fréderic Portal.

Tampoco la alquimia se libra del rojo, puesto que este era el color de la piedra filosofal, cuyo nombre significa «la piedra que lleva el signo del Sol». El fuego celestial abrasa el corazón y purifica; igualmente la piedra de los filósofos es pura, puesto que está compuesta de los rayos concentrados del Sol.

En algunas construcciones templarias (La Fresneda, en el Matarraña, Teruel; Caravaca de la Cruz, en Murcia...) y también en otros edificios que estuvieron, de alguna manera, vinculados con los templarios (catedral de Tortosa, en Tarragona…), el lector podrá descubrir un curioso ventanal, en forma de óculo (conocido por los historiadores como ventana de la Aparición), que está relacionado con el mítico yin-yang de la filosofía oriental o, lo que es lo mismo, el poder de los contrarios.

17. EL YIN-YANG

> «Los influjos yin-yang son los dos principios cosmológicos fundamentales y contrarios de la filosofía oriental, a los que se subordinan todas las cosas, las entidades, los acontecimientos y los períodos de tiempo».
>
> Udo Becker

El *I Ching* es el libro del cambio, de la sabiduría, de la ciencia y el espíritu creativo del hombre, provisto de la doble dimensión de la vida, tanto física como psíquica, material e inmaterial. A través de su extraordinaria riqueza simbólica vamos a intentar desvelar algunos de sus interesantes secretos, que han permanecido ocultos para Occidente durante milenios.

En la historia china se menciona el *I Ching* (se pronuncia «ye yin») o *Libro de los cambios*, también denominado *Oráculo de las alternancias* u *Oráculo de la sabiduría*, en el año 3300 a. C., en relación con Fu-Shi. De él se refiere: antiguamente, cuando la regla de todo lo que hay bajo el cielo estaba en las manos de Fu-Shi, este, mirando las formas exhibidas en el espacio y contemplando las pautas mostradas sobre la tierra, remarcó las apariencias ornamentales en los pájaros y las bestias y sus sutiles diferencias con las del suelo. Encontró motivos que considerar sobre su propia persona y en todas las cosas. Partiendo de todo ello y para expresar la apariencia del espíritu en los actos inteligentes de la naturaleza y clasificar todas las cualidades de las cosas, dibujó ocho figuras de tres líneas cada una.

El libro del *I* (cambio) se escapó de las hogueras inquisidoras de Ch'in en el año 213 a. C., desastrosas para la casi totalidad de la antigua literatura china, porque en el informe que Li Shih, el primer ministro de Ch'in, dirigió a su soberano recomendándole que los libros viejos deberían ser arrojados a la hoguera, se hacía excepción de aquellos que trataran de medicina, de adivinación y de ciencias del hogar. El *I Ching* fue considerado como un tratado de adivinación y se preservó.

El tema del *I Ching* es el avance y retirada del Dragón (el símbolo de las fuerzas benéficas de la naturaleza y del hombre superior o Gran Hombre). La efectividad del hombre y su liberación de problemas y limitaciones se encuentra en la integración con las fuerzas de la naturaleza. El libro enseña que la vida propia y buena se consigue cuando se realiza en armonía con el flujo del yin y el yang. El hombre superior se esfuerza en desarrollar la vigilia consciente de ese flujo y su intuición llega a ser tan aguda que él se mueve dentro del continuo avance y retroceso de las fuerzas vitales de la naturaleza y nunca contra ellas, porque se da cuenta de que esto último es inútil y destructivo. Es sabio y sigue el flujo de las fuerzas, y, de ese modo, llega a ser como el agua que en primavera llena el cauce seco del río.

Todo esto implica una «inteligencia progresiva» (el hombre medio madura en hombre superior a través de la experiencia), que puede encontrar su paralelo en el misticismo de Occidente y en la idea ocultista de la expansión de la conciencia y su movimiento hacia el Espíritu Universal. Hoy es indudable que la frontera de la conciencia del hombre sobrepasa en mucho la visión materialista de los siglos XIX y XX, cuyas escuelas de positivismo lógico, filosofía y psicología del comportamiento (behaviorismo) representan al hombre como un sofisticado aparato mecánico, limitado en su percepción por los cinco sentidos.

OTRA REALIDAD

Resulta difícil aceptar que otra realidad, más allá de la que los sentidos perciben, no solo existe, sino que domina el mundo. Y sin embargo, usted y sus vestidos, su asiento, la mesa y los papeles, el acero y el aire son de la misma sustancia y solo se distinguen porque potentes fuerzas fundamentales sostienen juntos un interminable número de átomos y partículas, formando entidades y cosas.

Esto es algo más que una idea y Demócrito, filósofo griego del siglo v a. C., lo sabía. No solo llamó átomos a las partículas de los cuerpos, sino que dijo que eran imperceptibles por los sentidos y que estaban en constante movimiento.

Si algún concepto general ha sobrevivido desde que el hombre empezó a investigar, ese es el de la presencia de una organización, un equilibrio de fuerzas. Resulta más aparente cuanto más profundamente investigamos en la existencia. También la mente, el mismo pensamiento, está regida por una estructura, pues aunque ignoremos su mecanismo, sería infantil asumir que, de entre todas las manifestaciones de la vida, es la única que carece de esa característica. El proceso del *I Ching* es misterioso, pero muchos creen que el pensamiento es el depósito de todo el conocimiento. Hay varias teorías que suponen la existencia de la Gran Sabiduría en el inconsciente. Según Jung, sería el inconsciente colectivo; según Carington, la mente colectiva; para Bergson, la mente cósmica. Aunque todas son la misma cosa: lo que se expresa mediante la conexión de la conciencia individual expandida con ese depósito. El sistema del *I* (Cambio) se basa en el *Tai Chi* (Gran Extremo), que produjo los dos cambios (Formas Elementales). Las dos formas son una línea completa, yang, y una línea dividida, yin. Colocadas sobre sí mismas y sobre la otra, producen los cuatro símbolos, y vueltas a colocar sobre ellos, forman los ocho *Kua*, que combinados originan los 64 hexagramas que componen las figuras del oráculo.

Podría convenirse en identificar las dos formas, el yin y el yang, como una energía, similar en manifestación a la de los polos positivo y negativo de una magneto: cada uno opuesto al otro y, sin embargo, coexistiendo y dependiendo el uno del otro dentro de una misma pieza de metal.

La vida podría ser una partícula cogida entre la atracción y repulsión de los polos. El proceso de cambio incesante que nos afecta desde los albores de la humanidad supieron comprenderlo muy bien en la Edad Media los templarios, a quienes no les costó nada en absoluto certificar esas consideraciones, como veremos a continuación.

YIN Y YANG

El yin y el yang, representados por los colores negro y blanco respectivamente, tienen su origen común en un no dividido. La unidad indivisible es un activo en la fenomenología observable. El yang aparece como el principio de la luz, masculino y activo, y el yin como el femenino y pasivo. Su fuente es el *Y'ai Chi*, o el concepto de lo Absoluto, lo Eterno o Principio Universal. Inicialmente, el yin representó la sombra y de ahí salió la idea del lado norte de la montaña y del lado sur del río, donde durante el día la posición del Sol crea la oscuridad sombría. Comenzando con la idea de luz y sombra, llegaron a simbolizar todos los opuestos, una polaridad que incluye la sexualidad pero sin especial énfasis. El yin, la línea rota, pasó a significar lo frío, la suavidad, la contracción, la humedad, el principio femenino de la vida. El yang, el principio masculino, llegó a representar el calor, la dureza, la expansión, la sequedad. Y entre ellos existe el péndulo de

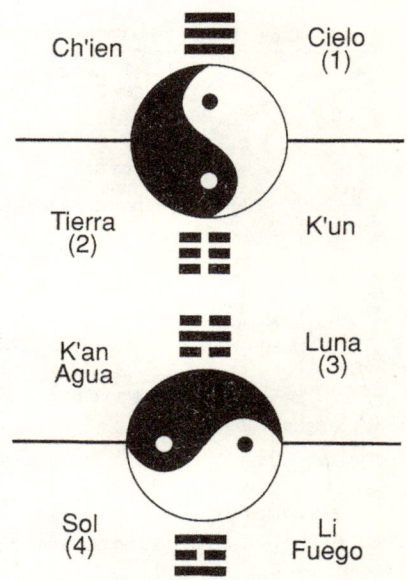

Representación gráfica del yin-yang con sus correspondientes:
1) frío, fuerte, firme, claro; 2) calor, débil, flexible, oscuro;
3) invierno, peligroso, difícil; y 4) verano, relámpago, hermoso.

la vida alternando entre los principios opuestos. Y ya que la vida recibe su forma de lo que le da la naturaleza, se cree que su orden puede ser conocido. Por lo tanto, los miedos irracionales de la vida pueden desacreditarse y el mal puede ser apartado a un lado. Una vez que se conoce lo desconocido, no hay que temer nada.

Se piensa que a través de la interacción de estas dos fuerzas primarias se producen todos los fenómenos del universo. Los creadores del *I Ching* buscaron también el ritmo del universo. Donde había solo misterios para muchos y miedo por la transitoriedad de la vida para otros, encontraron una verdad eterna para unos pocos.

Este movimiento de la vida es necesariamente última destrucción y eterno renacer; su polaridad de principios y energías

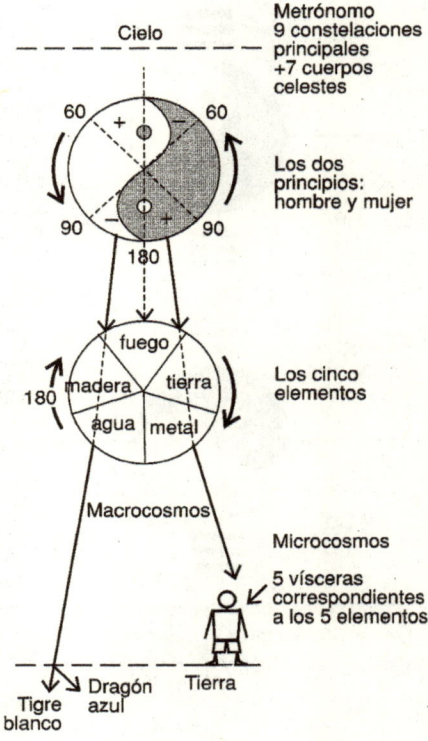

Esquema del Microcosmos y el Macrocosmos
a través de una representación del yin-yang,
según la concepción templaria de la vida.

dicta un modo de vida que puede, si se basa sobre la intuición y la sabiduría, identificarse con la vida del cosmos, y así supieron asimilarla los templarios cuando diseñaron su propio símbolo yin-yang y lo situaron en los lugares más trascendentales de sus construcciones más sagradas. No es una casualidad, por lo tanto, que sea a través de un óculo (de 75 centímetros de diámetro, con la imagen doble del yin-yang) por donde, según la leyenda, a través de sus redientes góticos del ventanuco, en 1231 los ángeles trajeron desde Tierra Santa la cruz templaria más emblemática de nuestro país, introduciéndola en el altar de la iglesia del santuario del Temple de Caravaca (Murcia), ante los extasiados ojos de los presentes. En Tortosa, concretamente en el claustro de su catedral, también aparece un curioso óculo (aunque tapado por la Inquisición en el siglo XVI), el cual iluminaría la capilla que se abre en el lado de la Epístola. Se da la circunstancia de que, antes que templo cristiano, este edificio fue la mezquita mayor de la ciudad andalusí y, por lo tanto, este óculo iluminaría la portada de acceso al mihrab, orientado a la ciudad santa de la Meca.

Muchos son los elementos que recuerdan la universalidad del *I Ching* y su representación simbólica de las motivaciones nacidas del deseo y el pensamiento humano. Este doble y complementario símbolo nos desvela una parte importante de los profundos conocimientos que, desde tiempos antiguos, se tenían sobre la mente, y los templarios supieron muy bien recoger tales connotaciones cuando estuvieron en Tierra Santa, territorio convertido en etapa por las innumerables caravanas de pueblos y culturas que, a través de la Ruta de la Seda, alcanzaban las costas del Mare Nostrum.

LAS IGLESIAS CATALANAS DE LAS TIERRAS DEL EBRO

El símbolo del yin-yang lo vemos representado en numerosos lugares de las comarcas catalanas bañadas por el río Ebro en su curso más inferior, generalmente en iglesias que fueron templarias. Debemos citar el rosetón que ilumina la fachada de la iglesia dedicada a Sant Martí en Ginestar (Ribera d'Ebre), población que, gracias a los templarios, recibía su Carta de Población en 1206, en tiempos del maestre provincial Ponç de Rigalt. Y en Caseres (Terra Alta), vemos otro curioso yin-yang, clave del hermetismo medieval, pero grabado en la clave de nervios de la

Siete yin-yang se complementan en el cosmos espacial del rosetón que ilumina el frontispicio de la iglesia de Ginestar.

bóveda que cubre la capilla del lado de la Epístola, en la iglesia parroquial, dedicada a santa María Magdalena. La primera referencia histórica que tenemos de esta población se remonta al año 1153, tras la conquista cristiana, en ocasión de la delimitación de los territorios adscritos a la fortaleza de Miravet, y dependientes de la encomienda templaria de Orta (Horta de Sant Joan). Según el *Cartulario del Temple de Tortosa* (folio 99), los templarios dejaron en esta población una profunda huella, donde fijaron el centro espiritual de la orden en todos los territorios bañados por el Ebro en su curso más inferior.

La tau (*Tav*) tiene el mismo significado que la griega «omega», en el sentido de fin o consumación de las cosas. Esta letra tuvo para los templarios un valor muy especial, porque transmitía una serie de valores que superaban los límites de lo material, como veremos a continuación.

18. LA MÍTICA TAU

> «Hay un punto en el cual aquellos herejes veneraban la cruz de los tres clavos y tres brazos, a la manera de Oriente».
>
> Lucas de Tuy

La T arqueada se encuentra en numerosas edificaciones relacionadas con el Temple. Se corresponde con la tau, la novena letra del alfabeto hebreo, que concuerda con los nueve caballeros que, en 1118, fundaron la orden («la nueva caballería», según la calificara san Bernardo de Claraval), y que representa la serpiente, el color rojo y el planeta Marte (el dios de la Guerra); pero las raíces de esta esotérica cruz son mucho más ancestrales.

Muy pocas letras de los alfabetos de cualquier cultura, tanto de Oriente como de Occidente, han recibido tanta admiración y valoración como la tau. Desde el Neolítico hasta los siglos medievales, pasando por las construcciones megalíticas de Baleares (las taulas de piedra), la mayoría de los pueblos de la cuenca mediterránea, por encima de las religiones, le han rendido homenaje.

De toda la vasta relación de cruces que el cristianismo ha enarbolado como suyas, probablemente la cruz sin cúspide (la tau, T), que tenía como significado la comprensión del todo, sea la más esotérica y, al mismo tiempo, la que guarda una relación más estrecha con las ancestrales culturas del Mediterráneo oriental. Para los antiguos romanos, la letra T equivalía a 150.

Las diferentes formas de tau a lo largo de las civilizaciones:

1. Cruz ansada egipcia, relacionada con el culto a la diosa Isis y, al mismo tiempo, símbolo de la vida.
2. La tau babilónica (una «T» en forma de arco).
3. La tau o «thaw», número 22 del alfabeto hebreo, que se corresponde con el último número de los arcanos mayores. Tenía como significado la comprensión del todo.
4. La tau medieval, emblemática de los templarios, y también característica de la Orden de San Antón, valioso talismán contra la enfermedad denominada «el mal de los ardientes». Igualmente es el emblema de santa Tecla, patrona de la ciudad de Tarragona.

LA TAU EGIPCIA

En nuestro viaje imaginario a través de la simbología de la T, siguiendo un orden cronológico, llegamos al Antiguo Egipto.

En el país del Nilo, la cruz ansada (*Ankh*) es el símbolo de millones de años de vida futura, y a menudo se confunde con el nudo de Isis. Esta simboliza la semilla, el trabajo de los campos, la cosecha que asegura la vida del hogar; está relacionada con las humedades fecundas y vinculadas con las aguas. Esta divinidad egipcia recibió, por ello, la invocación y la devoción de los marineros del antiguo Mare Nostrum para que los condujera a buen puerto. El nudo o lazo de Isis produce la unión de los contrarios, del fuego y del agua. Es un signo formado por una argolla redonda, de la que pende una especie de tau, asemejándose a un lazo. Es uno de los atributos de Isis, pero se puede ver en la mano de la mayor parte de las divinidades como emblema de la vida divina y de la eternidad. Entre las manos de los mortales expresa el deseo de una eternidad feliz en compañía de Isis y Osiris. «Su círculo es la imagen perfecta de lo que no tiene comienzo ni fin [...] La cruz (o más bien el nudo) representa el estado de muerte, la crucificación del elegido. En ciertos templos, el iniciado era acostado por los sacerdotes sobre una cama en forma de cruz», asegura Albert Champdor en su memorable obra *Le livre des morts*. Se aplica sobre la frente de los faraones y de los iniciados, como para conferirles la visión de la eternidad más allá de los obstáculos que quedan por vencer. La presentan los dioses a los difuntos, como un símbolo de vida eterna de vivificantes efluvios. Para Paul Pierret es igualmente un símbolo de protección de los misterios sagrados. Había numerosos amuletos (tau o hebilla de cinturón) «de piedra dura, pasta de vidrio o madera dorada, pero por lo general de cuarzo rojo opaco, que suspendían del cuello de la momia antes de poner al difunto bajo la directa protección de Isis», leemos en el capítulo 46 del *Libro de los muertos*. La cruz ansada egipcia, que mantiene relación con el lazo de Isis, aparece en los primitivos sarcófagos cristianos como símbolo de vida.

EL ALFABETO HEBREO

Sabemos que el alfabeto hebreo, que consta de 22 letras que se identifican con figuras numéricas, es considerado como un lenguaje divino y sagrado en Occidente. La tau templaria se identifica, como hemos dicho antes, con la novena letra, la *Theh*, que está vinculada astrológicamente con la constelación de Escorpio.

En el alfabeto hebreo, la tau se relaciona con Neptuno, el último de los siete planetas sagrados de la antigüedad, planeta del espíritu (como Júpiter y Venus), estrechamente relacionado con el signo Piscis. Neptuno es la inspiración, el genio, la estética, la vida superior, y por tanto, el misticismo, el pensamiento superior y la capacidad de ser médium.

La letra tau en el alfabeto hebreo se corresponde igualmente con el número 22, el último de los arcanos mayores, cuyo significado es la comprensión del todo. Este alfabeto también guarda una estrecha relación con el tarot egipcio. Comparándolos, vemos que en la carta 22 del tarot egipcio, denominada «El Loco», aparece un hombre ataviado con una piel que mira hacia el futuro; con su mano derecha sujeta un cetro, símbolo del poder, y en la izquierda porta la cruz ansada (llave de la vida). La carta nos lleva a Neith (diosa de la Guerra), adorada especialmente en Sais. Los griegos la identificaron con Atenea y posteriormente se representó como divinidad bisexual. Es madre de Sobek y señora del mar, lo que nos dirige nuevamente a la simbología del mar (Neptuno, Piscis...).

EL SIMBOLISMO CRISTIANO

La iconografía cristiana utiliza la cruz tanto para expresar el suplicio del Señor como su presencia: donde está la cruz, se encuentra el Crucificado. La cruz sin cúspide es uno de los cuatro grandes grupos de cruces existentes en la simbología cristiana. Si el compás era el signo que confería a la divinidad el atributo de Gran Arquitecto del Universo, representado en forma de triángulo equilátero (como podemos ver en los rosetones de las iglesias de Valderrobres, Morella y del monasterio de Rueda), la tau constituía el apoyo del báculo del gran maestre templario.

En la alquimia, la muerte vencida por el sacrificio, en forma de cruz sin cúspide (la tau), lleva colgada una serpiente (como símbolo de las fuerzas gnósticas terrenales) clavada a una estaca. Esta singular cruz cósmica, símbolo de la sabiduría y del conocimiento, la tau templaria, reviste ya un sentido misterioso en el Antiguo Testamento. El palo del sacrificio que lleva Isaac sobre los hombros tiene esta forma y por eso es eximido aquel, al retener un ángel el brazo de Abraham, cuando se disponía a inmolar a su hijo.

La tau, como veremos después, también fue un signo utilizado por la Orden de San Antón, como lo confirman los testimonios de esta letra que se conservan en los edificios antonianos que salpican el Camino de Santiago como Alesón, en La Rioja, el convento de San Antón de Castrojeriz, en Burgos, o la iglesia parroquial de El Toboso, en Toledo.

A TRAVÉS DE LOS MONUMENTOS

El símbolo de la tau está muy repartido por la geografía hispana. A continuación, citamos algunos de estos lugares, en los cuales también flota la sombra de los caballeros del Temple.

En la carretera que va de Burgos a Palencia, pasando por la localidad de Hontanas, antes de llegar a Castrojeriz, se encuentran las ruinas del convento de San Antón, obra de gran interés por su significación histórica, así como por los restos arquitectónicos que conserva. El lugar fue albergue de peregrinos en su interminable caminar en la ruta jacobea. Los altos muros del convento flanqueaban el camino, sobre el que todavía se alza un elevado pórtico o pasadizo, con dos arcos ojivales, bajo el cual se abría la portada principal de acceso al templo. Se conservan dos hornacinas abiertas en el grosor de los muros, en cuyo interior se acostumbraba a depositar un poco de pan y una alcuza con aceite, para atender a los peregrinos que llegaban de noche y se encontraban, como era de rigor, con las puertas del cenobio cerradas. Este convento, hoy propiedad particular, antaño disfrutaba de la protección real, al igual que otras tantas iglesias y hospederías que, en los siglos medievales, jalonaban el Camino de Santiago. La fundación del convento, hoy en ruinas, se debió a la Orden de San Antón, creada en 1093 en Viana del Delfinado (Francia) por un señor llamado Gasson, cuando su hijo fue curado, por intercesión de san Antonio Abad, de una especie de enfermedad denominada «el mal de los ardientes», epidemia que apareció por primera vez en Europa hacia el año 945 y que la devastó durante los siglos X y XI. Puesta bajo la advocación de este santo, la orden adoptó la regla de san Agustín, extendiéndose rápidamente por Francia, Italia, Alemania y la España cristiana, donde alzaron hospitales para atender y curar a los que padecían el terrible mal, conocido igualmente como «fuego de san Antón».

Los enfermos de este mal que solicitaban asilo en el convento procuraban llegar de día. Se anunciaban con el canto denominado *Ultreya*, acompañado de los armoniosos sones de su báculo-flauta, y eran los templarios quienes garantizaban a los peregrinos enfermos la llegada más segura a este convento de la provincia burgalesa. Los monjes del convento habían depositado en la Orden del Temple todo el sistema operativo de recogida de enfermos, facilitando su posterior instalación en el sendero de las estrellas. Por lo tanto, una vez que se habían hospedado y visitado el convento, los peregrinos, antes de proseguir su marcha, recibían de los monjes la tau en forma de escapulario, que se colgaban a modo de collar en el pecho; también recibían pan y vino, así como las famosas campanillas con la cruz del santo. Todo esto, según el rito antoniano, era bendecido, y los que deseaban quedarse para su completa curación pasaban al hospital del convento, donde la mayoría de las veces conseguían el restablecimiento físico y psíquico.

La iglesia es de estilo gótico y conserva parte de sus muros, pero la bóveda desplomada no da idea del valor arquitectónico que conserva; en sus muros se abren todavía hermosos ventanales apuntados. El convento tiene dos puertas de entrada, una enclavada a los pies del templo, y la otra, la más importante, situada bajo el pórtico que se alza ante el camino. Está formada por dos arcos ojivales (hoy tapiados con parteluz) y sobre estos, en el tímpano, una repisa con dosel, la cual debió de albergar una imagen; cobija el conjunto un gran arco ojival abocinado, que protege un guardapolvo, formado por seis archivoltas, sin columnas, decoradas con una rica ornamentación escultórica. En el hastial de los pies, rematado por una pequeña espadaña, se abre un rosetón majestuoso, en el cual figuran, haciendo círculo, un total de ocho taus, que giran en el interior

Aspecto que ofrece el conjunto del antiguo convento de San Antón, cerca de Castrojeriz, en la actualidad.

de sendos círculos. Este emblema se repite en un gran ventanal geminado que se encuentra en uno de los muros que bordean el camino, junto a un escudo de piedra que ostenta el águila imperial de Alemania. No debemos olvidarnos que por Castrojeriz coincidieron, en el tiempo medieval y en el espacio de la vía de peregrinación jacobea, templarios y teutones, quienes ayudaron a los monjes de la Orden de San Antón, dada la pobreza de estos.

El convento de San Antón, a pesar de su dramático abandono y sus evocadoras ruinas, es capaz de transmitir un esplendoroso pasado vinculado con las peregrinaciones de los siglos XII y XIII, cuando los caballeros del Temple, en la constante tarea de ayudar a los peregrinos más necesitados, supusieron toda una garantía de seguridad y de estrecha colaboración.

En la ciudad de Tarragona también vemos repetida la tau medieval (o cruz sin cúspide) relacionada con la Orden del Temple en la rejería que rodea el recinto de la catedral, obra cumbre de la transición del románico al gótico en Cataluña, y también en la fachada de algunos edificios medievales próximos a la misma. La tau se alza sobre una especie de fuego, forjado en hierro, representando el talismán mágico y, al mismo tiempo, sagrado, contra el terrible «mal de los ardientes» que antes hemos citado.

Pero es en Ponferrada donde podemos apreciar una de las taus más representativas del Temple, concretamente en la clave del arco de entrada al castillo, una de las fortalezas más emblemáticas relacionadas con los templarios en la Península Ibérica. La fortaleza de Ponferrada, en la comarca leonesa del Bierzo, controlaba, gracias a su estratégica ubicación sobre el eje principal de caminos a Compostela, el curso superior del río Sil y al mismo tiempo importantes centros mineros de la región. Algunos de ellos, como el de Las Médulas, fueron ya utilizados por los antiguos romanos, quienes allí extrajeron de las entrañas de la

Grabado que contiene la Tau en la fachada de un edificio próximo a la catedral de Tarragona.

tierra las riquezas auríferas con las que costearon a las legiones de todo el Imperio, utilizando la colosal técnica de la *ruina montium*, basada en el derrumbe de colinas enteras por la acción del agua salvaje, precipitada por el vaciado de embalses enteros.

En 1178 los templarios, en manos de su maestre Guido de Garda, recibieron de Fernando II esta fortaleza, como premio a la valentía de los caballeros en las luchas contra los hispano-musulmanes en tierras de la Alta Extremadura. La elección de este castillo hizo dudar bastante al monarca leonés, que no comprendía que no hubiesen elegido un recinto más próximo a la línea fronteriza con Al-Andalus; y sin saber aún los motivos de los templarios, aquel mismo rey no tardaría en arrebatarles el estratégico castillo a los caballeros. Sin embargo, su sucesor en el trono de León, Alfonso IX, en 1211, no dudó en volver a entregarles a los templarios esta fortaleza.

El Temple consolidó en Ponferrada el centro neurálgico de un territorio de suma importancia. Además de volver a poner

Tau sobre la clave central del arco de entrada
al castillo de Ponferrada.

en funcionamiento viejas galerías y explotaciones mineras, introdujeron el culto a Nuestra Señora de la Encina, tras el legendario descubrimiento de la imagen de la Virgen en el interior de un tronco de encina por parte de un freire, cuando este estaba talando en un bosque para la ampliación de la fortaleza. En este sentido, es preciso citar que las mismas coordenadas del recinto amurallado están basadas en ancestrales reglas zodiacales. Su patio de armas, uno de los mayores de la Edad Media occidental, se abre en forma de media luna en cuarto creciente. En posteriores campañas de excavación arqueológica aparecieron toda clase de símbolos ocultistas que vinculan aún más este singular castillo con el Temple y los alquímicos constructores. Pero es en la entrada, sobre la losa clave del arco de acceso, donde se muestra la tau, recordando a todos que aquella fortaleza fue uno de los recintos más enigmáticos del Temple en la Península Ibérica, en cuyo interior fue custodiada por los caballeros la mítica Arca de la Alianza, y también la Cruz de los Ángeles, que vino del Monsacro, antes de ser llevada a la cámara santa de la catedral de Oviedo.

Y, sin movernos del norte peninsular, concretamente en la pequeña localidad cántabra de Elines, en su iglesia románica de San Martín vemos representado en un canecillo a un hombre apoyado en su bastón iniciático en forma de tau. Recordemos, también, que el bastón, considerado una arma mágica, sostén del pastor y del peregrino (bordón), eje del mundo, símbolo del maestro en la iniciación y lo relacionado a su vez con la fertilidad y la regeneración, los escultores medievales del Temple lo representaban en forma de tau.

El *Graal* (Grial), el cáliz en donde José de Arimatea recogió la sangre de Cristo en la cruz, es uno de los objetos más sagrados y, al mismo tiempo, más enigmáticos de la historia del cristianismo, cantado por poetas, trovadores y literatos de todos los tiempos, y buscado afanosamente durante siglos. Esta copa, imagen del máximo júbilo celestial y terrenal, es también una piedra que tiene poderes maravillosos, de la cual mana y alimento y que contiene la eterna juventud. Los templarios, que conocían muy bien algunos de los secretos del Grial, también fueron custodios de este sagrado cáliz.

19. EL GRIAL

> «En algunos textos los caballeros del Grial son llamados templarios, aunque en sus relatos no figure un templo, sino solo una corte; estos monjes caballeros de la "isla" misteriosa llevan el signo de los templarios: una cruz roja sobre fondo blanco; y una voz celestial les anuncia que deben retirarse con el Santo Cáliz a una misteriosa tierra insular. La nave que viene a llevarlos es de templarios: tiene una vela blanca con una cruz roja».
>
> JULIUS EVOLA

El Grial o *Graal*, aunque se le conoce por más nombres, es un objeto maravilloso que en la Edad Media alcanzó tal popularidad que llegó a creerse en su existencia real. Proporcionaba alimentación, salud y longevidad a quien lo contemplara, siempre que fuera digno de ello. La «demanda» del Grial es un acto iniciático cuyo trasfondo es la búsqueda y el encuentro de uno mismo.

El Grial adopta diversos aspectos, según las diferentes fuentes literarias: para Chrètien de Troyes (siglo XII) es una copa que porta un cortejo de vírgenes que han renunciado al amor carnal; para el trovador templario alemán Wolfram von Eschenbach (siglo XIII) es una piedra (*lapis exillis*) caída del cielo; para Robert de Boron es el cáliz de la Última Cena. Y así podríamos seguir.

El Grial, que a todas luces es un símbolo precristiano, fue experimentando con el paso del tiempo una cristianización creciente. Así, en el famoso y anónimo *Lanzarote en prosa* (siglo XIV) es, recogiendo y ampliando el relato de Boron, el sagrado vaso de la Última Cena en el que José de Arimatea recogió en el Gólgota algunas gotas de la sangre de las heridas de Cristo tras la Crucifixión en el Calvario y que, a lo largo de los siglos, custodian, en una fortaleza secreta, unos monjes-guerreros: los Caballeros del Santo Grial. La Biblia menciona a este objeto como el Grial. Este es el único episodio relacionado con el cáliz divino que se cita en el Evangelio. Como consecuencia de ello, es fácil comprender que este vaso sagrado fuera receptor y transmisor de grandes poderes.

El Santo Grial, una de las reliquias más buscadas a lo largo de la historia, está relacionado con uno de los mayores enigmas del mundo occidental. La raíz etimológica *graal*, según algunos investigadores, podría estar relacionada con la palabra celta *gar* (piedra). Otros, en cambio, defienden una procedencia del francés arcaico *gréal* (casija en forma de copa).

Muchas leyendas se han creado en torno al mito de este sagrado cáliz. José de Arimatea fue encarcelado y castigado sin alimento, al ser acusado de sustraer un cadáver. En la mazmorra se le apareció Jesús, que le entregó el preciado cáliz, al tiempo que le nombraba guardián del Santo Grial y le advertía de que se le aparecería una paloma portadora de una oblea, alimento que debería depositar dentro del cáliz para que no pasara hambre ni muriera durante su cautiverio. En el año 70 d. C., tras la conquista de Jerusalén por los romanos, José de Arimatea fue liberado, marchándose a Inglaterra, donde fundó la primera iglesia cristiana de Occidente. Tras su muerte, el Grial fue custodiado por unos ángeles en una montaña fortaleza, igualmente sagrada, de paradero desconocido, cuya búsqueda ha puesto a prueba a los más valientes caballeros de todos los tiempos; pero solo unos pocos, aquellos que contaban con una paz interior plena, lograron hallarlo.

La leyenda del Grial está relacionada muy directamente con la llamada materia de Bretaña, que narra las expediciones que, en búsqueda de este preciado cáliz, se pusieron en marcha, en tiempos del mítico rey Arturo y sus legendarios caballeros de la Mesa Redonda.

Pero solo unos pocos de estos audaces guerreros alcanzaron la gloria de poder extasiarse ante la belleza del Grial, porque

Vidriera de la iglesia templaria de Tréhonterec, en Broceliande (Bretaña), que reproduce la escena de la traída por ángeles del cáliz sagrado a la Mesa Redonda de los caballeros del rey Arturo.

contaban con las necesarias condiciones. Entre estos caballeros, debemos citar a Galahad, Perceval y Bors. Los poetas medievales Chrétien de Troyes (segunda mitad del siglo XII) y Wolfram von Eschenbach (1170-1220), ambos templarios, nos describieron magistralmente la leyenda del Grial. De Troyes, de la región de Champagne (Francia), está relacionado con la corte del conde de Troyes, autor de *Perceval* (conocido también como *El cuento del Grial*), obra que quedó interrumpida por su muerte y que fue proseguida por otros autores. Von Eschenbach fue un poeta alemán que retomó la obra de Chrétien y la enriqueció con las leyendas del ciclo artúrico de Bretaña, que tuvieron como mágico escenario el sobrecogedor bosque de Broceliande, escribiendo el gran poema caballeresco *Parzival* (*Parsifal*), inmortalizado en el siglo XIX en ópera por Richard Wagner. Según cuenta Eschenbach, en este que es, sin duda, el más largo y profundo poema de la lírica germana, el Grial es una piedra, una lente, que transmite una luz blanca y transparente, que además transforma la luz natural en fuego; una reliquia celestial custodiada por seres sin tacha (ángeles) en el mítico castillo de Montsalvatche. Y fue, según el poeta alemán, el osado *Parsifal* quien, tras superar toda clase de obstáculos y arriesgadas aventuras, llegó hasta el castillo, donde conoció al rey Anfortas, que, al ver las nobles intenciones del caballero, permitió que este pudiese contemplar la grandeza y belleza del sagrado cáliz. Eschenbach también estableció que el Grial guardaba una estrecha relación con el conocimiento (gnosis), identificando el sagrado cáliz con la esmeralda: toda una piedra preciosa prendida de la corona de Lucifer en su lucha con el Altísimo.

Para la ciencia alquimística, el Santo Grial era la piedra filosofal, o bien un recipiente en donde, al realizarse las aleaciones, se lograba alcanzar todo aquello que se buscaba, tanto de índole material como psíquica. La Orden del Temple, en su dimensión de caballeros guardianes del Santo Grial, superó con creces el ideal de ascetismo de las demás órdenes de caballería y monásticas del mundo occidental. «Valerosos caballeros tienen como morada Montsalvatche, donde se custodia el Grial. Son los templarios, a menudo se marchan en busca de aventuras», leemos en el *Parzival*, donde se identifica plenamente a los templarios con la Orden del Santo Grial.

Pero la búsqueda del Santo Grial alcanzó el siglo XX, como lo confirma la ansiedad de Adolf Hitler cuando, durante la Segunda Guerra Mundial, envió a Montségur (Occitania) a un grupo de investigadores al mando del periodista y escritor alemán Otto Rahn, quien, además, estaba plenamente convencido de la existencia de que Montségur, aunque no fue la última fortaleza cátara en caer ante el ejército de los cruzados (Quéribus), sí fue la más emblemática, elevada a la categoría de altar sagrado por los perfectos del catarismo, que tanto odio levantó en el seno de la Iglesia de Roma, que la calificó como «la sinagoga del Diablo», hasta el punto de provocar una cruzada para aniquilarlos por parte del pontífice Inocencio III. La noche antes de la caída de Montségur, cuenta la leyenda, cuatro *buenos hombres* (*boneshomes*), aprovechando la oscuridad de una luna en cuarto creciente, atravesaron, a través de senderos ocultos, las líneas de los soldados franceses y se llevaron la sagrada copa, que ocultaron en las grutas de la zona.

Cátaros y templarios coincidieron en el tiempo y el espacio, y se dice que ambos grupos mantuvieron unas muy estrechas relaciones, como lo demuestra el hecho de que los segundos, a pesar de las órdenes recibidas de la Iglesia, en ningún momento desnudaron sus espadas para herir a un cátaro ni colaboraron con los cruzados en los asedios de las ciudades o castillos occitanos relacionados con la «herejía». Al contrario, ayudaron

El Santo Grial que se custodia en la catedral de Valencia.

a los *buenos hombres* en las acciones de huida. Gracias a ello, numerosos cátaros atravesaron los Pirineos y, por senderos que llevan a Bagà y pasan cerca del Pedraforca, accedieron al interior de Cataluña. Por lo tanto, el Santo Grial, como objeto de Luz, ya era conocido por los templarios. Llegó al monasterio rupestre de San Juan de la Peña (san Juan el Bautista, de nuevo un santo admirado por los templarios) en la Jacetania oscense, donde permaneció durante varios siglos, hasta que, en 1399, el monarca aragonés Martín I el Humano mandó trasladarlo a Zaragoza, primero, y a la Capilla Real de Barcelona, después. Y fue en tiempos de Alfonso V el Magnánimo (1396-1458) cuando el sagrado cáliz se llevaría a la ciudad de Valencia, donde aún se conserva en la capilla del Santo Cáliz de la catedral valenciana, colocada dentro de una urna y a la vista de todos. La reliquia es una copa engarzada en un pie con unas asas adornadas de piedras preciosas, aunque la que Jesús de Nazaret utilizó fue un sencillo vaso de ágata pulida de tonalidad rojiza, una copa alejandrina que los arqueólogos consideran de origen oriental y que data del siglo I a. C.

LA LEYENDA DE SAN PANTALEÓN

«San Pantaleón (patrón de médicos y de niños enfermos) es un símbolo ocultista convenientemente pasado por los filtros de la ortodoxia, que ha aceptado como milagro lo que configura un mensaje hermético indudable, solo conocido, a lo largo de los siglos, por iniciados que supieron ocultamente la verdadera significación de aquel santo, que lo era más allá de los límites de lo permitido».
Juan García Atienza

San Pantaleón de Losa, en el extremo nordeste de la provincia de Burgos, coronando un espléndido valle abierto por el río Jerea, afluente del Ebro, es un caserío famoso por su insólita iglesia, consagrada el 7 de junio de 1206 por el obispo de Burgos, don García Martínez de Contreras. El templo, de un románico avanzado, se alza sobre un acantilado fluvial de singular belleza. En su hermética atmósfera flota una leyenda que se ha mantenido a lo largo de los tiempos, relacionada con el Santo Grial.

Son numerosos los elementos que conectan este humilde templo con la leyenda del Santo Grial. A solo 3 kilómetros de distancia, aguas abajo, se halla el pueblo de Criales, nombre que evoca el cáliz sagrado. Algunos kilómetros más al norte, donde se encuentran las sierras de Losa con las de Mena y Orduña, ya en los límites con Euskadi, se alza el poderoso contrafuerte de la Sierra Salvada, que muy bien pueda corresponderse con el mítico Mont Salvat, del poema de Eschenbach, marco de la acción de la búsqueda del Santo Grial, que por simple trasposición en la evolución literaria del relato pudo convertirse en el cáliz que conservaba la sangre de Cristo. Con el ambiente de bruma que envuelve el lugar y un poco de música wagneriana, podemos reconstruir mentalmente el resto.

En lo alto de esta empinada montaña, la Peña Salvada, los caballeros templarios guardaron el Santo Cáliz, en defensa contra almorávides y almohades. El monarca asturiano Alfonso II el Casto sería el *Parsifal* de esta leyenda. Muy cerca se halla el templo escondido de Valpuesta, próximo al curso del río Omecillo. Y la culminación de este gran tema lírico sería fruto de la fantasía de comienzos del siglo XIII, cuando un peregrino procedente de un país del norte de Europa pasó por estos recónditos valles burgaleses en su caminar hacia Compostela. El peregrino pudo muy bien desembarcar en Bilbao, puerto de acceso protegido por los templarios y muy empleado en las peregrinaciones y, en lugar de seguir el ramal jacobeo que bordea la costa cántabra, se internaría tierra adentro hacia Castilla por el valle de Losa. Era una ruta, aunque poco frecuentada, muy directa, amparada por los castillos de Aranguren y Llantero, y seguía al arrimo del de Tejeda, cerca de Trespaderne, y el de Poza de la Sal, donde los templarios explotaban la valiosa sal mineral que conseguían en sus albercas. Luego seguiría hacia el camino que pasa por Nuez de Arriba y Villadiego, y desde allí alcanzaría directamente el gran camino de las peregrinaciones hacia Frómista, Villalcázar de Sirga, Carrión de los Condes, Sahagún de Campos, León... Al pasar por el valle de Losa, este peregrino se enteraría de la existencia del milagroso cáliz de san Pantaleón. Con este y los restantes elementos (Criales, Sierra Salvada, los templarios, el marco naturalístico del lugar, etc.), es fácil deducir que el peregrino quedaría inmerso en un mundo onírico, y de aquí a formar una leyenda hay solo un paso.

Pero la leyenda no acaba aquí; se dice que, con el transcurrir del tiempo, aquel sagrado cáliz de la ermita de San Pantaleón de Losa fue llevado a Madrid, donde, desde el año 1628, fue custodiado en el convento de las Agustinas Recoletas de la Encarnación, lugar donde permanece y en el que, según se afirma, continúa licuándose el día de su fiesta (21 de julio), como lo hacía antes en el valle de Losa.

Dejando atrás la leyenda, y basándonos en el testimonio de la piedra, resulta impresionante la riqueza arquitectónica y, sobre todo, escultórica de esta sencilla iglesia. En primer lugar, el viajero quedará extasiado al contemplar la portada, donde se acumulan numerosos elementos simbólicos de un hermetismo cuidadosamente estudiado. A la izquierda, un gigante (atlante) de piedra sustituye a la columna, sobre cuya cabeza parece descansar toda la estructura del templo. Al lado se halla una columna normal coronada por un capitel que representa un reptil, cuyo alargado cuerpo se cruza por todo el frente y con cuyas fauces devora a un hombre caído en tierra. En el interior, en una de las columnas del primer arco, hay un capitel del mismo tema; en el segundo está esculpida una gran tinaja de cuyos bordes asoman tres cabezas humanas muy expresivas. Al lado opuesto del portal, la insólita disposición en zigzag, forma que equivale al símbolo que, desde la protohistoria, se traduce como las aguas del mar. Encima, formando el capitel, el escultor medieval nos muestra la caldera (una de las formas de tortura a las que fue sometido san Pantaleón), la cual permite establecer un paralelismo inmediato con las ancestrales tradiciones célticas de Irlanda, si recordamos el caldero de Dagda, que tenía la particularidad de devolver la vida a los fallecidos en la batalla, al tiempo que proporcionaba suficiente alimento a los *Tuatha de Dannan*, que eran sus poseedores. Otro signo hermético de la fachada se encuentra en los arcos lobulados que arrancan de estas basas, donde aparecen diferentes figuras humanas encerradas en la piedra en la que fueron talladas; solo los rostros y los pies aparecen a los ojos del espectador, el resto se encuentra oculto, como elemento secreto de los alarifes escultores. En un capitel del ventanal del ábside se puede admirar un rostro humano con la boca tapada y las manos abiertas, lo que vuelve a

Detalle de la parte inferior de la fachada de la iglesia de San Pantaleón de Losa, con la puerta de entrada cargada de símbolos herméticos.

transmitir el mensaje de un conocimiento ocultista celosamente guardado, que los templarios quisieron mantener por encima del tiempo y el espacio.

Las gentes de esta merindad han mantenido a lo largo de los tiempos una gran devoción a este santo. Incluso se decía que la tumba que hay en el interior de la ermita tenía propiedades milagrosas, porque en ella fue enterrado san Pantaleón. Aunque esto no ha podido confirmarse, lo cierto es que raspaban la piedra con un objeto metálico, licuaban el polvillo extraído en un vaso de agua y al tomárselo producía una curación inmediata de diversos males. Causalmente, el vórtice energético de esta santuario se encuentra precisamente bajo el sarcófago, registrando nada menos que 24.500 unidades Bobis.

San Pantaleón fue un santo que vivió en el siglo III, natural de Nicomedia (actual Izmit, en Turquía), filósofo y médico, y tuvo como educador a Hermolao, un sacerdote cristiano que vivía en la clandestinidad. Al convertirse, las curaciones de san Pantaleón no tardarían en considerarse milagrosas. Tras numerosos milagros, cayó preso de los romanos, siendo decapitado atado a un olivo. Cuenta la leyenda que, cuando su cabeza cayó al suelo, la sangre derramada que bañó el olivo hizo que el árbol floreciera y diera frutos inmediatamente. Por ello, la vida de san Pantaleón, y en concreto su sangre, está muy relacionada con el Santo Grial. No es una casualidad, por tanto, que en torno a esta humilde ermita del valle de Losa se recreara una leyenda basada en el Santo Cáliz.

Los templarios también alzaron sus ojos a las estrellas, pero no para contemplar el firmamento sino, más bien, como hicieron los hombres de la antigüedad a través de sus observatorios (Stonehenge, Carnac, la colina de Santa Bárbara en La

Fresneda...): para conocerse a sí mismos. A través de las constelaciones, y repitiendo los emplazamientos de las pirámides del Antiguo Egipto, los magos del Temple estudiaron la cosmología de las grandes catedrales góticas de Francia, y las dispusieron sobre el mapa terrestre.

20. LOS CULTOS ASTRALES

> «Los templarios fueron mucho más que aquellos monjes guerreros que protegieron el camino santo hacia Jerusalén; fueron agudos observadores de los saberes orientales, y de ellos aprendieron el arte de observar las estrellas y guiarse por ellas. Cuando terminó su misión en Tierra Santa, aplicaron sus conocimientos a los primeros templos góticos que promovió san Bernardo de Claraval, su extraordinario mentor».
>
> JAVIER SIERRA. *Las puertas templarias*

En la Edad Media, la bóveda estrellada fue una fuente de mitología astral. La constelación representa el conjunto de relaciones y lazos que pueden existir entre todas las diferencias y entre todos los mundos. Y la situación de los asentamientos era de vital importancia para los templarios; nada fue realizado al azar.

En cuanto a las estrellas, su cualidad luminaria las define como fuente de luz. Para el Antiguo Testamento y el judaísmo, las estrellas obedecen a los caprichos de Dios. No son, pues, criaturas inanimadas. Por ello, los peregrinos se guiaban de ellas para seguir los designios de Dios.

En el lado opuesto estaría la noche, y su reina: la Luna. La Luna es el símbolo de los ritmos biológicos. La vida de este astro está sometida a la ley universal del futuro, del nacimiento y de la muerte; símbolo igualmente de la noche, evoca la belleza, la luz en la inmensidad tenebrosa, y está estrechamente relacionada con los ritos célticos, tan presentes en la cosmología esotérica del Temple.

La luz se pone en relación con la oscuridad para simbolizar valores complementarios o alternantes de una evolución, una expresión de las fuerzas fecundantes uránicas; la luz del cielo es la salvación del hombre, estrechamente relacionado con el astro rey.

El mundo estelar, por lo tanto, ejerció también una gran influencia en las coordenadas geométricas de las construcciones templarias, tanto civiles como religiosas. Fue precisamente contemplando el cosmos como los iniciados a los saberes más ocultos del Temple (los magos) encontraron la inspiración de algunas de sus grandes obras, que reflejan muy bien el estado de las estrellas dentro de determinadas constelaciones; un firmamento que supieron condensar en un rosetón. A través de las vidrieras, el sol iluminaba y bendecía el interior de los templos (catedrales e iglesias), al tiempo que generaba una explosión de color y magia en el sagrado recinto ante los extasiados ojos de la feligresía, rendida a los efectos especiales que contemplaban. Pero cada color, cada imagen, cada símbolo de las vidrieras tenía una estrecha correlación con un astro, o una estrella, del firmamento. Los templarios supieron trasladar a la tierra, gracias a la luz del astro rey, la sinfonía de vida del cosmos. Por eso, hemos oído decir numerosas veces: «Lo que hay arriba es igual a lo hay abajo». En efecto, el cielo configuró algunas de las huellas dejadas por los templarios, así como otros hechos memorables de la historia relacionada con esas trayectorias solares.

Maurice Guinguand demostró la relación astrológica de algunos de los grandes lugares de la Francia medieval; por ejemplo: Clairvaux (Claraval, la cuna de san Bernardo) y su correspondencia con la salida del Sol en el solsticio de verano, Cluny (en Borgoña) en el solsticio de invierno, y Citeaux (Císter) en medio, es decir, el equinoccio de otoño (21 de septiembre). ¿Se trata de una mera coincidencia o bien el logro de una armonía espiritual en estos lugares?

El solsticio de verano tuvo también una gran incidencia en los cálculos matemáticos de los magos del Temple, si recordamos que una gran cantidad de cosmogonías antiguas se refieren a él y a la posición de la bóveda celeste a medianoche de ese día, puesto que toda cosmogonía, para ser completa, debe tener en cuenta todos los elementos celestes, tanto diurnos como nocturnos. Para los templarios, continuadores de la tradición solar del solsticio de verano, la correspondencia nocturna, a nivel costelario, era la de Géminis, mientras que su complemento invernal, representado por el otro signo doble del zodíaco, fue el de Piscis, cuya aparición en el cielo se da el día 20 de enero, festividad de San Sebastián.

Las siete grandes catedrales góticas construidas en el siglo XIII se corresponden con otros tantos oráculos druidas. Entre la

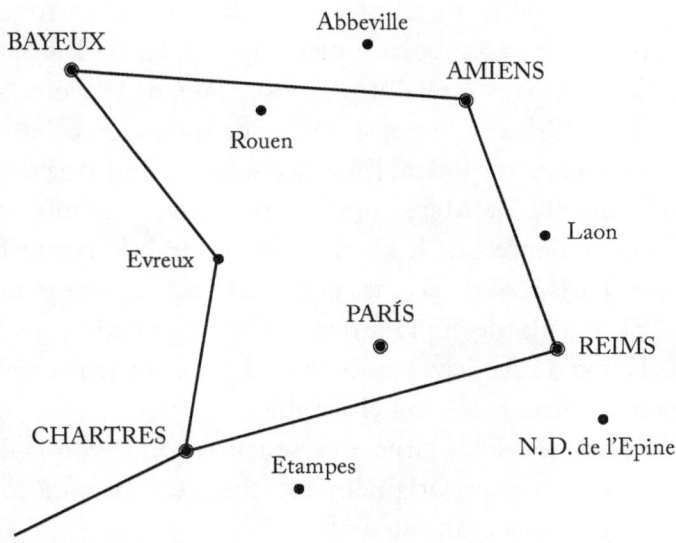

Las constelaciones de la Virgen y Notre Dames de Francia.

Península Ibérica y Escocia hemos registrado una secuencia de siete oráculos planetarios de origen druida sobre cuyos emplazamientos, causalmente, fueron erigidas siete grandes catedrales europeas:

1. El oráculo del Sol, el más importante, estaba situado en Carnuntum, entre los cursos del Loira y el Eure, en el centro-norte de Francia. A él hace especial referencia Julio César en *De Bello Gallico*, y sobre esta gruta de iniciación, que también disponía de un inmenso dolmen, se elevó la catedral de Notre Dame de Chartres.
2. El oráculo de la Luna, localizado en Galicia, sobre el cual se levantó la catedral de Santiago de Compostela. En su interior la cristiandad fijó la tumba del apóstol Santiago, cuando, en realidad, quien está enterrado es Prisciliano.
3. El oráculo Mercurio, que se corresponde con la ciudad de Toulouse, capital de Occitania, en cuya gruta druida se elevó la iglesia de Saint-Sernin, uno de los centros de peregrinaje a Compostela más importantes de Europa.
4. El oráculo de Venus, otro de los *chakras* de la Tierra, se halla en Orleans. Sobre su centro de iniciación celta se elevó la catedral gótica. En esta ciudad nació Juana de Arco.
5. El oráculo de Marte, junto al río Sena, en el mismo emplazamiento que hoy vemos la catedral de Notre Dame de París, una de las más emblemáticas del arte gótico.
6. El oráculo de Júpiter, que alberga la catedral de Notre Dame de Amiens y uno de los laberintos más enigmáticos relacionados con el Temple.
7. El oráculo de Saturno, que se corresponde con la capilla de Rosslyn, que originalmente fue diseñada para convertirse en una gran catedral.

SAGITTA

También en España tenemos otras referencias astrales con lugares de fuerte implantación templaria. Como ejemplo, el cañón del río Lobos, que guarda una estrecha relación con la constelación Sagitta.

En la noche del 22 de junio aparece en el firmamento, sobre la fortaleza de San Juan de Ucero, la constelación de Sagitta (la flecha), que indica el Norte astral, mostrando la dirección del Camino de Santiago y la trayectoria en el firmamento del paralelo 42, que fue la principal referencia de los peregrinos jacobeos. A poca distancia en el cielo, con todo su esplendor lumínico, la constelación de la Cruz del Norte, también la constelación de Cygnus, y dentro de ella una estrella de gran fulgor, Deneb, que traza en el firmamento una curiosa figura de luz que se corresponde con una iglesia románica en forma de cruz latina, la misma geometría que, en tierra, desarrolla la ermita de San Bartolomé de Ucero. Por ello, como bien recuerda Antonio de la Nuez Caballero, «lo que hay arriba es igual a lo que hay abajo», o, dicho de otro modo, la representación del cielo en la Tierra.

Pero aquí no queda todo. Si enlazamos con líneas rectas la iglesia de Nafria de Ucero con la ermita de San Juan y esta con el castillo templario que domina la entrada meridional del Cañón del Río Lobos, y trazamos una nueva línea desde la ermita hasta la iglesia de San Leonardo de Yagüe, habremos dibujado en el mapa astral la constelación de Sagitta.

Además, para proseguir con esta serie de trayectos astrales y su correspondencia terrenal, diremos que la ermita de San Juan forma parte de otra representación terrestre todavía más importante, porque si enlazamos este lugar con la ermita de María Magdalena (indicativa de Venus para los templarios, celosa guardiana de la geometría sagrada, así como médium del secreto revelado) en los páramos de la zona próxima a la localidad de Villanueva de Gumiel, se forma el brazo de la cruz de la constelación de Cygnus, en cuyo centro se encuentra otra ermita, de nombre desconocido, con la cual formamos la tercera estrella del travesaño. La estrella superior del mástil de la cruz latina la encontramos en otra ermita colocada bajo la misma advocación anterior. Mientras que la ermita de María Magdalena, próxima al pueblo de Huerta del Rey, y última estrella que forma el sagrado dibujo astral de la Cruz, está representada por la ermita templaria de Santa María, que nos llevaría a los cultos ancestrales a la Madre Tierra, que se corresponde en el suelo con el yacimiento arévaco de Tiermes (Termancia), al sur de la provincia de Soria, en cuyas entrañas han aparecido enterramientos y otros importantes testimonios de la Orden del Temple. Nada sucede por casualidad...

La serpiente, animal terrestre que siempre ha inspirado temor, cuya presencia ha sido notoria en todas las culturas, no podía faltar en el simbolismo de los escultores y artistas medievales. Los templarios también la incluyen dentro de sus herméticas obras para transmitir otros valores que van mucho más allá del simple temor humano hacia ese reptil, como veremos a continuación.

21. LOS SÍMBOLOS SERPENTARIOS

> «La serpiente es un ser *ctónico*, guardiana de recintos sagrados o del mundo subterráneo, guía de ánimas, símbolo sexual ambiguo (masculino por su forma fálica, femenino por su vientre que todo lo devora) y de la energía capaz de renovarse incesamente (por sus cambios de piel)».
>
> Udo Becker

La serpiente es uno de los animales más representados en todas las civilizaciones de Oriente y Occidente. Por su vinculación con el pecado original, el Antiguo Testamento la sitúa como bestia impura, paradigma del Diablo; pero también es símbolo de la astucia y de la inteligencia. Los judíos veneraron durante mucho tiempo a una serpiente de bronce, como prefiguración de Cristo, la cual fue capaz de salvar a aquellos mortales mordidos por este terrenal animal con solo mirarla. El primitivo cristianismo no dudó en comparar a la mitológica Midgard, el gigantesco y nefasto reptil que rodea la Tierra, amenazando el orden y el equilibrio del mundo, con el Leviatán. El arte cristiano, que sigue a pies juntillas tales conceptos, refleja por lo tanto una imagen negativa de este animal, al que relaciona con la mujer, continuadora de Eva.

No es una casualidad que, en muchos incunables altomedievales cristianos, aparezcan serpientes representadas con cabeza y pechos de mujer. Sin embargo, en la mitología griega clásica la serpiente está relacionada con el culto a la divinidad de Asclepios (Esculapio), el dios de la Medicina, en relación con su poder de renovación de la vida por sí misma.

LA VARA DE ASCLEPIOS

La vara, o caduceo, que en el símbolo de la medicina ostenta la serpiente sagrada enroscada en ella, admite asimismo varias interpretaciones. Puede representar el bastón que Asclepios utilizó durante su peregrinaje por la tierra, antes de instalarse en el Olimpo como dios de la Medicina. Las numerosas representaciones, tanto griegas como romanas, conservadas hasta la fecha, nos lo presentan a menudo apoyado en una vara. Es un símbolo, pues, de la constante disposición del médico a prestar socorro a un enfermo, aunque el camino para ellegar a él sea largo y penoso. En los santuarios en los que se rendía culto a Esculapio, dormir y soñar eran importantes métodos de tratamiento de la medicina practicada en aquella época en los templos.

En la Antigua Grecia, los médicos habían formado la corporación de los asclepiades. Bajo la influencia de Hipócrates, se fundó en la isla de Cos la famosa escuela médica que llevaba su nombre, donde, tomando como base el empirismo racional, la medicina fue desposeída de sus representaciones mágico-religiosas. Con motivo de una grave epidemia de peste que se extendió en el año 291 a. C., durante la tercera guerra samnita, Roma adoptó el culto a Asclepios. El dios griego de la Medicina hizo la entrada en el Panteón, santuario romano de los dioses construido en el año 27 a. C., en tiempos del emperador Octavio Augusto, bajo el nombre de Esculapio. Los romanos veneraban asimismo a la serpiente como símbolo de la actividad médica.

El caduceo hermético aparece en uno de los canecillos de la iglesia templaria de San Gil, en Luna (Zaragoza), templo que formó parte de una influyente encomienda del Temple, construido en 1174. Al lado, otro canecillo representa la hoja del roble sagrado, con lo cual volvemos a relacionar a los caballeros con los conocimientos del mundo celta. La serpiente y la vara, los dos atributos del dios Asclepios, simbolizan la constante renovación de la vida eterna, un rejuvenecimiento y renacimiento, así como la continuidad de la vida, el crecimiento y la fertilidad.

LOS PODERES TERRENALES

Los templarios, ya en los siglos medievales, conocedores de tales símbolos, cuyas raíces sobre su formación y significado se pierden en la oscuridad de las representaciones místicas, rindieron un justo homenaje a la serpiente, y también al caduceo, o vara. En este sentido, es preciso recordar a las *wuivres*, las serpientes subterráneas celtas, citadas en la mitología germánica, de las cuales se nutrieron igualmente los templarios, como veremos a continuación.

La serpiente, bien en su forma habitual, bien alada, desde la óptica del mundo cristiano ha sido un animal vinculado con la destrucción, con la fantasía, con lo negativo. Como ser maléfico, siempre se ha considerado un mostruo relacionado con desgracias para la humanidad desde que fue elegido como intermediario entre la fruta (la manzana) y el hombre, a través de la mujer. Es, por lo tanto, un animal que precede a la lujuria, al pecado, al Infierno. Pero esta vinculación en el cosmos cristiano hunde sus raíces en los cultos paganos de la antigüedad. Recordemos que la serpiente fue venerada como animal próximo a las fuerzas telúricas, de las profundidades, entre las cuales, como hemos visto antes, se incluye el culto a Serapis. En el simbolismo de la alquimia, la serpiente crucificada significa la fijación de lo volátil. La serpiente también era símbolo de la fecundidad humana y de la fertilidad en las tareas agrarias, valores que la Iglesia no supo comprender, cambiando los aspectos positivos por los negativos, como vemos en la Biblia. Sin embargo, los templarios, ajenos a los dictámenes del cristianismo, supieron recuperar para la serpiente aquellos atributos que habían sido ignorados por el cristianismo, como podemos confirmar en numerosos enclaves de la geografía hispana. Un ejemplo lo tenemos en un capitel del interior de la iglesia románica de Santiago, en la localidad de Villafranca del Bierzo (León).

La antigua capital de esta legendaria comarca, en la embocadura de los valles de los ríos Burbia y Valcarce, es un territorio vinculado con el paraíso terrenal para las civilizaciones de la antigüedad; de ahí el nombre del Bierzo, que es una derivación de *bergidum*, tierra fértil y celestial. El capitel se halla en la iglesia de Santiago, a pocos metros de distancia del castillo, que es una propiedad particular. El viajero que llega exhausto, sin fuerzas, sediento y hambriento, como inconsciente, después de traspasar la portada de acceso, se dirige hacia la columna que se alza en el lado del Evangelio y, sin dudar un instante, se postra ante este pilar a rezar; pero elevando los ojos en dirección al capitel, formado por varias serpientes enroscadas, momentos después se produce el milagro: el viajero se alza de golpe, consecuencia de haber sido como recargado su cuerpo de energía positiva, y, apartando lentamente la vista del capitel y la columna, hace un recorrido visual por el interior del templo, despidiéndose seguidamente del sagrado lugar y reemprendiendo, tras salir al exterior, el camino a la vecina Galicia. En este caso, vemos como la serpiente se convierte en la coronación de un símbolo animal terrestre, transmisor de energías ancestrales y positivas, y un caduceo que es sustituido por una colmuna de mármol. Recordemos que esta iglesia, que contó con un importante hospital de peregrinos durante los siglos medievales, estrechamente vinculada con los templarios, tiene la potestad de sustituir al destino final del Camino, la ciudad de Santiago, para quienes, por enfermedad u otro imperativo mayor, no pudiesen proseguir el viaje. El vórtice energético de esta iglesia se encuentra precisamente bajo este pilar, a pocos metros del altar mayor, donde se registra un potencial de fuerza de 24.500 unidades Bobis. Esta población, que fue repoblada por familias francas (de ahí su nombre), era apodada como «la pequeña Compostela».

Otro caso de poderes sobrenaturales relacionados con las serpientes y vinculados con el Temple lo encontramos en otra etapa de este camino de las estrellas, concretamente en la villa de Estella, situada en la falda del Montejurra, sobre la orilla derecha de las nerviosas aguas del río Ega. La ciudad de Estella

Subida al altar mayor de la iglesia de San Pedro de la Rúa; la triple serpiente enroscada domina el lado del Evangelio.

fue fundada en 1090 por Sancho Ramírez, mientras este monarca navarro ponía sitio a la ciudad de Toledo. Paralelamente, tuvo lugar la milagrosa explosión en el cielo de una verdadera tormenta y cascada de luminosas estrellas, con la consiguiente aparición de la Virgen del Puy en el interior de una gruta de esta montaña. En el siglo XIII, gracias a los templarios, alcanzó un notable equilibrio entre las culturas y religiones de su época (cistercienses, judíos, navarros, francos, moriscos...). Fruto de ello, sin duda, es la parroquia de San Pedro de la Rúa, que corona un escarpado risco al pie de la peña de los Castillos.

La mayor iglesia de Estella, de gran alzada y cuya fachada se muestra altiva a los asombrados ojos de los peregrinos, exhibe una portada donde entremezcla una extraña combinación de influencias moriscas y cistercienses. Se dice que San Pedro de la Rúa fue un centro gnóstico e iniciático de reunión de canteros durante los siglos medievales. En esta iglesia también está presente la huella de los templarios. El claustro, del siglo XIII, fue utilizado en la Edad Media como cementerio de peregrinos. Algunas de sus columnas, como sucede en el pórtico de San Pedro, en Caracena (Soria), se esculpieron contorneadas entre sí, evocando los cuerpos de tres serpientes (o *wuivres* célticas) enroscadas, que simbolizan los tres principios básicos de la alquimia o los saberes gnósticos. Pero es en el interior de la iglesia donde la serpiente (animal que se desliza con suma precisión por la tierra y también por las entrañas del suelo, que pone huevos como las aves, que es sinónimo de destreza e inteligencia y que los antiguos cultos prehistóricos relacionan con el dragón o, lo que es lo mismo, las fuerzas sobrenaturales) parece cobrar vida. Nos referimos a la columna de la derecha del presbiterio, formada por tres serpientes en pie entrelazadas, demostrando que el conocimiento serpentario sostiene el templo y uniendo, al mismo tiempo, la tierra (pavimento del presbiterio) con el cielo (bóveda del interior del ábside). Enfrente, sobre el altar mayor, la imagen de la Virgen de la O, o de Belén, un culto cristiano que arraiga con las más profundas tradiciones célticas, al relacionarse con la divinidad Belenos.

Además de los anteriormente citados, son numerosos los enclaves mágicos de nuestra geografía en donde los templarios dejaron una abundante representación de serpientes, como animales esotéricos cargados de energía, a través de unas obras escultóricas de gran interés. Destacamos varios, como los canecillos de la iglesia de San Gil, en Luna (Zaragoza), antes citada, donde vemos serpientes entrelazadas. Por su parte, en la iglesia de San Martín, en Matalbaniega (Palencia), se puede contemplar la representación escultórica en un canecillo de una mujer amamantando a una serpiente, escena que también se repite en la iglesia de Santa María la Real, en Sangüesa (Navarra). En A Coruña, en el interior de la iglesia parroquial de Muros de San Pedro (localidad asentada en la falda del monte Costiños y tierra de ancestrales cultos paganos, que conserva el castro celta), concretamente en la pila baustimal que hay junto al Cristo que llegó del «mar de las Tinieblas» (océano Atlántico), una serpiente está grabada en la piedra del fondo de la pila de agua bendita; de este modo, los feligreses, al santiguarse, tomaban parte de la sabiduría gnóstica de la serpiente, en forma de gotas de agua bendita.

Precisamente en muchos de los canecillos, capiteles e impostas de las iglesias templarias, especialmente en los exteriores del templo, se desarrolla una iconografía que refleja el amor carnal, desde diferentes formas. Son escenas que logran levantar los más primitivos deseos del ser humano, en las cuales el hombre y la mujer se hallan inmersos en el orgasmo, bien individualmente o en plena autofelación. En otros casos solo aparece una vulva abierta, o un enorme pene. Estas representaciones del eros cotidiano, en las que también puede verse a clérigos y monjas en los momentos más trascendentales del coito, o bien exhibiendo impúdicamente sus enormes genitales, suelen darse en iglesias próximas a los caminos de peregrinación, probablemente para motivar los ánimos de los cansados romeros. Las comunidades de Cantabria y Castilla y León, como veremos a continuación, son las más ricas en estas lujuriosas representaciones.

22. LOS SÍMBOLOS ERÓTICOS

> «El Temple se basa en una tradición esencialmente celta».
>
> ALAIN DESGRIS

Desde Santillana del Mar (Cantabria) hasta Castillejo de Robledo (Soria), en el extremo nordeste de la vieja Castilla, se desarrolla un románico en figuras esculpidas en canecillos, capiteles o impostas que muestra sin pudor la debilidad del ser humano ante la atracción del amor carnal. Hombres y mujeres, por encima de su condición civil o eclesiástica (monjes, clérigos, juglares, torvadores, campesinos, etc.), exhiben sin complejos sus atributos sexuales, bien de cuerpo entero o solo las zonas erógenas o sus atributos más íntimos, al detalle. Mientras, en muchos casos, la serpiente, el reptil que provocó el pecado en el Paraíso Terrenal, recuerda con su presencia la antesala del Infierno. Hablamos de un románico tardío (finales del siglo XII o comienzos del XIII), vinculado, en la mayoría de los casos estudiados, a iglesias que forman parte de los grandes caminos de peregrinación a Compostela. Estas lujuriosas figuras se hallan representadas tanto en el interior como en el exterior de las iglesias, bien en las fachadas, en los muros laterales, en la línea superior de los ábsides, en los hastiales de los cruceros o bien en los arcos triunfales del interior de los templos.

Respecto al porqué de estas insólitas representaciones, podría ser una forma de dar ánimos a los cansados peregrinos en su odisea a través de los interminables caminos que les llevaban a Galicia. Esto se relacionaría, de alguna manera, con las leyendas que, en Tortosa (Tarragona), se conservan vivas de los siglos medievales, sobre los peregrinos que, desde las tierras del Levante hispano, arribaban a la capital del Baix Ebre para luego emprender el camino que, atravesando los puertos de Beceite (Teruel), les llevaba a conectar con la gran calzada jacobea en Rueda (Zaragoza). Se dice que los romeros que podían permitirse unas ciertas comodidades, al llegar a Tortosa, se alojaban en una fonda ubicada bajo el Portal del Romeu (Puerta del Peregrino, actualmente un bar); allí pasaban la noche. A la mañana siguiente, los hombres se levantaban con gran vitalidad, con su miembro viril en plena erección, con grandes deseos de sofocar el lívido y de proseguir el camino. Según la leyenda, esta particularidad se explica por los alimentos de naturaleza afrodisíaca que ingerían la noche anterior, basados en higos secos, aceite de oliva, unas hebras de azafrán y marisco...

ENTRE CANTABRIA Y CASTILLA Y LEÓN

«La Iglesia lucha, los predicadores y sacerdotes claman, amonestan y enfatizan en las penas del Infierno; el arte ilustra la doctrina. Muchas veces en vano. El pueblo olvida los sermones eclesiásticos y se entrega a los dictados de la naturaleza».
Francisco Javier Pérez Carrasco

En torno a los olvidados territorios del norte de Castilla y León, entre el Camino de Santiago, en su ruta principal a través de la Tierra de Campos palentina, y las feraces tierras de Cantabria, se han conservado gracias a un aislamiento geográfico propiciado por el latir del tiempo las más espectaculares muestras del románico erótico de todo el mundo occidental. Cerca de un centenar de iglesias, acurrucadas en lugares estratégicos, o bien en apartados enclaves, ofrecen las más sugerentes escenas de un mundo libre de toda clase de prejuicios, donde el artista escultor no tuvo límites a la hora de transmitir los instintos más carnales del ser humano. Pero es la mujer, por su carácter maléfico, según la concepción cristiana del mundo, fuente de pecado para la mentalidad medieval, la más vulnerable ante las tentaciones de Satanás. Recordemos que, para la Biblia, Eva fue creada de una costilla de Adán; por tanto, es un ser más imperfecto y alejado del Todopoderoso. «El concepto del pecado original como pecado sexual durante este período viene a confirmar el carácter eminentemente lujurioso de la naturaleza femenina, creencia presente a lo largo de toda la Edad Media», recuerda el historiador Francisco Javier Pérez Carrasco.

La colegiata de Cervatos, al sur de Cantabria, cerca de Reinosa, fue consagrada en 1199. Está dedicada al apóstol san Pedro, que porta la llave en la mano izquierda y el báculo de abad en la derecha. En la portada del templo aparecen también los relieves del profeta Daniel entre los leones; Adán y Eva separados por el Árbol; en el nivel superior la Virgen con el Niño; y por encima de todas estas figuras, el relieve de san Miguel Arcángel, uno de los cuatro santos predilectos del Temple. Pero ¿por qué san Miguel Arcángel, si este santuario está dedicado a san Pedro? Sin duda porque la Iglesia, durante los siglos modernos, decidió cambiar el santo para confundir a la feligresía en cuanto al verdadero patrón del templo. En el exterior del ábside, de planta semicircular, se desarrolla una rica iconografía formada por 32 canecillos, muchos de los cuales exhiben escenas obscenas. En todas ellas, la mujer siente vergüenza de su propio cuerpo. En una de las ventanas destacamos la figura de una mujer casada (puesto que lleva toca), desnuda, mostrando su vulva, mientras que, al otro lado del ventanal, el capitel representa a un hombre que exhibe un enorme falo partido en actitud de hacer un corte de mangas al pecado... San Pedro de Cervatos es conocida como la catedral del erotismo románico de nuestro país.

En la colegiata de Santillana del Mar (Monumento Nacional), la más visitada de Cantabria, santa Julia aparece humillando al Diablo, y también se pone en evidencia la condición que tenía para la mentalidad medieval de la fe cristiana. En un capitel interior aparece la escena de un hombre y una mujer masturbándose; en otro se muestra a Eva desnuda, de cuya vulva emerge la cola de una serpiente que va enroscándose al árbol en el Paraíso Terrenal. Con ello, el reptil, además de provocar el pecado de Adán, constituye el emisario de Satanás, representado por la vagina de la mujer, como boca del Infierno. La unión carnal entre el hombre y la mujer, que simboliza el Pecado Original, fue el comienzo del mal, según san Jerónimo y, a juicio de los teólogos, la distinción sexual entre los sexos. En la puerta meridional de la iglesia de San Quirico (Quirce), en la ciudad de Burgos, el escultor medieval cinceló, al lado de la expulsión del Paraíso, el acoplamiento de una pareja. «Al ser la mujer la causa y el instrumento principal por el que se consuma el pecado original y, en consecuencia, la concupiscencia de la carne, el cristiano no debe detenerse a mirar las desnudeces femeninas», comenta Pérez Carrasco.

Además de las colegiatas de Santillana del Mar y San Pedro de Cervatos, en Cantabria, un número elevado de construcciones medievales, relacionadas directa o indirectamente con los templarios, jalonan los territorios más ignotos. En San Martín de Elines aparece la figura de un hombre en plena masturbación. En San Vicente de la Barquera, en un capitel del hastial del crucero, vemos una pareja realizando el coito. En Santa María del Yermo, en los canecillos del muro meridional, una mujer muestra sin pudor su vulva, y, al lado, una pareja se abraza. La escena del beso también se repite en Santa María de Piasca, en la archivolta del portal sur; en la iglesia de San Juan Bautista, de Villanueva de la Nía, en el capitel del arco triunfal una mujer casada exhibe sin pudor su sexo; en San Martín de Sobrepinilla, un capitel del arco triunfal muestra a una sirena que se abre la cola para mostrar su vulva; en San Cipriano de Bolmir aparece en un capitel la figura de una mujer en postura descaradamente lasciva, y no tiene pudor de mostrar su vulva abierta al hombre que la observa al lado, provisto de un gran pene, mientras le hace un corte de mangas. En San Pedro de Tejada esta imagen se repite, pero aquí la mujer sujeta sus piernas por las pantorrillas, para mostrar con mayor realismo su vagina al hombre.

Al nordeste de Castilla y León, en torno a Aguilar de Campoo, más de medio centenar de iglesias románicas vuelven a repetir los temas eróticos que los escultores medievales crearon por encima de los dogmas cristianos. Entre los edificios más singulares debemos citar: el monasterio de Santa María la Real; San Andrés de Arroyo; San Martín de Frómista, en cuyo interior aparece un capitel que muestra la escena de La Orestiada, con Adán y Eva desnudos, avergonzados tras la consumación del pecado original, y una serpiente triunfante rodeada de monstruos y seres del averno; Santa Eufemia de Cozuelos; Matalbaniega; Revilla de Santullán; Santa María de Mave; Olleros de Pisuerga; Moarves de Ojeda; San Martín de Matalbaniega. La iglesia de Santa Cecilia, en Vallespinoso de Aguilar, ha sido definida por el historiador Miguel Ángel Guinea como «uno de los mayores aciertos del arte, del paisaje y la poesía conjuntamente». Esta construcción, además de representar a varias mujeres sentadas en actos lujuriantes, mantiene estrechos vínculos con el Temple, porque recordemos que hace especial alusión a la santa espina; en sus capiteles aparece la figura de un san Miguel pesador de ánimas, al lado de un demonio de tres cuernos, que espera a las almas de aquellos que no sean merecedores del Paraíso, al no dar el peso espiritual necesario en la balanza. Vemos también la representación de un san Miguel guerrero, en lucha con un furioso dragón. Otras figuras portan manojos de llaves. También la dedicación del altar mayor a la patrona de la música, santa Cecilia, es otra referencia a los templarios.

Pero el románico hispano está lleno de estas pecadoras imágenes. En Navarra mostramos tres casos. Por un lado, en Lerga aparece un canecillo esculpido con la figura de una mujer casada que no tiene pudor en abrirse la vulva con las manos, para despertar un mayor instinto lascivo en el hombre. En San Adrián de Vadoluengo, la mujer pecadora no tiene pudor a la hora de mostrar no solo su vulva abierta, sino también el orificio anal. Y en Santa María la Real de Sangüesa, sobre el camino de Santiago en tierras navarras, cerca de Leyre, una mujer reclinada y desnuda muestra su vagina, que invita a los deseos más lascivos. En la provincia de Segovia, en Fuentidueña, está la iglesia templaria de San Miguel; y en Ventosilla, incluso aparece un prostíbulo cincelado en un capitel del presbiterio. Sin salir de esta provincia castellana, en Pecharromán vemos en los canecillos del ábside a un juglar que voltea a su compañera, ambos desnudos, mientras una serpiente que se enrosca en los pies de la mujer avisa de la presencia del demonio. Esta escena nos recuerda a la de un canecillo de la iglesia de Revilla de Santullán (Palencia), donde una acróbata desnuda danza al aire al ritmo de la música que interpretan un flautista y un arpista situados en los canecillos laterales. En San Isidoro de León, la mujer se representa con algunas deformaciones, grandes melenas desplegadas y acompañada de serpientes y demás seres inmundos; símbolos, todos ellos, del vicio y la lujuria. Sin embargo, un arquero situado entre ellas, al tensar su arco parece transmitir un mensaje de erección, y, al mismo tiempo, un aviso a la serpiente...

Algunos estudiosos han querido ver en estas representaciones erógenas la influencia en Occidente de Príapo, divinidad de la Antigua Grecia Clásica, hijo de Venus y de la ninfa Quionea, dios de los Jardines que, por sus enormes atributos masculinos, se convirtió en emblema de fecundidad de la naturaleza y de virilidad. No sería de extrañar que los templarios, a su regreso de Tierra Santa, y por sus estrechos contactos con el mundo antiguo a través de su permanencia en Anatolia, trajesen a Occidente esta divinidad, que, auspiciada por sus singulares atributos masculinos, fuera representada en la iconografía del románico hipano con tanta abundancia, como hemos podido ver, pero no como sinónimo de pecado, sino como elemento de fuerza vital de procreación; muy diferente a la concepción oficial de la Iglesia.

CASTILLEJO DE ROBLEDO

«En uno de los canecilos del ábside de la iglesia parroquial de Castillejo de Roblejo se encuentra la escena más erótica que haya esculpido el románico».
Juan Antonio Gaya Nuño

Castillejo de Robledo, a 983 metros de altitud, es el pueblo más occidental de la provincia de Soria, cuyo término municipal limita con las provincias de Burgos y Segovia. Es una de las poblaciones más interesatnes de las parameras sorianas, donde la historia se confunde con las leyendas.

La primera visita obligada en Castillejo de Robledo es su iglesia parroquial, dedicada a la Virgen de la Asunción, obra de templarios de finales del siglo XII, con un pórtico que cubre la portada de acceso en arcos en degradación (archivoltas). En su interior (nave longitudinal) vemos fragmentos de un interesante mural, aparecido en 1933, alusivo a la «Afrenta del Robledal de Corpes», con el ultraje a las hijas del Cid: doña Sol y doña Elvira, por parte de los condes de Carrión, como puede leerse en una lápida colocada en el exterior, frente al ábside. También en el interior del templo, decorando el arco triunfal, existen dos dragones (uno benévolo y otro malévolo, lo que nos lleva a la dualidad bien-mal), con estilizados cuerpos de serpientes, que se desplazan sobre un tablero de ajedrez.

Pero es en el exterior de la iglesia donde este singular edificio, declarado Monumento Nacional en 1974, muestra sus verdaderas caretas esotéricas en unos canecillos que decoran el friso superior, realizados en forma de eróticas escenas: dos parejas que practican el coito en el preciso momento de alcanzar el clímax, en posturas tántricas, ese arte de transmutación sexual que veladamente se encuentra occidentalizado, en el hermetismo alquímico, y que los templarios iniciados supieron transmitir a la sociedad que sabía ver, pero no como advertencia de pecado, sino como algo natural y hermoso, como es la procreación. También guardan un sentido mágico las barricas de vino que, al igual que en Caracena, Ligos y en Saint Béat, se reproducen en otros canecillos.

Pero el mundo terrenal de las serpientes y el de los monstruos, vinculados con el fuego y las entrañas de la tierra, guardan todavía otras importantes connotaciones para el hermetismo templario, en forma de horrendas hidras, elfas y otros seres infernales de sobrecogedor aspecto, como veremos a continuación.

23. HIDRAS Y OTROS SERES FABULOSOS

> «Los filósofos espagíricos dicen que la Hidra representa la semilla metálica que, si es digerida y cocida en el vaso filosófico, se altera y cambia de manera que sufre una especie de muerte, adquiriendo a cada instante un nuevo género de vida a partir de los diversos grados de perfección que toma; este horrendo ser es, al mismo tiempo, el símbolo de la multiplicación de la Pedra».
>
> Dom Antoine-Joseph Pernety

La iconografía templaria también está llena de elementos que hunden sus raíces en los ancestrales mitos de los pueblos y culturas del mundo mesopotámico, recogidos luego por las civilizaciones clásicas. Uno de estos símbolos es la hidra (del griego *hydra*), una criatura acuática, hija de Equidna y de Tifón. Este ser mitológico, en forma de serpiente mostruosa, tenía siete o nueve cabezas y, al serle cortada una de ellas, no tardaban en renacerle otras dos nuevas. Según la mayoría de los textos, vivía en los espacios pantanosos de Lerna. Heracles (Hércules), sin embargo, en su noveno trabajo, montado sobre un carro dirigido por Yolao y ayudado por otros compañeros, no solo consiguió vencer a este monstruo, cauterizando las llagas con el fuego de una antorcha, sino que logró purgar enteramente de estos inmundos seres el país de Argos. Prendió fuego a los cañizales del lago, en cuyas raíces encontraban su guarida estos reptiles, haciendo, de este modo, habitables aquellos parajes. «Esta hidra de muchas cabezas se componía de una multitud de serpientes que infectaban los lagos de Lerna, cerca de Argos», comenta J. F. M. Nöel. Hércules, además, conocedor de que la sangre de este fabuloso ser era veneno, impregnó la punta de sus flechas en ella para que sus heridas fuesen mortales, tal como pudo comprobarse luego con las heridas sufridas por Neso, Filoctetes y Quirón. Se decía que si esta sangre se mezclaba con el agua de los ríos, los peces dejaban de ser comestibles.

Este ser mitológico está vinculado con la fiebre de los pantanos, áreas lacustres peligrosas para el ser humano, que solo podían ser saneados y desecados por la acción del fuego. Al morir la hidra por la acción de las llamas, se daba paso a una regeneración de la tierra, aumentando su fertilidad. La hidra es, por lo tanto, el símbolo de las dificultades y los obstáculos que es necesario vencer improvisando sobre la marcha cuando uno se ha embarcado en una empresa. También este fabuloso ser que habita en los pantanos simboliza los vicios triviales; porque, mientras viva el monstruo y la vanidad no esté dominada, las cabezas, que simbolizan tales vicios, vuelven a brotar, incluso del cuello cortado. Por lo tanto, y confirmando la interpretación, todo lo que toca los vicios o procede de ellos se corrompe y corrompe.

Elfa (*Elpha*) es la personificación del mal, el vicio y la lujuria. Sería otro de estos seres fabulosos que aparecen en muchas construcciones templarias. La suerte final de esta serpiente con rostro de mujer es similar a la de la hidra; pero Elfa es vencida por el mago-todopoderoso Hércules-Ogmios, un héroe medieval que recoge los mitos y creencias antiguos (desde el poema de Gilgamesh hacia el 2500 a. C. hasta los beatos altomedievales como Liébana, Girona y Silos, de los siglos VIII-XI, inspirados en el Apocalipsis, el libro mágico atribuido a Juan Evangelista) y los incorpora a las culturas del medioevo hispano. Se incluye también en el *Cantar de Mío Cid*, concretamente en la afrenta del robledal de Corpes, donde los infantes de Carrión, en la villa de Castillejo de Robledo (Soria), hacia 1086, repudian, ultrajan y abandonan a las hijas de Rodrigo Díaz de Vivar. Destacamos a continuación la parte que nos interesa:

> «Ya movieron del Anssarera los yfantes de Carrión,
> 2690   Acoien se a andar de die e de noch;
> Assiniestro dexan Atineza [Atienza], una peña muy Fuert [fuort]
> La Sierra de Miedes pasaron la estos (entonces),
> Por los Montes Claros aguijan a espolón;
> Assiniestro dexan Agriza que Álamos pobló,
> Allí son [los] caños do a Elpha en cerró;
> Adiestro dexan asant Estevan, más cae aluen [allen];
> [que cae más allá, más lejos, allende Duero]
> Entrados son los yfantes al Robredo de Corpes».

Se trasladan a finales del siglo XII y comienzos del siguiente algunas de las más profundas esencias mitológicas del mundo mesopotámico y de la Grecia clásica. «Pero es Licofrón (un poeta erudito y enigmático, difícil de entender y, sin embargo, muy leído por los estudiosos de todos los tiempos) quien nos presenta a Hércules venciendo y dominando a La Maga (mitad mujer y mitad fiera) que, como bestia marina, aterrorizaba a los exploradores y navegantes fenicios y griegos que atravesaban el estrecho de Gibraltar. Este ser infernal aparece, a su vez, en plena Edad Media, como hidra de siete cabezas», subraya el erudito soriano Ángel Almazán de Gracia. La mujer-serpiente se encuentra asimismo representada en la mitorreligión hebrea, que hunde sus raíces en gran parte en las ancestrales tradiciones mesopotámicas, como bien se sabe. Al enigmático poeta griego

La hidra de la iglesia templaria de Caracena, en la provincia de Soria, con su vientre hinchado.

Licofrón (siglo IV a. C.), precisamente, le debemos la siguiente descripción del Periplo de Ulises, donde comenta de manera especial la malignidad de la mujer-serpiente: «Y a otros, zarandeados por Sierte y por las playas líbicas y por el angosto canal del estrecho Tirreno y por las atalayas, funestas para los navegantes, de la mujer mitad fiera (antaño muerta a manos del zapador boyero Mecisteo cubierto de pieles) y por los escollos de las arpías de canto de ruiseñor, cruelmente despedazados, a todos recibirá el acogedor Hades... ¿Cuántos cadáveres no engullirá Caribdis? ¿Y cuántos la furiosa perra por mitad mujer?...» (Mecisteo no es otro que Macisteo, el hombre cubierto de pieles, armado con una maza, que se encarna en la figura de Hércules).

En muchas casas de la Antigua Grecia, como se sigue haciendo en algunos lugares de Asturias, concretamente en los hórreos, se colocaban las *elaphe* (serpientes con rostro de mujer) a modo de amuletos protectores de los depósitos de alimentos. Porque, no debemos olvidarnos, *elpha*, con su figura de serpiente (mitad reptil y mitad humana), se convirtió en una divinidad inferior veladora de los bienes, desde los más necesarios (cereales) hasta las mayores riquezas (tesoros). Por ello, no tardaría en ser objeto de un clamoroso culto en numerosos templos, como el de Delfos, que evoca el nombre de este ser mitológico. También en la geografía hispana, durante la protohistoria y, concretamente en la ciudad celtíbera de Tiermes, en las parameras sorianas, los pueblos arévacos rindieron homenaje a esta divinidad, vinculada con las cosechas de cebada, mucho antes de la llegada de las legiones romanas.

En la iglesia templaria de San Pedro de Caracena (Soria), el capitel que corona la columna de la izquierda, en el acceso lateral del pórtico, reproduce un dragón en forma de serpiente de siete cabezas. Se trata de una hidra o una elfa que transmite unos incuestionables simbolismos a quienes traspasan aquel umbral al entrar en el pórtico exterior del templo. Entre los mensajes que los templarios quisieron transmitir a los feligreses que iniciaban su entrada al primer recinto del templo estaba, sin duda, el de que, una vez dentro del recinto sagrado, debían dejarse atrás todos los temores y vicios terrenales. La presencia allí de este monstruo conlleva un recordatorio a quien lo contempla de muchos de los pecados que acechan al ser humano a lo largo de su corta vida, entre ellos, la vanidad. Sin embargo, contemplada como divinidad, como hemos podido ver, la representación por parte de los templarios de este ser en el capitel del portal lateral de esta enigmática iglesia soriana podría transmitir otra lectura: la de talismán protector de todo lo que se halla en el interior del templo. No es una casualidad que, en el suelo, junto a esta sencilla entrada al pórtico, arqueólogos de la universidad de Valladolid hallasen dos tumbas de templarios, cuyos esqueletos, enterrados boca abajo, medían dos metros de alto y portaban en sus manos las monedas para el pago a Caronte; y, en el interior de la iglesia, concretamente en el altar, un ara sagrada vinculada igualmente con el Temple, pero con una escalofriante inscripción en su cubierta: *Pertenebat ad malam sectam* (perteneciente a la secta mala), en clara referencia a los templarios, grabada a mediados del siglo XIV por la Inquisición tras la eliminación de la orden para recordar a la feligresía que aquel templo fue un lugar sagrado para la orden condenada por la Iglesia. Por ello, también se cambió el titular del altar mayor: de san Miguel Arcángel se pasó a san Pedro...

Estos horripilantes seres en forma de hidras o de mujeres serpiente, surgidos de las entrañas de los espacios más oscuros de las aguas estancadas, además de en San Pedro de Caracena, se reproducen en numerosos lugares del mundo medieval hispano y se conservan en los Beatos, Tiermes, El Burgo de Osma, Segovia, Pinilla de Jadraque, etc. La serpiente, como símbolo del Bien (astucia, resurrección, prudencia...), o como elemento del Mal (muerte, miedo, veneno, ultratumba...), es uno de los símbolos más usados por las religiones de la antigüedad para representar a sus divinidades. «Pero a partir de cierta época, en las culturas mediterráneas, los dioses de los otros (ídolos), los dioses vencidos o proscritos (demonios), suelen asociarse con dragones, serpientes, culebras, etc.», amplía Ángel Almazán.

La oca es el único animal que coincide en las tres culturas monoteístas del mundo medieval, por su triple condición: acuática, aérea y terrestre. Por sus singulares dotes, como la capacidad de desplazarse sobre cualquier medio, a excepción del fuego, fue elegida como el ave sagrada de los arcanos en un juego creado por los templarios que practicaban los peregrinos a Compostela. También, sus improntas se reproducen en numerosos lugares de la geografía templaria hispana, y en un enigmático crucifijo...

24. LA OCA, EL AVE MÍTICA DE LOS ARCANOS MEDIEVALES

> «Cuando la marea creciente del cristianismo amenazó con sepultar las tradiciones ancestrales, la Pata de Oca, escapando a la persecución inherente de todo signo pagano, se dobló sobre sí misma, convirtiéndose así en el crismón, símbolo multiforme de amplio significado y profundas intenciones sincréticas, parte de las cuales se encuentran indicadas, en forma clara por demás, en el crucifijo templario de Puente la Reina (Navarra)».
>
> Rafael Alarcón Herrera

El ánsar, pato o ganso, es un animal relacionado con aves mensajeras entre el cielo y la tierra. A lo largo del Camino de Santiago son muchas las poblaciones y enclaves naturales (montañas, valles, ríos, desfiladeros, etc.) que rinden un justo homenaje a esta singular ave. Incluso el juego de la oca, auspiciado por los templarios (y el único que aceptaban como forma de ocio, al considerarlo un ejercicio de formación a los conocimientos gnósticos) como prueba de iniciación, era practicado por los peregrinos durante los momentos de descanso del largo trayecto hacia Compostela. El río Oja (Rioja) se llamó en los siglos medievales río Oca. De ahí, también, la gran cantidad de lugares en el valle central del Ebro que rinden homenaje a esta singular ave.

La oca es un animal benéfico, de origen profano, que por su triple condición (acuática, aérea y terrestre) simboliza la fertilidad en el amor; pero también presagia el peligro. Es un ave

Ocas en el Camino, y la impronta de la pata.

vinculada con el Sol y asociada con el destino. Civilizaciones de todas las épocas y latitudes le han rendido una especial admiración. La vinculación de este animal con los poderes y fuerzas esotéricos es muy antigua. Francia tiene una región dedicada a este animal, Occitania (tierra de ocas), que cuenta con un idioma propio, la lengua de oc (Languedoc), que hablaban los cátaros y trovadores del medioevo. También en España esta ave cuenta con una región propia: La Rioja, con dos ríos (Oca y Oja), que confirman más aún la tradición de esta región con el Camino de Santiago y sus secretos iniciáticos. Su presencia en las rutas de peregrinación, y también en los espacios más esotéricos de nuestra geografía, se manifiesta igualmente en sus improntas (la huella de su pisada) en forma de triple horquilla como signo de reconocimiento de las hermandades secretas de los canteros del medioevo, creadas, fomentadas y financiadas por los caballeros del Temple.

La pata de la oca aparece grabada en numerosos lugares, relacionados espacilamente con la ruta jacobea principal y también con los caminos colaterales a ella. La comarca aragonesa del Serrablo, en el Pirineo de Huesca, es una prueba evidente de la presencia de la oca, con sus huellas como testimonio esotérico de esta mágica ave en los cultos iniciáticos de los pueblos y gentes del Alto Aragón, donde la Orden del Temple también tuvo una notable vinculación.

SÍMBOLO DE ORIGEN ANCESTRAL

Desde los tiempos protohistóricos hasta nuestros días, pasando por las culturas tradicionales célticas, orientales y africanas, sin olvidarnos de la Europa medieval, pocos animales han sido objeto de tanta alusión y centro de simbología como la oca. En este sentido, es preciso recordar que la primacía simbólica dada a estos animales salvajes sobre los domésticos se remonta a las épocas más arcaicas.

La oca, como hemos dicho anteriormente, es un animal del todo benéfico para el hombre. Su símbolo está asociado a la Gran Madre y, al mismo tiempo, al descenso a los infiernos. Se trata de un hermoso animal marcado por el número 3 (agua, aire, tierra), como los dedos de sus patas.

Empecemos nuestro viaje simbólico por Egipto. Cuando los faraones se identificaron con el Sol, sus almas se representaron en forma de ánsar, pues el ánsar es el astro rey surgido del interior del huevo primordial. Los antiguos egipcios sacrificaban la oca a Isis, la diosa esposa de Osiris, quien durante el Bajo Imperio (664 a. C.-337 d. C.) se convirtió en la Gran Madre Universal. El advenimiento de un nuevo rey se anunciaba, entre otras ceremonias, soltando cuatro ocas salvajes a las cuatro esquinas del horizonte. «Apresúrate hacia el sur —decían— y di a los dioses del sur que el faraón [*tal*] ha tomado la doble corona». Se repitía la fórmula para cada uno de los restantes puntos cardinales. En Egipto, como en la lejana China, las ocas salvajes también se consideraban mensajeras entre el cielo y la tierra.

En el ritual del sacrificio del caballo y la ascensión chamánica en el *Altai*, relatado por Radlov, el ánsar sirve de montura al chamán para perseguir el alma del caballo. A menudo es una oca y no un caballo quien sirve de montura al chamán altaico para regresar de los infiernos tras una visita al rey de los muertos.

En una copa ática (siglo v a. C.) conservada en el Museo Británico de Londres vemos a Afrodita, la diosa del Amor, cabalgando sobre una oca. En la misma Roma, las ocas sagradas criadas alrededor del templo de Juno, divinidad de la naturaleza femenina, tenían como misión avisar, pues se creía que presentían el peligro y daban la alarma. Particularmente se distinguieron una noche, en el año 390 a. C., dando graznidos cuando los galos intentaron asaltar el Capitolio. Julio César, cronista, además, de la guerra de las Galias, comenta en *De Bello Gallico* que las ocas se criaban por placer (*voluptatis causa*). Sin embargo, nunca comprendió el porqué.

Se sabe que los romanos sacrificaban ocas en honor a Príapo, dios de los Jardines y de los Huertos, al que igualmente se le rendía culto como protector contra el mal de ojo, de ahí que estuviese provisto de un sobresaliente pene.

En la tradición céltica del viejo continente, la oca es un equivalente del cisne, ya que ambos animales apenas son diferenciados. En algunas regiones, como Bretaña, donde permanecen vivas muchas tradiciones célticas, es costumbre todavía relacionar la oca con el mundo del Más Allá y, por tanto, considerarla mensajera entre los poderes terrenales y sobrenaturales. Por ello, esta ave ni se cuestionaba como alimento.

La oca está estrechamente relacionada con el destino, como lo prueba el popular juego de la oca, que es una derivación profana, espacial y temporal del símbolo, representando los peligros y fortunas de la existencia antes del retorno al seno materno. Un juego tan familiar y nostálgico que no deja de ser objeto de una interpretación esotérica, pues está considerado como un laberinto y, al mismo tiempo, una compilación de los principios hierográficos. Fue Fulcanelli quien, en sus *Moradas filosofales*, supo vincular mejor que nadie este cabalístico e iniciático juego con los saberes ocultistas: «El juego de la oca es el

Oca grabada en el pavimento de la plaza de Santiago de la ciudad de Logroño, con otros muchos temas relacionados con el peregrinaje jacobeo.

laberinto popular del Arte Sagrado y compendio de los principales jeroglíficos de la Gran Obra [...] Y nuestro Mercurio filosófico es el pájaro de Hermes, el cual se da también el nombre de Oca o de Cisne, y a veces el de Faisán».

Los templarios no tardarían en relacionar esta palmípeda ave, por su condición de anfibio y la particularidad de ser un animal sociable, con las asociaciones iniciáticas y, eventualmente, secretas y herméticas de las sociedades medievales más esotéricas, entre ellas, lógicamente, la Orden del Temple.

UN JUEGO GNÓSTICO

El juego de la oca es un mapa encriptado del Camino de Santiago de ida y vuelta, donde los templarios marcaban los lugares que tenían una determinada significación. Los orígenes de este juego esotérico hay que buscarlos en el disco de Phainos, que los templarios descubrieron en Tierra Santa, y que se convirtió en el embrión sobre el que el Temple desarrolló su juego y guía jeroglífica. Cada etapa del Camino está marcada por una casilla del juego de la oca. El Camino de Santiago ha tenido en cuenta, en el diseño de las etapas de este legendario trayecto, la relación entre las casillas del tablero y las etapas en el itinerario real que desvela este enigmático juego, cuyo objetivo primordial es ser el primero en alcanzar la casilla central de la Gran Oca, saltando de posiciones, según la tirada de los dados y sometido a unas reglas de juego, establecidas para cada casilla. El viaje se hace siempre hacia Occidente y, al mismo tiempo, hacia el interior de uno mismo, como si se tratase de un laberinto.

De las 63 casillas (6 + 3 = 9; de nuevo el número esotérico del Temple) que componen el juego de la oca, 15 corresponden a animales acuáticos, aéreos y terrestres. El jugador deberá llegar hasta la última casilla, y en su trayecto tendrá que sortear una serie de obstáculos que encontrará a su paso (calabozo, laberinto, pozo, dados, puentes, muerte, posada), antes de alcanzar su meta. Existe una estrecha relación entre este juego y el iniciático Camino de Santiago, a través de los templarios. Incluso el nombre de oca se repite en 13 ocasiones a lo largo de la más famosa vía de peregrinación del mundo occidental (de este a oeste: Anso, Oyon, Logroño y ríos Oja y Oca, Montes de Oca, Puerto de la Pedraja y Santovenia de Oca, El Ganso, Manjarín, Valdueza, Arroyo Barjas, Santa María de Loyo, Puerto de la Oca, San Esteban de Oca y Noya), que se corresponden con las 15 casillas con estas aves que aparecen en el cabalístico juego de la oca (números 1, 5, 9, 14, 18, 23, 27, 32, 36, 41, 45, 50, 54, 59 y 63). Existe, por lo tanto, una estrecha relación entre este iniciático juego, que pusieron en práctica los templarios, con el Camino de Santiago. Además, en el desarrollo del juego, como prueba, aparece una serie de coincidencias con la numerología

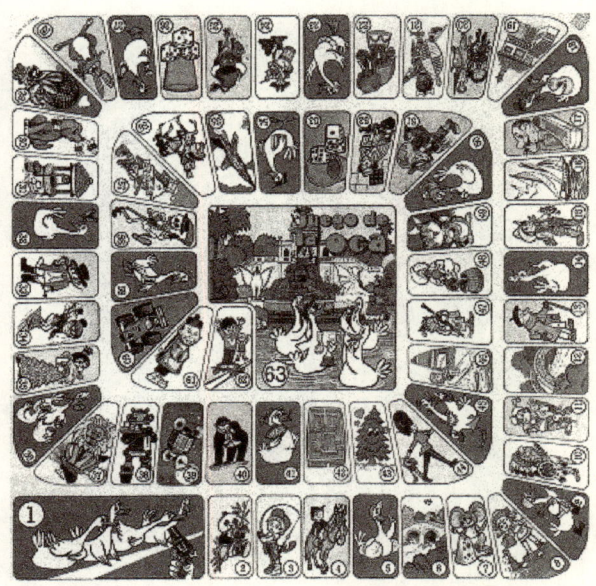

Tablero del popular juego de la oca, en donde podemos ver los contenidos de las diferentes casillas, con sus fortunas y obstáculos para el participante.

esotérica. Por ejemplo, el 5, correspondiente a la suma de las cifras que se distancian nueve cuadros, que, en la Qabbalah judía se relaciona con la letra Hé, así como con el Pontífice en el tarot; el 7, el número de ocas que aparecen en el grupo A del juego (casillas 5, 14, 23, 32, 41 50 y 59), y las del grupo B (casillas 9, 18, 27, 36, 45 y 54), sin contar la primera y última casillas, número que en la *Qabbalah* está vinculado con la letra Zain, y el Carro del tarot; y el 9, como suma de las cifras de distanciamiento de los cuadros en el juego, número vinculado con la letra Teth, en la Qabbalah, y con el Ermitaño, en el tarot. También son 9 los obstáculos que aparecen a lo largo de este cabalístico juego (cuadros: 6, el puente; 19, la posada; 26, los dados; 31, el pozo; 42, el laberinto; 52, la cárcel; 53, los dados; 58, la muerte;

Piedra en la encomienda templaria de Puig-reig (Barcelona) con la impronta de la pata de oca.

63, el acceso a la meta o el triunfo final), situados a modo de pruebas para el iniciado. «El símbolo de la oca (o del cisne, o del ánsar, o del pato salvaje) es, en realidad, la concreción del otro símbolo mucho más amplio y universal: el del Ave, que se resume en el palmípedo tal vez por su triple condición de animal volador, terrestre y marítimo a la vez. Es decir, un ser que, simbólicamente, domina tres elementos y que, convertido en el mítico fénix, domina igualmente el cuarto, en tanto revive anualmente de sus propias cenizas después de ser consumido por el fuego del Sol», recordaba García Atienza.

La simbología hermética de la oca, como hemos dicho anteriormente, está muy relacionada con grandes etapas de nuestro Camino de Santiago, coincidiendo precisamente en aquellas zonas donde la presencia templaria fue más notable: desde el Pirineo de Huesca (valle de Ansó), hasta la céltica Galicia (Noya), pasando por lugares como Ocón, Daroca, La Rioja, Ojacastro, Nanclares de Oca, Castrogeriz, sierra de Ancares, y los antes citados. Estos nombres, como podemos ver, son derivaciones relacionadas con los términos «jars», «ánsares», «ocas»... Pero también la sombra de esta esotérica ave está presente en las huellas que, en forma de sus tres dedos, aparecen grabadas en lugares igualmente vinculados con este iniciático camino de peregrinación por el Campo de las Estrellas. En estos enclaves del camino de peregrinación a Compostela, los templarios sufragaron muchas construcciones, financiando a los maestros alarifes con réditos muy bajos.

En la comarca altoaragonesa del Serrablo, en los Pirineos de Huesca, la presencia de la oca es bien patente. Concretamente en el pueblo de Allue, acurrucada en la ladera de mediodía de la montaña mágica de Santa Orosia, y sobre la orilla izquierda del Basa, se alza una modesta iglesia, mitad mozárabe y mitad románica. En su muro meridional, donde se abre la portada de acceso, aparecen grabadas en las piedras del aparejo exterior varias improntas que recuerdan la pisada de la oca, el ave mítica de los arcanos medievales, portadora de las ciencias de ultratumba y emisaria de los poderes del Más Allá. No es extraño que sea en este enigmático valle donde más abunden las pisadas de esta ave, como hemos podido admirar en dinteles, ábacos, capiteles, impostas o simplemente piedras exteriores de las iglesias medievales, al ser esta tierra el lugar en que se inicia uno de los senderos colaterales del Camino de Santiago, antes de llegar a Jaca, tan relacionada con las fuerzas satánicas. El mismo nombre de la comarca, Serrablo, se traduce como «sierra del Diablo»...

En el pavimento del interior de la parroquia de San Juan de Rabanera, en la ciudad de Soria, calificada unánimemente como una de las obras más singulares del románico soriano, construida a finales del siglo XII y donde se aúnan influencias estilísticas tan dispares como el mudéjar, el lombardo y el bizantino, aparecen pisadas de oca en las losetas; sin embargo, tales improntas no fueron ejecutadas en un origen para ser pisadas, sino que corresponden a piedras del aparejo del muro exterior de otra iglesia románica local, la de San Nicolás, de donde fueron trasladadas a esta de San Juan. La visión del símbolo de esta ave mitológica transmite a los peregrinos que ingresan en el templo el mensaje de que se hallan en uno de los caminos que conducen a Compostela. Recordemos que la ciudad de Soria estuvo muy vinculada con la Orden del Temple, y disponía de un monasterio, el de San Polo, hoy propiedad privada, que servía de antesala en el sendero iniciático que conduce al eremitorio troglodítico de San Saturio, sobre el meandroso curso del Duero; el santo patrón de esta ciudad castellano-leonesa siguió a pies juntillas las enseñanzas de Prisciliano, el druida del cristianismo agnóstico de la Galicia paleocristiana.

La oca, o en su defecto la pisada de esta enigmática ave, por su triple dimensión (acuática, aérea y terrestre) fue utilizada por los caballeros del Temple como elemento identificador hermético de lugares de energía, y, al mismo tiempo, como talismán ahuyentador de los poderes maléficos de Satanás. No es una casualidad, por lo tanto, que sean innumerables los puntos de nuestra geografía esotérica que tengan grabados, o el ave en su forma integral, o bien la impronta de la huella de su pata; muchos de los cuales están ubicados a lo largo y ancho del Camino de Santiago.

UN CRISTO INQUIETANTE

En Puente la Reina (Garés), localidad navarra capital del fértil valle de Valdizarbe, que se correspondería en el tablero del jue-

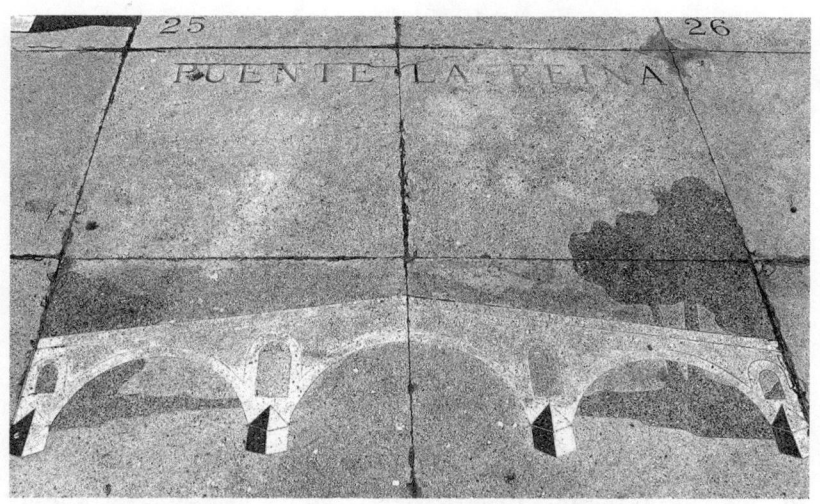

El monumental puente de Garés decora una de las losetas historiadas del pavimento de la plaza de Santiago, en la ciudad de Logroño.

go de la oca con la casilla 6, confluían cuatro importantes vías de peregrinación procedentes de Francia, como da fe la escultura de un peregrino con una frase lapidaria: «Y de aquí todos los caminos a Santiago se hacen uno solo». A las afueras de esta esotérica villa, famosa por su monumental puente (el puente de los Pontífices), que salva las verdosas aguas del río Arga, se alza una enigmática capilla, la iglesia del Crucifijo, que pasa un tanto inadvertida para muchos. En su interior, en una capilla lateral, se venera una extraña imagen del Cristo en una cruz, que tiene la particularidad de ser un triple madero en forma de pata de oca, o de Y. Llegó a España desde Renania (Alemania) a comienzos del siglo XIV, por lo cual podríamos establecer en él otro de los vínculos que el Temple mantuvo con sus hermanos los teutones; recordemos que este templo fue el pionero en las construcciones templarias de todo el camino de peregrinación a Compostela en tierras hispanas. «Esta cruz no solo constituye una horquilla, sino que el tronco central se prolonga hacia atrás de la cabeza del Cristo, adoptando, en realidad, la inequívoca forma de la pata de oca», escribió Atienza. Esta capilla, comenzada en cuadrado y culminada en un cimborrio octogonal (el 8, el número de la resurrección), es lo único, junto con los restos de un pórtico, que se conserva del complejo monacal allí existente en la Edad Media, del que desapareció el hospital, levantado en la aldea de Murugarren (posteriormente englobada en la villa de Puente la Reina, tras la fundación de esta) en el año 1142, en tiempos del monarca García Ramírez, quien le cedió los terrenos al primer comendador del Temple en la zona, fray Glisón.

En un principio, este templo fue puesto bajo la advocación de una virgen negra, Nuestra Señora de los Huertos, cuya imagen desapareció durante los episodios de la Desamortización (1833), siendo sustituida por otra, igualmente románica, procedente de Urdánoz, pueblo del vecino valle de Goñi. Sobre el origen de este crucifijo se han barajado muchas historias y leyendas. Una de ellas asegura que está en Puente la Reina por donación de unos peregrinos germanos, en agradecimiento a la hospitalidad recibida en esta población, al regresar de Compostela. No es una casualidad, por lo tanto, que en la ciudad alemana de Colonia, concretamente en la iglesia de Santa María del Capítulo, exista un crucificado de idénticas características. Recordemos que la Orden Teutona guardó unas muy estrechas relaciones con los templarios.

Otro enigma que surge al hablar de esta extraña cruz es que, detrás de ella, en el interior de un lienzo del ábside, aparecieron unas pinturas murales realizadas en el siglo XIII por un tal Johan Oliver. En una de ellas aparece una crucifixión de similares características a las del Cristo que allí se encuentra sobre la pata de oca de madera, lo que confirmaría el hecho de que los templarios, a pesar de su suspensión oficial, tras el decreto de

El Cristo de la antigua aldea de Murugarden, perteneciente hoy a Puente la Reina, regalo de tutones a los templarios de esta encomienda.

apresamiento y clausura de la orden, prosiguieron en el mayor secretismo la obra ocultista que tenían encomendada, lejos del tiempo y del espacio, y con el apoyo del sustrato social.

El crucifijo de esta iglesia de Puente la Reina, por su singular riqueza simbólica, está vinculado, además, con las más ancestrales representaciones divinas de los cultos orientales. Recordemos al Krishna hindú o a Attis, de los misterios frigios, por la crucifixión en un árbol. Además, en las coordenadas de las grandes religiones del universo, la Y griega, que sacrifica al redentor cristiano sobre la *iod* hebrea, está vinculada con la décima letra del alfabeto sagrado (la *sefirá* de la *Qabbalah*), que tiene como principio el mismo Yahvé, origen de todas las cosas, unión de los contrarios. Esta extraña cruz en su particular forma de pata de oca eleva el sacrificio de Cristo a un estadio superior a Él mismo, simbolizando, al mismo tiempo, la esencia sagrada de la arquitectura, con una mano de tres dedos inspiradora de las proporciones divinas del espacio.

Si la oca se convierte en el animal sagrado de los peregrinos jacobeos, por su triple dimensión, el cisne sería el emblema de los caballeros del Temple, según las sagas germánicas y célticas, como elemento delimitador de las fuerzas celestiales y mortales. Estos, los *cygnatus*, valerosos caballeros templarios que cabalgan a lomos de rápidos y mágicos corceles, depararán algunas de las más sobrecogedoras vinculaciones del mundo medieval, donde el Grial y la cábala judía también tuvieron un papel preponderante. «En el panteón grecolatino, la mitología cuenta cómo cada primavera Orfeo regresaba del Hades, en una carroza tirada por cisnes, para restaurar la naturaleza», comenta el especialista Rafael Alarcón Herrera.

Antes de terminar el ciclo de animales alados vinculados con los templarios, abordaremos otro de los mitos del Temple, el relacionado con el pelícano, ave capaz de dar la vida por su progenie, porque también guardó una estrecha relación con los cátaros de Occitania y con los poderes del Mal, como veremos a continuación.

25. EL MITO DEL PELÍCANO

>«El pelícano era un ave tan clara como el Sol y seguía al astro rey en su trayectoria. Por lo tanto, a menudo dejaba solos a sus hijos en el nido. Fue durante su ausencia cuando intervino la Bestia diabólica. Cuando el pelícano regresó, encontró a sus hijos despedazados. En seguida los curó y los resucitó. Pero como los pelícanos habían sido muertos y resucitados varias veces, su padre decidió un día ocultar su luz y permanecer a su lado en las tinieblas. Cuando llegó la Bestia, la venció y la puso fuera de combate».
>
> (La leyenda del pelícano, según la interpretación hecha por la Inquisición del mito cátaro).

Los templarios también se nutrieron de numerosos valores socio-culturales de Occitania. Uno de ellos fue el mito del pelícano, donde esta singular ave se muestra en toda su riqueza mitológica ante los constantes acosos que el Diablo (la Bestia) lleva a cabo contra su progenie. Estos conceptos los tomaron los caballeros del Temple de sus contemporáneos los cátaros para enriquecer su vasta mitología, que forma parte de un largo desarrollo cultural que se remonta a los antiguos bestiarios clásicos (*Physiologus*), pasando por el simbolismo heterodoxo y la iconografía cristiana, para terminar en la moderna francmasonería.

El pelícano, que guarda una estrecha relación con el ave fénix, para la iconografía cristiana es el símbolo de Cristo, y también de la naturaleza húmeda que, según la física antigua, desaparece por efecto del calor solar y renace en invierno. La investigadora de los arcanos medievales Ana Checa Villegas lo resume así: «Cuando hablamos del ave fénix, nos encontramos una vez más con el pelícano, y con la vía húmeda; la naturaleza húmeda que desaparece por efecto del calor solar y renace en invierno...». El pelícano se toma como figura del sacrificio de Cristo, así como de su resurrección, simbolismo que igualmente encuentra un estrecho paralelismo en la llaga del corazón, de donde manan sangre y agua, licores de vida. «En las versiones ortodoxas y monoteístas, el Pelícano mata a sus propios hijos, que le han ofendido (lo que significa que Cristo se ha visto obligado a castigar a sus hijos, los pecadores). Pero cuando los ve muertos, el Pelícano los resucita rociándolos con su sangre (y esto significa que Cristo —*Christus in Passione*— resucita a los hombres sacrificándose por ellos)», escribe el medievalista francés René Nelly. También el pelícano, como ave acuática, encarna otras muchas valoraciones que recogemos en las fábulas. Se cuenta que ama tanto a sus pequeñuelos que muere por ellos mientras se abre el buche para alimentarlos. A tenor de esto, es fácil comprender que el pelícano sea considerado el símbolo del amor paterno, así como el de los príncipes hacia sus pueblos.

¿Pero qué relación guarda esta mitológica ave con el Diablo? Pues una muy estrecha, la de tentador de la seguridad de los más débiles (los pecadores), representada por las crías del pelícano que, indefensas ante el feroz ataque de la Bestia, caen con facilidad víctimas del Mal. En la imaginería medieval, desde el bestiario occitano hasta la iconografía cristiana, con un significado heterodoxo, el mito del pelícano sigue un rosario repetitivo que, tras seducir a los escultores románicos, encuentra en las más profundas concepciones del Temple su verdadero caldo de cultivo.

«El dios malo se encarnizaba en destruir las criaturas buenas que habían hecho el verdadero Dios. Y esto duró hasta que Cristo depuso o escondió su luz (*deposuit vel abscondidit*), es decir, hasta que se encarnó en la Virgen María. Entonces capturó al dios del Mal y lo relegó a las tinieblas del Infierno. Y a partir de ese tiempo, el dios del Mal no tuvo ya la posibilidad de destruir a las criaturas del dios del Bien», dejó escrito un cátaro, según leemos en el *Registro de la Inquisición*, firmado a comienzos del siglo XIV por el obispo de Pamiers Jacques Fournier (tomo I, página 358). Con ello, no solo la concepción medieval recuerda la necesidad de vencer las tentaciones de las fuerzas del Mal, a través de la Luz, sino también el reencuentro con la Virgen María, la madre de Jesús, fecundadora de vida y esperanza. Porque en la tierra, Cristo se limitó a ocultar su luz en la Virgen, como recuerda una célebre oración cátara: «Dios descendió del cielo con los doce apóstoles y ocultó su luz en la Virgen María». Pero, más que para renacer como hombre del seno de una mujer, esa ocultación por parte de Cristo de la Luz no fue sino una circunstancia momentánea para confundir al Diablo; porque, para vencer al príncipe de las tinieblas, Cristo vio necesario entrar en cierto sentido en las tinieblas del Mal.

El concepto de que esta mitológica ave es un ser vinculado con las fuerzas del astro rey, que sigue al Sol en su trayectoria astral, es una invención que los cátaros de Occitania tomaron de los antiguos celtas de las Galias, cuyos magos (druidas) eran adoradores de la más luminosa de las estrellas del firmamento. Esto lo atestiguan los símbolos que, en honor al Sol, están grabados en las viviendas de sus castros, que los templarios recogieron en estrellas de seis puntas inscritas en círculos (rosa *sexifolia*), tan abundantemente representadas en edificios y colocadas en las entradas de las construcciones, tanto civiles como

Hembra de pelícano alimentado a su progenie con su propia sangre en una pintura al óleo que decora la puerta de entrada a la sacristía de la iglesia de Cretas.

religiosas, para transmitir energía positiva a sus moradores y, al mismo tiempo, un mensaje de buena acogida a los foráneos.

Con toda probabilidad, los monjes eremitas templarios, que buscaban el aislamiento metafísico en lugares llenos de energía pero del todo alejados de los núcleos de población (cañón del río Lobos, Liébana, las Hurdes, el Serrablo, la Baja Extremadura, las Batuecas, el Maestrazgo, el Matarraña, el Priorat, los Oscos, el Ampurdán; la sierra de Cazorla, Las Merindades de Burgos…), encontraron una gran inspiración de fuerza espiritual al buscar como referencia la figura de esta bondadosa ave, de naturaleza acuática, que solo tomaba el alimento necesario para mantenerse con vida.

En el mundo alegórico de la alquimia también está muy presente la figura de esta fabulosa ave, cuando aparece con su retorcido pico que se proyecta hacia su abombado vientre, en clara alusión a la retorta; así como imagen de la piedra filosofal que, al ser sumergida en el plomo líquido, hace que este se funda y desaparezca para dar lugar a la conversión en oro. Por otra parte, como símbolo altruista de la purificación, el pelícano ilustra el grado de las logias francmasónicas de Escocia, a cuyos miembros de la rosacruz se les denominaba en las antiguas lógica «caballeros del pelícano».

En nuestro recorrido por la geografía hispana en busca de elementos artísticos que representen al pelícano destacamos la vidriera del rosetón que ilumina el hastial del crucero del lado de la Epístola de la iglesia parroquial de la villa de Bagà (Alt Berguedà, Barcelona), dedicada a san Esteban. Esta población abrió sus puertas a los colectivos cátaros que, durante los siglos XIII y XIV, bajaban de Occitania huyendo de las llamas de los cruzados e inquisidores franceses. Otro lugar que aconsejamos a nuestros lectores que visiten es la iglesia parroquial de la villa de Cretas (Teruel), dedicada a la Virgen de la Asunción. En el interior de la puerta de entrada a la sacristía vemos grabada una interesante pintura al óleo, con la siguiente inscripción en la parte superior de la composición escénica: «*Venite adme omnes*» (venid a mí todos).

Tampoco la mitología islámica se libra de la alusión a esta fabulosa ave, como se recoge en el Corán. Se asegura que el pelícano, que en Arabia hace su nido lejos de las aguas para estar más seguro, en ocasiones va a buscar la comida a dos jornadas de distancia y la trae a su progenie en el interior de un depósito que tiene dentro del pico. Los musulmanes, a tenor de ello, creían que Alá se servía de esta ave para socorrer a los peregrinos de la Meca que precisaban del líquido elemento a través del árido desierto.

Pero es en el mundo de los muertos donde también los templarios ejercieron un papel predominante, a nivel de ritos, muchos de los cuales la tradición popular ha mantenido hasta nuestros días, en donde la leyenda le gana la partida a la historia oficial, como veremos a continuación.

26. LOS PREPARATIVOS PARA EL ÚLTIMO VIAJE

> «En cuanto al rito de enterramiento, hay que destacar la aparición de monedas en las manos de algunos esqueletos; fenómeno ya constatado en algunos yacimientos sorianos que muy bien puede poner en relación con creencia del Óbolo de Caronte, lo que indica unas perturbaciones muy tardías de estas prácticas paganas».
>
> Fernando Morales Hernández

Era tradicional de la Orden del Temple enterrar a sus muertos con el rostro vuelto hacia abajo. Con ello se procuraba un mayor contacto del difunto con la Madre Tierra, porque es en el Más Allá, al traspasar los límites de su existencia mundana, donde se encontrarían para rendir cuentas al Altísimo. Con ello no solo se rendía un justo homenaje a la Madre Tierra sino que se hacía patente la proclama cristiana de *Pulvus eris et in pulvis reverteris*, según la expresión original *Terra eris et in terra reverteris*. De este modo, los templarios recuperaron para la figura de la Madre un papel importante que, con el patriarcalismo hebreo adoptado por el cristianismo, la Virgen María había perdido; y la Madre está relacionada con la tierra, engendradoras, ambas, de vida. «El rostro del muerto vuelto a la tierra es expresión de un regreso a la sacralidad primitiva, con todas sus consecuencias», recordaba Juan García Atienza. Esta es, por lo tanto, otra de las ancestrales tradiciones que el cristianismo, de corte machista, había arrinconado, pero que los templarios supieron muy bien recuperar. En la iglesia parroquial de Castromembibre (Valladolid), dedicada a Nuestra Señora del Templo, se puede ver a una santa que hace el signo «de la liebre»; al lado mismo, se venera también una curiosa santa Ana, la madre de la Madre.

Los caballeros templarios siguieron manteniendo incluso después de muertos buena parte de su aureola de misterio. El fervor popular que, en la mayoría de los territorios hispanos, dominaba en la sociedad medieval, se hizo evidente cuando en numerosos casos muchos de sus freires, al pasar al mundo de los muertos, fueron objeto de insólitas veneraciones. Porque, con el transcurrir de los tiempos, como indica Rafael Alarcón, estos sarcófagos de piedra se convirtieron en «lugares de poder» a través de la energía que, según la tradición popular, transmitían los cuerpos allí enterrados. Se conocen los nombres de algu-

Las tumbas reales y la del comendador templario de la iglesia de Villalcázar de Sirga, de gran belleza escultórica, en la capilla de Santiago.

nos de estos freires, pero otros siguen estando en el más absoluto misterio. Uno de los enterramientos de freires envuelto en una atmósfera de santidad es el del frey Juan Pérez, el brujo templario tan vinculado con el arte de cetrería y el halcón, de la insólita iglesia de Santa María la Blanca, en Villalcázar de Sirga, sobre el Camino de Santiago en tierras palentinas. La estatua yacente del primer comendador de aquella influyente encomienda se alza cerca del altar mayor, en el interior de la capilla de la Epístola. Las mujeres de la Tierra de Campos, durante la noche de San Juan y también en la festividad de Todos los Santos, siguen depositando velas sobre este pétreo sarcófago con el fin de invocar al Más Allá para que sus hijos sean precoces, tanto en el hablar como en el andar. Esta Virgen del siglo XIII (santa María la Blanca) fue una de las imágenes que más influencia tendría en las *Cantigas de santa María*, escritas por Alfonso X el Sabio.

En la villa de Horta de Sant Joan, conocida como Orta, en los tiempos medievales, en la comarca de Terra Alta (Tarragona), volvemos a encontrarnos con un singular conjunto de enterramientos templarios, los cuales, desde los siglos medievales hasta el XIX, dadas las singulares dimensiones de los sarcófagos, fueron objeto de veneración. El lugar es el santuario de la Mare de Déu dels Àngels. Los tres pétreos sarcófagos, conocidos popularmente como los *gentiles* (o gigantes), pertencían a frey Bertrán Aymerich, primer comendador de Horta de Sant Joan, y a los caballeros Rotlà y Farragó. Los sarcófagos de estos últimos son de grandes dimensiones físicas (en torno a los dos metros de longitud), de ahí la calificación de las tres tumbas, las cuales, además, exhiben en su exterior una gran riqueza de símbolos (cruces célticas, enigmáticos signos cabalísticos, rosetas espanta-brujas, etc.). Recordemos que Terra Alta es una de las comarcas catalanas más ricas en tradiciones de brujería y

Vista del pórtico del santuario de los Ángeles, en Horta de Sant Joan, con las tumbas de los *gentiles* bajo las arcadas apuntadas.

templarias. A estas enormes tumbas acudían las madres de los pueblos de la comarca (Batea, Bot, Gandesa, Arnes, Prat del Comte, etc.), para colocar una vela sobre los sarcófagos, al tiempo que rozaban la tumba con alguna prenda infantil, pidiéndole a la Virgen de los Ángeles, patrona del templo, que sus hijos nacieran tan grandes, fuertes y sanos como los allí enterrados, y con la sabiduría del comendador...

El pueblo toledano de Malamoneda le debe su nombre a una curiosa leyenda que se ha mantenido con el paso de los tiempos. Según esta, un caballero, por la codicia, traicionó a los demás compañeros al vender la ciudadela a los hispano-musulmanes. Toda la guarnición fue degollada por los invasores y sus despojos arrojados por los roquedales, siendo devorados por las alimañas. Años después, con la conquista cristiana de la fortaleza, se pudo comprobar que los cuerpos de los caballeros, al caer sobre las rocas, habían fundido la piedra y formado los sepulcros, preservándose los restos de los templarios de las fieras. Así estaban todos los templarios menos uno, el traidor, del que los córvidos solo dejaron el esqueleto, cuyos huesos de su mano izquierda mantenían todavía unas monedas en recuerdo del cobro por su traición; más bien sería el pago que, en el Más Allá, se abonaría a Caronte para atravesar el lago de fuego Estigia, etapa crucial en el viaje hacia el paraíso. Estos sepulcros aún pueden verse y, hasta hace pocos años, cada 1 de noviembre, festividad de Todos los Santos, seguían acudiendo a ellos las gentes de la vecina aldea de Hontanar que tuvieran algún familiar enfermo. Con ello se pedía a la Virgen una muerte dulce si la curación plena no fuera posible. A cambio dejaban velas sobre la roca y pasaban por ella una moneda, que llevaban al enfermo. Si este sanaba, la guardaban como amuleto toda su vida, y si fallecía lo enterraban con ella en la mano… Se trata de una costumbre pagana muy apropiada al lugar, si recordamos que este enclave castellano-manchego (Santa María de Melque) fue antes un territorio de fuerte peso durante el período visigótico, y en la protohistoria un centro de culto celta y romano donde se adoraban a las divinidades de la muerte y de los infiernos: Hades y Proserpina.

Haciendo excavaciones arqueológicas en el subsuelo de la nave primitiva de la iglesia del Crucifijo de Puente la Reina, aparecieron algunas sepulturas templarias. La particularidad de los esqueletos allí encontrados era la postura en que fueron sepultados al morir, con el rostro vuelto hacia la tierra; incluso se dice que uno de los cuerpos fue colocado en cuclillas. Este es, por lo tanto, otro de los innumerables misterios que se mantienen sin resolver en la esotérica atmósfera de esta iglesia de peregrinaje fundada por los caballeros templarios en el año 1142.

Echano, un despoblado vizcaíno cercano a Amorebieta, entre Olóriz y Bariaín, es una antigua posesión templaria, a la que se accede hoy desde la autopista de Behovia. Dentro de la iglesia de San Pedro, según los naturales de la zona, reposan los restos de una monja templaria con fama de santa, que había elegido aquella tierra para vivir a modo de ermitaña mientras cuidaba de una imagen negra de Nuestra Señora del Temple. La sor, al morir, fue venerada como sanadora y recibió el nombre de *Arpeko Saindua* (la santa de la cueva), y también *Lezeko Andrea* (la señora de la caverna). En el portal norte del templo aparece la figura de una llave en medio de la Gloria. Echano perteneció durante los siglos medievales al señor de Orba, cuando, según las crónicas del siglo XIV, solo había ocho fuegos u hogares; desde hace muchos años es un despoblado.

En esa dama templaria se reproduce la fascinación de la creencia vasca de Mari, divinidad de la naturaleza. Cuando murió la monja, las gentes de la región siguieron visitando su tumba, y se ha mantenido la tradición de portar ofrendas de exvotos realizados en cera, con los cuales se solicitaba a la difunta su mediación en la cura de ciertos males. Otra costumbre de origen pagano que se mantuvo, a pesar de la caída en desgracia de la Orden del Temple, fue que las mujeres que deseaban quedarse embarazadas permanecían toda la noche durmiendo sobre la fría losa del sarcófago, al igual que durante el Neolítico hacían las esposas en las cubiertas de las construcciones megalíticas (dólmenes, túmulos…). No es, por tanto, una casualidad, que con el correr del tiempo esta ermita se haya mantenido pagana, rebautizada con el nombre de *Marijen kobia* (la cueva de Mari).

Desde Roncesvalles (Navarra) hasta Padrón (A Coruña), el Camino de Santiago, en su desarrollo hispano, está lleno de elementos ocultistas relacionados con el Temple y los ritos de la muerte. En la esotérica villa de Estella, por ejemplo, concretamente en el pórtico de la iglesia de San Miguel, vemos de nuevo los muertos; en esta ocasión, una hilera de difuntos espera que el arcángel san Miguel (Hermes) pese en una balanza sus atormentadas almas; a pocos metros, en el mismo pórtico, otros ángeles muestran el santo sepulcro vacío a las tres Marías. Otra iglesia de esta histórica y esotérica villa navarra no puede tener un nombre más sugerente, la del Santo Sepulcro, en cuyo tímpano muestra una sepultura también vacía. En ambos casos, los templarios quisieron trasladar a la piedra la evocación de la tumba donde fue enterrado el Señor tras su crucifixión en el Gólgota (Tierra Santa).

Pero los templarios no dejaban nada al azar, a la improvisación; también para la muerte, el viaje al Más Allá, lo tenían todo bien dispuesto. El ensayista francés Larmandie nos define muy bien algunos de estos conceptos: «Los ritos, que no son más que el aparato de la acción de los símbolos, ejercen un poder natural sobre el mundo astral, que contiene en potencia y en germen toda la expansión del mundo físico... La palabra "símbolo" quiere decir, ante todo, resumen, quintaesencia; pues, al cumplir una ceremonia simbólica, atraemos la causa segunda a la órbita de nuestra voluntad, desenganchamos... el dinamismo productor del fenómeno; nuestros dedos salen del plano físico y corresponden al teclado cuyas armonías escucha a la materia eficaz. Todo rito exige un estado del alma e incluso una preparación del cuerpo, un cimiento previo, físico, anímico e intelectual, sin el cual sería pueril pensar en actuar con las claves fenomenales».

Gottfried Kerschner, en *El tesoro de los templarios*, hace una especial mención a la inscripción que aparece en la losa superior de un sepulcro conservada cerca del altar de la iglesia románica de San Pedro de Caracena: «En el interior de la iglesia de San Pedro descubrimos más indicios de la misteriosa Orden Templaria. En el muro trasero quedan restos de una antigua losa sepulcral de piedra, reutilizada en una posterior obra de mejora e incrustadas algunas de sus partes en la pared. Faltan unos cuantos fragmentos, pero la inscripción latina es susceptible de interpretación en su mayor parte. Dice, por ejemplo, *pertenebat ad malam sectam* (perteneciente a la secta mala)». Con ello, es fácil deducir que el difunto allí enterrado podría haber sido un templario fallecido a comienzos del siglo XIV, coincidiendo con los años de persecución de la orden. Un poco más abajo, en la misma losa sepulcral, se lee: *Hic auro facta* (lo que estaba hecho en oro). Lamentablemente, faltan las palabras anteriores. Sin embargo, estamos ante un rito de enterramiento que seguro que algún día terminaremos de interpretar. Y es, precisamente, en la parte inferior de la puerta lateral de acceso al pórtico de esta iglesia de San Pedro de Caracena, donde los arqueólogos hallaron en una campaña de excavación llevada a cabo en los años 1982-1983 una interesante tumba que contiene los restos de dos caballeros templarios. Uno de ellos portaba aún en sus manos un par de monedas, las cuales, a modo de salvoconducto, utilizaría, según las creencias, para pagar al barquero Caronte, a fin de que le facilitase el paso a través del mítico lago de fuego de Estigia, en la antesala del Más Allá.

El mayor cementerio de templarios conservado en la Península Ibérica se encuentra en el interior de la iglesia de Santa María del Olival, en la región de Templarios, en el centro de Portugal, donde hay catalogadas un total de 22 tumbas de maestres del Temple, algunas correspondientes a la época en que, en el país vecino, la orden se transformó en la de los Caballeros de Cristo. Precisamente es en tierras lusitanas donde se registra el caso más evidente de la apropiación templaria de un mito pagano. Esta historia tuvo lugar en la ciudad de Tomar, cuando, a finales del siglo XII, el gran maestre del Temple Gualdim Pais (desde 1159 hasta 1195) buscaba la inmortalidad, para lo cual recurrió a la brujería. Un nigromante no dudó en aconsejarle que, inmediatamente después de su muerte, su cadáver fuese troceado, introducido en un recipiente de vidrio con agua mágica y cocido a fuego lento, al tiempo que se leían en voz alta diversas fórmulas secretas. Así no solamente su cuerpo renacería, sino que vendría al mundo rejuvenecido. En 1195, cuando falleció, sus criados siguieron a pies juntillas lo dictado por Gualdim Pais. Sin embargo, el nuevo gran maestre no dio su aprobación, al considerarlo herético, ordenando enterrar el cadáver con la redoma y el líquido, que no llegaron a usarse.

Existen, además, otros muchos ejemplos de historias y leyendas relacionadas con enterramientos de caballeros o maestres del Temple. Citamos a continuación el caso de la tumba que sustituye al primer escalón de acceso a la iglesia de Villerías (Zamora), perteneciente a un personaje de la Tierra de Campos que, tras enviudar, ingresó en el Temple. La tradición mantiene que los recién casados que en aquella humilde ermita contraen matrimonio, tras la celebración del enlace deben salir de la iglesia saltando; con ello se garantizará su entrada en la vida de casados con buenos pasos y tendrán un matrimonio lleno de felicidad.

En la localidad gallega de Rianxo (A Coruña), en la iglesia del Castelo da Lua, se conserva el sarcófago de otro templario, el Caballero da Lua, quien protagonizó la fuga de dos amantes que se hallaban presos en la citada fortaleza. Para rendir homenaje a la memoria de este singular caballero, cada noche de San Juan siguen llevándole flores a la tumba, al tiempo que le piden amores llenos de felicidad. La tradición recuerda, además, que un rayo de luna iluminaba las ofrendas en señal de que el templario, desde el Más Allá, les daba su bendición.

Otros cementerios de templarios se encuentran en Castromembibre (Valladolid), cuyo camposanto dispone de una fuente que fue más bien un pozo artesiano. En Iruña (Álava), a

10 kilómetros de la ciudad de Vitoria (Gasteiz), igualmente aparecieron numerosas tumbas templarias. En Monzón (Huesca), concretamente en El Fosalet, se conservan numerosos enterramientos de caballeros pertenecientes a esta influyente encomienda. En el cementerio medieval de Aldea de la Población (Navarra), sobre el Camino de Santiago, numerosas laudas que contienen la cruz pateada de la orden recuerdan que son tumbas de templarios. El sepulcro del caballero Fernán Pérez de Andrade, en el convento templario de Betanzos (A Coruña), considerado la obra funeraria medieval más importante de toda Galicia, está iluminado por un ventanal abierto en el hastial del crucero decorado con el carnero solar, que precisamente mira a mediodía. Y en Bueida (Asturias) apareció un esqueleto, presumiblemente de un templario, en el cementerio medieval de El Caserón, de gigantesco tamaño; la cercana cueva de Infiesta, con entrada artificial, fue también lugar de enterramientos. Además, en la cercana ermita de Trubaniello, en el Puerto de la Ventana, apareció la imagen de una virgen negra.

LAS CAPILLAS FUNERARIAS DE NAVARRA

También las construcciones funerarias formaron parte del microcosmos esotérico del Temple. Muchas de estas iglesias, de reducidas dimensiones, salpican el Camino de Santiago. Las más conocidas están, sin duda, en Navarra. Nos referimos a los significativos ejemplos de Eunate y Torres del Río, templos, ambos, concebidos en planta octogonal. Eunate (que en euskera significa «cien arcos» y en latín «el bien nacido») concentra infinidad de elementos que sobrepasan los límites de lo conocido, en donde los templarios concentraron buena parte de su sabiduría gnóstica. Por su parte, la iglesia del Santo Sepulcro, en

Torres del Río, es la culminación espacial del octógono perfecto, cuya cúpula evoca a Oriente. Hablemos de cada una de estas singulares construcciones.

Eunate no es un templo planificado como la gran mayoría de las iglesias cristianas, donde el ábside está orientado a levante. En esta capilla funeraria, su cabecera mira hacia mediodía, en lugar de al Este. «Casi todas las iglesias orientadas de Norte a Sur, en vez de Este a Oeste, como suele ser habitual, han estado o están bajo el patrocinio de dos santos o mártires, habiendo sido edificadas sobre los restos de una antigua construcción dedicada a Jano», manifiesta el medievalista Andrés Malby. En Eunate todo es sorprendente; el concepto de iglesia funeraria, además, se deduce del pequeño torreón que emerge del sector

Exterior de la iglesia de Eunate, rodeada por el pórtico octogonal, uno de los edificios religiosos funerarios más importantes del Temple.

suroeste de la capilla, cuya función no podía ser la de tañir las campanas de la espadaña, puesto que estas podían ser dobladas desde el interior de la iglesia por medio de un cordel. Por lo tanto, es fácil deducir que este torreón podría haber dado acceso directo a una linterna funeraria. Recordemos que este tipo de construcciones, mayoritariamente en forma cilíndrica y altivas como obeliscos, son de inspiración celta. En Francia abundan en la región de Poitou, y en nuestro país se conserva un caso muy particular en la población de El Catllar (Tarragona), que, además, se encuentra exenta; dentro de sus columnas de piedra cilíndrica se dejaba una vela ardiendo cuando se había producido un fallecimiento en la comunidad. En el caso de Eunate, muy bien podría haber desempeñado este torreón una función de torre de transmisión de mensajes, en este particular para avisos a los pueblos de la zona sobre el fallecimiento de un miembro de la comunidad.

A Juan García Atienza también le llama poderosamente la atención la extraña disposición de Eunate. Se trata de la irregularidad manifiesta del octógono de su planta, la cual no obedece a ningún problema de cimentación, puesto que el terreno sobre el que se levanta la ermita es lo suficientemente llano. Entonces, ¿a qué se debe tal irregularidad? ¿Por qué no todos los lados del octógono de la planta de esta iglesia son de igual medida? Atienza afirma que, si trazamos unos ejes longitudinales que prolonguen los lados de la base del templo, llegaríamos a sorprendentes conclusiones, entre las cuales, que estos radios alcanzarían lugares de poder tan significativos como Zugarramurdi, la sierra de Aralar, la Demanda, el Moncayo, el Monasterio de Piedra, el Turbón o Lourdes; enclaves, todos ellos, relacionados con montañas sagradas, lugares de ancestrales cultos paganos, vírgenes negras y, sobre todo, estrechamente vinculados con el Temple.

Eunate ha sido, y sigue siendo, uno de los lugares de mayor atracción esotérica de la geografía hispana. Numerosos investigadores se han interesado por los misterios de este lugar. La escritora Concha Palacios no dudó en manifestar: «Eunate, a pesar de su aislamiento y soledad espacial, bien expuesta a las miradas indiscretas, podría haber constituido un espacio destinado a danzas sagradas». No sería nada extraño que los magos templarios emplearan alucinógenos en sus ceremonias, y, con ello, un acercamiento a los ritos iniciáticos. La directa relación geométrica de la prolongación de uno de los vértices de Eunate con Zugarramurdi corroboraría esta cuestión.

En cuanto a la simbología, Eunate encierra una verdadera riqueza. Además de numerosos Baphomet, que se alinean en muchos de sus canecillos, queremos recordar que en un capitel se encuentra representado un crucificado sin cruz, lo que confirmaría el hecho de que los templarios no adoraban la cruz (al considerarla el elemento del tormento de Cristo), pero sí al crucificado. También aparece representada las cruz de Ocho Beatitudes, grabada en una lápida. Todo un cosmos esotérico que obliga a un estudio en profundidad de esta singular ermita, concebida por los maestros alarifes medievales del Temple como iglesia funeraria. El mejor momento para admirar su grandiosidad espacial es, sin duda, el atardecer, cuando los rayos del crepúsculo cubren de luces cálidas la piedra, simulando un fuego sobrenatural en medio de la verde llanura navarra.

En cuanto a leyendas, en torno a Eunate flota una sobrecogedora, relacionada con la construcción de la portada principal de acceso a este templo. Se dice que, debido a la ausencia del maestro encargado de esculpir el pórtico, los monjes contrataron a un cantero de aquellos valles navarros. Este no dudó en aceptar el reto y realizó su trabajo en solo tres jornadas. A su vuelta, el maestro montó en cólera por la usurpación de su obra, así que el abad, para tranquilizarle, le encargó una portada idéntica, pero con una condición: hacerla en el mismo tiempo. El maestro, desesperado, pidió ayuda a una bruja. Esta le dijo que debía coger la Piedra de Luna, que cada noche de San Juan una serpiente depositaba junto al río. Y así lo hizo. Cuál no fue su asombro al despertar y descubrir un pórtico casi idéntico al de Eunate. El cantero, al verlo, se enfadó y atestó un golpe a la portada, enviándola hasta la vecina villa de Olcoz, donde aún se conserva.

LA FUERZA DEL OCHO

Torres del Río, a escasos 50 kilómetros al suroeste de Eunate, es la otra iglesia funeraria del Camino de Santiago a su paso por la Comunidad Foral de Navarra (*Nafarroa*). Su iglesia, la del Santo Sepulcro, constituye la culminación espacial del octógono perfecto; su cúpula, en su trazado interno, evoca a Oriente, y no sería nada descabellado que, en su construcción, hubiesen participado alarifes hispano-musulmanes, debidamente asesorados por los magos templarios.

El templo está concebido en tres cuerpos, cuya ornamentación se va complicando a medida que crece su altura, que sería una forma de anunciar que nos estamos acercando al nivel superior, el mundo celestial. También la numerología sagrada del Temple vuelve a recordarnos que estamos ante un edificio de profundas significaciones esotéricas, como lo confirma la relación $8 (+1) \times 3 = 27$. La riqueza simbólica de esta iglesia resulta verdaderamente sorprendente: al pie del arco triunfal, a ambos lados del ábside, vemos el principio de los contarios, el yin-yang. El concepto de capilla funeraria es del todo evidente si analizamos algunos de los capiteles. En el de la izquierda

Interior de la bóveda de la iglesia del Santo Sepulcro, en Torres del Río, edificio templario envuelto en un halo de misterio por su riqueza simbólica.

del interior del presbiterio aparece un extraño descendimiento, donde varios personajes proceden a bajar de la cruz el cuerpo ya fallecido de Cristo; pero, más que un descenso, el escultor medieval ha querido transmitir la idea de desmembramiento de las extremidades superiores de Jesús. Estamos, por tanto, ante lo que se conoce como la operación alquímica de la *separatio*, representada astrológicamente por la constelación de Escorpio (el otoño), identificada con la *Teth*, novena letra del alfabeto hebreo, que se corresponde con la mítica tau templaria. El capitel de la columna opuesta vuelve a llevarnos a la muerte de Cristo, con su sepulcro, que tiene la losa superior entreabierta, en señal de que el alma de Jesús ya ha subido al Cielo (imagen que se repite en el portal lateral de la catedral de Calahorra, en La Rioja). Al lado de la tumba, unas mujeres portan tarros cerrados, que son matraces, al tratarse, sin duda, de mujeres relacionadas con la ciencia alquímica.

Estas dos iglesias (Santa María de Eunate y el Santo Sepulcro de Torres del Río) son *stupas*, templos que sirvieron de «linterna de los muertos» para los peregrinos jacobeos y que, en su concepción octogonal, evocan a la mezquita de la Roca, en la antigua explanada del templo de la ciudad de Jerusalén (el primer Templo de Salomón), embrión gnóstico de los templarios. Todo un viaje iniciático, por tanto, que los peregrinos del siglo XXI deberían tener en cuenta a su paso por estas dos grandes etapas del Camino de Santiago por tierras navarras.

Los cultos a las divinidades protohistóricas se desarrollaron sobre aras consagradas. Muchos de ellos se conservan en nuestros días, y algunos están estrechamente vinculados con los enclaves templarios, como veremos a continuación.

27. ALTARES SAGRADOS

> «El altar simboliza el lugar y el instante en que un ser se torna sagrado».
>
> Jean Chevalier y Alain Gheerbrant

El simbolismo de la montaña es múltiple, por su verticalidad en relación con el cielo y, al mismo tiempo, con los poderes tectónicos de la tierra. Precisamente sobre sus cumbres, que suelen ser planas en forma de altar, las civilizaciones antiguas solían alzar sus aras, como puntos de energía positiva, en donde recargar de fuerzas sobrenaturales a quienes allí subían a orar a sus divinidades. Estos lugares abundan en toda la geografía hispana, y muchos de ellos han sido perpetuados a lo largo del tiempo gracias a los templarios, que no dudaron en levantar en tales puntos de poder sus iglesias, santuarios o conventos.

El altar (*ara*) representa el microcosmos catalizador de todo lo sagrado, a través del cual llevar a cabo la transmisión a los fieles de las esencias más profundas del espíritu. Porque el altar es el lugar en donde lo sagrado se condensa con la mayor intensidad. Todo el conjunto cósmico que representan arquitectónica, escultórica y espacialmente el templo y el universo se reproduce en miniatura en el altar. Sobre el ara, o próximo a ella, tiene lugar el sacrificio o, lo que es lo mismo, la transformación en lo sagrado; simboliza el centro del mundo y está en estrecho contacto con el universo. Por ello, en la mayoría de los casos, los altares se hallan en lugares elevados, en relación con el entorno circundante.

Los templarios, bien conocedores de estos microcosmos sagrados, como eran los altares, elevados en los tiempos más remotos por los pueblos tanto de las civilizaciones del mundo mediterráneo como de tradición céltica y germánica, supieron muy bien hacer coincidir, en estos lugares de energía y poder, muchas de las construcciones religiosas, sacralizándolas todavía más. Numerosos son los ejemplos que lo confirman.

En el ara, además, se concentra el inicio de movimiento de la espiral que, desde el centro del mundo, mueve el cosmos, simbolizando la espiritualización progresiva de todo el universo.

Desde los altares polilobulados de piedra del Antiguo Egipto (hacia el 2.400 a. C.), hasta las construcciones judías concebidas como hipogeos (siglo VII a. C.), regadas sus piedras con el aceite sagrado (*óleum*), muchos fueron los modelos que sirvieron de inspiración a los templarios para concebir sus aras sagradas, en las que coincidían los espacios energéticos. Sin embargo, sus altares, lejos de la grandiosidad espacial, tuvieron otros modelos mucho más modestos, basados en las piedras que, en tiempos protohistóricos, los pueblos mediterráneos y atlánticos alzaron a sus divinidades, como se demuestra al ver los altares que, en forma de mesa de cinco apoyos, en bloque o tipo de arca, acostumbraban a levantar los caballeros del Temple.

En el castillo de Valderrobres (Teruel), por ejemplo, fueron los templarios quienes, en el siglo XIII, envolvieron de murallas una colina que domina el meandro que allí forma el río Matarraña, sobre la cual los pueblos de la antigüedad alzaron su ara de adoración a las divinidades celestiales. Por lo tanto, aprovecharon muy bien la roca sagrada para, sin destruirla, asegurarse de su conservación con el recinto amurallado para seguir manteniendo sagrado el lugar. Al lado del castillo no es extraño que se construyera la iglesia, con la que se comunica a través de un pasillo elevado. Los calatravos (siglo XIV) continuadores de los templarios, también mantuvieron la roca como lugar sagrado. Al norte de esta misma comarca del nordeste de Teruel, en el municipio de Calaceite, hay otra ara de poder energético, conocida como la Roca Caballera. Esta singular piedra, en forma de mesa, desprendida de una roca bastante superior, conserva sobre su losa unos diez orificios (cazoletas), los cuales muy bien podrían haber sido realizados para seguir las constelaciones astrales y los equinoccios y solsticios del Sol y la Luna, así como otros simbolismos ocultos. Esta piedra siguió siendo sagrada hasta finales del siglo XIV por los calatravos, continuadores de las pautas establecidas por sus antecesores los templarios, quienes celebraron misas en este altar natural hasta su condena por la Iglesia. Se da la circunstancia de que, en ambos lugares (el ara del patio de armas del castillo de Valderrobres y la Roca Caballera), se registran vórtices energéticos de gran potencia telúrica, del orden de 24.500 unidades Bobis.

CONQUEZUELA

Otro ejemplo de antiguo altar sagrado digno de mención lo tenemos al sur de la provincia de Soria, concretamente en el término de Conquezuela, donde coinciden numerosos elementos esotéricos, y donde, cómo no, también estuvieron los templarios. Desde 1941, numerosos estudios se han llevado a cabo sobre este mágico enclave. Blas Taracena Aguirre, Teógenes Ortego Frías, E. Ruano, A. Jiménez Martínez, Juan A. Gómez-Barrera, Alberto Manrique, Ángel Almazán, etc., se han sentido atraídos por los insondables misterios de este santuario prehistórico, reutilizado por los magos del Temple.

Lo primero que llamará la atención del viajero es una extraña escalinata, con peldaños esculpidos en la roca viva en forma de subida; se trata de un antiguo altar de sacrificios y centro de adoración a las divinidades de los pueblos protohistóricos, como puede apreciarse en las ranuras abiertas que comunican los peldaños, a través de las cuales discurría la sangre de los animales sacrificados. Por el lateral de la misma se accede al nivel superior, y de allí un sendero lleva directamente a una iglesia consagrada a la Santa Cruz, donde se dice que hubo un oratorio templario. La construcción actual es del siglo XVI, y bajo sus cimientos, según los arqueólogos, se ocultan las ruinas de un templo dedicado a santa Elena (247-327 d. C.), madre de Constantino el Grande, que tanto influyó en la adopción de la cruz como símbolo de los creyentes. Se confirma el culto templario, que se sigue manteniendo en forma de romería el 18 de agosto de cada año.

Detrás de este templo, construido siguiendo el número de oro, se abre un camino de iniciación, con restos arqueológicos a la izquierda. Al otro lado de la abertura de la gruta vemos una oquedad en la pared rocosa, que muy bien pudiera ser un antiguo horno de cocción de pan (tahona rupestre), donde los freires templarios se proveían del principal alimento. El agua, como veremos seguidamente, estaba garantizada a pocos metros.

Blas Taracena, el pionero en descubrir Conquezuela, describió así este enclave esotérico: «Cueva en forma de grieta poco profunda, que se abre a espaldas de la ermita de la Virgen de la Cruz, al nordeste de Conquezuela, y en la que se ven dos grandes superficies cubiertas de insculturas de cazoletas y de pequeñas figuras humanas estilizadas dispuestas en serie». Esta irregular formación de arenisca de tonos que cambian según los rayos solares (del grisáceo al rojizo), muy erosionada, que se remonta al Triásico (primer período de la Era

Secundaria o Mesozoica), se halla a 1.187 metros de altitud. La gruta es una cavidad natural, de 11 metros de profundidad, de cuyo interior brota agua, con una pila trabajada en la roca; el agua, según la tradición popular, es salutífera. A ambos lados de la cubierta natural de piedra se conservan grabados rupestres pertenecientes al período intermedio del Bronce final-Hierro (1500 a. C.), con cientos de cazoletas, unas 65 figuras antropomorfas, algunas serpientes y danzantes. A la salida de la cueva, a finales del siglo XII, se prolongó el techo natural con un falso techo en bóveda de cañón que, a modo de palio de piedra, sirve de pórtico a los feligreses. La puerta de la gruta se nos presenta como un gigantesco útero natural femenino, evocando la condición de lugar sagrado dedicado en los tiempos remotos a cultos matriarcales. Desde el acceso a la caverna, además del altar sagrado, podemos admirar una amplia panorámica, formada por una extensa altiplanicie constituida en otro tiempo por una espléndida laguna (la de Conquezuela), citada en textos medievales de Alfonso X el Sabio por sus valores cinegéticos, que los templarios supieron muy bien apreciar. Sobre el espigón rocoso del conjunto, en cuyas entrañas se abre la gruta con el agua milagrosa, se encuentran dos tumbas antropomorfas, presumiblemente de caballeros templarios, que no pudieron encontrar otro lugar más sagrado para el reposo eterno, mientras sus almas viajaban a través del mítico lago de fuego Estigia...

EVOLUCIÓN DEL CRISTIANISMO

En la Edad Media hubo tres concepciones bien dispares de enfoque, en cuanto a la idea de la religión cristiana: Pedro, Cristo y Juan el Bautista.

La Iglesia de Pedro era el paradigma de la vía ortodoxa: la religión cristiana como único camino de salvación. Pero el cristianismo, según Cristo, era sin embargo el paradigma de la vía aristocrática: el triunfo del poder temporal sobre el espiritual, o la unión de ambos, como en el Islam. Por último, la concepción cristiana de la Iglesia, encarnada con la figura de Juan el Bautista, era el paradigma de la vía gnóstica: el individuo libre enfrentado solo al conocimiento, a la lucha por ser mejor, aceptar la paz no como meta sino como camino de relación entre las personas y entre estas y el Cosmos.

No es extraño decir que fuese esta última, la Iglesia preconizada por los templarios, la que estaba dedicada, además, a uno de los cuatro santos predilectos del Temple.

La *Veracruz* o *Vera Cruz* (la verdadera cruz de Cristo) sirvió de nombre a numerosas construcciones religiosas que salpican la geografía hispana. El nombre viene por disponer de un fragmento del crucifijo de Jesús. Muchas de estas iglesias tienen planta octogonal (Segovia, Torres del Río, Eunate, etc.) y están estrechamente vinculadas con los templarios. Por su parte, los rosacruces constituyen una asociación cultural que se remonta a la Escocia de comienzos del siglo XIV, coincidiendo, paradójicamente, con el final de la Orden del Temple y la llegada a esta tierra céltica de la flota templaria amarrada en La Rochelle (Francia), en otoño de 1312.

28. VERACRUCES

> «*Lignum crucis* con los que se practican singulares ritos cuya heterodoxia raya en el paganismo más descarado, a pesar de que tales cruces se utilizaban normalmente en algo tan inocente, al menos en teoría, como era el ritual de admisión a la Orden del Temple; una ceremonia sencilla, en la que el aspirante a caballero templario debía jurar fidelidad a la orden y sus reglas ante el lignum crucis que le presentaba el Maestre».
>
> Rafael Alarcón Herrera

Como lígnum crucis o *Veracruz* se conocen los fragmentos astillados de la cruz de Cristo que, repartidos por la cuenca mediterránea, son venerados por los fieles de la Iglesia católica como parte del crucifijo donde murió Jesús. El mayor de estos fragmentos se encuentra en Liébana (Cantabria), conservado en el interior del monasterio de Santo Toribio. Se trata de un fragmento de 63,5 centímetros de largo, correspondiente al brazo izquierdo de la cruz, de madera de ciprés. En aquellos tranquilos parajes de los Picos de Europa encontró la paz más profunda el santo del siglo VIII (Toribio), y la inspiración para escribir el *Beato de Liébana*, basado en sus *Comentarios al Apocalipsis*. Aquel fragmento de la cruz de Cristo sería protegido luego por los caballeros del Temple, y gracias a ellos hoy tenemos la dicha de contemplar esta *Veracruz*, la más valiosa reliquia para el cristianismo. En 1512, el pontífice de la Capilla Sixtina, Julio II, no dudó en conceder el jubileo para este santuario los años en que la festividad de Santo Toribio (el 16 de abril) coincida en domingo. Y solo en esa jornada. El acceso lateral del templo, conocido como la puerta del Perdón, se abre de par en par a los feligreses y peregrinos, al tiempo que estos reciben la gracia jubilar...

Además del célebre lígnum crucis de Liébana, se conocen otros repartidos por la geografía hispana. Como el de Ponferrada, conservado en el Museo Diocesano de la ciudad de Astorga, todo un relicario templario realizado en oro sobre soporte de plata dorada. En el centro de la cruz está incrustada una astilla de la verdadera cruz, y los símbolos de los cuatro evangelistas aparecen grabados en el interior de medallones tetralobulados, en los extremos de cuatro brazos. También figura la Virgen y san Juan Bautista, uno de los santos predilectos del Temple, sobre el travesaño menor, y, en el centro, el Cordero de Dios.

Recordemos que la cruz templaria de doble brazo fue la utilizada por la orden antes de que el pontífice Eugenio III le concediera el signo de la cruz pateada. Este singular crucifijo, que aparece en lugares de fuerte implantación templaria, está formado por una cruz griega en su parte superior, y una tau en la zona inferior, que, al unirse, forman la *Veracruz*, o cruz patriarcal. De aspecto más sencillo, también es una *Veracruz* el crucifijo de Bagà, al norte de la comarca barcelonesa del Berguedà, que guarda una estrecha relación con el legendario caballero catalán Galcerán de Pinós, considerado uno de los primeros templarios.

En Segovia, y relacionada con la conocida iglesia de la *Veracruz*, también hay otra cruz patriarcal, cuyo culto está vinculado con la fiesta de la Presentación en el Templo, o Candelaria; una fiesta que, modificada sustancialmente con otros cultos

Frontal de la cruz procesional de Bagà, conservada en una vitrina de la iglesia de Sant Esteve de esta población barcelonesa, que fue de cátaros y templarios.

paganos, se mantiene viva en las Alcaldesas. El origen de esta *Veracruz* se remonta al año 1224, según el documento *Breve* otorgado por el pontífice Honorio III, aunque la forma actual es mucho más reciente, porque, al igual que el lígnum crucis de Ponferrada, es de comienzos del siglo XVI. Está custodiada en un lugar secreto de la ciudad de Segovia, y lamentablemente no puede admirarse.

Pero la *Veracruz* más famosa es, sin duda, la de Caravaca, cuya llegada al santuario donde se encuentra, como veremos a continuación, está envuelta en una sobrecogedora leyenda.

LA CRUZ DE CARAVACA

Coronando la colina que domina Caravaca, en la provincia de Murcia, se alza el santuario y castillo que se corresponde con la plaza fuerte que los templarios tuvieron en esta ciudad, relacionada con los ritos de agua. Es aquí, en el interior del Real Alcázar, en el museo de Arte Sacro del castillo, donde se encuentra la más célebre cruz patriarcal, o lígnum crucis, la Santísima y *Veracruz*, la más venerada y milagrera, sin duda, de las reliquias vinculadas con los templarios en nuestro país.

De la Caravaca hispano-musulmana, que se corresponde con la Darietuka-at Todmir, o Karietuca, la historiografía cristiana pocos testimonios ha permitido conservar, solo la alcazaba superior, que no pudo borrarse. La conquista cristiana tuvo lugar en 1243, cuando, como consecuencia del Tratado de Alcaraz, el reino de taifa de Murcia se incorporó a Castilla, mientras los templarios adquirían la responsabilidad del control de esta estratégica plaza, así como de su amplia área de influencia, conservándola hasta 1307. La primitiva alcazaba superior fue transformada por los templarios en castillo y adaptada paralelamente como santuario.

Pero el lugar más enigmático de este mágico escenario es el Conjugatorio (*exconjuradero*), al que se accede desde el altar mayor a través de una escalera de caracol que se abre desde la sala de ornamentos. Se trata de una especie de capilla exterior, desde cuya balconada un sacerdote, siguiendo ancestrales tradiciones, continúa impartiendo su bendición a los cuatro puntos cardinales, al tiempo que realiza conjuros contra las tormentas y las epidemias. Este lugar está cargado de símbolos y apariciones misteriosas, como unas estrellas que, a través del balcón, entraron para posarse sobre la cúpula que protege las reliquias.

Cuenta la leyenda que en 1231, en tiempos de Fernando III el Santo, y ejerciendo de gran maestre del Temple el catalán Pere de Montagut, el gobernador de la ciudad de Caravaca (Darietuka-at Todmir), Ceyt-Abuceyt, dependiente del rey de Murcia, Mamad ibn Yusuf ibn Hud al-Mutawakkil (1224-1237), se interesó por la condición de los presos encerrados en las tenebrosas mazmorras de aljibe de la alcazaba. Cuando le tocó el turno a un tal Ginés Pérez Chirinos, este no dudó en responder que su tarea era la de oficiar la Santa Misa. Ceyt-Abuceyt, al oírle y ver el ardor que el preso mostró en su respuesta, quiso que el cautivo le dijera una misa, pero este le respondió que necesitaba los ornamentos necesarios para poder llevar a cabo el proceso de la transmutación del vino en sangre, durante el sacrificio de la misa; el sayid mandó que le trajesen de Cuenca todo lo necesario. Unos días después, Chirinos pudo iniciar ya la ceremonia anbte Ceyt-Abuceyt y su corte. Sin embargo, al elevar su mirada al sol, comprobó que le faltaba lo principal: la cruz. Instantes después, un gran resplandor cegó a los allí presentes, cuando dos ángeles llevaron en sus manos una cruz patriarcal de cuatro brazos que no dudaron en entregar a Ginés. Era el 3 de mayo de 1231. La *Veracruz* se corresponde con el crucifijo con el que, aquel mismo día, el emperador alemán Federico II Hohenstaufen (1194-1250), llamado «*stupor mundi*» y calificado por algunos como el Anticristo, se autoproclamaba soberano de Tierra Santa, entregando la ciudad de Jerusalén a los sumnitas, enemigos de los templarios. Y mientras tomaba en sus manos la *Veracruz*, un ángel se la arrebataba ante el asombro de todos, trasladando la reliquia estelarmente hacia Caravaca. Desde entonces, y como recuerdo a este milagro, en gran parte del sur peninsular se celebra durante la primavera la fiesta de la «Cruz de Mayo», una celebración cristiana de origen templario.

Aquel milagro, amplía la leyenda, hizo que el propio Ceyt-Abuceyt y su séquito se convirtieran al cristianismo, bautizados por el mismo Chirinos.

En 1934, la *Veracruz* de Caravaca fue robada misteriosamente. La actual es una copia fidedigna que regaló a esta ciudad murciana el pontífice Pío XI. La Santa Sede, en 1998, declaró a Caravaca de la Cruz lugar santo, al tiempo que concedía a esta villa la dignidad de *in perpetuum*, con su derecho de jubileo establecido cada siete años, a partir de 2003, recibiendo los peregrinos las mismas indulgencias plenas que los que visitan Jerusalén, Roma, Santiago de Compostela, Santo Toribio de Liébana (Cantabria) o Rocamadour (Francia). Resulta sorprendente que tres de estos sagrados lugares se encuentren en nuestro país, y todos ellos relacionados con los templarios.

La cruz patriarcal de Caravaca de la Cruz ha gozado siempre de un profundo fervor popular, gracias a su condición de milagrosa. Las hermosas coplas que reproducimos a continuación lo confirman:

> De esta Cruz soberana
> oigan señores,
> milagros y prodigios
> con mil primores;
> pues son tan grandes,
> que no hay pluma que pueda
> bien numerarles.
> De los cielos bajaron
> con alegría
> los Ángeles con coros,
> a conducirla;
> y pues son tantos
> los milagros que obra,

que es un encanto.
Hombres, niños y mujeres
llevan consigo
la Cruz que fue bajada
del cielo Empíreo,
para consuelo;
líbranos de las garras
del Dragón fiero.
Una mujer afligida
se vea en el parto,
ponga sobre su vientre
este retrato;
con facilidad
esta Cruz amorosa
del parto la sacará.
Cojos, mancos, tullidos,
ciegos y sordos,
en la Santa Cruz hallan
consuelo todos;
que es tan hermosa,
que la escogió Cristo
para su Esposa.
De cielo fue enviada
del Padre Eterno,
para que conozcamos
el Gran Misterio
que es el que encierra,
que así nos lo conceda
Dios en la tierra.
Los Serafines todos
cantan y alegran
a esta Cruz soberana,

fina diadema:
porque en el cielo
es el lecho de Cristo
nuestro consuelo.
Dichosa Caravaca
puedes llamarte,
pues gozas de los cielos
el estandarte
que es la Santa Cruz
donde su vida y sangre
dio nuestro Jesús.
Todos los caminantes
y marineros,
por la mar y caminos
andan sin miedo,
como se valgan
de llevar en el pecho
la Cruz amada.
Son grandes los misterios
de esta reliquia,
y así digamos todos,
que sea bendita:
para que tiemble
el Infierno y la gente
que dentro tiene.
De muertes repetinas,
incendios, robos
y otros muchos peligros
nos libre a todos
la Cruz sagrada
que en brazos de Cristo
fue desposada.

Esta *Veracruz*, además de su poder curativo, es un verdadero talismán contra rayos, centellas y tempestades.

Los templarios iniciaron su andadura histórica en el corazón de Francia, pero fue en ultramar (Tierra Santa) donde pasaron a la leyenda, al interesarse por los temas más ocultistas de la historia del Cristianismo. A través de sus constantes viajes, tanto por el Mediterráneo como por el océano Atlántico (mar de las Tinieblas), los caballeros desarrollaron un floreciente comercio con los territorios y gentes de su época, de todas las culturas y religiones, gracias, además, a una influyente flota marítima que tenía unos puntos de amarre muy bien localizados, tanto en la geografía hispana como en Francia y Portugal, como veremos a continuación.

29. EL COMERCIO

> «El puerto de La Rochelle, en la costa atlántica de Francia, representaba para el Temple un interés muy particular o como mínimo para su flota, que se dedicaba a una actividad desconocida...».
>
> Louis Charpentier. *Les Mystères Templiers*

Los templarios comprendieron desde un principio la importancia de mantener un comercio activo, tanto por vía terrestre como marítima o fluvial. A estos caballeros les debemos buena parte de un desarrollo comercial que, tanto en la Península Ibérica como en otros lugares del mundo Occidental, marcó el trazado vial de futuras redes mercantiles. Basándose en un interés más que razonable, facilitaron la ejecución de grandes empresas, que mejoraron notablemente la calidad de vida de las personas. Incluso los colectivos (calificados de heréticos por la Inquisición), residentes en arrabales apartados de los centros neurálgicos de las ciudades y villas, también se beneficiaron del potencial productivo del Temple. Sabemos que los bienes sobrantes de la cadena productiva de las encomiendas eran entregados sin ánimo de lucro por el comendador a estos grupos, para su supervivencia. No es una casualidad, por lo tanto, que numerosas de estas aljamas y morerías se instalaran próximas a las encomiendas templarias, como una fórmula de búsqueda de amparo, que se fracturó tras la caída en desgracia y condena de la orden.

Por tierra, las comunicaciones fueron incesantes, a través de valles, bosques y estrechos pasos de montaña, estableciéndose un lugar de cambio de caballos cada 25 kilómetros aproximadamente, o lo que es lo mismo, la distancia de una jornada a caballo. En las ciudades y villas, las encomiendas templarias ya tenían todo perfectamente establecido, y en los lugares apartados, un conjunto capaz de acoger al enfermo, en forma de asilo u hospital, un mesón, para reponer fuerzas y un alojamiento digno; todo ello, por un precio establecido en el momento de partida, a modo de salvoconducto equiparable a lo que conocemos en nuestros días como letra de cambio. Estos establecimientos contaban con la protección de un castillo o casa fuerte.

Pero si el comercio terrestre fue ejemplar, tanto que llamaría la atención incluso a las otras órdenes militares, el intercambio marítimo y fluvial de los templarios no fue menos espectacular.

LOS PUERTOS TEMPLARIOS HISPANOS

«Los templarios buscaron, conquistaron, obtuvieron, compraron y exigieron aquellos enclaves, descartando la coincidencia, y no siendo su interés estrictamente económico, sino la importancia del sustrato espiritual del lugar».
JUAN B. SIMÓ CASTILLO. *El Maestrazgo templario*

Un total de once puertos (diez marítimos y uno fluvial) hemos contabilizado en la geografía hispana del mundo medieval relacionados con los templarios, abiertos a los tres grandes mares de la Península Ibérica (Mediterráneo, Atlántico y Cantábrico), y que analizamos siguiendo el recorrido espacial de las agujas del reloj. De todos ellos vamos a hablar, al tiempo que recordaremos la importancia (no solo económica, sino también socio-cultural), que, en su momento, tuvieron estos fondeaderos y embarcaderos medievales, que disponían de sus propias atarazanas. Desde estos amarres, importantes bases de operaciones navales y fluviales, los templarios lograron desarrollar un comercio y, al mismo tiempo, la programación de aventurados desafíos marítimos.

Los templarios, los grandes protagonistas del mundo medieval, no dudaron en pactar con cualquier grupo de poder; practicaron la diplomacia y se anticiparon al actual concepto de globalización, al tener la convicción de que la religión como modelo de orden moral y la economía como forma de

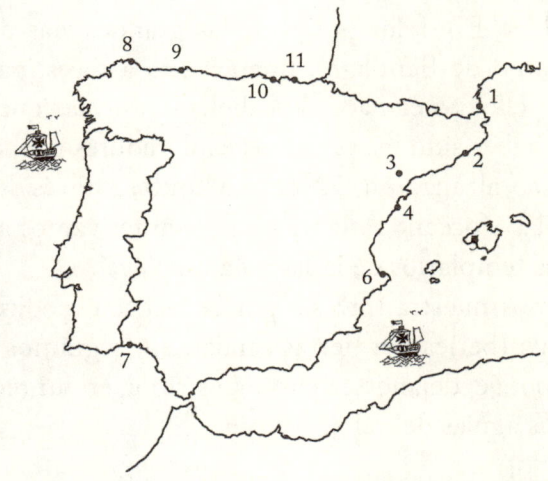

1.- Col.lioure (Rosellón)
2.- Caldes d'Estrac; Maresme (Barcelona)
3.- Miravet (Ribera d'Ebre. Tarragona)
4.- Vinaròs (Maestrazgo. Castellón)
5.- Palma. Mallorca (Baleares)
6.- Dènia (Marina Alta. Alicante)
7.- Huelva
8.- Faro (Viveiro. Lugo)
9.- Avilés (Principado de Asturias)
10.- Castro Urdiales (Cantabria)
11.- Bilbao (Vizcaya)

poder estaban por encima de cualquier frontera. Un doble concepto que chocaba de frente con el autoritarismo de los poderes eclesiásticos, que, desde sus púlpitos, anteponían la religión a todo. Y es en esta doble dimensión donde el Temple intentó basar toda su fuerza, y tal vez radique en ello lo más sustancial de su legado.

A consecuencia de esta mentalidad tan abierta al conocimiento y a la experiencia, y gracias a sus profundos conocimientos, a sus inmensos recursos y a la diplomacia que supieron desarrollar, solo controlaron muchas fuentes de la economía de su época, como los bancos de bacalao y arenque, en el Atlántico, las salinas del Levante hispano, las aguas termales del Maresme catalán, el río Ebro, los peajes de las grandes vías de peregrinaje (Camino de Santiago), financiando a reyes, papas y nobles... Por ello, no es nada descabellado afirmar que pudieron muy bien haber sido los primeros exploradores que, con carácter científico, alcanzaron el Nuevo Mundo, a través del «Mar de las Tinieblas» (océano Atlántico), pero antes vamos a hablar de los puertos templarios de la España medieval.

Iniciamos nuestra travesía por la fachada mediterránea de la Península Ibérica por tierras catalanas, y seguimos una navegación cabotaje, dejando la costa a estribor, en un recorrido siguiendo las agujas del reloj.

EL PUERTO DE OCCITANIA

Colliure (Cotlliure, en catalán), en Francia pero a solo 26 kilómetros de la frontera española, formaba parte en la Edad Media del Reino de Aragón. Dominando la Costa Bermeja, Colliure, por su factor estratégico, fue el puerto medieval más importante del Rosellón. Su castillo se remonta a tiempos visigóticos (siglo VII); sin embargo, el aspecto que ofrece actualmente se debe

Caballeros templarios en uno de los numerosos puertos marítimos que controlaba la Orden en el Mediterráneo, el Atlántico y el Cantábrico.

a las reformas llevadas a cabo por los templarios, entre 1242 y 1280. Desde sus elevadas almenas y torres se controlaba el tráfico marítimo del puerto. Se trata del Castillo Real, residencia de verano de los reyes de Aragón, primero, y de Mallorca, después; fortaleza inexpugnable conocida como «El parador de los templarios». Al otro lado de la ensenada, la Torre de Madeloc, construcción también templaria, sirvió de torre vigía y de faro, y en medio los canales de drenaje introducidos por el Temple, para fondear embarcaciones de gran calado. Como posesión de los condes del Rosellón, Colliure formó parte del Reino de Aragón entre 1172 y 1276, y después del reino de Mallorca, hasta 1343.

Es muy probable que, en el puerto de Colliure, se embarcaran numerosos colectivos occitanos huyendo de las masacres de la cruzada y también de los horrores de la Inquisición, para ser llevados a Mallorca y a otros lugares más seguros del Mediterráneo, con el apoyo logístico de los templarios.

LA IMPORTANCIA DE UNAS AGUAS MILAGROSAS

En este recorrido que sigue el movimiento de las agujas del reloj, llegamos a la villa de Caldes d'Estrac, conocida popularmente como «Caldetes», entre las poblaciones barcelonesas de Mataró y Arenys de Mar, en la comarca del Maresme. Esta población es conocida desde tiempos inmemoriales por sus milagrosas aguas termales: Aquae Calidae, en la antigüedad, y Calidis d'Estarach, en la Edad Media. El significado del nombre «Estrac» es objeto de numerosas teorías, pero es probable que se corresponda con un vocablo celta que significa «camino del agua». En esta villa, sobre el nacedero, a comienzos del siglo XIII, los templarios construyeron el primer hospital termal de España, y también un puerto marítimo (que pudo haber estado en la zona intermedia de la actual Riera, y desaparecido por las constantes riadas de las aguas pluviales que desde las montañas arrastraban tierras y barro hasta el litoral), cerca de la legendaria Vía Augusta. Y para defender esta riqueza natural, como son las aguas termales (que brotan a la temperatura constante todo el año de 38,8ºC y que son especialmente indicadas para las enfermedades de la piel, riñón, hígado y estómago, capaces de curar algunas de las terribles epidemias que azotaban el mundo del medioevo), los templarios levantaron sobre la colina superior un torreón (torre de Els Encantats), desde donde no solo podían proteger la población, el balneario y el hospital, sino también las entradas y salidas de embarcaciones del puerto marítimo. Los templarios cuidaron como nadie de estas milagrosas aguas.

De aquella época es la iglesia parroquial, consagrada en 1219, tras producirse el descubrimiento de una imagen de virgen negra en una cavidad de la roca (sobre la que se edificó en el siglo XIX la «Capillita del Remei»), a pocos metros del edificio del ayuntamiento de Caldes d'Estrac. Del templo medieval (la parroquia de Santa María) solo se conserva la zona de los pies, la pila bautismal, restos de arcos, de una tumba, el rosetón y una gárgola. La Virgen del Remedio domina el altar mayor de la iglesia, sobre la cual vemos la cruz paté templaria. A pocos metros, cerca del edificio Milans (que alberga la Biblioteca Municipal) está la Casa del Rey, en cuyo edificio, a comienzos del siglo XIV, se alojó el monarca Jaime II el Justo, cuando llegó a esta población a tomar las aguas, acompañando a su segunda esposa, María de Chipre (1279-1319). Se dice que a la reina le vinieron tan bien estas aguas que, tras regresar a Barcelona, hizo que se las siguieran llevando a diario en cántaros de barro sobre una mula.

UN PUERTO FLUVIAL

Dominando el curso inferior del Ebro, sobre su margen derecha, desde lo alto de una empinada roca, se halla el castillo templario más importante de Cataluña: Miravet. A su sombra, acurrucado en la pendiente de la montaña, un pueblo que sigue evocando con cariño su estrecha vinculación con el Temple, y al borde mismo del río, la atarazana, donde los templarios construían sus embarcaciones para llevar a cabo un activo comercio fluvial entre las tierras del interior y el Mediterráneo. Desde las almenas superiores, los templarios protegieron este embarcadero. Durante siglo y medio, Miravet fue templario, al tiempo que toda una garantía de equilibrio para los pueblos, de los tres credos religiosos, de las Tierras del Ebro, que abonan unos razonables tributos a la encomienda. Otra fuente de ingresos era el peaje que se cobraba por pasar el río a la altura de la población. Esta cuestión motivó numerosos roces con familias feudales de la zona, como sucedió con los Entença, con quienes, en más de una ocasión, los templarios tuvieron que luchar para defender la seguridad de poblaciones dependientes de Miravet, como sucedió en 1293 en la alquería de Camposines, cuyos habitantes fueron masacrados por las tropas de los Entença, aprovechando la ausencia de soldados templarios en esta localidad próxima a Mora d'Ebre.

El castillo de Miravet está considerado como uno de los mejores ejemplos de la arquitectura militar de la Orden del Temple en el mundo occidental. Está provisto de tres recintos de murallas que caen sobre el río, comunicados con el puerto fluvial a través de profundas galerías subterráneas, algunas de las cuales, descubiertas causalmente durante la sangrienta batalla del Ebro en 1937. En Miravet fijó su residencia el maestre provincial del Temple de Cataluña y Provenza, y en esta impresionante fortaleza se planificaron las más audaces campañas de Jaime I, quien recibió en Monzón de los templarios su estricto sentido de la estrategia. No es extraño que un comendador de Miravet, Bernat de Campà, acompañara al citado monarca en la conquista de Mallorca, el mismo que después crearía la influyente encomienda de Pollença.

LA SALIDA AL MAR DEL MAESTRAZGO

Vinaròs, el municipio costero más septentrional de la Comunidad Valenciana, tiene uno de los puertos más legendarios del litoral hispano, creados por el Temple. Esta población, a 79 kilómetros al norte de la ciudad de Castellón, está estrechamente vinculada con la tradición marinera y pesquera, y los templarios desempeñaron en ella un destacado papel.

Las más antiguas referencias de Vinaròs están relacionadas con la tribu ibera de los ilercavones, como lo confirma el poblado de El Puig, muy cerca del río Sènia, llamado por los romanos Oleum Flumem (el río del aceite), porque sus aguas reflejaban los metálicos y verdosos brillos de las hojas del olivo. Pero los primeros documentos son medievales, a raíz de una alquería andalusí Beni-Al-Arus, citada en la *Carta Puebla* del monarca Jaime I, con fecha 29 de septiembre de 1241, que tras la conquista de Peñíscola (1233), pasó a llamarse Bynalaroç, siendo sus primeros garantes los caballeros del Temple, al igual que la vecina Benicarló.

Los templarios llevaron a cabo en Vinaròs una frenética actividad urbanística y arquitectónica. Fruto de ello es el trazado del tejido urbano del casco antiguo de la población, que tanto sorprende a propios y extraños. La misma iglesia parroquial conserva su condición de fortín, por el refuerzo en talud de los zócalos, y un santuario que evoca más una fortaleza, así como el robusto campanario cuadrangular. Pero Vinaròs no sería nada sin su puerto, símbolo histórico, económico y comercial de esta ciudad de la Costa del Azahar. Ya en el siglo XIII, los templarios supieron elegir muy bien su emplazamiento, transformando la playa en grao, y este en puerto con las condiciones suficientes como para fondear y amarrar embarcaciones de gran envergadura, y desde cuyos muelles iniciar travesías de importancia hacia las Baleares y las Pitiusas, estableciendo un pasillo de conexión entre el interior y el mar. Recordemos que la gran mayoría de las poblaciones del Maestrazgo dependían del Temple y precisaban de un abastecimiento marítimo, el cual se consiguió a través de Vinaròs. Podemos imaginarnos el esplendor que debió alcanzar el puerto en aquella época, y el control exhaustivo con las mercancías que llegaban de todos los puntos del Mediterráneo.

Una vez explicado todo esto, es fácil llegar a la conclusión de que Vinaròs tenía todos los elementos fundamentales para convertirse en el principal puerto del Reino de Aragón, y así lo logró en el siglo XIV. Como anécdota, diremos que don Miguel de Cervantes desembarcó en el puerto de Vinaròs, en 1571, a su regreso de la batalla de Lepanto, herido en el brazo. En 1709, en tiempos del monarca Felipe V, una Real Orden equiparaba el puerto de Vinaròs con los de Valencia, Dènia, Alicante y Peñíscola, y se le autorizaba para el comercio exterior del Reino.

EL PUERTO DE «CIUTAT»

Mallorca, la mayor isla del archipiélago balear, tiene una larga secuencia histórica que se pierde en la noche de los tiempos. Su puerto ha ejercido por tradición un papel esencial en el desarrollo de esta isla, ya era operativo durante la dominación islámica (902-1229). La ensenada portuaria está localizada Monti-Sion, o la Cala (hoy enterrada, que se extendía desde el paseo del Borne al Palacio de Justicia), al noreste, y Portopí, al suroeste, al final de la riera. Existen referencias documentadas sobre el puerto de la ciudad de Palma desde el año 1273.

El casco antiguo de Palma de Mallorca se ubicaba a intramuros. Lamentablemente, poco resta de la muralla medieval (Es Baluart, Ses Voltes y frente al Par de la Mar), un trazado urbanístico que no obedecía a ningún orden establecido; los testimonios islámicos los vemos en los Baños Árabes, el palacio de la Almudaina; la ciudad andalusí está enterrada bajo la actual.

La conquista cristiana la protagonizó el 31 de diciembre de 1229 el monarca aragonés Jaime I, quien partió del grao de Salou (Tarragona). Durante la travesía, una tormenta amenazó a la escuadra aragonesa, y el rey juró que, tras conquistar Mallorca, levantaría una gran iglesia en honor de santa María. Así lo hizo, al transformar la antigua Gran Mezquita de la ciudad de Madina Mayurga en la catedral de Palma, y la bautizó como «Ciutat», o «ciudad por excelencia». Los templarios, que también tuvieron un peso importante en la conquista de Mallorca, establecieron su sede en el Castell dels Templers, junto a la muralla, en un barrio que, hasta hace poco, era conocido como Partita Templi. Dentro de este arrabal se hallan el convento de Franciscanos y la iglesia de Santa Eulalia, que perteneció a las logias de canteros protegidas por el Temple; también se encuentra una parte de la judería. Desde aquí los templarios no solo administraron un amplio territorio de toda la isla, sino también, y era lo más importante, los movimientos del puerto, el cual fue una etapa importante en las travesías durante las cruzadas. Recordemos que el humanista mallorquín Ramon Llull, partiendo del puerto de Palma, en 1305 emprendió el viaje de peregrinación a Tierra Santa para reunirse en secreto con el gran maestre templario Jacques Bernard de Molay. Sin embargo, durante la travesía fue envenenado por sus propios criados, quienes habían sido sobornados por el pontífice Benedicto XI. Gracias a su fuerte salud y a la intervención de los médicos templarios, ya en Chipre, Llull logró salvar su vida.

PUERTA DEL COMERCIO DE LA SAL

Dènia, en la actual comarca alicantina de la Marina Alta y a la sombra del Montgó, es una ciudad marítima que se relaciona con la Diniu íbera y la Dianium romana; en tiempos visigóticos fue sede episcopal. Mujahid fue el primer gobernador eslavo que se declaró independiente de Córdoba, en 1010; un año después, acuñó moneda. A lo largo de gran parte del siglo XI, la

Daniyya musulmana fue capital de un influyente reino de taifas, y Mujahid convirtió la ciudad en una madriguera de piratas que, desde el puerto, amenazaban a toda embarcación cristiana que navegara por el occidente del Mediterráneo. La importancia de Dènia en aquellos tiempos se debía a su excepcional ubicación, a la fortaleza de su alcazaba y el comercio que le proporcionaba el puerto, cuyos fondeaderos se hallaban en la zona de la Caldera y frente a la torre del Raset. El geógrafo árabe Al-Idrisi (1099-1166) así lo confirma: «Desde allí salían embarcaciones para los puntos más remotos de Levante. El puerto es la base para las armas que salen en tiempo de guerra en busca del enemigo, con un arsenal donde se construían muchos navíos. Dènia es una ciudad populosa, coronada por una alcazaba prácticamente inexpugnable, que domina los alrededores».

La conquista cristiana tuvo lugar el 11 de mayo de 1244, por Pedro Eximen, en tiempos de Jaime I. El monarca aragonés, en pago a los buenos servicios prestados, entregó a los templarios la mitad del puerto de Dènia, como consta en el *Llibre del Repartiment*, fechado el 17 de agosto de aquel mismo año: «Nos Jaime, por la gracia de Dios…; por Nos y los nuestros damos y concedemos a perpetuidad por heredad propia, franca y libre a vos, el hermano Guillén de Cardona, maestre de las casas de la milicia del Temple, la mitad de la darazana de Dènia, la cual recibiréis y habréis en la mitad que está hacia el huerto de Carroz, teniéndola, poseyéndola y disfrutándola con sus entradas y salidas y afrontaciones y todas sus pertenencias desde el cielo al abismo, para darla, venderla, empeñarla, enagenarla, para hacer todas vuestras voluntades y las de los vuestros, a quienes quiera y pareciera, de todas las maneras para siempre». La otra mitad fue reservada para servicio propio de embarque y desembarque del pueblo y para que los pescadores pudieran ejercer su trabajo con más libertad.

Los templarios no tardaron en convertir aquel viejo amarradero en un valioso puerto marítimo, instalando más puntos de amarre y prolongando la tierra que se adentraba en el mar, para facilitar las cargas y descargas de las embarcaciones; todo ello sin dejar de combatir a los incesantes ataques berberiscos, cuyos piratas arrasaban los pueblos del litoral, y de abrir una línea de comercio marítimo con la sal traída de Formentera. Los templarios debieron de llevar a cabo una excelente labor, en todos los sentidos, porque el monarca Jaime I, en 1272, no dudó en conceder a sus maestres la facultad para conducir libremente por mar toda clase de mercancías, tanto particulares como reales o para otras encomiendas de la orden.

HUELVA

Huelva, en el extremo occidental de Andalucía, fue uno de los territorios con mayor presencia templaria de la Península Ibérica. El avance de los ejércitos cristianos facilitó el asentamiento del Temple en gran parte de esta provincia, desde la Baja Extremadura, como lo confirman las fortalezas de Almonaster, Aracena, Aroche, Cala, Cortegana, Cumbres Mayores, Encinasola, Santa Olalla y Zufre. Toda la sierra de Aracena se hizo templaria a partir de 1267, aunque el Bayliato de Jerez de Badajoz (hoy Jerez de los Caballeros) se inició en 1230. Entre Jerez de los Caballeros, al norte, Sevilla, al sureste y La Rábida, al suroeste, se establece un triángulo equilátero, de 124 kilómetros de lado, que atestigua el interés de los templarios por establecer un modelo geoestratégico.

Sevilla fue conquista en 1248 por Fernando III, y Huelva, en 1262, por su hijo, Alfonso X. Los caballeros del Temple se interesaron muy especialmente por La Rábida, el santuario que fue un *ribbàh* sufí, donde apareció una virgen negra, Nuestra

Señora de los Milagros, enclave que se mantuvo templario hasta el año 1307. Avieno, en su *Ora Maritima* (siglo IV a. C.), dice que en La Rábida existió un templo dedicado a una diosa infernal (telúrica o *ctónica*), que era adorada en las entrañas de la tierra... El 18 de marzo de 1283, Alfonso X confirmaba la donación de La Rábida al Temple.

El puerto medieval de Huelva se abría sobre el mismo estuario formado por la desembocadura en el Atlántico de los ríos Tinto y Odiel; una lengua de mar protegida por las torres de la Arenilla y de la Umbría. En medio, la isla de Saltés, rodeada por un canal navegable. En Huelva, los templarios comercializaban y embarcaban todas las riquezas que llegaban de las encomiendas de sierra de Aracena, y también se iniciaban las travesías que llevaban al *Nuevo Mundo* dos siglos antes que lo hiciera el almirante Cristóbal Colón, quien, no es una casualidad, también utilizaría este lugar como punto de partida a las Indias Occidentales, después de haber consultado minuciosamente los pergaminos templarios de La Rábida...

LA FLOTA MILITAR DE FARO

La ría de Viveiro, al norte de la provincia de Lugo, donde el río Landro entrega sus aguas al Cantábrico, constituye uno de los abrigos marinos más importantes de la costa gallega, que los templarios supieron muy bien valorar, estableciendo concretamente en Faro, sobre la orilla derecha de la ría, el puerto militar más importante que el Temple disponía en todo este bravío litoral.

Desde el monte Faro (346 metros), en cuya ladera occidental se levanta la ermita de San Julián (San Xiao do Faro, en gallego), uno de los cuatro santos predilectos del Temple, se obtiene una panorámica completa de toda la ría de Viveiro, con la villa de Celeiro al sur, y Suegos en el extremo opuesto de la ría.

Una leyenda narra que en la playa de Area existió antiguamente una villa que fue literalmente barrida por el oleaje porque sus habitantes rechazaron abrazar la fe cristiana y las enseñanzas evangélicas del apóstol Santiago. Actualmente, en el puerto de Celeiro recala parte de la gran flota pesquera de gran Sol.

Durante la Edad Media, todo el municipio de Viveiro (incluido Faro) perteneció a la diócesis de Mondoñedo, cuyo obispo fue el señor feudal de este territorio de la actual comarca de la Mariña Occidental. Sin embargo, las gentes preferían dialogar con el maestre templario, porque les garantizaba mayor libertad de comercio. Gracias al Temple, Viveiro alcanzó su mayor apogeo, como lo confirman sus gremios, cuyos productos podían exportar a otros lugares de la geografía hispana, y también lusitana, desde el puerto. En 1252, Fernando III confirmó a los templarios el uso y explotación del puerto marítimo de Faro. Y las embarcaciones de guerra templarias aseguraban la tranquilidad de los pueblos y gentes de esta zona del Cantábrico.

EL PUERTO ASTUR

Aunque de remotos orígenes, la villa de Avilés inicia su andadura en la historia a partir de la Edad Media. Su puerto fue el más importante de Asturias. En 1118, el mismo año de la creación del Temple a iniciativa de san Bernardo de Claraval, el monarca Fernando II dio a la catedral de Oviedo la tercera parte de los derechos de su explotación, coincidiendo con el inicio de la actividad pesquera, y, pocos años más tarde, este puerto era conocido por el monopolio para la descarga de la sal, al haberle sido concedido bajo régimen de contrato con la Corona de Castilla la concesión de alfolí (almacén de la sal), para ser exportada por mar a Francia y Portugal. En Avilés se encontraba el alfolí de Asturias y León para distribuir la producción de salinas gallegas, portuguesas, francesas e incluso andaluzas. Igualmente, el puerto de Avilés fue un referente para la exportación de lino, madera o vino, convirtiéndose en el principal abastecedor de la capital asturiana, al tiempo que recibía peregrinos de llegaban por mar para hacer el Camino de Santiago.

Avilés, como Villa de Realengo, apoyó durante los siglos medievales a la corona, sin sometimiento señorial (civil o eclesiástico), según estableció el monarca Alfonso VII el Emperador, en 1155, quien concedió a la Orden del Temple la tutoría de protección para esta villa. A los templarios les debe Avilés un recinto amurallado con cuatro puertas para proteger al núcleo urbano («La Villa»), donde se desarrollaba un activo centro comercial y artesanal, habitado por 1.200 personas. Desde el puerto, y en navegación de cabotaje, las embarcaciones partían desde Avilés conectando con los demás puertos del Cantábrico y enlazando con el Norte de Europa; al regresar, traían sus bodegas repletas de atún, bacalao y arenque. Esta envidiable libertad comercial fue otorgada «desde la mar hasta León», siendo posteriormente ampliada por Fernando IV. Las sólidas murallas de Avilés, y su fuero real, garantizaban la libertad y seguridad de sus habitantes frente a los poderes de señores o al de la Iglesia, con los templarios como garantes.

Avilés contó con dos iglesias templarias: la de Santa María Magdalena de Corros, y la iglesia de San Nicolás de Bari, patrono de mercaderes; ambas, a extramuros de «La Villa».

UN PUERTO DE PESCADORES A LA SOMBRA DE UNA IGLESIA CARGADA DE SÍMBOLOS

En el extremo oriental de Cantabria, entre las puntas del Rabanal y de Catolino, se encuentra la villa de Castro-Urdiales, cuya ensenada abriga uno de los puertos marineros más fotogénicos de nuestro litoral cantábrico. Aunque no se han conservado documentos que acrediten la presencia templaria en este lugar, son las tradiciones populares las que están contribuyendo a recuperar esta parte importante de su historia medieval, donde no faltan leyendas, como la del arca de piedra, relacionada con la iglesia de San Nicolás, o la del caballero templario que, enamorado de una bella dama y atrapado por su amor, cayó al mar por un alto acantilado, donde se dice que se sigue oyendo el susurro del *Salve Regina*, para mitigar su dolor. La fortaleza de Allendelagua, lamentablemente en ruinas, defendía la villa por el norte, y también el trazado de la Agrippa, la vía romana utilizada por los peregrinos a Compostela por este tramo del litoral cantábrico. Bajo las entrañas del torreón central se abren profundas galerías subterráneas; a pocos metros, la ermita de Santa Ana, iglesia románica desfigurada, y algunos monumentos megalíticos.

El puerto de Castro-Urdiales está relacionado desde siempre con los pescadores. Dominando sus pantalanes de piedra, a la entrada del mismo, se alza el castillo del Faro, o de San Antón, del que arranca un puente de piedra que vuela sobre el mar y da paso a una capillita moderna, que muy bien sustituyó a otra medieval, dedicada a santa Ana, la madre de la Madre. Al lado se encuentra la iglesia parroquial, dedicada a santa María de la Asunción. De proporciones catedralicias, fue iniciada en 1208 y realizada dentro del gótico normando y enriquecida de una variedad sorprendente de arcanos, que únicamente el Temple sabía interpretar. Esta simbología se desarrolla en la línea de canecillos que decoran la parte superior del exterior del templo, entre los cuales: rostros humanos que muestran sus manos abiertas entre discos solares, diablos coronados y santos adormecidos, penitentes que sostienen columnas, procesiones de quimeras, animales que se besan, rostros humanos alegres y atormentados, serpientes que devoran pájaros, rosetones decorados con el yin-yang, ábsides en forma de proas de barcos, etc. Y, lo más importante, una Virgen sedente, santa María la Blanca, del siglo XIII, con el Niño sentado sobre el brazo izquierdo, que sostiene en la mano derecha un cetro florido.

ENTRE CASTILLA Y EL ATLÁNTICO

Y llegamos a la ciudad de Bilbao, donde se hallaba el último de los puertos hispanos medievales relacionados con los templarios. El abra de la Ría de Bilbao, en el extremo oriental del golfo de Bizkaia, sobre la desembocadura del Nervión en el Cantábrico, es mucho más antigua que la misma villa de Bilbao, cuya *Carta Puebla* está fechada en el año 1300.

El puerto de amarre de barcos medieval se hallaba en las riberas superiores de la ría, junto a la villa; las embarcaciones llegaban hasta la iglesia de San Antón, junto al inicio del recinto amurallado. De sus dársenas no solo partían los barcos cargados con las mercancías que llegaban de la meseta castellana, por Burgos y Palencia, sino también del Valle del Ebro. Los templarios establecieron en Bilbao el principal puerto de toda la cornisa cantábrica, desde donde se mantuvo un estrecho contacto marítimo con la poderosa encomienda de La Rochelle (Francia). También, en la capital vizcaína, el Temple aseguró el flujo de peregrinos procedentes en su mayoría de Inglaterra que iniciaban desde allí, a pie, el camino a Compostela, bien por ruta interior, hasta conectar con el gran Camino de Santiago en tierras castellano-leonesas, o bien por el ramal de la costa, que atraviesa Cantabria y Asturias.

Solo tres décadas después de la condena del Temple, todo el mundo occidental palideció con una de las tragedias más grandes de la historia, al producirse la peste negra, que cubrió de cadáveres todos los cementerios de la vieja Europa, como consecuencia de la invasión de ratas portadoras de esta terrible epidemia. Si los templarios hubiesen seguido en los puertos controlando exhaustivamente la naturaleza y la calidad de todas las mercancías que llegaban por mar, estamos seguros que esta pesadilla, que se llevó al otro mundo más de un tercio de la población, y en algunos lugares (como Navarra e Inglaterra) el 43%, no habría sucedido.

MALLORCA TEMPLARIA

«No sabemos cuántos hombres tenía el Temple, pero sí que sus efectivos eran poco numerosos en relación con el total de las fuerzas que entraban en acción. La crónica de Jaime I sugiere que los templarios no eran importantes por su número, sino por su excelencia militar, su organización y, sobre todo, por su capacidad de movilización rápida».
A. VIGNATI Y PERALTA. *El enigma de los templarios*

Durante los siglos medievales (exactamente entre los años 902 y 1349), el archipiélago balear fue un territorio de la España insular muy codiciado, primero por los hispano-musulmanes (Califato de Córdoba —902-1015— y reino taifa de Denia —1015-1076—), después por los taifas de Zaragoza y luego un período de taifa independiente, durante la cual, entre 1114 y 1115, la isla de Mallorca sufrió un sangriento saqueo por parte de una flota de barcos pisanos y catalanes. Seguidamente se establecieron los almorávides (1115-1203), y después los almohades, quienes poseyeron el archipiélago balear hasta 1229, fecha de la conquista cristiana protagonizada por el monarca Jaime I, quien, tras partir del grao de Salou (Tarragona), después de un sangriento y prolongado asedio de tres meses, convirtió las islas en un territorio cristiano independiente del Reino de Aragón.

Según los escritos del cronista hispano-musulmán Ibn Amiri (nacido en Alzira en 1184 y fallecido en Túnez, en el exilio, en 1259), quien formó parte de la administración almohade de las ciudades de Xàtiva, Sevilla, Murcia, Dénia, Valencia y Marruecos, hallados por el profesor Muhammad ben Mamar, en 2001, el desembarco cristiano tuvo lugar en Sanat Busa (lugar de juncos o junquera). La disputa entre almohades exiliados y mallorquines facilitó la conquista cristiana de la isla de Mallorca, en 1229. Con ello, se produjo la progresiva sustitución socio-cultural de los autóctonos de las islas, por un sustrato humano de importante naturaleza catalana, como se desprende de los apellidos, algunos de los cuales, también occitanos, por la estrecha relación que mantuvo especialmente Mallorca con la ciudad de Montpellier, en el Languedoc. Durante este período, que culminó en 1349, se sucedieron tres monarcas en la corona cristiana balear: Jaime II (1276-1311), Sancho (1311-1324) y Jaime III (1324-1343). Con la muerte de este último, en 1349, en la villa de Llucmajor, cerca de la montaña sagrada de Randa, y el encarcelamiento de su hijo, el futuro Jaime IV de Mallorca, en la terrorífica fortaleza de Xàtiva (Valencia), por orden de Pedro IV de Aragón, se disipó todo intento de mantener independiente este territorio, llamado por los hispano-musulmanes «islas orientales de Al-Andalus». Y el archipiélago balear volvió a integrarse plenamente en el Reino de Aragón.

Hasta aquí hemos resumido en grandes trazos las principales etapas de las Islas Baleares durante los siglos medievales. Solo nos ha faltado decir, que, con las masacres del *pogrón* (1391), la judería de Mallorca cayó en desgracia, por haber sido asesinados la mayoría de sus miembros, para desaparecer definitivamente en 1435. Detrás quedó un brillante legado cultural y científico, en materia de cartografía y mapas, que hoy, siete siglos después, sigue siendo materia de estudio por eruditos de la navegación de todo el mundo. A uno de estos miembros de la judería de Palma, Abraham Cresques, le debemos la confección de *El Atlas Catalán*, realizado en 1375, actualmente conservado en la Bibliothèque Nationale de París, que fue fruto de un regalo de la Corona catalanoaragonesa al monarca francés Luis XI.

LOS TEMPLARIOS EN MALLORCA

Al igual que sucedió en las más importantes conquistas cristianas de las ciudades hispano-musulmanas, con los ejércitos de Jaime I iban las órdenes militares de su tiempo, y las del Temple no fueron una excepción. La ciudad hispano-musulmana de Palma, como hemos dicho antes, cayó después de tres largos y sangrientos meses de asedio cristiano, durante los cuales se protagonizaron, por ambas partes contendientes, escenas que superan los límites de lo humano, como la colocación por parte de los almohades en los muros exteriores de la alcazaba de los prisioneros vivos cristianos para recibir los impactos de las catapultas lanzadas desde las maquinarias de asalto; o bien el lanzamiento al interior de la ciudadela de las cabezas de los prisioneros musulmanes degollados, para intimidar y causar pánico a los defensores... Esta conquista, que tuvo lugar en 1229, y de la que poco se han ocupado los historiadores medievales, merecería un estudio especial. En aquel tiempo, da la casualidad que estaba como máximo dignatario del Temple (1229-1232) un gran maestre provincial: Guillem Cadell.

Palma, conocida tras la conquista cristiana como «Ciutat», era la ciudad por excelencia, la capital administrativa y comercial de la mayor isla del archipiélago. Con el reparto del territorio, los templarios recibieron la quinta parte de Mallorca, y fijaron en «Ciutat» su sede oficial, concretamente en el Castell dels Templers, baluarte que se hallaba anexo a la muralla. En nuestros días esta zona urbana de la ciudad de Palma se conoce como Partita Templi. Lo curioso es que en este barrio también se encuentre el convento de los Franciscanos, en cuyo interior reposan los restos de Ramon Llull (1235-1315), llamado con justicia «el doctor iluminado», el mallorquín más universal, a quien se debe el descubrimiento de la piedra filosofal, autor de la obra *Ars Magna*, unos estudios herméticos que llegaron a causarle serios problemas con la Iglesia. Según Llull, Dios creó de la nada una sustancia, el mercurio, conocido como «plata viva» (*argentum vivum*), de la cual surgieron las demás cosas. Después de realizar el peregrinaje a Santiago y a la villa de Rocamadour (Francia), Ramon Llull, en 1305, decidió ir a Tierra Santa, pero, en plena travesía, fue víctima de un envenenamiento por parte de sus propios servidores, sobornados por el pontífice Benedicto XI. Sin embargo, gracias a la fortaleza física de Llull, y también a la intervención de los médicos templarios, en la isla de Chipre, el más célebre de los alquimistas hispanos logró salvar su vida, falleciendo una década después, con la profunda tristeza de haber contemplado la caída de sus queridos templarios, víctimas del mismo pontífice que atentó contra su existencia, y también de las ambiciones del monarca francés Felipe IV el Hermoso.

Junto al convento de San Francisco, también en el arrabal de Partita Templi, se alza la iglesia de Santa Eulalia. No es una casualidad que este edificio estuviese estrechamente vinculado con las logias de canteros, colectivo que contaba con el respaldo total del Temple. Aún se puede apreciar una gran variedad de marcas grabadas en las piedras que forman parte del aparejo, algunas de las cuales con signos masónicos (el mallete, el compás, la escuadra...). Y otro dato de interés: gran parte de la judería de Palma también se hallaba dentro de este arrabal templario; la abadía templaria, de la que solo se conserva su magnífica fachada, se alza sobre cimientos de construcciones defensivas que habían formado parte de la ciudadela almohade, la Madina Mayorga (alcazaba de Gomera), la fortaleza roja, formada por tres recintos. Fue precisamente sobre el tercero de estos recintos donde los templarios alzaron sus construcciones más sagradas, como fue esta abadía, cuyo templo sigue ofreciendo una luz y unas dimensiones catedralicias. Este enclave templario, en tiempos del monarca Jaime I, sirvió, además, para guardar el inmenso botín arrebatado a los almohades tras la conquista cristiana, y luego tras la desaparición del Temple, para encerrar a los últimos caballeros de la isla en tiempos del monarca mallorquín Sancho. A finales del siglo XIX, al llevarse a cabo unas obras de urbanismo en las calles de Llull y San Buenaventura, se descubrió una galería (de unos trece palmos de altura, y por la cual podían pasar juntos tres hombres) que enlazaba el convento templario con el palacio de la Almudaina.

EL NORTE TEMPLARIO DE LA ISLA

Pero los templarios no solo se fijaron en «Ciutat», desde la cual controlar el resto de Mallorca. También les atrajeron muy especialmente algunos de los lugares de poder de la isla, entre los cuales, y de forma muy particular, se encuentra la Serra de Tramontana, que, en sentido suroeste-norte, recorre todo el contorno de poniente de Mallorca, y es en donde se alzan las montañas más altas y los puntos de mayor energía de la isla.

El santuario del Llull, donde se rinde culto a una imagen coronada en 1884 como reina y patrona de Mallorca, es uno de los lugares más interesantes de la geografía templaria de la isla. Allí arriba, después de haber atravesado un territorio de viejos olivos, el viajero descubre un enclave místico y, al mismo tiempo, cargado de energía, donde los magos templarios implantaron el culto mariano en Mallorca. La imagen, conocida también como «la Moreneta», de 61 centímetros de altura, fue hallada según la tradición por un pastor y ermitaño en 1240 en el interior de una gruta. En su tocado se lee: «*Nigra sed formosa sum*». El Niño reposa en el brazo izquierdo, portando un libro abierto, como animando a descubrir las esencias de los saberes gnósticos. A ella están vinculados otros cultos en esta misma iglesia (Ana, san Bernardo, María Magdalena, san Juan Bautista...), que igualmente forman parte del cosmos espiritual del Temple. Es importante recordar que toda la zona en donde se alza este santuario está preñada de montañas sagradas, grutas que sirvieron de marco de celebración de ancestrales cultos paganos, innumerables construcciones megalíticas y calzadas que, más que para enlazar poblaciones, marcarían las líneas ley de la isla, entre enclaves cargados de energía.

Uno de estos enclaves es, sin duda, la villa de Pollensa, que se corresponde con una importante posesión templaria, recibida por el Temple, en 1230, tras la conquista cristiana. Se sabe que, desde Sóller y Alcudia, que marcan los límites de la Serra de Tramontana, los templarios tuvieron 22 alquerías. Una de ellas fue la de Pollensa. Pero dejemos que sea el erudito Juan García Atienza quien nos describa el lugar: «Camino de La Alcudia, una senda remonta la ladera del montecillo llamado el Puig Son Vila, hacia la masía de Sa Torre. A poca distancia nos encontramos con los restos, bastante bien conservados, de un *talayot* que todo el mundo conoce como El Fort dels Templers, que pudo servir de torre de vigilancia de los freires». Lamentablemente, de aquel recinto solo quedan algunos fragmentos de columnas, sin embargo, es la referencia para alcanzar la meta que buscarán afanosamente nuestros lectores:

la Cova de Sant Martí, en las entrañas del Puig de Sant Martí, ya en el municipio de La Alcudia.

La gruta de Sant Martí es un lugar que sorprende porque no es horizontal, sino vertical, como si de un tubo volcánico emergiera de las entrañas de la Tierra, y en cuyas paredes laterales se abren las dependencias de unos espacios sagrados excavados en la roca viva por los templarios, para que los magos del Temple, en el más absoluto silencio e intimidad, pudiesen llevar a cabo sus ritos bajo una luz cenital que entra por el agujero superior, a modo de chimenea natural. Dentro de este enigmático enclave no faltan grafitis, igualmente templarios, para transmitir unos mensajes que, a día de hoy, aún no han logrado descifrarse. Algunos de ellos están relacionados con el mar. Es importante recordar que la costa está a pocos metros de allí, y no sería nada extraño que, en su día, los templarios lograran alcanzar la costa alargando las excavaciones subterráneas de esta gruta.

Dentro de Pollensa aún se conservan numerosos testimonios legados por los templarios. Entre ellos tenemos la casa en donde fijó su residencia el lugarteniente de la orden, ubicada en la esquina entre las calles Colón y del Temple, lamentablemente muy transformada en nuestros días. También fueron templarias la Casa de s'Aigua y la de S'Ombra. Todo ese arrabal perteneció a los caballeros de la cruz paté. A pocos metros se encuentra la iglesia de Santa María dels Àngels, que fue el convento templario de Pollensa. También fue del Temple el calvario, enclavado en el todavía llamado Puig del Temple, cuyo camino de subida constituye un viaje al más profundo recogimiento.

La isla de Mallorca, por lo tanto, gracias a su estratégica ubicación, fue escenario de singulares gestas, donde los caballeros templarios escribieron momentos de gran belleza socio-cultural, que debemos rescatar de la historia no oficial.

EL NUEVO MUNDO

La capacidad operativa de los templarios en el medio marítimo era sorprendente; la flota del Temple fue tan importante que los influyentes armadores de Marsella estaban impresionados e intentaron limitar con la mayor severidad el embarque de templarios en su puerto, ante el temor de una monopolización del tráfico por mar con Tierra Santa. Por ello, obligaron a la orden la reserva de una cierta cantidad de transportes para los navíos marselleses. La ciudad de Marsella se hallaba próxima a dos grandes puertos templarios, Saint-Raphaël y Colliure, desde los cuales partían naves templarias, y también desde el puerto de Palma, en cuya isla de Mallorca el Temple disponía de una notable flota a punto siempre para levar anclas y desde donde los templarios establecieron un incesante puente marítimo con Tierra Santa. En una crónica medieval leemos: «Todos los navíos de mar que están en San Juan de Acre están bajo las órdenes del comendador de la tierra, así como el comendador de la bóveda [puerto] de Acre, y todos los hermanos que están a sus órdenes». Sabemos también que el monarca inglés Ricardo Corazón de León regresó a Occidente en un navío de la orden, disfrazado de templario.

En la costa atlántica francesa, los templarios, desde mediados del siglo XII, ya disponían de influyentes puertos. Entre ellos están el de Barfleur, que controlaba la bahía de Valcanville, en Normandía, y el de Saint-Valery-en-Caux, próximo a las encomiendas de Blosseville y Drosay, vigilando los puertos del Somme y los del litoral del norte. Sin embargo, fue el de La Rochelle, entre Nantes y Burdeos, el más influyente del Temple en el litoral francés, donde una flota de 44 embarcaciones mantenía el mundo occidental en estrecho contacto con el *Nuevo Mundo*.

Esta cuestión es difícil probarla, porque no tenemos ninguna prueba documental que lo corrobore, porque, como recuerda

Louis Charpentier, cuando se trata de asuntos del Temple nunca hay pruebas; las pistas siempre están cuidadosamente borradas. Un historiador tan escrupuloso en sus aseveraciones como Juan de la Varende afirma en su obra *Los gentilhombres* que los templarios iban con regularidad a América, de cuyas tierras traían de unas minas no oro sino plata, a causa de lo cual el pueblo francés decía «*qu'ils avaient de l'argent*» (que tenían plata), expresión que generaría el dicho popular de tener riqueza.

Louis Charpentier incide además en seis conceptos que pueden ser determinantes a la hora de convencer al lector de la veracidad de un comercio por parte del Temple entre Occidente y el *Nuevo Mundo*, varios siglos antes que el almirante Cristóbal Colón llegara a América. Estas pruebas son las siguientes:

1. Los templarios disponían de una flota personal, y, por lo tanto, de marinos pertenecientes a la orden.
2. Que algunos de estos marinos debieron de ser normandos, parientes de los que, en tiempos de los orígenes del Temple o algunos decenios antes, navegaron regularmente desde Groenlandia hasta América Central, que ellos conocían como *Wineland*.
3. Que entre dichos marinos había seguramente algunos bretones, cuyos antepasados habían dejado varias huellas, mucho antes de la llegada de Colón, en la costa de Filadelfia.
4. Que entre los templarios había bastantes caballeros lo suficientemente cultos como para saber que la Tierra era redonda, como lo sabía el pontífice benedictino del año 1000 Silvestre II y algunos de sus alumnos, y como también conocía el maestro de obras de la catedral de Chartres, que sabía hasta las dimensiones de nuestro planeta.

5. Que los templarios habían visitado también los puertos fenicios, en los cuales subsistían los documentos geográficos de los marineros quienes, en la antigüedad, tras cruzar las columnas de Hércules, desafiaron el Mar de las Tinieblas y alcanzaron las costas de las Indias Occidentales por el lado de Oriente. Los famosos mapas del turco Piri Reis resultan muy reveladores acerca de los conocimientos antiguos en materia geográfica, cuestión que no les pasaría desapercibida a los templarios.
6. Que, después de la disolución de la orden, los caballeros de la Península Ibérica se dispersaron en diferentes órdenes más o menos análogas al Temple (los calatravos, en España, y la Orden de los Caballeros de Cristo, en Portugal, creada a iniciativa del monarca don Dinis en 1319 especialmente con esta intención). Recordemos que la famosa Escuela Náutica de Sagres fue fundamental en los descubrimientos y conquistas de ultramar de los portugueses, y daría cobijo a cartógrafos judíos, cuyos antepasados habían sido amigos y protegidos de los templarios en la aljama de Palma de Mallorca.

Sabemos que Cristóbal Colón consultó los mapas y archivos de la Orden de Calatrava. Con estos y otros documentos no tardó en convencer a la reina Isabel I la Católica, y se puso en marcha la aventura del «descubrimiento» del *Nuevo Mundo*, partiendo de las costas andaluzas del Atlántico. Y, por su parte, la marina portuguesa, casi coetáneamente, se lanzaba a abrir las rutas marítimas de mundos desconocidos, con una seguridad asombrosa, rompiendo el precepto que prohibía a los barcos lusitanos navegar más allá del cabo Mogador bajo otro pabellón que no fuese el de la orden. Fue así como, con el pabellón de los Templarios reformados, se lanzó Vasco de Gama al descubrimiento de la India, que Albuquerque y Juan de Castro conquistaron. También el almirante Colón llevaba como insignia en sus velas la cruz templaria pateada. ¿Casualidad?

A pesar de todos estos interrogantes que animarán al lector a hacerse preguntas, estas no son pruebas suficientes para convencer. Sin embargo, los conceptos que vamos a citar a continuación no son suposiciones, sino determinantes.

En la iglesia de Rosslyn, en Escocia, vemos esculpido el maíz, planta que nos llegó de América tras el descubrimiento de Cristóbal Colón. En la capilla del lado de la Epístola de la iglesia de Bordón (Teruel), en la clave de la bóveda de nervios aparece representado un Pantocrátor que sostiene con su mano izquierda la bola redonda del mundo, y claramente representada la costa del *Nuevo Mundo*. Además, en el tímpano de la nave de Vézelay (Borgoña), uno de los cuatros grandes puntos de partida del Camino de Santiago en suelo francés, realizado a mediados del siglo XII, vemos representado, entre los pueblos de la Tierra, un «indio» de grandes orejas; no un indio de la India, sino un nativo del *Nuevo Mundo*. Y llamo la atención sobre que los «Compañeros del deber de la Libertad», herederos de los «Hijos de Salomón», protegidos por los templarios, también se llamaban a sí mismos «los indios», como recuerdo de algún viaje...

Y si a todo ello le añadimos que los templarios tuvieron unas profundas fuentes de tradición celta, que supieron obtener tanto en el suelo francés como en el norte hispano y en otros lugares de la vieja Europa, y que los celtas ya estuvieron en América, como lo recuerda el viaje de Brendan el Navegante, en el siglo VIII, cuya embarcación se conserva en Cracanouwen (Irlanda), es fácil también determinar que el Temple visitó el *Nuevo Mundo*, y trajo de sus fértiles tierras riquezas con las que ayudaría a mejorar la calidad de vida de Europa y sufragar los elevados costos de ambiciosas obras, como las grandes catedrales

Pantocrátor de la iglesia templaria de Bordón, en el Maestrazgo turolense, templo que después pasaría a los calatravos, como recuerda el escudo de la parte inferior.

que se levantaron a lo largo del siglo XIII. Sin la plata traída por los templarios de otros horizontes, hubiese sido imposible llevar a cabo estas singulares realizaciones.

LA CAPILLA DE ROSSLYN

A solo 15 kilómetros al suroeste de la ciudad de Edimburgo, en Escocia, en medio de un paraje de singular belleza, se alza, sobre uno de los vórtices de energía telúrica más importantes de la geografía occidental, la capilla de Rosslyn.

A Rosslyn llegó a comienzos del siglo XIV un grupo de templarios, que hasta las Altas Tierras de Escocia alcanzaron huyendo de las persecuciones del monarca francés Felipe IV y de la condena de la orden por el pontífice Clemente V. Pero no fueron con las manos vacías; se dice que portaban unos manuscritos secretos. No es una casualidad que el nombre de esta pobación derive de *ross* («conocimientos ancestrales») y de *lyn* («generación»), por lo que es fácil deducir que «Rosslyn» se traduce como «los conocimientos antiguos transmitidos generacionalmente».

El templo, sin embargo, tardó casi un siglo y medio en construirse, exactamente entre 1440 y 1480, a iniciativa de Guillermo Saint-Clair, primer conde de Caithness (llamado «*San Clair*»), una familia escocesa de origen normando. Su puerta es el acceso a otra dimensión, y las esculturas son la clave oculta del enigma sagrado. Cuando se reproduzcan estas figuras que están en los cubos, se abrirá el acceso al Más Allá, según reza una leyenda. Y si este portal se abriera, sería el fin del mundo, pues saldrían todos los monstruos de otras dimensiones...

Por el jardín de la capilla pasa el Meridiano de París. La pared oeste de la capilla es en realidad un modelo del Muro de las Lamentaciones de Jerusalén, que evoca Segunto Templo de Salomón.

La capilla está sostenida sobre 124 pilares que forman una arcada de 12 arcos apuntados sobre 3 lados de la nave. Los nombres de estos puntos de resistencia son el Pilar del Maestro, el Pilar Oficial y el Pilar del Aprendiz. Este último sería el flanco oriental del «arco celeste» que cobija las catedrales europeas; el flanco occidental lo constituye otra columna idéntica que se encuentra en la localidad portuguesa de Sintra (de nuevo los templarios). La capilla de Rosslyn iba a ser una de las siete grandes catedrales construidas en toda Europa desde Escocia hasta España, pero, por razones desconocidas, no llegó a terminarse.

En Rosslyn, los escultores supieron representar a unos ángeles en el momento de interpretar una melodía a través de diversos instrumentos. Se trata de una secuencia de 213 cajas musicales grabadas en pilares y arcos con una selección de modelo simétrico sobre ellos, que recuerda el modelo «Chandilli»: al producirse las frecuencias específicas, la placa metálica cubierta de fino polvo genera formas geométricas, como vimos en el capítulo 4. Thomas Mitchell y su hijo Stuard, especialistas en música medieval, han sabido emparejar el modelo con apuntes musicales para producir una melodía que llaman «El Motete de Rosslyn».

Entre la inmensa variedad de representaciones que vemos en la obra escultórica de Rosslyn, debemos citar: la Creación, el Moisés, Hosanna, Alabanzas al Señor, los Símbolos de Cristo, la Virgen María, San Pedro, un Ángel masón, el Ángel caído, el Diablo y los Amantes, la Danza de la Muerte, los Hombres Verdes (símbolo pagano que también se reproduce en la catedral de Chartres y en la iglesia superior del santuario de la Virgen de la Fuente, en Peñarroya de Tastavins, Teruel), el Ángel de los Saint-Clar, el Ángel manchado de sangre, el caballero templario y el maíz (o choclos, de América, cultivo de cereal desconocido en la Europa medieval, traído por los templarios del Nuevo Mundo).

Por su parte, Knigt y Lomas cree que, en el interior de Rosslyn, se halla oculta el Arca de la Alianza.

EL CAMINO DE SANTIAGO TEMPLARIO

«Europa se hizo peregrinando a Compostela».
GOETHE

Desde Roncesvalles hasta Compostela, primero, y a Padrón (Iria Flavia), después, en los confines occidentales de Galicia, en un recorrido de 858 kilómetros, atravesando cuatro comunidades autónomas del norte de España, el eje principal de peregrinación del Camino de Santiago en tierras hispanas, tras un milenio de historia documentada, se mantiene como la gran vía de transmisión socio-cultural de nuestro país. Pero nada hubiese sido lo mismo sin la presencia del Temple, cuyos caballeros fueron toda una garantía para los peregrinos y caminantes que se aventuraban a un viaje con tantos peligros, y que obligaba a emperadores, reyes, pontífices, cardenales, obispos y a la nobleza a dejar firmado antes de partir un testamento, dada la incógnita de regresar bien. Los templarios aseguraban tranquilidad en esta odisea, protegiendo a los viajeros contratantes de los posibles asaltantes de caminos y demás riesgos que podían tenerse en un viaje de esta naturaleza. Ofrecieron la garantía de contar con un albergue en la siguiente etapa y hospital en caso de enfermedad o accidente, además de la entrega del dinero necesario con solo extender un recibo (primera letra de cambio), en cualquier de las ciudades o villas por las que transcurre el sinuoso trazado del Camino de Santiago. Todo ello, por el ínfimo interés del 10% sobre la cifra acordada; beneficios que el Temple sabía utilizar en las construcciones de albergues, restauración de puentes y calzadas y el mantenimiento de hospitales y hostales, para atender mejor a los peregrinos y viajeros, aparte de las lógicas necesidades propias de las diferentes encomiendas que jalonaban la ruta jacobea.

El principal trayecto jacobeo lo tenemos en España, antes descrito entre Roncesvalles y Padrón, o «Camino Francés», llamado así porque es la consecuencia de la unión, en los Pirineos franceses en suelo aquitano, de cuatro grandes ejes de peregrinación que arrancan en las siguientes poblaciones: París, Vézelay, Le Puy y Arlés. A lo largo de tales trayectos, los peregrinos de todo el mundo occidental que habían escogido alguno de estos cuatro grandes viales en suelo galo recibían el mismo apoyo logístico que luego encontrarían en España, gracias a la iniciativa del Temple.

Lamentablemente, poco ha quedado en nuestros días de aquel sorprendente patrimonio socio-cultural, porque durante los siglos modernos (XVI, XVII y XVIII), las guerras de religión y también los poderes fácticos se ocuparon de borrar gran parte de este ejemplar legado, estrechamente relacionado con los templarios. La información la hemos podido recuperar, en gran parte, gracias a la tradición popular, en forma de mitos y leyendas, y los restos perdurables en materia de arquitectura y escultura. En esta ocasión, sin embargo, vamos a ocuparnos de esa cultura popular que, sobre los templarios en la Península Ibérica, se ha perpetuado en el tiempo, el espacio y la historia.

POR ENCIMA DE LOS MITOS

Antes de iniciar este singular viaje por los mitos templarios en el Camino de Santiago por tierras hispanas, quiero recordar la frase del historiador francés Alain Desgris: «En algunas leyendas del Temple se ha creído perpetuar la verdad sobre la orden; sin embargo, los poderes dominantes han hecho transformar el desarrollo y la veracidad de tales historias, para condenar la memoria de los templarios». Ante esto, es fácil deducir que, tras la caída en desgracia del Temple, a comienzos del siglo XIV, la Iglesia oficial no perdió la oportunidad para levantar todo tipo de acusaciones contra los caballeros, al tiempo que animaba a la sociedad a que se creyera lo que oficialmente se transmitía, que, en la mayoría de los casos, como podemos imaginar, eran noticias del todo descalificadoras para la memoria de los templarios, en las cuales se les ridiculizaba, cuando no eran relacionados con despiadados asesinos o mercenarios a sueldo. En nuestra labor de búsqueda de la verdadera historia del Temple relacionada con el Camino de Santiago, lo cual no ha sido tarea fácil, hemos recopilado unas cuantas leyendas, que esperamos sorprendan a nuestros lectores.

VILLALCÁZAR DE SIRGA

En Villalcázar de Sirga, en plena Tierra de Campos palentina, a mitad de camino entre Carrión de los Condes y Frómista, se encontraba la mayor encomienda templaria en todo el Camino de Santiago por tierras hispanas. En el interior del núcleo urbano, cuyas viviendas poco recuerdan ya a su esplendor medieval, se alza, aunque en maltrecho estado (fruto de los saqueos y destrucciones llevadas a cabo por las tropas francesas, en 1814, durante su retirada), la colegiata de Santa María, cuyo exterior sorprende por la grandiosidad de su pórtico y la belleza de su rosetón.

La colegiata fue fundada en 1157, en tiempos del monarca Sancho III, y tuvo como iglesias filiales las de Támara, Carrión de los Condes y Terradillos. En este templo sigue viva la tradición de la Virgen Blanca, desde tiempos del monarca Alfonso X el Sabio, al ser una de las imágenes que más influyó en las *Cantigas de santa María*. La iglesia fue terminada en 1274, precisamente en el año en el que allí fueron enterrados el infante Felipe, hijo de Fernando III el Santo, y su esposa doña Leonor Ruiz de Castro. Entre las figuras que adornan sus tumbas, aparecen algunas imágenes labradas y con restos de policromía de caballeros templarios. Y en la misma capilla se guarda la tumba templaria de don Juan Pérez, primer comendador de esta poderosa encomienda.

En el pórtico aparece una figura tocada con el gorro frigio, que preside el centro del cuarto arco de la entrada en bóveda de crucería. Y es en este lugar, tan duramente castigado por los soldados franceses en su retirada, al finalizar la Guerra de la Independencia, donde se encuentra el eje del mito de este templo, relacionado con la leyenda de la gallina de los huevos de oro. El pórtico de la iglesia está formado por dos anchas portadas realizadas en arcos en degradación (la frontal, que facilita el acceso al interior de la nave principal del templo; y la lateral, a la derecha de la anterior, que lleva al lado de la Epístola, en cuya capilla se alinean los citados sepulcros), donde el maestro escultor dio rienda suelta a una riquísima imaginería, donde no faltan caballeros templarios que custodian a un Pantocrátor en majestad. En esta riqueza simbólica sobresale un cerdo, animal que sustituye al toro de san Lucas. Cuenta la tradición popular que si se golpea con fuerza con la palma de la mano en el lugar exacto donde este animal recibe el primer rayo de sol del día del equinoccio de primavera (21 de marzo), las bocas de las dos cabezas humanas del tímpano le revelarán el sitio exacto donde están escondidos los fabulosos e ignorados tesoros del Temple; tesoros que, según algunos, son la gallina de los huevos de oro, enterrada en el cercano pueblecito de Terradillos de los Templarios.

SAN PANTALEÓN

La siguiente cita en este viaje iniciático por los enclaves templarios que conservan sobrecogedoras leyendas y mitos se encuentra en Las Merindades, una de las comarcas naturales más interesantes del norte de la provincia de Burgos, por donde se aventuraban algunos peregrinos que, desde el puerto de Bilbao, buscaban el interior peninsular, para conectar con el ramal principal del Camino de Santiago.

El pueblo de San Pantaleón se encuentra a 18 kilómetros al norte de Traspaderne. Su iglesia, que corona el extremo del espolón rocoso, está al otro lado del río. Conviene, por tanto, dejar el coche en la carretera y hacer el resto del recorrido a pie, bien calzado con botas de montaña. En una de las primeras casas del pueblo se recoge la llave de la ermita; después, el camino se inicia hacia la izquierda, rodeando la espectacular peña, y cuando alcance el segundo tramo del sendero, no dude en girar la cabeza, porque tendrá a su alcance uno de los más bellos parajes que haya contemplado: el valle del Losa, con el río Jerea como protagonista natural y, dependiendo de la época del año, las flores de lirios morados cubriendo los campos, anunciando la primavera. La ermita de San Pantaleón está agarrada a la plataforma superior del acantilado fluvial a modo de altar o ara sagrada, donde los magos templarios, recogiendo toda la sabiduría de los pueblos de la protohistoria, oficiaron sus ritos en lugares próximos a las estrellas.

Ya frente a la iglesia, lo primero que le llamará la atención es la peculiar planta que ofrece el templo, con una altiva fachada rematada en su parte superior con una espadaña que se alza sobre la zona central de la cubierta, delimitando el área de la cabecera. Se trata de una iglesia románica de solo diez metros de longitud en su única nave. El edificio fue concebido por los maestros canteros medievales de forma que pudiese resolver el fuerte declive de la pendiente rocosa sobre la que se asienta. La portada de acceso a la iglesia está protegida, en el lado derecho, por un atlante o gigante de piedra, que muy bien podría representar a un caballero templario, mientras que en la jamba opuesta puede verse una columna en zigzag, en clara evocación al líquido elemento que sustenta la vida de personas, animales y plantas, y que podría hacer referencia a la corriente de agua que discurre por las entrañas de la iglesia para generar un vórtice de energía de mucha fuerza en este lugar.

Toda esta modesta ermita de peregrinaje está llena de símbolos que el Temple dejó grabados en piedra a modo de mensajes ocultos. El erudito José Fernández Palacios sugiere que esta apartada iglesia de romería pudiera ser el sepulcro del santo san Pantaleón, cuyos restos estuviesen enterrados bajo el altar mayor, el ara sagrada del edificio, testimonio de las culturas célticas que habitaron esta zona durante la antigüedad.

30. CRONOLOGÍA TEMPLARIA

546. Comienza la Alta Edad Media en el mundo occidental.

999. Finaliza la Alta Edad Media y, tras el fatídico año 1000, se inicia la Baja Edad Media.

1009. Es destruido el Santo Sepulcro, consecuencia de la invasión musulmana de los Santos Lugares.

1071. (26/08). El sultán seldjúcida Alp-Arslan derrota en Manziquert (Anatolia oriental) al emperador bizantino Diógenes.

1077. Los seldjúcidas de Rum ocupan toda la ancha meseta de Anatolia.

1092. Los hijos del sultán Alp-Arslan dividen el imperio en tres reinos independientes: Persia, Asia Menor y Siria. El de Anatolia, llamado sultanato de Rum, fue el único capaz de conseguir el respeto de sus vecinos.

1095. (27/11). El pontífice Urbano II predica la primera cruzada en la ciudad francesa de Clermont-Ferrand (Auvernia).

1097. (21/10). Los cruzados toman Antioquía (hoy Antalya), al sur de la península de Anatolia, en el litoral mediterráneo.

1105. (25/08). Balduino I, rey latino de Jerusalén, derrota en la batalla de Ramia (Ramlah) al sultán Al-Mulk Husein.

1118. Se funda la Orden del Temple con el nombre de los Pobres Caballeros de Cristo. El acto fundacional tiene lugar en los sótanos del templo de Salomón (hoy mezquita islámica de Al Aksa). Las normas de la orden las redacta su mentor, san Bernardo de Claraval, y las titula *Elogio de la nueva milicia*. Sus principios evocan la regla del Císter, creación también de san Bernardo.

1127. Guillaume Ricard, gracias a la intervención de la reina Doña Teresa, es nombrado Primer Maestre del Temple en Portugal y Galicia.

1128. La Orden del Temple recibe el espaldarazo oficial de la Iglesia en el concilio de Troyes (Francia). El papa Honorio II y san Esteban, patriarca de Jerusalén, les prescriben la Regla del Císter. Los caballeros, a cambio, deben en ese mismo momento hacer votos de castidad, pobreza y obediencia, comulgar y dar limosna a los pobres tres veces al día.

1130. El conde barcelonés Ramon Berenguer III entrega la plaza de Granyena de la Segarra (Lleida) a los templarios. Un año después, este conde barcelonés se ofrece de por vida a cumplir los preceptos de la Orden del Temple.

1134. El monarca aragonés Alfonso I el Batallador muere sin dejar descendencia, no sin antes testar su reino a favor de templarios y hospitalarios. Pero ni la Iglesia ni la nobleza aprueban dicho testamento.

1139. (29/03). El pontífice Inocencio II, accediendo a la demanda de Robert de Craon, publica la bula «*Omne Datum Optimum*» (ver anexo al final de la cronología).

1142. Fray Glisón, primer comendador del Temple en Navarra, manda construir la iglesia del Crucifijo en la aldea de Murugarren (hoy Puente la Reina/Garés), famosa por su inquietante Cristo en una cruz en forma de pata de oca.

El Temple recibe su emblema definitivo.

1143. Una carta de la reina de Aragón, Petronila, concede a la Orden del Temple la quinta parte de los territorios conquistados a los musulmanes.

1146. Los templarios comienzan a hacer acto de presencia en Soria y su territorio por otorgamiento de Alfonso VII en la persona del maestre provincial de Castilla, Aragón y Provenza Pere de Rovira.

1147. El pontífice beato Eugenio III autoriza a los caballeros (llamados ya templarios) a lucir la característica cruz griega de ocho puntas, de color rojo sobre el manto blanco.

1156. Nace en León la Orden de Alcántara, de filiación cisterciense, y cinco años después la de Santiago, asociada a la congregación de canónigos de san Eloy.

1156-1169. El maestre Bertrand de Blanchefort introduce en la orden el ábaco de maestre como elemento singular que recuerda al báculo pitagórico utilizado por los maestros constructores como vara de mediciones, añadiéndose luego la cruz templaria (pateada).

1158. Surge en Castilla la Orden de Calatrava, cuyos estatutos, aprobados en 1164, la hacen depender de la abadía cisterciense de Morimond.

1162. Nace en Portugal la Orden de San Benito de Avis.

1172. Los templarios quedan libres de cualquier jurisdicción episcopal.

1176. (17/09). El sultán seldjúcida Kiliç-Arslan II vence al emperador bizantino Manuel I Comneno en Microcéfalo.

1178. El maestre Guido de Garda recibe para los templarios, de manos del monarca leonés Fernando II, la fortaleza de Ponferrada.

1187. (03/07). El ejército cruzado es derrotado por Saladino en los Altos de Hattim, pereciendo el monarca Guy de Lusignan y más de 15.000 caballeros, muchos de ellos templarios, por una imprudencia táctica. Renaud de Châtillon es ejecutado, y Raymond de Trípoli hecho prisionero. Toda la cristiandad se sobrecoge de estupor ante la tragedia. En octubre, Saladino entra la Ciudad Santa y procede a la purificación de los lugares sagrados del Islam: la cruz de oro que coronaba la cúpula de la Roca es sustituida por una media luna para convertirse en la mezquita de Omar, el Templo de Salomón pronto se adaptará en la mezquita de Al-Aqsa, y toda la zona del Harran (la antigua colina del templo de Jerusalén) es purificada con agua de rosas. Los templarios construyen la capilla de San Miguel de Breamo (A Coruña) para honrar a los caballeros fallecidos en la terrible batalla de Hattim (conocida en Occidente como la de Casal-Robert), según aparece grabada en los muros interiores de la iglesia.

1191. (05/06). Ricardo Corazón de León, tras conquistar Chipre, vende la isla a los templarios, pero aquel contrato dura pocos meses por la sublevación del pueblo chipriota contra los caballeros en la Pascua del año siguiente.

1199. Por bula pontificia, es confirmada la creación de la Orden de los Caballeros Teutónicos, mejor conocida como Orden Teutónica.

1204. (09/04). Los cristianos conquistan y saquean Constantinopla, capital del imperio bizantino, la ciudad más acaudalada del mundo en la época, en tiempos del pontífice Inocencio III y del emperador bizantino Isaac II.

1207-1273. El místico seldjúcida Mevlana Djebal funda la cofradía de los derviches danzantes en la ciudad de Konya.

1212. (06). Miles de niños de diferentes países de Europa, dirigidos por Esteban, un pastorcillo francés, emprenden una cruzada a Tierra Santa movidos por una visión. Los pocos que lograron hacerlo son vendidos como esclavos por dos comerciantes en el norte de África; 17 años después, algunos lograrían milagrosamente la libertad en El Cairo y Bagdad.

1214. Jaime I es llevado a Monzón (Huesca) con los templarios, siendo educado por el maestre Guillén de Montrodón, saliendo de esa fortaleza tres años después para hacerse cargo de su reino.

1215. Durante el primer concilio lateranense, y a iniciativa de los dominicos, la Iglesia romana pone en marcha los engranajes de la Inquisición.

1216-1272. El monarca inglés Enrique III introduce en su país a los caballeros templarios, quienes, tras la consagración de la iglesia del Templo de Londres (construida a finales del siglo XII), fijan en ella la sede de la Orden del Temple en las Islas Británicas.

1219-1237. Reinado del sultán seldjúcida Alâeddin Keykubâd I, conocido en Occidente como Aladino.

1226. La Orden Teutónica, a iniciativa del duque Conrado de Masovia, se traslada a Prusia, al objeto de conquistar y evangelizar el territorio.

1229. Los cruzados recuperan Jerusalén gracias a un tratado firmado entre el emperador alemán Federico II (que había sido excomulgado por el Papa) y el sultán Al-Malik al-Kamil. Fruto del acuerdo, los cristianos se quedan con el Santo Sepulcro y los musulmanes con la mezquita de Omar, garantizándose a ambas partes el libre acceso de peregrinos. Sin embargo, los templarios no pueden incluir en el tratado la recuperación de la colina del Harran, que seguía siendo el símbolo vital de la orden.

1231. (08/07). El monarca aragonés Jaime I, tras conquistar las Islas Baleares, permite a los templarios instalar en su territorio de Inca 30 familias de criados musulmanes.

1232. (03/05). Durante la Sexta Cruzada, estando el emperador alemán Federico II en Tierra Santa, y a iniciativa del obispo de Jerusalén, llega a Caravaca (Murcia), a modo de reliquia, la *Veracruz* templaria.

1237. La Orden Teutónica se ve favorecida al recibir la incorporación de los caballeros esíferos o portaespadas, organización fundada por el obispo Adalberto de Riga.

1240. De ese año son los certificados descubiertos en Inglaterra, en los que los templarios hacen una clara referencia al Baphomet como una cabeza parlante.

1243. (02/07). El ejército seldjúcida de Giyâseddin Keyhusrev II es derrotado en Kosedagi, cerca de Sivas (Anatolia), por los mongoles.

1244. (17/10). Trescientos templarios y el maestre Armand de Périgord mueren frente a Gaza. Los cruzados tienen que abandonar Jerusalén y trasladarse a Acre, último territorio cristiano en Tierra Santa.

1245. Los templarios crean la cofradía de Andújar (Jaén) en homenaje a su patrona, la Virgen de la Cabeza, una imagen negra.

1250. La Orden del Temple cuenta con la elevada cantidad de 20.000 caballeros.

1253. En los privilegios concedidos por el monarca Alfonso X el Sabio, los templarios son autorizados a figurar tras los obispos.

1255. El pontífice Alejandro IV concede a los templarios de Castilla la facultad de ser absueltos de los casos reservados a los obispos por el propio prior del Temple.

1256-1273. Se cree que Thomas Béraud, decimonoveno gran maestre del Temple, es el fundador de la corriente esotérica que se ha dado en llamar «Temple Interior», en la cual desempeñarían un destacado papel los magos.

1258-1259. Los mongoles destruyen las guaridas fortificadas de los Asesinos y conquistan las ciudades de Bagdad, Damasco y Aleppo.

1260. Los templarios construyen en Provenza, cerca de Niza, la pirámide de Falicon, a escala 1:32 de la de Keops (Egipto).

1261. Fin del imperio latino de Constantinopla.

1263. Los templarios traen a la Península Ibérica, concretamente a la Torre Sala, en Les Borges Blanques (Les Garrigues), dependiente de la encomienda de Gardeny (Lleida), la variedad olivarera arbequina.

1265. Ingresa en la Orden del Temple el último de los 22 grandes maestres, Jacques Bernard de Molay, oriundo de la Alta Saona. La ceremonia tiene lugar en la ciudad de Beaune (Borgoña).

1266. Las poblaciones murcianas de Caravaca de la Cruz, Cehegín y Bullas son entregadas a la Orden del Temple

1266-1271. El sultán mameluco Baïbars se apodera de las principales plazas fuertes de Tierra Santa: Safed, Beauford, Chastel-Blanc, el castillo de los caballeros en Siria...

1267. (15/01). Se firma en Gandesa (Tarragona) la *Carta Delmària*, a iniciativa de los templarios, y la presencia del maestre provincial Guillem de Montanyana por la cual se establece las mejores formas de llevar a cabo las vendimias en la comarca de Terra Alta.

1268. (18/05). Baïbars conquista Antioquía, poniendo fin a 171 años de dominio franco en esa ciudad.

1270. (12/01). Los templarios comienzan la construcción del monasterio de San Polo, en la ciudad de Soria.

1271. (02). Los templarios pierden Safita, su fortaleza blanca, ante los ejércitos de Baïbars. Otras ciudadelas, como el Krak de los Caballeros, Akkar y Montfort, de los hospitalarios y teutones respectivamente, son tomadas igualmente por los musulmanes, quedándose los francos sin ninguna otra fortaleza en el interior de Tierra Santa.

1289. Según un inventario de esa fecha, los templarios de Monzón (Huesca) cuentan con 49 esclavos musulmanes trabajando en el castillo.

1291. (28/05). Con la caída de la ciudad de Acre (Akko, en hebreo), se pone fin a las cruzadas en Tierra Santa. La sede de los cruzados en el Mediterráneo oriental debe pasar, finalmente, de la isla de Chipre a una provincia de Europa. La comarca del Maestrazgo, al norte del País Valenciano, es el territorio peninsular que acogerá una de las encomiendas más importantes de templarios en Occidente.

Marco Polo regresa a Europa, tras 17 años recorriendo Oriente.

(03 y 14/08). Los templarios deciden abandonar las fortalezas de Tortosa y Pélerin, completándose la evacuación de los francos en Tierra Santa. En la isla de Rodas, al sur de Anatolia, a pesar de la falta de agua potable, los templarios logran resistir hasta 1303, teniendo que abandonar el sitio al poco tiempo.

1294. El Temple cambia la ciudad de Tortosa por Peñíscola, Coves de Vinromà, Ares del Maestre y Albocàsser, al norte de la provincia de Castellón.

1298. Jacques Bernard de Molay es nombrado gran maestre.

1299. Los templarios de Castilla son ignorados por el monarca Fernando IV el Emplazado.

1300. Ramon Llull asegura haber descubierto el secreto de la piedra filosofal o, lo que es lo mismo, la clave de la transformación del plomo y otros metales secundarios en oro.

1304. El número de caballeros del Temple llega a unos 30.000.

1305. El humanista mallorquín Ramon Llull emprende el viaje de peregrinación a Tierra Santa, saliendo del puerto de la ciudad de Palma. Durante la travesía es envenenado por sus propios criados, quienes habían sido sobornados por el pontífice Benedicto XI. Gracias a su fuerte salud y a la intervención de los médicos templarios, ya en Chipre, logra salvar su vida. El gran maestre del Temple, Jacques B. de Molay, y Ramon Llull se reúnen en secreto en la isla de Chipre. A resultas de aquel encuentro es posible que surgiera la idea de la unificación de las órdenes militares más importantes de la cristiandad (templarios y hospitalarios), un proyecto que no tardará en ser abortado por la Iglesia.

1306. Jacques Bernard de Molay, a la edad de 60 años, regresa a la capital de Francia, muy cansado por tantos combates, al frente de un séquito de 15.000 caballeros y portando un inmenso tesoro de 150.000 florines de oro y 10 mulas cargadas de plata, lo que atrae las envidias del mundo y de los envenenados ojos del monarca Felipe IV el Hermoso.

1307. (13/09). La escuadra templaria, formada por 44 embarcaciones, leva anclas en el puerto francés de La Rochelle, y, con rumbo desconocido, se pierde en la bruma del Atlántico.

(13/10). De madrugada, el monarca francés Felipe IV el Hermoso ordena la detención masiva de los caballeros del Temple, con la aprobación del pontífice Clemente V. «La acusación es herejía», dicta la orden de detención emitida por el rey capeto. «Los templarios practicaban en secreto ritos paganos y habían abandonado la fe cristiana», según sentencia la Iglesia. «Pero en ningún modo se habían convertido en herejes y el proceso fue en definitiva un medio para apropiarse de su patrimonio», recuerda Bárbara Frale.

(21/11). El pontífice Clemente V (Bertrand de Got), bajo la presión del monarca francés, es sometido al chantaje de este, quien le amenaza con abrir un cisma en el seno de la Iglesia si no suprime la orden. Por ello, redacta la bula *«Pastoralis Praemeninciae»*, donde ordena a todos los príncipes cristianos arrestar a los templarios de sus feudos, basándose en una lista de 13 cargos acusadores.

1308. Con la muerte del sultán Mes'ud II se ponen fin a 231 años del imperio seldjúcida.

1309. El pontífice Clemente V envía órdenes a los arzobispos de Toledo y Santiago para que lleven a cabo el procesamiento de los templarios.

1310. (11/05). Se inicia el concilio de Sens (Francia) con el objetivo primordial de derribar la Orden del Temple. Los prelados hacen caso omiso de la apelación que Pedro de Bolonia ha interpuesto ante el Papa. Un total de 54 caballeros son quemados vivos en la hoguera de París. A pesar de ello, en el concilio de Salamanca los templarios de Castilla y Portugal son absueltos.

(17/11). El procurador general de la Orden del Temple en la corte de Roma, Pedro de Bolonia, alma en la defensa postrera de los templarios, desaparece en extrañas circunstancias. Todos los indicios apuntan al pontífice.

Un total de 638 templarios son interrogados, torturados o quemados vivos por la comisión pontificia durante los procesos inquisitoriales de acoso a la orden. Entre ellos, 54 templarios arden en la hoguera en la ciudad de Sens (entre el 22 de noviembre de 1310 y el 26 de mayo de 1311).

1311. (05/06). Durante incesantes sesiones de interrogatorios, las comisiones inquisitoriales, presididas por Nogaret, transmiten al pontífice el veredicto de culpabilidad para los templarios de los crímenes que se les imputan.

1312. (16/10). Se inicia el concilio de Vienne (Dauphiné), en el que todos los obispos allí convocados, menos cuatro, votan a favor del Temple. El Papa, temiendo la reacción del monarca francés, disuelve la sesión.

(Febrero). Se reabre el concilio de Vienne, y nada más comenzar se tienen noticias de que las tropas de Felipe IV han acampado en las inmediaciones de la ciudad. Clemente V comprende la amenaza y por iniciativa propia redacta la bula «*Vox Clamentis*», para disolver la Orden del Temple, pero matiza: «No sin amargura y dolor íntimo, no en virtud de una sentencia judicial, sino por forma de decisión de ordenanza apostólica».

(22/03). En el concilio de Vienne (Francia), la Orden del Temple es suspendida, y sus impuestos en tierras castellanas transferidos a la Orden de Santiago, pero la mayor parte de los bienes del Temple pasan a disposición de Fernando IV el Emplazado. «El pontífice suprimió la orden sin pronunciar una sentencia, y durante el citado concilio el Papa pidió públicamente que fuese declarado en las actas que el proceso no había aportada pruebas concluyentes de herejía contra estos caballeros», subraya Bárbara Frale.

(02/05). Por bula «*Ad providam Christi*», el Papa reparte los bienes del Temple en Francia a los hospitalarios.

1312-1314. Dante Alighieri escribe *El Infierno*, visión de una Europa disuelta en odio, asesinatos y vicios; el drama templario también está implícito en esta inmortal obra. Y en su inmortal obra *La Divina Comedia* (Libro del Paraíso; Cap. XXX; versos 127/129), Dante fue quien dio las últimas noticias escritas sobre los templarios.

1313. (Primavera). Guillermo de Nogaret, cómplice del inquisidor general, Guillermo Imbert, fallece en circunstancias inexplicables. El mismo fin tiene el monarca castellano Fernando IV el Emplazado. Algunos cronistas coinciden que fue un castillo por su juicio de la villa de Martos (Jaén). Se inicia el proceso contra el último gran maestre del Temple.

1314. (18/03). Jacques Bernard de Molay, tras sufrir los más horrendos tormentos en las mazmorras de la bastida de Domme (Périgord) y la ciudadela de Chinon (Turena), es quemado vivo en la ciudad de París, en un lugar conocido actualmente como Vert-Galand. Gracias a párroco real, Geoffroi de París, tenemos noticias de aquel horrendo asesinato; De Molay se mostraba contento, e instantes antes de morir abrasado, exclamó: «Todos aquellos que son contrarios a nosotros sufrirán de nuestras propias manos». Y no se equivocó, porque los culpables directos de aquel atentado no tardaron en morir. Junto con el Gran Maestre, otros destacados miembros de la orden fueron quemados en la misma hoguera, entre ellos, Hugues de Pairaud, Godofredo de Gonneville y Godofredo de Charney.

(20/04). Muere el pontífice Clemente V por una maldición divina, según coinciden algunas crónicas medievales.

(02/11). Guillermo Imbert, el inquisidor general, muere al caerse del caballo.

(29/11). El monarca francés Felipe IV el Hermono, tras sufrir un accidente en una partida de caza, fallece por apoplejía cerebral, según dictamen médico, sucediéndole su hijo, Luis X.

1315. Muere el místico y alquimista mallorquín Ramon Llull, uno de los hombres más sabios que haya dado la Edad Media.

1317. El pontífice Juan XXII, en Aviñón, ordena que todos los que han intervenido en la fabricación de oro alquímico deben ser desenmascarados como hombres sin honor.

1319. Se fundan las órdenes de Montesa, con capital en Sant Mateu (Castellón), bajo la obediencia de Calatrava, y la de los Caballeros de Cristo, en Portugal. En ambos casos, la mayoría de los caballeros son extemplarios. El pontífice Juan XXII, en la ciudad de Aviñón (Francia), otorga los bienes del Temple en su totalidad a los hospitalarios, a excepción de los entregados a estas dos nuevas órdenes surgidas en la Península Ibérica.

1358. (08/06). En Villafranca del Cid, al noroeste de la provincia de Castellón y a 1.125 metros de altitud, se produce una rebelión popular a consecuencia de los abusos cometidos por el clero dirigidos desde los estamentos de la iglesia de Morella, y el poco respaldo que han tenido por los caballeros hospitalarios, los nuevos señores del municipio (quienes «heredaron» los territorios y poderes materiales del Temple tras la caída en desgracia de la orden), dando lugar a la independencia del municipio, otorgada por el monarca Pedro IV el Ceremonioso, y que se mantendría once años, siendo luego devuelta la villa a Morella. Estos problemas no se tuvieron cuando estaban los templarios, porque los caballeros de la cruz paté se mantuvieron en estrecho contacto con las gentes y partícipes de sus problemas cotidianos, además de servir de bisagra socio-cultural de las tres culturas de la España medieval.

1614. Sale a la luz *Fama fraternitatis*, el primero de los libros escritos por Johan Valentin Andreade, para establecer la doctrina Rosacruz. Se trata de una obra iniciática que explica los viajes de Christian Rosentreuz y su trayectoria espiritual. También da a conocer algunos de los valores que tienen que seguir los rosacruces. Al año siguiente veía la luz *La confessio*, un libro apocalíptico donde también aparece la figura de Rosentreuz, en cuyas páginas se alienta a quitar el poder al Papa y se recuerda la Europa esplendorosa de la Edad de Oro, la cual se deseaba recuperar. Por último aparece *Las bodas químicas* (ya en 1616), el libro por excelencia de la alquimia Rosacruz; en él se explica cómo en 7 jornadas se transforma el plomo en oro. Y no conformándose con todo esto, en 1623 se editaría *Manifiestos rosacrucianos*, donde se daban a conocer los valores y las características de los miembros de la sociedad.

1717. (24/06). Coincidiendo con la festividad de San Juan Bautista, el santo predilecto de los templarios, se funda la Gran Logia de Inglaterra.

1795. (26/08). Fallece en las cárceles de la Inquisición, en extrañas circunstancias y a la edad de 52 años, Giuseppe Balsamo, mejor conocido como conde Alessandro di Cagliostro, uno de los hombres más influyentes de la magia y la masonería de la segunda mitad del siglo XVIII, agente de los templarios, introductor en la masonería de Inglaterra del rito egipcio.

1877. Un erudito publica la traducción de unos *Estatutos Secretos* de los hermanos elegidos y otros de los hermanos consolados, documentos que habían sido legados a la Gran Logia masónica de Hamburgo, y supuestamente habrían sido copiados por el obispo Münster en los archivos del Vaticano. Se trataba de la Regla secreta del Temple.

1891. François Bérenguer Saunière, cura de la localidad francesa de Rennes-le-Château (Languedoc), tras cinco años de sensacionales descubrimientos, conjuntamente con otros confidentes, comienza a enriquecerse de forma muy extraña como consecuencia de unos tesoros que ha descubierto. Entre sus hallazgos se hallan unos pergaminos que confirmarían la ubicación de la tumba de Jesucristo, allí enterrado según unas coordenadas pitagóricas ya establecidas en la antigüedad.

1926. (Abril). Se edita el libro *Les graffiti du château de Chinon*, firmado por Paul Le Cour, cuyo original ha desaparecido misteriosamente.

1935. (Febrero). Es robada la cruz original de Caravaca, en la homónima población murciana. La cruz procesional se guardaba en una urna de oro y pedrería y fue regalo de un marqués de los Vélez. Por ello la que se venera en la actualidad no es la original, pero los fieles le rinden culto y devoción como si lo fuese.

1945. Se descubren unos evangelios gnósticos en Naga-Hammadi, donde se lee que Cristo nombró a san Juan (el Bautista), y no a san Pedro, como sucesor suyo.

1979. El erudito Juan García Atienza demuestra la equidistancia de la iglesia templaria de San Bartolomé de Ucero (Soria), entre el cabo de Creus (Girona) y Touriñán (A Coruña), de 527,127 kilómetros, establecida por el Temple (siglo XIII), además de permitir el trazo de una perfecta tau en un radio de 40 grados, encerrando en su interior el paralelo 42, que es, al mismo tiempo, la casilla del laberinto en el juego de la oca.

1986. (Julio). Los arqueólogos Fernando Morales Hernández y María Jesús Borobio Soto descubren en el subsuelo de la iglesia templaria de San Pedro de Caracena (Soria) dos esqueletos de gran altura que portan monedas en sus manos con las cuales poder atravesar en el Más Allá el mítico lago Estigia.

1990. La Universidad Complutense de Madrid dedica un seminario, dentro de los cursos de verano de El Escorial, a los misterios de la grandeza y caída de la Orden del Temple.

1994. (Verano). Durante las excavaciones llevadas a cabo en la fortaleza franca de Mezad Ateret, sobre el curso alto del Jordán, los arqueólogos descubren el esqueleto de un caballero templario y el de su caballo. Este estratégico baluarte, que tenía la misión de controlar las dos principales rutas que enlazaban Jerusalén y Damasco a través de Galilea, fue arrasado el 30 de agosto de 1179 por las tropas de Saladino. En su desesperada defensa participaron 1.500 cruzados, 80 de los cuales eran templarios.

1995. El erudito soriano Ángel Almazán de Gracia descubre en el interior de la iglesia de San Bartolomé de Ucero, en el corazón del cañón del río Lobos, la esotérica cruz de las Ocho Beatitudes del Temple grabada en el interior de un círculo del capitel izquierdo de la portada de acceso.

2001. La historiadora Bárbara Frale descubre un pergamino, en los fondos del Archivo Secreto del Vaticano, en el que sale a la luz parte del proceso a los templarios, fechado en el verano de 1308 y firmado por el papa Clemente V. En él figura la única confesión del gran maestre Jacques Bernard de Molay. Lo importante del documento es que restituye la absolución con fórmula plena impartida por el citado pontífice al maestre templario, así como a los grandes dignatarios de la orden más poderosa de la Edad Media, que habían hecho constricción y enmienda, logrando así el perdón de la Iglesia.

2003. (Marzo). Durante el I Congreso Nacional «Matarraña Mágico», celebrado en la villa de Valderrobres, el autor del presente libro demuestra y confirma que los templarios tuvieron un destacado papel en desarrollo sociocultural de la citada comarca turolense durante los siglos medievales.

2004. (28/04). Se descubren en Barcelona, en los sótanos del Palau Reial Menor, sede de los templarios en la Ciudad Condal, dos naves medievales, una escalera de caracol y una cripta subterránea circular; todo ello de finales del siglo XII.

2008. (22/08). Los documentos originales del proceso contra los templarios, encontrados en el Archivo Secreto Vaticano, demuestran que las acusaciones de herejía fueron infundadas, aunque constatan que vivieron un proceso de degradación.

LA BULA «*OMNE DATUM OPTIMUM*»

El texto fundamental de esta bula, redactada por Inocencio II el 29 de marzo de 1139 a petición del maestre Robert de Craon, significaba la Carta Magna de la Orden del Temple. En ella, el pontífice liberaba al Temple de toda sujeción a la autoridad eclesiástica excepto la del Papa, y concedía además otros importantes privilegios, cuyos conceptos detallamos a continuación:

1. La orden podrá quedarse con el botín que obtenga de los musulmanes.
2. Sitúa la orden bajo la tutela exclusiva de la Santa Sede, de forma que únicamente dependerá de la autoridad del Papa.
3. Reseña que la autoridad de la orden recae en el Maestre (Gran Maestre) y sitúa la «Casa capitana» en Jerusalén.
4. Estipula que se debe de tener la condición de «hermano profeso» para ser elegido Maestre y que la elección deben de realizarla «todos los hermanos juntos o, por lo menos, los más juiciosos de entre ellos».
5. Prohíbe modificar «la Regla». Solamente el Maestre con la venia del Capítulo ostentará esa facultad.
6. Prohíbe que se exija a la orden ningún tipo de servicio u homenaje feudal.
7. Prohíbe que los que abandonan el Temple sean admitidos en otras órdenes, salvo con la autorización del Maestre o del Capítulo.
8. Confirma la exención de diezmos y el disfrute de los recibidos, con el consentimiento del obispo.
9. Concede a la orden la facultad de construir oratorios en lugares anexionados al Temple, para orar y ser enterrados allí (esta facultad se completa en el año 1145 con la bula

«*Militia Dei*», dirigida a los obispos, en donde se les notifica la autorización al Temple para construir tales oratorios).
10. Les autoriza a tener sus propios capellanes, quedando estos fuera de toda jurisdicción diocesana.
11. Por otra parte, en el año 1144, la bula «*Militis Templi*» les concede el beneficio de hacer colecta una vez al año en cada iglesia secular.

En relación con el nombramiento por parte de la orden de sus propios clérigos, es importante tener presente las directrices que el papa Alejandro III dirigía al Temple. A continuación las reproducimos íntegramente.

Alejandro III al Temple: Privilegios a la orden - Directrices sobre los clérigos:

1. Nos queremos que el Temple en donde os reunís para la gloria de Dios, defensa de sus servidores y libertad de la Iglesia, sea ahora y en adelante perfectamente bajo la protección de la Santa Sede, con todos los bienes y posesiones que goza y que obtendrá en lo venidero, tanto de la libertad de los privilegios, como de las limosnas de los fieles.

2. Nos declaramos por las presentes que la disciplina regular que está en vigor en vuestra casa sea violablemente observada por cada uno de los miembros, que se viva con la castidad y pobreza conforme a su profesión, y con la obediencia perfecta al Gran Maestre y a aquellos que este designare; y por cuanto dicha casa es el origen de todas las demás de vuestro santo instituto. Nos queremos que ella sea también considerada de aquí en adelante como cabeza y matriz.

3. Nos establecemos, además, a la muerte del Gran Maestre Odón, nuestro amado hijo, y de la de sus sucesores, nadie sea reconocido como superior general vuestro, que no haya sido profesor elegido del reango de los caballeros, y votado unánimemente por todos los hermanos, o al menos por la mayor parte más sana del Capítulo. En cuanto a los usos establecidos por el Gran Maestre y hermanos para el mantenimiento de la disciplina claustral y militar, no será permitido a ninguna persona eclesiástica o secular derogarlos o infrigirlos. Solo el Gran Maestre, de acuerdo con la máxima parte del Capítulo, podrá cambiarlos cuando hayan estado en vigor, y hallados por escrito.

4. *Nos prohibimos también a todas las personas eclesiásticas y seglares exigir del Maestre y miembros de dicha Casa ningún homenaje, salvoconducto ni juramento de fidelidad que está en uso entre los seglares.*

5. *Haced atención, sobre todo, que habiendo sido suscitado vuestro santo instituto por Dios por una providencia especial, no conviene que vosotros paséis a otra orden bajo el pretexto de mayor regularidad. Aquel cuya naturaleza es ser inmutable y eterno no puede aprobar esta inconstancia, y no inspira los buenos designios, sino a fin de que se persevere en su ejecución.*

6. *¿Cuántos de vosotros no se han hecho agradables al Señor, y han alcanzado un nombre inmortal bajo el casco y la coraza? ¿Cuántos no se conocen de entre vosotros, que han conseguido una gloria eterna fortificándose en medio de los penosos trabajos de la guerra? Por tanto, poned cuidado, ya seáis caballero, ya sirviente, en concebir la más alta estima de vuestro estado, y que cada uno de vosotros permanezca en su primera vocación. Por tanto, se os declara una vez admitidos por la profesión religiosa que ya no sois libres de volver al siglo, ni despedir a ninguno de los que han hecho y pronunciado sus votos, ni pasar a otro monasterio para llevar una vida más o menos estrecha, a menos que consultado el Gran Maestre o hermanos se obtenga la permisión; sin esta condición, ninguna persona será recibida en otra corporación eclesiástica o secular. Y por cuanto es justo que*

aquellos que son por estado los defensores de la Iglesia, vivan de los bienes eclesiásticos. Nos prohibimos, a cualquiera que sea, exigir el diezmo de todo lo que pertenece a vuestra venerable Casa, sin vuestro asentimiento. Asímismo, a fin de que nada os falte de cuanto pueda contribuir a vuestra salvación y cuidado de las almas, y también podáis más cómodamente recibir los Sacramentos y asistir a los oficios divinos en vuestro sagrado colegio. Nos os permitimos el admitir presbíteros y otros clérigos de reconocida probidad, recibiéndolos de cualquier punto que vengan, después de estar informados que están bien y válidamente ordenados. No solamente se os permite el agregarlos a la Casa matriz de la Orden, sino también a todas las encomiendas y otros lugares dependientes, a condición, no obstante, de que no sean miembros de ningún otro instituto, y si no vienen de lejos se pedirán a los Ordinarios. Si después de esta diligencia os los rehusasen, podréis recibirlos y conservarlos por la autoridad de esta Santa Sede.

7. *Si dichos clérigos después de su recepción se hacen inútiles e incómodos, sembrando la discordia entre los hermanos, el Capítulo podrá despedirlos, permitiendo que se alisten en otra orden que sea de su agrado, y reemplazarlos por otros más aptos, los cuales después de un año de prueba serán recibidos a la profesión haciendo el voto de vida regular y de obediencia al Gran Maestre. Si su conducta da lugar a esperar que se harán necesarios, en este caso tendrán derecho al mismo tratamiento de dormir, vivir y vestir como vosotros, llevando sus hábitos cerrados por delante.*

8. *Ellos no tendrán ningún derecho en los asuntos de Capítulo ni en el gobierno de la Casa, sino cuando se considere útil el concedérselo. En cuanto a la cura de las almas no se inmiscuirán hasta tanto vos se las encargáseis, ni reconocerán otros superiores más que a vuestro Capítulo.*

9. *Ellos estarán sujetos a todo a vos, Odón nuestro claro hijo, y a vuestros sucesores como a su Maestro y prelado ordinario. Nos*

queremos, además, que cuando se tratare de promover a estos clérigos a órdenes sagradas, vos tendréis dificultad de enviarlos al prelado católico que queráis, el cual revestido de nuestros poderes les concederá lo que se le pidiere.

10. Nos les prohibimos predicar para recoger dinero, ni por ningún otro interés temporal, así como el que se remita a vos con este fin. Vos no recibiréis a nadie que no haga voto de estabilidad y que no prometa trabajar todo el resto de su vida en la conversión de sus costumbres, bajo la obediencia del Gran Maestre. Estas promesas serán hechas por escrito y depositadas sobre el altar.

LOS GRANDES PONTÍFICES DE LAS CRUZADAS

Papa	Nombre civil	Pontificado
San Gregorio VII	Hildebrando (1020-1085)	(1073-1085)
San Víctor III	Desiderio (1027-1087)	(1086-1087)
San Urbano II	Eudes de Chatillon (+29-07-1099)	(1088-1099)
Pascual II	Rainiero (+21-01-1118)	(1099-1118)
Honorio II	Lamberto dei Fiagnano (+13-02-1130)	(1124-1130)
Inocencio II	Gregorio Papareschi (+24-09-1143)	(1130-1143)
Beato Eugenio III	Bernardo Aganelle de Montemagno (+08-07-1153)	(1145-1153)
Adriano IV	Nicolás Breakspeare (1114-1159)	(1154-1159)

Alejandro III	Rolando Bandinelli (+30-08-1181)	(1159-1181)
Inocencio III	Lotario de Segni (1160-1216)	(1198-1216)
Honorio III	Censio Savelli (+18-03-1227)	(1216-1227)
Gregorio IX	Hugolino de Segni (1170-1241)	(1227-1241)
Inocencio IV	Sinibaldo Fieschi (+07-12-1254)	(1243-1254)
Alejandro IV	Reinaldo de Tenne (+25-05-1261)	(1254-1261)
Urbano IV	Santiago Pantaleón (+02-10-1264)	(1261-1264)
Clemente IV	Guido Foulquois (+28-11-1268)	(1265-1268)
San Gregorio X	Teobaldo Visconti (1210-1276)	(1271-1276)
Martín IV	Simón de Brion (+28-03-1285)	(1281-1285)
Nicolás IV	Girolamo de Áscoli (+04-04-1292)	(1288-1292)
San Celestino V	Pedro de Morrone (+19-05-1296)	(1294-1296)
Bonifanio VIII	Benedicto Gaetani (+11-10-1303)	(1294-1303)
Beato Benedicto XI	Nicolás Boccasino (+07-07-1304)	(1303-1304)
Clemente V	Bertrand de Got (+20-04-1314)	(1305-1314)

LOS GRANDES MAESTRES DE LA ORDEN DEL TEMPLE

Nombre	Región de origen	Mandato
1 Hugues de Payns	Champagne (Francia)	1118-24/05/1137
2 Robert de Craon	Maine (Vitré, Francia)	1137-13/01/1140
3 Everard des Barres	Champagne (Meaux, Francia)	1149-1152
4 Bernard de Trémelay	Franco Condado (Francia)	1152-16/08/1153
5 André de Montbard	Borgoña (Francia)	1153-17/01/1156
6 Bertrán de Blanchefort	Berry o región de Burdeos	1156-/01/1169
7 Philippe de Naplouse	Tierra Santa	1169-1171
8 Eudes de Saint-Amand	Provenza	1171-08/10/1179
9 Arnaud de Torroja	Solsona	1180-30/09/1184
10 Gérard de Ridefort	Flandes	1185-04/10/1189
11 Robert de Sablé	Maine (Francia)	1191-28/09/1193
12 Gilbert Erail	Aragón o Provenza	1194-21/12/1200
13 Philippe de Plessis	Anjou (Francia)	1201-12/02/1209
14 Guillaume de Chartres	Chartres (Francia)	1210-25/08/1219
15 Pedro de Montaigú	Aragón	1219-28/01/1232

16 Armand de Périgord	Périgord (Francia)	1232-17/10/1244
17 Richard de Bures	Tierra Santa o Normandía	1244-09/05/1247
18 Guillaume de Sonnac	Rouergue (Francia)	1247-11/02/1250
19 Renaud de Vichiers	Champagne (Francia)	1250-20/01/1256
20 Thomas Béraud	Inglaterra o Italia	1256-25/05/1273
21 Guillaume de Beaujeu	Beaujolais (Francia)	1273-18/05/1291
22 Thibaud Gaudin	Chartres-Blois (Francia)	1291-16/04/1293
23 Jacques Bernard de Molay	Franco Condado	1294-18/03/1314

El erudito francés René Lachaud, que descarta a Richard de Bures, con lo cual da la cifra de 22 grandes maestres, establece una estrecha relación entre ellos y las 22 cartas de los arcanos mayores del tarot.

Hasta el año 1838 se conocía otra cronología de Grandes Maestres, que, en nuestros días, se consideran como continuadores de los templarios. A partir de entonces, surgieron otras corrientes que preconizaban la autoría del Temple, mantenedoras, al mismo tiempo, de la Regla. Resulta curioso, como se puede observar, que durante un año el primer Gran Maestre de esta lista mantenía o alternaba el maestrazgo con Jacques Bernard de Molay; o quizá fuese otra corriente, cosa que no podemos ni afirmar ni desmentir.

1 John-Marc Larmenius	(1313-1324)
2 Thomas Theobald of Alexandria	(1324-1340)
3 Arnaud de Braque	(1340-1349)
4 Jean de Claremont	(1349-1357)
5 Bertrand du Guesclin	(1357-1381)
6 Bernard Arminiacus	(1381-1392)
7 ¿?	¿?
8 Jean Arminiacus	(1419-1451)
9 Jean de Croy	(1451-1472)
10 Bernard Imbault	(1472-1478)
11 Robert Leononcourt	(1478-1497)
12 Galeatius de Salazar	(1497-1516)
13 Philippe Chabot	(1516-1544)
14 Gaspard de Galtiaco Tavanensis	(1544-1574)
15 Henri de Montmorency	(1574-1615)
16 Charles de Valois	(1615-1651)
17 Jacques Ruxellius de Granceio	(1651-1681)
18 Jacques Henri Duc de Duras	(1681-1705)
19 Philippe, Duc d'Orleans	(1705-1724)
20 Louis Augustus Bourbon	(1724-1737)
21 Louis Henri Bourbon Conde	(1737-1741)
22 Louis-François Bourbon Conti	(1741-1776)
23 Louis-Hercule Timoleon, Duc de Cosse Brissac	(1776-1792) *Ejecutado en la guillotina por los revolucionarios*
24 Claude-Mathieu Radix de Chavillon	(1792-1804)
24 Bernard Raymond Fabre Palaprat	(1804-1838)

GLOSARIO DE TÉRMINOS

Abraxas (*Abrasax*). Sello iniciático que representa el conocimiento, al relacionarse con la gnosis de los griegos antiguos, así como un símbolo de la divinidad entre los antiguos judíos. La primera talla de este esotérico sello se atribuye a Basilides, considerado uno de los sabios más preclaros de la gnosis. Se trata de un cuerpo humano con cabeza de gallo y dos serpientes como piernas. El gallo (símbolo de los constructores), con su canto matutino, expulsa las tinieblas de la noche y hace que triunfe el sol; la serpiente, por su parte, representa el movimiento ondulatorio original, además del principio femenino del universo.

Ad nauseam. Se corresponde con uno de los rituales obligatorios exigidos para entrar en el Temple, que suponía la renuncia formal a todas las creencias religiosas oficialmente establecidas.

Aleph. Primera letra del alfabeto griego, imagen de la unión del principio activo y de la luz; representa también la unidad equilibrada. Tiene forma de pentáculo, utilizado por el conde Alessandro di Cagliostro (1743-1795) en forma de talismán de la antigua magia.

Alquerque. Triple recinto. Se trata de la espiral que genera en curva interior tres estadios iniciáticos, que aparece en muchos laberintos medievales. Busca sus raíces en la simbología céltica. Por tales motivos, numerosas fortalezas templarias están provistas de un triple recinto de murallas.

Alquimia (del árabe *al-chymea*). Mezcla de líquidos. Arte de la transmutación de los metales para obtener el oro. La alquimia simboliza la evolución misma del ser humano desde un estado donde predomina la materia a otro espiritual: transformar en oro los metales equivale a convertir al hombre en puro espíritu.

Amus. Especie de ermitaños impregnados de gnosis alejandrina.

Anatolia. Territorio de Oriente Próximo que se corresponde con la península asiática de la actual Turquía. El nombre dado por el rey Constantino el Grande es un término del antiguo griego, que podríamos traducir como «el país por donde nace el Sol».

Ancara. Festividad de San Juan Bautista, para los musulmanes.

Asesinos (de *Assasis* o *Ashassim*, de donde proviene la palabra «asesino»). Secta fanática militar liderada por Asan Sabah (más conocido como *El Viejo de la Montaña*), que tenía como centro de operaciones el castillo de Alamur, al sur de Anatolia. Los miembros de la secta se cubrían la cabeza con un gorro frigio rojo, que usaban en los misterios paganos ante los altares de Cibeles y Mitra. Eran shiitas que veneraban a Ismael, séptimo descendiente de Fátima, hija del profeta. Bajo el reinado de Abadía, descendiente de Ismael, primer califa egipcio de la dinastía Fatimita, los Asesinos, que agrupados en sociedades secretas contaban con un elevado número de adeptos en Siria y Persia, fundaron en El Cairo la primera Gran Logia iniciática. Llama la atención el descubrimiento en la fortaleza templaria de Miravet (Tarragona) de la tumba intacta de un miembro de la secta de los Asesinos.

Bandera. Formación militar de combate, formada por cuatro o seis caballeros unidos por lazos feudales.

Baphomet. Se corresponde con una simple deformación occitana de Mahomet (Mahoma), por la desesperada convicción de la Iglesia de Roma de que los musulmanes eran idólatras. A los templarios se les acusó de rendir culto al demonio en forma de cabeza barbuda, que tenía la particularidad de emitir voz. Estos singulares rostros, sin cuerpo, aparecen en numerosos lugares del mundo occidental, en general, y de la Península Ibérica, en particular, en lugares relacionados con los templarios.

Baphomet en un canecillo del exterior del ábside de la iglesia de San Pedro, en Caracena (Soria).

Baphometo. Símbolo templario, donde el número 15 (1 + 5 = 6) del tarot egipcio vuelve a recordarnos al Diablo (*Tiphon Baphometo*).
Barragana. Mujer que cohabitaba con un miembro eclesiástico, compartiendo el mismo lecho. Estas mancebas fueron condenadas por la Iglesia en los concilios de Palencia (1129), Lérida (1173) y Valladolid (1228), así como los monjes que las sostenían.
Batalla. Formación militar de combate, formada por 40, 80 o 100 jinetes del mismo linaje o región, agrupados en torno a su señor. Eran las unidades de la caballería más utilizadas.
Bausán (*gonfanon bausant*). Estandarte negro y blanco de los templarios, realizado con anchas bandas verticales, horizontales o en cuadros, sobre la que destaca una cruz paté con la inscripción del lema de la orden. Los caballeros conocían su estandarte como «la bella enseña». El *Bausán* evoca los pilares de acceso a los templos del Antiguo Egipto. El color blanco, opuesto al negro, evoca los votos pronunciados para entrar en la orden, la luz reencontrada... y el negro, el opuesto al blanco, la caída primor-

dial. Curiosamente, Juana de Arco (la doncella de Orleans), al morir abrasada en la hoguera 117 años después de la desaparición del Temple, mostró orgullosa el estandarte templario.

Belenos. Divinidad céltica que guarda una estrecha equivalencia al Mercurio/Hermes de las mitologías de la Grecia y Roma clásicas. Se trata de una deidad recuperada después por los ideários medievales cristianos bajo el nombre de san Miguel Arcángel, uno de los santos predilectos del Temple.

Bodega. Lugar cerrado donde reposan el vino y las provisiones. En el sentido místico, designa la cámara del tesoro y también la cámara secreta donde el alma debe penetrar a fin de recogerse, cobrando conciencia de las gracias recibidas. A lo largo del Camino de Santiago existen numerosas bodegas subterráneas (Castrogériz, Mahamud, Castillejo de Robledo, Langa de Duero...) que tienen diferentes interpretaciones utilitarias y simbólicas. En muchas iglesias templarias que jalonan el Camino es fácil ver una barrica de vino esculpida en sus canecillos o capiteles.

Canecillo decorado en forma de barrica en el exterior del ábside de la iglesia parroquial de Saint-Béat (Francia), en el lugar donde este templo registra el vórtice más fuerte de energía telúrica.

Bóveda. Las construcciones megalíticas (dólmenes y túmulos funerarios) guardan una estrecha relación con el domo cósmico o bóveda celeste. No es casual que numerosos tramos jacobeos atraviesen lugares cargados de testimonios megalíticos, donde no faltan las aras (altares), que son centros de energía telúrica, de poder sobrenatural; lugares, todos ellos, cuya existencia los templarios conocían muy bien.

Cábala (*Qabbalah; Kabbalah*, en hebreo). También conocida como «la tradición recibida», se corresponde en la antigua literatura judaica con el cuerpo total de la doctrina religiosa recibida, a excepción del Pentateuco. No fue hasta el siglo X cuando la cábala entró en el mundo de lo esotérico. A través de ella, como ciencia secreta, se puede explicar la creación emanacionista del universo por el Ser definido como Uno y Absoluto. Para el místico hispano-hebreo Salomón Ibn Gabirol, es la enseñanza que pasa de la boca al oído, la transmisión directa de una sabiduría espiritual e intemporal. Como todas las tradiciones espirituales, no se puede transmitir por escrito o con el discurso, sino que realmente hay que experimentarla. Para algunos investigadores, la cábala, en la antigua tradición, deriva de la inspiración que Dios transmitió a todos los que constituyen el círculo místico de los últimos profetas, entre los cuales están Adán, Abraham, Esdras, Moisés, etc. Este último, según el *Chronicón* de Christiano Adricomio Delfo, en el año 2453 a. C., fue el primero en recibir el mensaje divino en la cumbre del Sinaí, una de las montañas sagradas de Tierra Santa donde fue receptor de la Ciencia de las Ciencias, además de recibir las claves para la construcción del templo, de donde deriva la idea de las divinas proporciones y la concepción áurea del universo (1,617...), utilizadas posteriormente por los templarios en numerosos edificios tanto civiles como religiosos.

Caronte (*Charon*). Genio del mundo infernal, de origen egipcio y relacionado con la muerte para los etruscos. Hijo de Erebo (las Tinieblas) y de la Noche. Representado con aspecto de anciano, barbudo, de semblante triste y provisto de un remo, era el barquero de los infiernos, que debía cruzar las ánimas de los difuntos al otro lado del río Estigia (río de los Infiernos, cuyas aguas tenían propiedades mágicas y fatales), siempre y cuando hubiesen recibido sepultura decente y portasen la moneda (el óbolo), previamente colocada en la boca del difunto en el momento de su entierro; también podían llevarla en las manos para entregársela al mítico barquero y que este hiciera la travesía sin dificultad a través del tenebroso mar de fuego. Porque en la mitología de la Grecia clásica, la visión tradicional del Infierno era acuática, y no de fuego. En Caracena (Soria), a la entrada del pórtico de la iglesia de San Pedro, se halló una tumba templaria con dos caballeros allí enterrados boca abajo provistos de óbolos en sus manos.

Caverna. En las tradiciones iniciáticas griegas, el antro representaba el mundo. «La caverna por la cual Ceres desciende a los Infiernos buscando a su hija se llama mundo». Por lo tanto, la gruta o caverna se encuentra muy relacionada con el peregrinaje, y son muchos los lugares subterráneos que atraviesa el Camino de Santiago. Muchos de ellos eran utilizados por los templarios para rendir un justo homenaje a las fuerzas subterráneas de la tierra, especialmente cuando allí brotaba una fuente de agua milagrosa o se había producido la aparición de una virgen negra. La villa de Estella (Navarra), y también la de Beceite (Teruel), serían dos enclaves de esta naturaleza.

Círculo. Representa la unidad de la materia, la armonía universal. Por ello, los templarios utilizaron los rosetones para transmitir mensajes cabalísticos. En el correspondiente a la iglesia de San Bartolomé de Ucero, en el cañón del río Lobos (Soria), es bien patente la representación del pentágono inscrito en el centro de los cinco corazones que forman la decoración del rosetón; a través del él, el día del solsticio de verano se ilumina el altar.

Cisne. Símbolo de la blancura. Esta palmípeda, según representaciones de la antigüedad, tiene carne negra y sangre roja, además de la blancura, lo que conlleva los colores fundamentales de la alquimia y del Temple.

Cluzels. Subterráneos en los cuales se reunían cátaros (también utilizados por los templarios) para celebrar sus ritos, cultos paganos autóctonos dedicados a la tierra y a las diosas madres (vírgenes negras).

Comnenos. Nombre de una dinastía bizantina que durante 128 años (1057-1185) reinó en Constantinopla. Manuel I, el cuarto de esta dinastía, está considerado como uno de los más grandes emperadores bizantinos.

Compagnonnage. Término francés que designa las asociaciones de compañeros, un movimiento corporativista del vecino país que hunde sus raíces en la Orden del Temple. Se basaba en un ceremonial iniciático secreto, desarrollado por medio de signos y palabras clave que solo podían interpretar los iniciados.

Cosmogramas. Reproducciones espirituales del orden del mundo utilizadas por los templarios para transmitir mensajes a través de cabalísticos mandalas, o rosetones, como el del hastial de la iglesia de San Bartolomé de Ucero (Soria).

Crismón. Uno de los símbolos más importantes de la Iglesia cristiana primitiva. Se trata de una figura con las iniciales griegas de Cristo, inscrita en un círculo, provista de seis u ocho radios. Es una especie de clave, cuyos mensajes sabían muy bien interpretar los templarios.

Crux cismarina. Cruzada por tierra interior.

Cruz transmarina. Cruzada por el mar.

Crismón esculpido en la fachada, sobre la portada de entrada a la iglesia de Aínsa, en el Sobrarbe oscense.

Cygnatus. Caballeros del Cisne; aquellos caballeros portadores del signo o la señal que cabalgaban hacia Occidente a través de la Vía Láctea, la Ruta de las Estrellas.

Dáleth. Una de las siete letras dobles del arcano hebreo, idealización del poder y la autoridad.

Encomienda. Explotación agropecuaria que abastecía a la Orden del Temple. En ella no faltaba establo, molino de aceite, tahona, porqueriza, vaquería, gallinero, colmena de abejas y palomar, así como la celda del comendador, los aposentos de los caballeros, capilla y cárcel. Lo sobrante se comercializaba o se donaba a los colectivos más deprimidos de la sociedad. Es famosa la encomienda de Puig-reig (Berguedà, Barcelona), restaurada por la familia Periques. «En los siglos XII y XIII, mientras las grandes encomiendas y bailías francesas del Temple eran meras circunscripciones administrativas y tributarias, las aragonesas y catalanas fueron verdaderos fortines», recuerda el medievalista Darío Español.

Sala inferior de la encomienda templaria de Puig-reig.

Feng shui. Nombre que recibe en Oriente la ciencia que estudia las energías de la Tierra y el modo en que, según las modernas escuelas, se puede uno beneficiar de ellas, o bien contrarrestarlas, en el caso de que sean perjudiciales. Los templarios, en los siglos medievales, conocían muy bien esta ciencia, aprendida en sus intercambios con los pueblos de Palestina.

Finis Terrae. Durante milenios fue el final del mundo conocido, en el extremo occidental de Galicia, donde se inician las brumas de lo desconocido, el innombrable poniente para los celtas. Es donde, realmente, finaliza el Camino de Santiago, donde se accede desde Padrón (Iria Flavia) a la terrorífica Costa da Morte. Allí se alza uno de los templos más enigmáticos del Temple: San Miguel de Breamo.

Fonsada. Llamada del señor feudal para la guerra, en donde debían intervenir todas las mesnadas, a cuyo frente se situaba su jefe: el caudillo.

Formación del ser humano. El Demiurgo creó el ser humano, que está compuesto de cuerpo material, alma psíquica y espíritu (o semilla del Padre). Pero en unos hombres predominan unos u otros de estos elementos, de donde surgen los seres Hílicos: los apegados a la materia o *hyle* (movidos por sus pasiones), representados en la Escritura por Caín, los psíquicos (en los que prevalece el alma o *psyché*, son los cristianos comunes que viven según la Ley y la fe, como Abel), y los peumáticos (los que viven según el espíritu o pneûma, es decir los gnósticos, cuyo símbolo bíblico es Set). (Ireneo, I,7,5).

Fraternidades de maestros constructores. En el otoño medieval, coincidiendo con la historia del Temple, existieron en el mundo occidental tres fraternidades de compañeros constructores que, de manera independiente, llevaron a cabo las construcciones de las grandes catedrales: los Hijos del Padre Soubise, los Hijos del Maestro Jacques y los Hijos de Salomón. Para Raoul Vergez, ser compañero no era formar parte de una misma cofradía, sino el hecho de saber utilizar el compás. Los colectivos que pertenecían a la misma compañía de trabajo formaban una comunidad, una fraternidad; sin embargo, las personas que sabían utilizar el compás eran expertos en el conocimiento de ciertas leyes geométricas de armonía que les permitían acceder a un nivel de obrero especializado. Los primeros, *Enfants du Père Soubise* (en francés), fueron creados por un monje benedictino legendario. Cerca de la ciudad de Poitiers aún se conserva un bosque incluido dentro de la propiedad de un monasterio benedictino que lleva el nombre de Bois di Père Soubise; a esta fraternidad de obreros les debemos la mayoría de las grandes construcciones monásticas del románico francés, entre ellas Cluny, en Borgoña. La otra fraternidad de compañeros constructores es la de *Enfants de Maître Jacques*, que, con el tiempo, se convertiría en *Compagnons Passants du Devoir*. Su actividad está llena de poesía. Su fundador fue Maître Jacques, natural de Saint-Romilly; el padre, Jacquin, fue un renombrado maestro de obras que recibió una sólida formación en sus viajes por Grecia, Egipto y Jerusalén. A él le debemos la ejecución de las dos columnas que se alzaban a la entrada del Templo de Salomón (una de ellas denominada en su memoria *Jacquin*). Estos hábiles artesanos tuvieron que vivir en la clandestinidad, en tierras aquitanas; sus iglesias, adornadas con el crismón y la cruz de origen celta dentro de un disco solar, guardan esta singular característica. Y los miembros del tercer colectivo de constructores, *Enfants de Salomon*, fueron los herederos de los conocimientos más profundos del arte de construir, al conocer los secretos de la geometría. Tenían estrecha relación con los monjes cistercienses. Fueron una confraternidad de constructores religiosos, nacida en el seno del Císter, que mantuvo una estrecha vinculación con los templarios. Es preciso recordar que, dentro del Temple, coexistía una organización muy compleja, mezcla de monjes, laicos, caballeros de armas y artesanos, todos ellos designados bajo el nombre de *fraters* (hermanos).

G. Se corresponde con la *iod*, la G aspirada hebrea, que tiene como símbolo el 10, la década, y también con la enigmática G del pentagrama o estrella flamígera de los masones.

Geburah (*Gheborá*). Quinto *sefirot* de las tradiciones judías. Ocupa el brazo izquierdo del árbol cósmico, símbolo de la fortaleza, la justicia y el rigor. Su color es el rojo, el de la cruz pectoral de los templarios.

Gematría. Arte cabalístico de la especulación entre números y letras. Recordemos que tanto las letras griegas como las hebreas poseen valor numérico.

Gonfanon bausant. Estandarte de los templarios.

Hakim y Boaz. Las dos columnas que flanqueaban el acceso a la sala en la que se hallaba el sanctasanctórum del templo de Salomón. De sus maderas, según se dice, se labró en el siglo I

d. C. la cruz en la que fue martirizado Jesucristo, las cuales, a su vez, procedían del Árbol del Bien y del Mal del Paraíso.

Hechura del mundo. La materia y los seres hechos de ella son fruto de la tristeza, el miedo, la angustia y la ignorancia; en otras palabras, de la pasión de la Sabiduría caída, aún no purificada. El cuerpo humano forma parte de esta creación, que, siendo fruto de una caída, es insalvable. Sin embargo, la *Sophia* (sabiduría) no creó el mundo directamente, sino por medio del demiurgo (el mediador o intermediario), el cual obró usando (sin saberlo) como imágenes o modelos del mundo superior a los seres divinos que no conocía. Algunas sectas lo ponen actuando por medio de los Ángeles o de los *Arcontes* (los siete seres malvados que corresponden a los siete cielos de los planetas, que constituyen la Semana o *Hebdómada*). Por ello la creación no es sino una copia muy mediocre, y aún el aborto del *Pléroma*, así lo es la Madre (Ireneo III, 25,6).

Hermes. Nombre griego de Mercurio, mensajero o intérprete de los dioses del Olimpo. Maestro de la oratoria y maestro psíquico de la ceremonia, aparece ya en la Odisea, en calidad de heraldo de las almas. Por lo tanto, fue relacionado luego con el arcángel san Miguel, pesador de almas, y tomado por el Temple como uno de los santos predilectos de la orden.

Hermes Trimegisto. Ser mitológico surgido de la fusión entre Thot y Hermes. Desde la época ptolomeica se le consideró el patrón de los buscadores de secretos, alquimistas y brujos, cabalistas y nigromantes; es decir, el protector de todas aquellas personas interesadas en las ciencias herméticas.

Hesed (*Jesed*). Cuarto *sefirot* de las tradiciones judías. Ocupa en el árbol cósmico el brazo derecho, en el mundo arquetípico es la Creación, la Gracia. Es, al mismo tiempo, símbolo de la misericordia. Su color es el blanco, el de las vestiduras del caballero templario.

Hexágono. Superposición de dos triángulos equiláteros que forman la estrella de seis puntas. El triángulo con el vértice hacia abajo es, desde las primeras imágenes prehistóricas, símbolo de lo femenino y de la Diosa Madre. Por el contrario, el triángulo con el vértice hacia arriba representa lo masculino. En la superposición y entrelazamiento de estos dos triángulos se contiene la unión ideal de los dos principios, la boda que el rey sabio celebraba en su fascinante Cantar de los cantares, la esencia mística de la sabiduría de Salomón.

Hierogamia. Mezcla de los colores que constituyen la extremidad de la gama cromática, blanco y negro, resultando el gris medio que, en la esfera cromática, representa al hombre, el centro del Universo.

Hiram. El gran maestro fenicio constructor del templo de Salomón, en Jerusalén. A su inicial H le dedican numerosos canecillos los templarios.

Letra H representada en el primero de los canecillos del exterior de la iglesia de San Bartolomé de Ucero, en el cañón del río Lobos.

Hombres Verdes. Representaciones escultóricas en forma de cabezas humanas, por cuyas aperturas (boca, naríz, oídos…) brotan ramas y hojas de plantas, en señal de unos conocimientos vinculados con la madre Naturaleza, que los magos del Temple recuperan de los arcanos y también de los saberes ocultos de los antiguos celtas. En Chartres, el santuario de la Virgen de la Fuente, de Peñarroya de Tastavins, Teruel, y en otros muchos lugares de Francia y España, podemos ver estas extrañas esculturas.

Hvergelmir. Origen de las aguas que corren en todos los ríos del mundo; la tercera de las fuentes que calman la sed del *Yggdrassil*, el fresno mítico de los pueblos germánicos. Esta fuente se halla en el país de los Gigantes, donde canta *Mimir*, la fuente de la sabiduría.

IHVH. Tetragrama inexplicable, reemplaza en la cábala al Abraxas.

Isis. Divinidad egipcia, hija de Saturno y de Rea, esposa de Osiris, símbolo de la semilla, del trabajo de los campos, de la cosecha que asegura la vida del hogar; vinculada a las humedades fecundas y con las aguas; recibió, por ello, la invocación y la devoción de los marineros del antiguo Mediterráneo para que los condujera a buen puerto. El nudo o lazo de Isis produce la unión de los contrarios, del fuego y del agua.

Isopsifia (*Thémourah*). Principio esotérico que lleva a la concepción de que los nombres con iguales valores literales-numéricos se relacionan entre sí. Por ejemplo Abraxas-Meithras, o por su parte los arcángeles Gabriel, Rafael y Miguel (este último muy venerado por los templarios), tienen igual valor numérico.

Jinas. Espíritus de la Tierra (seres elementales que se manifiestan como personificación de potencias y de energías procedentes de la naturaleza) de los arcanos de las más ancestrales tradiciones de las diferentes culturas de toda la cuenca mediterránea. Estos seres fueron apartados por las religiones institucionalizadas. Sin embargo, sus cultos se mantuvieron por encima del tiempo y del espacio en la memoria colectiva de los pueblos.

Karmatas. Especie de corporación de artesanos, seguidores de la doctrina hermética y neoplatónica. Estos, al igual que los *Assasis* y los mismos magos templarios, buscaban afanosamente el equilibrio interior.

Lago. El ojo de la Tierra por el cual los habitantes del mundo subterráneo pueden mirar a los hombres, los animales y las plantas. Eran considerados también como palacios subterráneos, de donde surgen hadas y brujas que atraen a los hombres hacia la muerte. Por ello, los templarios, bien conocedores de estas creencias, eludían en lo posible el trazado de las vías de comunicación y de peregrinaje que discurrían cerca de un lago o pantano. Esta circunstancia puede comprobarse si miramos en el mapa el recorrido del Camino de Santiago. En cambio, el río, como flujo constante de agua, expresa la fertilidad, la muerte y la renovación; los cuatro ríos del paraíso terrestre.

Lanza. Orden de combate. Colectivo militar formado por caballero, escudero, aprendiz, arquero o ballestero y algún criado. De todos ellos, solo los dos primeros iban a caballo.

Lapis exilis (*lapis excoellis*). Piedra preciosa que, según la mitología medieval, proveía de alimento espiritual a los templarios. Mediante la virtud de esta piedra, la mítica ave fénix se consume y se convierte en cenizas, para renacer de nuevo a la vida.

Leviatán. Monstruo marino al que se refiere la Biblia en el Libro de Job.

Lígnum crucis. Fragmento, o astilla, de un trozo de madera de ciprés perteneciente al leño en el que Jesucristo fue crucificado en el Gólgota. Son muy conocidos el de Santo Toribio, en Liébana (Cantabria), y el de Caravaca (Murcia); este último, estrechamente relacionado con los templarios.

Linterna. Símbolo de la iluminación y de la claridad del espíritu. Es frecuente en algunos tramos franceses del Camino de Santiago (especialmente en las regiones del Limousin y el Périgord) ver «linternas de los muertos» iluminando cementerios de peregrinaje. También se conservan algunas en la geografía hispana (El Catllar, Tarragona), incluso una octogonal en Eunate (Navarra), que se dice cumplía una misión de faro transmisor de luz, al tratarse de una iglesia concebida por los templarios como templo funerario.

«Linterna de los muertos» en la localidad tarraconense de El Catllar.

Madrasa. Centro espiritual islámico, a modo de universidad coránica, en donde se impartían todas las ciencias, especialmente la humanística y la teológica.

Magia. El conde de Larmandie, en su obra *Magie et Religion*, define este término como la racionalización, el estudio sistemático del manejo de fuerzas (captación, condensación y aplicación) y correspondencias.

Magister militie Templi in Hispania. Así denominan en Castilla a los templarios.

Malebolge. Fosas malditas.

Mandala. Estructura que transmite estados cíclicos en constante movimiento y rotación en torno a un eje central. El rosetón del hastial de la iglesia de San Bartolomé de Ucero, en el cañón del río Lobos, es un mandala en forma de estrella de cinco puntas.

Mandorla. Figura geométrica en forma de almendra en cuyo interior se alojan los personajes sagrados, para su gloria inmortal. El Pantocrátor románico lo vemos inscrito dentro de una mandorla para glorificar a los hombres.

Marabut. Eremitorio en donde se recoge el morabito encargado de cuidar la mezquita de oración de los arrabales de la ciudad, o bien al oratorio islámico de los cruces de caminos.

Melquisedek. Monarca del mítico reino de Salem, llamado «rey del mundo». Constituye la base del tronco común de las culturas claves del esoterismo medieval que, desde el Centro Supremo, se desarrollan en tres formas de interpretar la religión: judaísmo, islamismo y cristianismo. Melquisedek bebió la copa mística de su contemporáneo Abraham, tras ser ungido por este para la celebración de la Unción mística. Esta copa, o cáliz de la inmortalidad, es uno de los símbolos más antiguos de la historia de la humanidad; una escena que vemos representada en el pórtico de poniente de la catedral de Chartres.

Mesnada. Formación militar de combate formada por tres batallas.

Montazgo. Impuesto ganadero delegado por el rey en territorio templario, que, en el año 1237, se desglosaba de este modo: un caballo por cada 5.000 que pastaran en sus cañadas; un maravedí de oro por cada 500 ovejas que lo hicieran; y un maravedí, también de oro, por cada 50 vacas que igualmente pasataran en sus tierras.

Némesis. Hija del Océano (según Pausanias), de la Justicia (según Amiono Marcelino), de Júpiter (según Eurípides) o de la Noche (según Hesíodo). Divinidad temible que, subida a los cielos, miraba desde lo alto de una eternidad oculta todo lo que pasaba en la tierra, y velaba en este mundo para castigar a los malvados, a quienes atormentaba con castigos severos pero justos.

Niflheim. País de los hielos. La segunda de las tres fuentes de cuyas aguas beben las raíces del *Yggdrassil*, el fresno de la mitología germánica.

Nihil. Adverbio latino que quiere decir «no, nada». Extraído del versículo 1,3 de Juan, *nihil sum*, que se traduce como «soy la nada». San Agustín, y también los cátaros, lo interpretan como *nihil facio* «hago la nada» (la nada como pecado); y también *factus sum nihil sine Te*, «fuera de Ti, sin Ti, me he convertido en una nada». El término *nihil*, para los cátaros, estaba relacionado con los espíritus malignos y todas las cosas malas del mundo; es decir, todo aquello que no hubiese sido creado por el Ser Supremo. Cuestiones en las que también coincidieron los templarios.

Orden de Caballería. Esencialmente era una entrega personal por parte de un caballero a un modo de vida que le exigía: valor sin límite, lealtad a su señor, benevolencia hacia el inferior y juego limpio con su adversario. Quien, incumpliendo su juramento, no ajustaba su conducta a la propia de un caballero, era sancionado con la degradación y la infamia de ver rotas sus espuelas y sus armas. El beato mallorquín Ramon Llull, en su *Libro del Orden de Caballería*, define muy bien el perfil del caballero: «El más leal, fuerte, valiente y noble, elegido entre mil para ser Caballero». Y en cuanto a las funciones para las que el caballero debía ser instruido y enseñado desde la niñez, no se exigía solo aprender las artes de la equitación y de la guerra, «porque la Caballería es algo más, es preciso que su ética y su ciencia se pongan por escrito y debe haber escuelas donde se instruya en Caballería al igual que aquella donde los clérigos aprenden su doctrina», escribe Llull. Y añade: «Es oficio del Caballero mantener y defender la Santa Fe católica. El dios de la Gloria ha dado caballeros que, por fuerza de las armas, venzan y se apoderen de los infieles que se afanan en destruir la Iglesia. Es oficio de Caballero mantener y defender a su señor terrenal, y lo es cabalgar y correr lanzas, hacer tablas redondas, esgrimir y cazar…, porque de estas cosas el Caballero se acostumbra a los hechos de armas y a mantener el Orden de la Caballería».

Oueroboros (*Uroboros*). Así se llamaba en el Antiguo Egipto a la serpiente que se muerde la cola. Símbolo de lo infinito, el renacimiento, la eternidad, además de una representación cíclica del mundo y de la renovación integral del ser humano. Aparece representada en numerosos capiteles templarios.

Palíndromo. Código secreto formado por veinticinco letras que, en cinco grupos de cinco letras, tienen la particularidad de poder leerse igualmente al revés. El más conocido es el palíndromo formado por las palabras:

S	A	T	O	R
A	R	E	P	O
T	E	N	E	T
O	P	E	R	A
R	O	T	A	S

Grabado en el exterior de la iglesia de San Lorenzo, en la localidad francesa de Rochemaure-en-Vivarais, a comienzos del siglo XIII, y atribuido al Temple.

Este cuadrado pentádico, inscrito en un hexagrama, es conocido como la «Llave del Gran Arcano», y P. A. Kircher, en el siglo XVII, no dudó en vincularlo con Satanás. Ernest Díez, uno de los mayores investigadores del palíndromo, en su obra *El quadrat màgic* dice: «El análisis global de todos los resultados nos hace entender el cuadrado mágico como un criptograma esotérico, una forma de mandala en el cual, bajo la apariencia del cuadrado, se ocultan la espiral, la doble espiral y el círculo, símbolos de la revolución cíclica». En el antiguo convento de los franciscanos de Avilés (hoy parroquia de San Nicolás de Bari) se conserva este mismo palíndromo; pero antes, este convento asturiano fue un santuario templario, y de estos caballeros es el laberinto, que fue un talismán, el cual, a modo de conjuro, ayudaba a dispersar los maleficios, desviando por los caminos del laberinto los posibles *agüeyamientos* desencadenados por el Maligno. Pero también existen palíndromos numéricos. Estos tienen la misma dimensión de resolver soluciones idénticas, en todas las direcciones en que se calculen, como es el caso del siguiente:

6	1	8
7	5	3
2	9	4

Se trata del más sencillo de los palíndromos, el código secreto formado por los 9 números dispuestos en 3 filas de 3 dígitos, sin repetir ninguno, que tienen la particularidad de sumar lo mismo en cualquier dirección (horizontal, vertical o en digonal): 15. O bien:

1	14	14	4
11	7	6	9
8	10	10	5
13	2	3	15

En todas las direcciones, la suma da como resultado la cifra 33, que es la edad de Cristo, a la que se llega con 310 combinaciones diferentes y en donde, como podemos ver, se repiten dos cifras: 10 y 14, y solo falta el número 12, siendo la cifra más alta el 15. Este palíndromo está grabado en la fachada de la Pasión de la catedral de Notre Dame de París.

Pastorelas. Movimientos encaminados a la confirmación de unos ideales de salvación, en forma de peregrinaciones masivas, desarmadas, de gentes de todas las edades, que fueron en oraciones y cánticos a liberar los Santos Lugares de Tierra Santa. Estas manifestaciones socio-religiosas tuvieron lugar en dos ocasiones: 1251 y 1320.

Pentagrammon. Al adoptar el pentágono, la forma estrellada se convierte en un *pentagrammon* que designa la armonía universal.

Pentalfa. Estrella de cinco puntas, o pentágono, signo de reconocimiento entre los pitagóricos y que debía trazarse de un solo trazo, en cuyo interior cabe el hombre con sus extremidades abiertas, expresión del microcosmos, lo antagónico del macrocosmos. Este símbolo lo utilizaron los templarios en numerosos de sus enclaves, por ejemplo en San Bartolomé de Ucero.

Proselitismo. Fue a partir del siglo VI, en tiempos del pontífice Gregorio Magno, cuando la Iglesia practica el proselitismo, es decir, tomar como suyos los ritos y lugares sagrados paganos. En el caso del culto a los árboles, esto significaba la destrucción de la arboleda o la tala del árbol sagrado. Por la bula *«Milites Templi»*, emitida por el pontífice Celestino II (1143-1144), que confirma la anterior *«Omne Datum Optimum»* emitida por Alejandro III, la Iglesia concede al Temple los derechos de tierras conquistadas al infiel, para la construcción de iglesias y el derecho a celebrar los oficios en ellas (crear cementerios, etc.), bajo la única supervisión de Roma. Tan solo había una objeción: el hecho de no haber pertenecido antes a una diócesis cristiana, con lo cual los templarios se veían obligados a levantar sus altares de culto en enclaves sagrados precristianos.

Psicostasis. Acción del pasaje de las almas, escena que vemos representada en numerosas esculturas, relieves y frescos. La mayoría de ellos están relacionados con el arcángel san Miguel, que porta una balanza, con un plato para pesar las almas del Bien (que irán al Paraíso), y las del Mal (que irán al Infierno); en muchos casos, un diablillo intenta descargar el peso de los buenos, para llevarlas al territorio del demonio.

Puente. En cuanto permite pasar de una ribera a otra, el puente es uno de los simbolismos más extendidos universalmente. En él se advierten dos elementos: el simbolismo del pasaje y el carácter frecuentemente peligroso de ese paso. Los templarios, sabedores de la importancia de los puentes, fueron grandes guardianes de los mismos, cobrando por ello un peaje, con lo cual garantizaban por una parte su conservación y por otra la seguridad de los peregrinos y viajeros que los utilizaban.

Qabâlâh. Palabra hebrea que significa «tradición». La cábala nace en el Egipto alejandrino a la vez que la gnosis, el hermetismo y la alquimia, y representa la versión hebraica de la mística pitagórica de los números. Porque todo pasaba por un orden establecido por las matemáticas. De ahí el valor que le dieran los templarios a los números sagrados.

Quintaesencia. También llamada «éter», para el ensayista soriano de los arcanos del Temple Ángel Almazán es la totalidad del ser, representada en el plano del simbolismo alquimista por el pentágono (pentalfa), del cual surgen los cuatro elementos y, de su combinación, el mundo de la manifestación. Para René Guénon, la quintaesencia es la base del conocimiento: «Primero en el orden de desarrollo de la manifestación, por último en el orden inverso que es el de la reabsorción o del retorno a la homogeneidad primordial».

Regla secreta. Esencia más hermética de la gnosis templaria, la cual ningún iniciado debía romper, o se exponía a la muerte. La regla secreta formaba parte de los mitos de la orden, solamente alcanzable por los magos.

Rex Deus. «Reyes de Dios». Sociedad secreta que, desde los tiempos de Moisés, fue la encargada con sus arcanos de contener a las fuerzas del Mal. Esta sociedad, a la que podría muy bien haber pertenecido el mismo Jesucristo, heredaró directamente los secretos egipcios que Moisés trajo de Jerusalén. Su recuerdo ha podido perdurar hasta nuestros días gracias a las excavaciones que, entre los años 1118 y 1128, los nuevos primeros caballeros templarios llevaron a cabo en las entrañas del segundo templo. Entre ellos estaba el fundador de la nueva orden, Hugo de Payns.

Rito. Estrechamente relacionado con el símbolo, el rito es, según Larmandie, un aparato de acción de los símbolos. También el ritmo guarda una gran relación con el rito y, a menudo, con el encantamiento. No es una casualidad que, en el Antiguo Egipto, la religión estuviera específicamente basada en la magia ritual.

Estela discoidal templaria en el cementerio de Siurana, en El Priorat (Tarragona), con la rosa de seis pétalos grabada en su frontal superior.

Rosa sexifolia. Estrella de seis puntas, también conocida como la «flor de la vida», inscrita dentro de un símbolo solar de origen celta, reutilizada por los templarios para recordar al difunto su reencarnación en el Más Allá (por ello la vemos grabada en numerosas estelas discoidales), y también como símbolo protector del lugar y, al mismo tiempo, señal de acogida a los extraños (por ello también aparece grabada en la jamba derecha de algunas viviendas medievales, que fueron de templarios).

Rosacruces. Después de la disolución de la Orden del Temple, en 1314, algunos de sus miembros fundaron la sociedad de la Rosacruz, que tenía como principales valores el cristianismo, la alquimia y el hermetistmo, quitar poder al Papa y renovar la sociedad europea para que volviese a su antiguo esplendor. Durante mucho tiempo no se supo nada de ellos y al no conseguir sus principales objetivos, en 1634 decidieron abandonar la vieja Europa para instalarse en la India. Nunca más se volvió a oír nada de ellos. A partir de entonces, varias sociedades salieron a la luz autoproclamándose herederos rosacruces, pero la mayoría no tenían nada que ver con los auténticos valores Rosacruz, por lo que se les denominaron rosacrucianos. La doctrina Rosacruz es claramente esotérica, en cambio, la de los rosacrucianos es ocultista. Las actuales sociedades rosacrucianas muy poco tienen que ver con la auténtica sociedad secreta Rosacruz del siglo XIV y solo mantienen algún punto en común.

Rosslyn. Pueblo de Escocia estrechamente relacionado con la masonería, adonde, a comienzos del siglo XIV, un grupo de caballeros templarios, huyendo de la Inquisición francesa, llegó portando un manuscrito secreto. Se dice que el nombre de esta población escocesa está inspirado en las palabras *ross* («conocimientos ancestrales») y *lynn* («generación»); por lo cual es fácil deducir que *Rosslyn* se traduce como los conocimientos antiguos transmitidos generacionalmente.

Sanenjakinitas. Miembros de la secta de *Saint-Jakin*; sociedad gnóstica que duró hasta la Revolución Francesa, entregada a las ilusiones de la magia fascinante, mezclando los secretos de los Rosacruz y los misterios de los Templarios. El título que adoptaron estos teósofos procedía de uno de los nombres grabados en iniciales en las dos columnas importantes del Templo de Salomón, que eran: *Jakins* y *Bohas*, porque la jota en hebreo es la *Job* sagrada del alfabeto, inicial del nombre de Jehová, y el de *Jakin* servía para ocutar a los profanos el misterio.

Santuario. Significa el lugar de los secretos. La entrada al santuario designa la penetración de los misterios divinos. El nombre del santuario está emparentado con el del cielo, y con la bóveda, la luz, el árbol sagrado…; los santuarios, o conventos, templarios están cargados de energía, porque concentran las fuerzas cósmicas y telúricas de los enclaves en donde se asientan.

Sefirot (*Sephirot*). En el lenguaje de la Cábala, así se conocen las emanaciones divinas; se trata de las diez manifestaciones de las creaciones de Dios: 1) *Kéter* (Corona); 2) *Jojmá* (Sabiduría); 3) *Biná* (Razón); 4) *Jesed* (Gracia); 5) *Gheborá* (Fuerza); 6) *Tiferet* (Belleza); 7) *Netzay* (Constancia); 8) *Hod* (Majestad); 9 *Yesod* (Fundamento), y 10) *Malkhut* (Imperio).

Sello de Salomón. También conocido como «nudo de Salomón», es un símbolo muy antiguo que puede verse en mosaicos romanos (Villa Verde, Marbella), en castillos califales (Gormaz, Soria) y en infinidad de impostas y capiteles relacionados con el Temple. Representa el símbolo de la sabiduría más gnóstica, rescatado de los saberes antiguos por los caballeros templarios como talismán defensivo contra las fuerzas negativas del Más Allá.

Capitel en el monasterio de Santa María de l'Estany (Barcelona), representando dos nudos de Salomón, entre una palmera.

Shemsou Hor. Estirpe a la que se atribuyen los cimientos del Egipto esotérico, a los que mucho debió el hermetismo templario. Por ello, los caballeros del Temple nunca desnudaron sus espadas luchando en tierras egipcias, arremetiendo en cambio contra los musulmanes de Damasco.

Stupa. Iglesia funeraria, normalmente de planta octogonal, también conocida como «Árbol de la Vida», al servicio de los peregrinos. Solía contar con una «linterna de los muertos».

Tabotat etíope. Especie de Arca de la Alianza para aquellos africanos que todavía afirman disfrutar de su custodia, en tierras de Eritrea.

Tanatos. Genios masculinos alados, que, según la mitología griega clásica, están vinculados con la Muerte. Homero, en la *Ilíada*, los cita como hermanos de Hipnos y Hesíodo como hijos de la Noche.

Tarîqa. Vía esotérica, para la filosofía sufí. Uno de sus más importantes representantes fue Mevlana, maestro seldjúcida de los conocimientos más profundos del sufismo, que mantuvo estrechos intercambios con los magos del Temple.

Tasawwuf. El esoterismo islámico, según la mística musulmana.

Teofanía. Manifestación de Dios, aparición, epifanía.

Tetragrammanon. Nombre inexpresable del Dios supremo.

Tetrakys (*Tetractys*). Nombre con que los antiguos pitagóricos designaban a la década, el más sagrado de los números, símbolo de la creación universal, diseñado en forma de triángulo de 10 puntos dispuestos en pirámide de 4 pisos. Los pitagóricos elevaban al cielo el siguiente rezo: «Lo juro por el que ha revelado a nuestra alma la *tetrakys*, en la que se encuentra la fuente y la raíz de la eterna naturaleza». El 10 fue otro de los números esotéricos para los templarios, como podemos ver en los 10 corazones entrelazados que configuran el rosetón, o mandala sagrado, que se abre en el hastial del lado de la Epístola de la iglesia de San Bartolomé de Ucero (Soria).

Thot. Señor de las palabras divinas, para los antiguos egipcios, asociado a la divinidad Isis, su hija, en el dominio de la magia.

Para Platón, fue el inventor de la lógica, la aritmética, el ajedrez, la geometría y la escritura; dios de la Razón, del Número y del Verbo. En la antigua Grecia, Thot, como dios de la Elocuencia, tenía el calificativo de Logos. Igualmente, esta divinidad encuentra otra relación en el nivel satánico, como jefe del protocolo infernal.

Tiferet. Así era llamado Bartolomé, el apóstol número seis, según la tradición judía, que aparece en el árbol de la vida sefirótico. Tiferet, que se traduce por «belleza» y «autoconciencia», se relaciona fisiológicamente con el corazón.

Triángulo. Símbolo de los tres principios. En el rosetón que ilumina la capilla del lado del Evangelio de la iglesia de Santa María, en Valderrobres (Teruel), se reproduce un triángulo equilátero (Ojo de Dios, símbolo del Gran Arquitecto del Universo) que envuelve en su interior 156 pequeños triángulos, o tréboles de tres hojas. Simboliza el doble octógono, acentuando la escala intermedia dimensional entre el cielo y la tierra; o la cruz de las Ocho Beatitudes, traducida a la forma del triángulo equilátero.

Rosetón de forma de triángulo equilátero en la iglesia de Santa María, en Valderrobres (Teruel).

Triángulo sefirótico. Década triangular o escala ascendente que se compone de 10 nombres divinos. Esta enigmática figura geométrica reemplaza en la cábala a los abracadabras de la gnosis.

Trisquelión. Forma de la decoración de los ventanales circulares que, en forma de cadena cíclica basada en el número 3, va girando en sentido de las agujas del reloj. Este tipo de redientes aparece de manera muy abundante en las iglesias templarias, como la del santuario de Caravaca, por donde, según la leyenda, pasó el ángel portando la cruz desde Tierra Santa. También vemos un *trisquelión* en un ventanal (hoy cegado) del claustro de la catedral de Tortosa, en Tarragona, templo que también estuvo vinculado con los templarios. Los orígenes de esta forma de concebir los redientes de los ventanales circulares ahondan en la cultura céltica, muy apreciada por los magos del Temple.

Ventanal en forma de *trisquelión* en la iglesia de La Fresneda (Teruel), dedicada a san Bartolomé, vinculado con el Temple.

Unidades Bobis (UB). Medida de intensidad de energía telúrica que mana de un vórtice de fuerza. Hasta el siglo XVII, las iglesias se edificaban sobre un punto energético que los expertos en localización de estos lugares conocían muy bien; entre ellos, los magos del Temple.

Urd. Una de las tres fuentes de donde sacian su sed las raíces del *Yggdrassil*, el mítico fresno de los pueblos germánicos. La fuente está custodiada por una de las Normas, que son las dueñas del destino. En la provincia de Toledo hay una población llamada Urda que fue de templarios. En su término, curiosamente, brota un manantial de aguas milagrosas, junto a un milenario fresno.

Vox in Excelsis. Bula pontificia de la Iglesia católica que, a modo de dogma de fe, condenaba todo lo relacionado con la Orden del Temple.

Yantras. Expresión india utilizada como recurso para la meditación de las imágenes contenidas dentro del mandala.

Yggdrassil. Se traduce como «corcel de *Ygg*» (*Ygg* es el Odín escandinavo, dios de la Guerra, que se corresponde con el Wotan de la mitología germánica). Era el eje del mundo, concebido como el fresno, el árbol sagrado de los templarios.

BIBLIOGRAFÍA

Alarcón Herrera, Rafael: *A la sombra de los templarios (Los enigmas de la España mágica)*; Ediciones Martínez Roca, Barcelona, 2001.

—, *La maldición de los santos templarios (La estirpe de Lucifer; ¿por qué fueron borrados de la historia?)*; Ediciones Robinbook, Barcelona, 2009.

Alighieri, Dante: *La Divina Comedia*; Editorial Juventud, Barcelona, 1968.

Almazán de Gracia, Ángel: *Guía templaria soriana y el enigma del río Lobos*; Sotabur, Soria, 2000.

Ávila Granados, Jesús: *Mazmorras que han hecho historia*; Planeta, Barcelona, 1993.

—, *El sur de Soria*; JD Ediciones, Barcelona, 2000.

—, *El libro negro de la historia de España*; Ediciones Robinbook, Barcelona, 2001.

—, *Enclaves mágicos de España*; Planeta, Barcelona, 2002.

—, *Templarios en las Tierras del Ebro*; Lectio Ediciones, Valls, 2009.

—, «Secretos templarios al descubierto»; revista *Año/Cero* nº 261, Madrid 04/2012, págs. 10/22.

Ballbé i Boada, Miquel: *Las vírgenes negras y morenas de España* (2 vols.); Diputación de Barcelona, Moià, 1999.

Barber, Malcolm: *Templarios, la nueva caballería*; Ediciones Martínez Roca, Barcelona, 2000.

Beck, Andreas: *El fin de los templarios*; Ediciones Península, Barcelona, 1996.

Bertrán Márquez, Cristina: «Los templarios, nobles benefactores del Medioevo»; conferencia pronunciada en el Real Cuerpo de la Nobleza de Cataluña, Barcelona, 1 de abril de 2008.

Bonnassie, Pierre: *Vocabulario básico de la historia medieval*; Editorial Crítica (Grijalbo), Barcelona, 1983.

Bordonove, Georges: *La vida cotidiana de los templarios en el siglo XIII*; Ediciones Temas de Hoy, Madrid, 1989.

Charpentier, Louis: *Les mystères de la cathédrale de Chartres*; Éditions Robert Laffon, París, 1966.

—, *Los misterios templarios*; Ediciones Apóstrofe, Barcelona, 2001.

Claraval, Bernardo de: *Elogio de la nueva milicia templaria*; Ediciones Siruela, Madrid, 2005.

Del Olmo Gracía, Ángel, y Basilio Varas Vernao: *Románico Erótico en Cantabria*; Lifer, Palencia, 1988.

Demurger, Alain: *Vie et mort de l'ordre du Temple*; Éditions du Seuil, París, 1989.

Desgris, Alain: *Misterios y revelaciones templarias*; Ed. Belacqua/Carroggio, Barcelona, 2003.

Eco, Humberto: *El péndulo de Foucault*; Plaza & Janés Editores, Barcelona, 1997.

Frías, Gustavo: *Paradigmas (Mitos, enigmas y leyendas Contemporáneas)*; Editorial Nueva Lente, Madrid, 1987.

Fulcanelli: *El misterio de las catedrales*; Plaza & Janés Editores, Barcelona, 1967.

Galera Gracia, Antonio: *Los soldados del Cordero*; Tabvlarivm, Murcia, 2003.

García Atienza, Juan: *La meta secreta de los templarios*; Ediciones Martínez Roca, Barcelona, 1981.

—, *La mística solar de los templarios*; Ediciones Martínez Roca, Barcelona, 1983.

—, *Guía de la España Templaria*; Ariel-Arín, Barcelona, 1985.

—, *El santoral diabólico*; Ediciones Martínez Roca, Barcelona, 1988.

—, *Los enclaves templarios (La España mágica de la A a la Z)*; Ediciones Martínez Roca, Barcelona, 1995.

GOODMAN, ROBERT: «Las columnas del Apocalipsis (De Egipto a Roslin, pasando por el Templo de Salomón)»; revista *Más Allá de la ciencia*, Madrid, 1999.

GUINGUAND, MAURICE: *El oro de los templarios*; Ediciones Apóstrofe, Madrid, 2002.

HEER, FRIEDRICH: *El mundo medieval (Historia de la Cultura)*; Ediciones Guadarrama, Madrid, 1963.

ISERN I MONNÉ, JOSEP MARIA: *El cuadro mágico de la Orden del Temple (La clave del enigma)*; Aache Ediciones, Guadalajara, 2009.

LACHAUD, RENÉ: *Templarios, Caballeros de Oriente y de Occidente*; Ediciones Apóstrofe, Madrid, 1998.

LEHMANN, JOHANNES: *Las cruzadas (Los aventureros de Dios)*; Ediciones Martínez Roca, Barcelona, 1989.

MELVILLE, MARION: *Nosotros los templarios*; Tikal, Girona, 1995.

MESTRE FODES, JESÚS: *Los templarios (Alba y crepúsculo de los caballeros)*; Ediciones Península, Barcelona, 1999.

MUSQUERA, XAVIER: *La Espada y la Cruz (Las huellas de los templarios en España)*; Ediciones Nowtilus, Madrid, 2002.

RIVA, ANTONIO DE LA. *La cara oculta del Temple (la novela del Libro de la Sabiduría)*; Lunwerg Editores, Barcelona, 2002.

RUIZ BARRACHINA, EMILIO: *Brujos, reyes e inquisidores*; Belacqva de Ediciones y Publicaciones, Barcelona, 2003.

SÉDE, GÉRARD DE: *Los templarios están entre nosotros*; Editorial Sirio, Málaga, 2002.

SIERRA ALBERT, JAVIER: *Las puertas templarias*; Ediciones Martínez Roca, Barcelona, 2002.

UPTON-WARD; J. M: *El código templario (texto íntegro de la regla de la Orden del Temple)*; Ediciones Martínez Roca, Barcelona, 2000.

VARGAS, LAURENT DE: *El libro negro de los Templarios*; Ediciones Robinbook, Barcelona, 2001.

VIGNATI, A, Y PERALTA: *El enigma de los templarios*; Libroexprés, Barcelona, 1988.

LIBROS DE SIMBOLOGÍA Y ESOTERISMO

ABELLA, IGNACIO: *La magia de los árboles*; Integral-RBA Libros 2000, Barcelona, 1999.

BECKER, UDO: *Enciclopedia de los símbolos*; Ediciones Robinbook, Barcelona, 1996.

BIEDERMANN, HANS: *Diccionario de símbolos*; Ediciones Paidós, Barcelona, 1989.

CIRLOT, JUAN-EDUARDO: *Diccionario de símbolos*; Editorial Labor, Barcelona, 1982.

CHAMPEAUX, GÉRARD DE: *Introducción al mundo de los símbolos*; Editorial Juventud, Barcelona, 1972

CHEVALIER, JEAN Y ALAIN GHEERBRANT: *Diccionario de los símbolos*; Herder Editorial, Barcelona, 1986.

GEBELEIN, HELMUT: *Alquimia (Orígenes, enigmas, doctrinas, símbolos, rituales y misterios del mundo alquímico)*; Ediciones Robinbook, Barcelona, 2001.

GHYKA, MATILA C.: *El número de oro*; Editorial Poseidón, Barcelona, 1968.

GRIMAL, PIERRE: *Diccionario de mitología griega y romana*; Ediciones Paidós, Barcelona, 1982.

GUÉNON, RENÉ: *Le Symbolisme de la Croix*; SFCS, París, 1931.

JULIEN, NADIA: *Enciclopedia de los mitos*; Ediciones Robinbook, Barcelona, 1997.

Noël, Jean François M.: *Diccionario de mitología universal*; Edicomunicación, Barcelona, 1989.

Pernety, Dom Antoine-Joseph: *Diccionario Mito-Hermético*; Indigo Ediciones, Barcelona, 1993.

Portal, Frédéric: *Des couleurs symboliques, dans l'Antiquité, le Moyen-Âge et les Temps Modernes*; Treuttel et Würtz, París, 1837.

Shaij Khaled Bentounès, Bruno y Romana Solt: *El sufismo, corazón del Islam*; Ediciones Obelisco, Barcelona, 2001.

Vázquez Alonso, Mariano José: *Enciclopedia del esoterismo (Guía del ocultsmo y el saber hermético)*; Ediciones Robinbook, Barcelona, 2001.

VV.AA.: *El simbolismo templario en el cañón del río Lobos*; Ed. Artec Impresiones, Segovia, 1995.

AGRADECIMIENTOS

Abad Pérez, Alberto. Director del Patronato de Turismo de la Diputación de Soria.
Aladin, Xavi. Estudioso de los temas ocultos de la comarca del Matarraña.
Alcañiz Rubio, Epifanio. Radiestesista.
Almazán de Gracia, Ángel. Erudito de temas esotéricos medievales, escritor y editor.
Aracil G., Miguel. Escritor.
Arderiu Moreno, Maurici. Estudioso del Temple.
Comellas Pons, Joan, y Ballarà Vilajosana, Concepció. Propietarios de la encomienda templaria de Puig-reig.
Checa Villegas, Ana (*Hada Azul*). Estudiosa de los arcanos medievales.
Español, Darío. Medievalista; experto en el Temple de la Corona de Aragón.
Esteve Broch, Vicente. Caballero templario de la ciudad de Castellón.
Ferrer Cuñat, Chema. Escritor valenciano, especialista en la historia medieval.
Figueredo Aguilera, José. Estudioso del Temple.
Folch Molins, Liberto. Estudioso de los arcanos medievales.
Fonseca, Carlos. Ilustrador de temas medievales y templarios.
Fox Sans, Miguel. Templario.
Galera Gracia, Antonio. Escritor e investigador del Temple.
García Cuenca, Francisco. Fotógrafo de enclaves de la historia medieval.

García y Jiménez, Jesús. Presidente del Glorioso Mester, entidad que tiene su sede en Madrid, a la cual me honro pertenecer.
García i Pujades, Xavier. Escritor.
García Rodríguez, Sergio. Amante de la historia medieval.
Gelis, Jean Paul. Caballero templario francés.
Giribets Martínez, Miguel. Investigador de los enigmas de la historia.
Gonzálvez Danés, Núria. Dama templaria.
Gutiérrez Tutor, Carlos, y Olga Canals. Editores de Diversa Ediciones, por confiar en este segundo nacimiento.
Hernández Ibáñez, José María. Estudioso de la historia del Temple.
Izquierdo Muñoz, Mercedes. Historiadora. Presidenta de Aldaba.
Marco Cuadrado, Pedro. Erudito de la historia no oficial.
Martí, Francesc. Caballero templario.
Menéndez Gijón, Juan Carlos. Investigador de la historia medieval y autor del prólogo de la presente obra.
Molano y Molano, Luis. Estudioso de las tradiciones medievales.
Monge, Aurelio L. Director de Lo Racó del Temple.
Nuez Caballero, Antonio de la. Escritor.
Orte Sánchez, Alfredo. Investigador madrileño de la iglesia de San Pantaleón de Losa (Burgos).
Pérez Pacho, Fernando. Caballero templario.
Pizzorno, Mary-Su. Dama templaria.
Ramos Jiménez, Ricard. Estudioso de los temas templarios.
Sanmartí Carrés, Rosa María. Presidenta de la Fundació Labrum.
Segovia Sopo, Rogelio. Investigador de la historia medieval en Jerez de los Caballeros (Badajoz).
Serra i Feliu, Josep. Estudioso del Temple.

Serret Guardià, Octavio. Librero de la villa de Valderrobres (Teruel).
Sierra Albert, Javier. Escritor y especialista en la historia del Temple.
Simón Pérez, César Miguel. Estudioso del Temple.
Solán Burillo, Salvador. Estudioso del Temple.
Solsona Palma, Sergio. Investigador de la historia oculta.
Troncoso Durán, Álvaro. Historiador de la villa de Arcos de la Frontera (Cádiz).
Villar Reyes, Ramón. Caballero templario.
Villar Soto, José Ignacio. Escritor e investigador.

La primera edición de *La mitología templaria* se terminó de imprimir el 18 de marzo de 2014, día del 700 aniversario de la muerte de Jacques Bernard de Molay, último gran maestre de la Orden del Temple.

www.ingramcontent.com/pod-product-compliance
Lightning Source LLC
Chambersburg PA
CBHW020826160426
43192CB00007B/544